Mikroökonomische Theorie des Haushalts

Von

Dr. Karl-Heinz Moritz

R. Oldenbourg Verlag München Wien

Die Deutsche Bibliothek – CIP-Einheitsaufnahme

Moritz, Karl-Heinz:
Mikroökonomische Theorie des Haushalts / von Karl-Heinz Moritz. – München ; Wien : Oldenbourg, 1993
ISBN 3-486-22590-1

Gesamtherstellung: R. Oldenbourg Graphische Betriebe GmbH, München

ISBN 3-486-22590-1

Vorwort

Mit dem vorliegenden Buch wird der Versuch unternommen, die statischen Modelle der mikroökonomischen Haushaltstheorie systematisch darzustellen. Dabei wird bei der Analyse der einzelnen Modelle jeweils folgender Weg beschritten: Zu Beginn der Modellanalyse wird zunächst das Problem, für das das vorliegende Modell eine Lösung zu finden versucht, dargestellt. Anschließend werden die unterstellten Modellannahmen dargelegt. Aus den Modellannahmen lassen sich die Bedingungen für ein Haushaltsgleichgewicht herleiten. Durch Veränderungen der exogenen Variablen werden dann Hypothesen aus den Modellen abgeleitet, unter denen die Modelle empirisch überprüfbar sind.

Darauf folgend werden Anwendungsmöglichkeiten der Modelle auf wirtschaftspolitische Fragestellungen aufgezeigt. Den Abschluß einer jeden Modelldarstellung bildet eine kritische Betrachtung bzw. eine kritische Auseinandersetzung mit der üblicherweise in der Literatur zu findenen Modellkritik. Ein großes Anliegen des Verfassers besteht darin, aufzuzeigen, daß die mikroökonomische Haushaltstheorie häufig, wenn nicht sogar regelmäßig, ungerechtfertigt kritisiert wird.

Im Mittelpunkt der Modellanalyse steht die Grenzrate der Substitution, deren ökonomisches Potential in den Lehrbuchdarstellungen nach Meinung des Verfassers bisher nicht hinreichend erfaßt worden ist. Die Vorteile einer solchen Vorgehensweise sind folgende: Die Ergebnisse aus der formalen Analyse sind unmittelbar ökonomisch interpretierbar. Insbesondere wird durch die Verwendung der Grenzrate der Substitution innerhalb der komparativen Statik die Gefahr vermieden, kardinale Nutzenkonzepte dort zu verwenden, wo sie nicht notwendig sind. Schließlich vereinfacht sich der Rechenaufwand im Rahmen der komparativen Statik, da durch die direkte Verwendung der Grenzrate der Substitution eine endogene Variable sowie eine Gleichung entfällt.

Das vorliegende Lehrbuch wendet sich an Studenten der Wirtschaftswissenschaften im Grund- und Hauptstudium. Es resultiert aus an der Universität-Gesamthochschule-Essen gehaltenen Lehrveranstaltungen des Verfassers.

Für die geführten kritischen fachlichen Diskussionen möchte ich mich bei Herrn Professor Dr. Dieter Spaetling sowie bei Herrn AOR Dr. Walter Assenmacher besonders bedanken. Die verschiedenen Fassungen des Manuskriptes wurden von Frau Diplom-Volkswirtin Birgit Schuknecht, die zugleich die Abbildungen und das Stichwortverzeichnis anfertigte, Frau Diplom-Kauffrau Regina Simon-Knocke, Herrn Diplom-Volkswirt Alfred Spielkamp, Frau cand. rer. pol. Eva Hilger und Herrn cand. rer. pol. Andreas Blaeser mit großer Aufmerksamkeit durchgesehen. Besonders danken möchte ich weiterhin Frau Dr. Gabriele Stümper, die dem Manuskript eine sorgfältige stilistische Überarbeitung angedeihen ließ, sowie Herrn Diplom-Volkswirt Rolf Dennes, der mir mit seinen umfangreichen Informatikkentnissen zur Seite stand.

Schließlich gilt mein Dank den Sekretärinnen Frau Susanne Neumann, Frau Sigrid Rittberger sowie Frau Marlies Winkler, die die verschiedenen Fassungen des Manuskriptes angefertigt haben.

Die verbleibenden Mängel gehen selbstverständlich zu meinen Lasten.

Karl-Heinz Moritz

Verzeichnis der wichtigsten Variablen

A: Arbeitszeit
b: Koeffizient
B: Besitzeinkommen
C: Konsumzeit
d_i: Menge des finalen Gutes D_i
D_i: finales Gut
e: Geldkoeffizient
E: Erlöse
EE: Einkommenseffekt
f_i: partieller Grenznutzen
F: Freizeit
G: geränderte Hesse Matrix
GOK: Grenzopportunitätskosten
GRS: Grenzrate der Substitution
H: Systemmatrix
I: Index
J: Anzahl der Güter
K: Kosten
KEE: Kreuzeinkommenseffekt
KSE Kreuzsubstitutionseffekt
L: Lagrange-Funktion
m: Homogenitätsgrad
M: Fahrzeit
N: Mindestkalorien
p_i: Preis des Marktgutes X_i
P: Ausgaben
q_i: Menge der Qualität Q_i
Q: Qualität
R: Ausgaben
s: Rückerstattung
S: Sortiment
SE: Substitutionseffekt
t: Verbrauchssteuersatz
T: Zeit
U: Nutzenindex
w: Lohnsatz
x: Menge eines Marktgutes
X Marktgut
y: Einkommen eines Haushalts
Y: Einkommen aller Haushalte
z: Niveau der Eigenschaft Z
Z: Eigenschaft
ε: Elastizität
λ: Lagrange-Multiplikator
Ω: Steuereinnahmen
π: Gesamtpreis
μ: Proportionalitätsfaktor

Inhaltsübersicht

Detaillierte Inhaltsübersichten der einzelnen Kapitel finden sich zu Beginn der Teile I. bis VI.

I. Einführung

Das grundlegende ökonomische Problem des Wirtschaftens resultiert aus der Diskrepanz zwischen den unbegrenzten Bedürfnissen der Menschen und den zur Befriedigung dieser Bedürfnisse begrenzt zur Verfügung stehenden Mitteln. Beispiele für Bedürfnisse sind Schlafen, Essen, Trinken usw. Diese Diskrepanz zwischen den begrenzten Gütern und den unbegrenzten Bedürfnissen läßt sich darauf zurückführen, daß die Güter bzw. Ressourcen, mit deren Hilfe die Bedürfnisse eines Individuums befriedigt werden können, unabhängig vom jeweiligen Wirtschaftssystem knapp sind. Der Grund für die hier angesprochene Knappheit liegt einmal darin, daß die Natur die Güter nicht in ausreichendem Maße zur Verfügung stellt und zum anderen, daß die Zeit, die den Menschen zum Konsum zur Verfügung steht, begrenzt ist. Aus dem hier geschilderten Knappheitsproblem leitet sich das Ziel des Wirtschaftens ab. Darunter versteht man die planvolle menschliche Tätigkeit, die den Grad an Bedürfnisbefriedigung unter den gegebenen Ressourcen zu maximieren versucht. Bezüglich der Problematik des Wirtschaftens treten folgende Fragestellungen auf:

(1) **Das Allokationsproblem**

Unter **Allokation** versteht man die Art und Weise, **wie** die Ressourcen in die Produktion eingesetzt werden. Wir haben oben erwähnt, daß das Ziel des Wirtschaftens in der Verringerung der Diskrepanz zwischen den unbegrenzten Bedürfnissen und den knappen Ressourcen besteht. Von einer **optimalen Faktorallokation** sprechen wir, wenn

(a) die gegebenen Ressourcen so in die Produktion eingesetzt werden, daß ein Maximum an Output entsteht **(Maximumprinzip)**. Dies bedeutet, daß die Produktionsmenge eines Gutes nicht mehr ausgedehnt werden kann, ohne daß die Produktionsmenge eines anderen Gutes verringert werden muß.

(b) ein vorgegebener Output mit dem geringst möglichen Ressourceneinsatz produziert wird **(Minimumprinzip)**.

(2) **Das Distributionsproblem**

Da die Güter knapp sind, können die Menschen ihre Bedürfnisse nicht umfassend befriedigen. Die Menschen stehen bezüglich der Güterverteilung im Wettbewerb zueinander. In jedem Wirtschaftssystem muß daher die Frage geklärt werden, **welche** Güter in welcher Menge für **wen** produziert werden sollen. Aus diesem Grunde ist ein Diskriminierungsmechanismus zur Verteilung der knappen Güter erforderlich.

Die Lösung der geschilderten Probleme erfolgt in der **Marktwirtschaft** über den Preis. Am Markt kommen nur diejenigen Konsumenten zum Zuge, die bereit sind, die entsprechenden Preise zu bezahlen. Die Anbieter stehen bei funktionsfähigem Wettbewerb in Konkurrenz zueinander. Ineffiziente Produktionsverfahren, die gegen das Maximum- bzw. Minimumprinzip verstoßen, führen zu höheren Kosten, was bei funktionsfähigem Wettbewerb zu einem Ausscheiden der betreffenden Unternehmen oder zur Anwendung der kostengünstigeren Produktionstechnik führt.

Neben der Allokations- und Verteilungsfunktion erfüllt der Preis weitere wichtige Funktionen. Der Preis bringt Angebot und Nachfrage zum Ausgleich und räumt den Markt. Man spricht daher von der **Markträumungsfunktion** des Preises. Liegt der Preis oberhalb des Gleichgewichtspreises,[1] dann wird mehr nachgefragt als angeboten. Die einzelnen nicht zum Zuge gekommenen Nachfrager werden dementsprechend höhere Preise bieten. Durch einen Anstieg des Preises sinkt die nachgefragte Menge bei gleichzeitigem Anstieg der angebotenen Menge, so daß der Nachfrageüberhang reduziert wird. Der Preissteigerungsprozeß ist im Gleichgewicht abgeschlossen.

Weiterhin können Konsumenten und Produzenten aus der Höhe des Preises unmittelbar auf die Knappheit der betrachteten Güter schließen. Außerdem zeigen Preisänderungen Veränderungen des Knappheitsgrades der Güter an. Der Preis liefert also Informationen für die Anpassung der Marktteilnehmer an geänderte Situationen. Daher spricht man von der **Informations-** bzw. **Signalfunktion** des Preises. Durch die Veränderung der Preise und der damit verbundenen Gewinnänderungen werden Anreize geschaffen, bestimmte Produkte verstärkt zu produzieren bzw. bei anderen Produkten die Produktion einzuschränken. Der Preis bestimmt also hier **was** und **wieviel** von einem Gut produziert werden soll. Man spricht daher auch von der **Lenkungsfunktion** des Preises.

Die Preisbildung erfolgt in kapitalistischen Marktwirtschaften[2] auf Märkten, wobei ein **Markt** durch das Aufeinandertreffen von Angebot und Nachfrage gekennzeichnet ist.

Wir können, wie in der Übersicht 1 dargestellt, zwei Arten von Märkten unterscheiden. Zur Produktion von Konsumgütern werden Ressourcen, z.B. Arbeit und Kapital, benötigt. Die Märkte, auf denen die Ressourcen gehandelt werden, bezeichnen wir als **Faktormärkte**. Dementsprechend kennzeichnen wir Märkte, auf denen die zum Konsum verwendbaren Güter gehandelt werden, als **Konsumgütermärkte**.

Die Zielsetzungen der **mikroökonomischen Preistheorie** bestehen in der Herleitung von

(1) Aussagen über die Existenz und Stabilität von Gleichgewichten,
(2) Aussagen über das Niveau der Preise, Mengen und Kosten zur Gewinnung von Implikationen über die Allokation und die Einkommensverteilung,
(3) Anpassungsprozessen bei Datenänderungen,
(4) Prognosen über die wirtschaftliche Entwicklung einzelner Sektoren.

---

1) Ein Gleichgewichtspreis liegt dann vor, wenn bei diesem Preis die Pläne der Anbieter und Nachfrager in Erfüllung gehen.

2) Als kapitalistisch werden Wirtschaftssysteme bezeichnet, in denen überwiegend Privateigentum an den Produktionsmitteln garantiert wird.

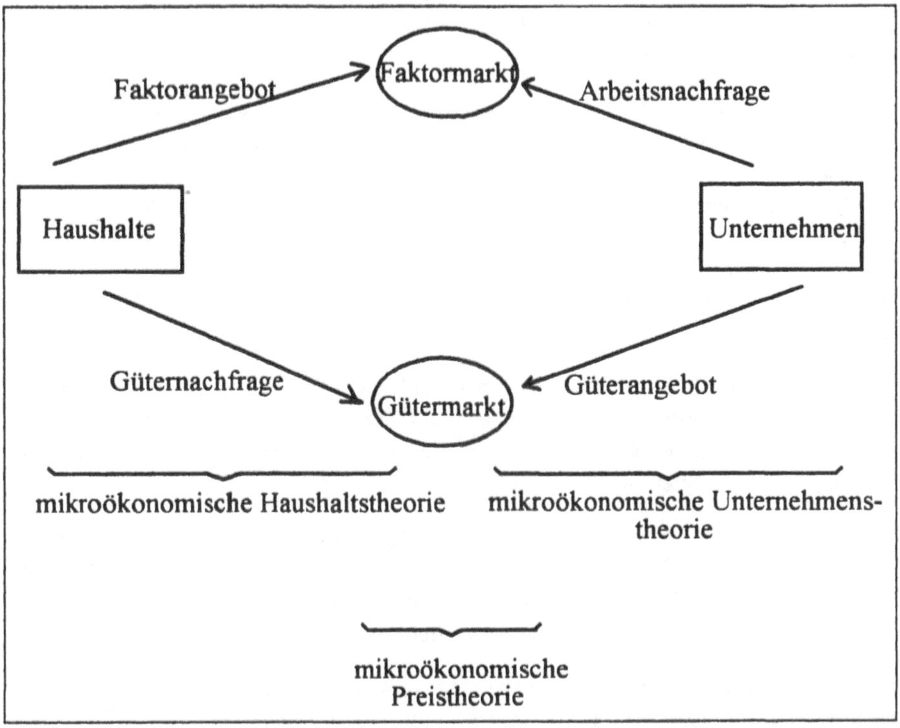

Übersicht 1: Der einfache Wirtschaftskreislauf

Voraussetzung für diese Analyse sind Kenntnisse bezüglich der Einflußgrößen von Angebot und Nachfrage auf den einzelnen Märkten. Die Haushalte bieten die in ihrem Besitz befindlichen Faktoren auf den Faktormärkten an. Zu diesen Faktoren gehört neben dem Geldvermögen die Zeit, die als Arbeitszeit genutzt werden kann. Aus diesem Faktorangebot fließen Einkommen, aus denen die Konsumgüternachfrage finanziert werden kann. Die Unternehmen produzieren Waren und Dienstleistungen und verkaufen diese auf den (Konsum-) Gütermärkten. Die daraus resultierenden Einnahmen können zur Finanzierung der für die Produktion notwendigen Produktionsfaktoren, u.a. die menschliche Arbeitskraft, genutzt werden. Die Funktion der **mikroökonomischen Theorie des Haushalts** als Teildisziplin der Mikroökonomie besteht in der Analyse des Güternachfrage- und Faktorangebotsverhaltens individueller Haushalte. Unter dem Begriff **Haushalt** verstehen wir ein Gebilde, in dem Entscheidungen von nur einer Person getroffen werden. Dadurch werden Entscheidungsprobleme von Mehrpersonenhaushalten vernachlässigt.[3] Aus diesem Grunde werden wir die Begriffe Individuum und Haushalt als Synonyme ansehen. Erkenntnisgegenstand der mikroökonomischen Haushaltstheorie ist aber *nicht*, den Haushalten konkrete Entscheidungshilfen für ihre tägli-

3) Zu den Problemen von Entscheidungen bei Mehrpersonenhaushalten siehe die grundlegende Arbeit von Arrow (1963).

chen Probleme zukommen zu lassen. Die mikroökonomische Theorie ist daher eine *positive und keine normative* Theorie.

Die **positive Theorie** befaßt sich mit der Fragestellung, was ist bzw. sein wird, wenn bestimmte Bedingungen herrschen oder Bedingungen sich verändern. Die Aussagen einer positiven Theorie sind so zu formulieren, daß sie an Hand beobachtbarer Tatsachen oder Entwicklungen widerlegbar (falsifizierbar) sind.[4)] Damit theoretische Aussagen einen empirischen Gehalt besitzen, muß immer mindestens ein mögliches Ereignis ausgeschlossen werden. Aussagen der Form "Wenn der Hahn kräht auf dem Mist, dann ändert sich das Wetter, oder es bleibt wie es ist" sind, da sie immer eintreten, inhaltlich bedeutungslos.

Normative Theorien beschäftigen sich mit den Fragen danach, was sein soll. Die Aussagen einer normativen Theorie stellen *immer* Handlungsanweisungen dar. Dabei hängen normative Aussagen von individuellen Werturteilen ab. Werturteile können jedoch nicht objektiv begründet werden.

Kehren wir nun zu der weiteren Beschreibung der Aufgaben der mikroökonomischen Theorie zurück. Die Ergänzung der mikroökonomischen Haushaltstheorie bildet die **mikroökonomische Unternehmenstheorie**, in der das Güterangebots- und Faktornachfrageverhalten der Unternehmen hergeleitet werden.

In dem hier vorliegenden Lehrbuch werden ausschließlich die Verhaltensweisen der Haushalte auf den Güter- und Faktormärkten untersucht. Die damit verbundenen Entscheidungsprobleme, mit denen sich ein Haushalt konfrontiert sieht, können anhand der Übersicht 2 erläutert werden.

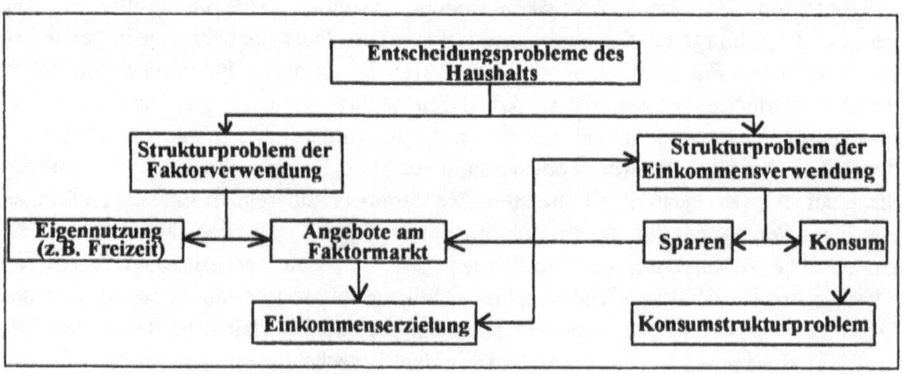

Übersicht 2: Entscheidungsprobleme des Haushalts

Als erstes stellt sich die Frage, wie der Haushalt die in seinem Besitz verfügbaren Fak-

4) Dieses Kriterium geht auf Popper (1934) zurück und wird daher auch als "Popper-Kriterium" bezeichnet. vgl. Popper (1971) S. 59 (1.Auflage 1934).

toren verwendet. So kann er die ihm verfügbare Zeit als Freizeit oder als Arbeitszeit, das ihm verfügbare Kapital zum Konsum oder als Anlage auf dem Kapitalmarkt nutzen. Dieses Problem bezeichnen wir als **Strukturproblem der Faktorverwendung**. Aus dem Faktorangebot resultiert ein bestimmtes Einkommen. Dieses Einkommen kann der Haushalt zur Ersparnisbildung oder zum Konsum verwenden. Wir nennen dieses Entscheidungsproblem **Strukturproblem der Einkommensverwendung**. Die Ersparnis führt über das Angebot am Kapitalmarkt in den folgenden Perioden zu einer Einkommenserhöhung. Ist über den zum Konsum verwendbaren Einkommensanteil entschieden, stellt sich die Frage nach der Aufteilung dieses Geldbetrages auf unterschiedliche Güter. Wir definieren dieses Problem als **Konsumstrukturproblem**.

Die in diesem Buch vorgestellten Modelle können anhand der Übersicht 2 strukturiert werden. Die in den Kapiteln III und IV untersuchten Modelle beschäftigen sich ausführlich mit der Frage des Konsumstrukturproblems. Im Mittelpunkt steht die Herleitung der Eigenschaften der direkten Güternachfragefunktion:

(1) $x_1 = x_1(p_1; \alpha)$

x_1: Menge des Gutes X_1
p_1: Preis des Gutes X_1
α: Werte weiterer Einflußgrößen

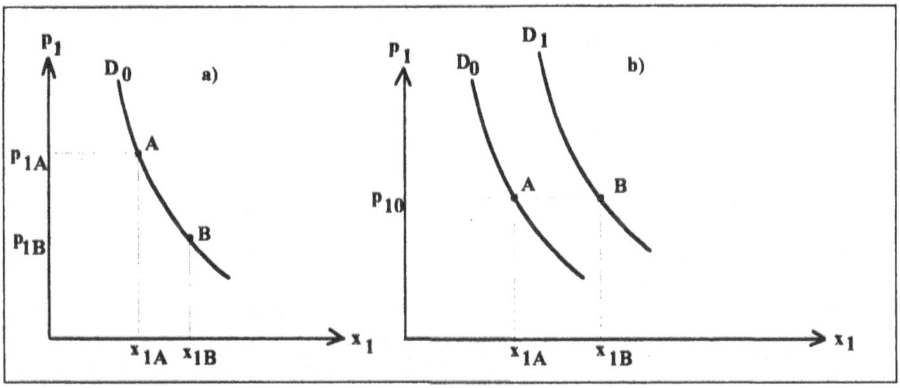

Abbildung 1: Die direkte Güternachfragefunktion

Die **direkte Güternachfragefunktion** gibt die Bereitschaft des Haushalts, bestimmte Mengen eines Gutes bei alternativen Preisen des Gutes und gegebenen Werten weiterer Einflußgrößen nachzufragen, an. Ein möglicher Verlauf der direkten Nachfragefunktion ist in der Abbildung 1a) dargestellt. Neben dem Preis des Gutes beeinflussen aber noch weitere Größen das Nachfrageverhalten, z.B. das Einkommen, die Preise anderer Güter oder der Konsum anderer Wirtschaftssubjekte. Veränderungen dieser Größen verschieben die Nachfragefunktion. Ein Beispiel für eine Nachfrageverschiebung zeigt die Abbildung 1b). In diesem Zusammenhang sei auf den Unterschied zwischen der Veränderung der nachgefragten Menge und der Veränderung der Nachfrage eingegangen. **Veränderungen der nachgefragten Menge** werden durch Preisänderungen des betrachteten Gutes hervorgerufen, z.B. durch eine Preissenkung von p_{1A} auf p_{1B}, was in der Abbildung 1a) zu einer Erhöhung der nachgefragten Menge von x_{1A} auf x_{1B} führt. Spricht man dagegen von einer **Veränderung der Nachfrage**, dann ist eine Verschiebung der Nachfragefunktion gemeint. So erhöht sich in der Abbildung 1b) die Nachfrage nach dem Gut X_1. Zu dem Preis p_{10} ist das betrachtete Individuum aufgrund der Datenänderung bereit, mehr von X_1 nachzufragen. Die in den Kapiteln III und IV im Mittelpunkt stehenden Fragen lauten:

(1) Wie reagiert ein Haushalt mit seiner nachgefragten Menge nach einem Gut bei einer Erhöhung des Preises des betrachteten Gutes bzw. welche Steigung hat die Güternachfragefunktion?

(2) Wie verändert sich die Nachfrage eines Haushaltes, wenn andere Einflußgrößen als der Preis des betrachteten Gutes variieren bzw. wann verschiebt sich die Güternachfragefunktion?

Die Frage nach der Einkommensentstehung und der Aufteilung des Einkommens auf Ersparnis und Konsum wird nicht beachtet, d.h. der zum Konsum verfügbare Geldbetrag wird exogen vorgegeben.

Im Kapitel V werden Modelle, die das Strukturproblem der Faktorverwendung analysieren, diskutiert, wobei die Analyse sich ausschließlich auf die Verwendung des Faktors Zeit beschränkt. Im Rahmen dieser Modelle wird ausführlich der Frage nach der Herleitung der Arbeitsangebotsfunktion nachgegangen:

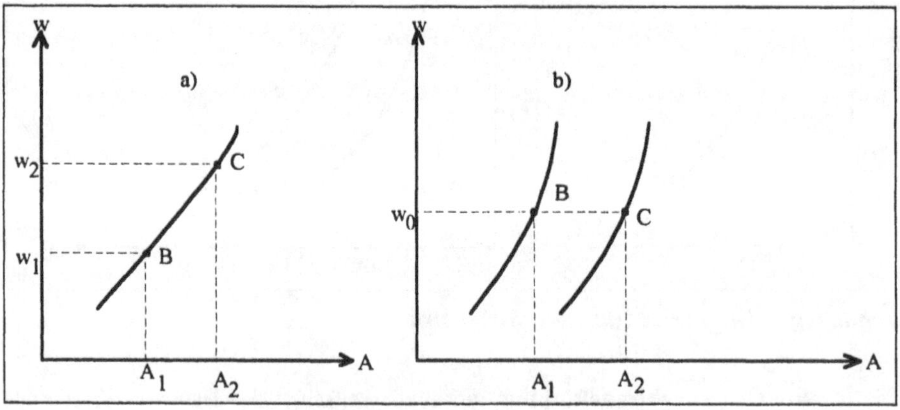

Abbildung 2: Die Arbeitsangebotsfunktion

(2) $A = A(w; ß)$

A: Arbeitszeit
w: Lohnsatz
ß: andere Einflußgrößen

Die **Arbeitsangebotsfunktion** gibt an, wieviel Arbeitszeit ein Haushalt bei alternativen Lohnsätzen und gegebenen Werten weiterer Einflußgrößen anzubieten bereit ist. Ein möglicher Verlauf ist in der Abbildung 2a) dargstellt. Weitere Einflußmöglichkeiten des

Arbeitsangebotes sind z.B. das Besitzeinkommen oder das Arbeitsklima. Änderungen der Ausprägungen dieser Größen führen, wie in der Abbildung 2b) dargestellt, zu Verschiebungen der Arbeitsangebotsfunktion. Man spricht hier von einer **Veränderung der angebotenen Menge**, wenn der Lohnsatz variiert und von einer **Veränderung des Angebots**, wenn die Werte der anderen Einflußgrößen variieren. Mit anderen Worten: Eine Veränderung der angebotenen Menge kommt graphisch durch eine Bewegung entlang der Arbeitsangebotsfunktion, eine Veränderung des Angebots durch eine Verschiebung der Angebotsfunktion zum Ausdruck. Im Mittelpunkt des Kapitels V stehen die Fragen:

(1) **Wie reagiert ein Haushalt mit seiner angebotenen Arbeitszeit bei einer Variation des Lohnsatzes bzw. welche Steigung hat die Arbeitsangebotsfunktion?**

(2) **Wie verändert sich das Arbeitsangebot eines Haushaltes, wenn andere Einflußgrößen als der Lohnsatz variieren bzw. wann verschiebt sich die Arbeitsangebotsfunktion?**

Die Frage nach der Einkommensverwendung wird dabei nicht berücksichtigt.

Schließlich werden im VI. Kapitel Modelle vorgestellt, die die behandelten Aspekte der beiden ersten Ansätze verbinden. In diesen Ansätzen werden simultan Angebots- und Nachfragefunktionen abgeleitet. Modelle, die das Problem der Verwendung des Fakors Kapital zum Gegenstand haben, werden in diesem Lehrbuch nicht analysiert.[5)]

In allen vorgestellten Modellen wird von den gleichen Annahmen bezüglich der Präferenzordnung ausgegangen. Aus diesem Grund beginnen wir unsere Analyse im anschließenden Kapitel II mit der Untersuchung der Präferenzordnung eines Individuums.

---

5) siehe hierzu z.B. Henderson, Quandt (1983) S. 343 ff.

II. Die Präferenzordnung eines Individuums

A. Überblick

Im einleitenden Kapitel wurde bereits erwähnt, daß im Mittelpunkt der Mikroökonomik die Analyse des Verhaltens von Individuen steht. Zu diesem Zweck ist es notwendig, geeignete Annahmen über die Einflußgrößen der Verhaltensweisen zu treffen. Da in den Modellen von gleichen bzw. ähnlichen Annahmen bezüglich des Präferenzsystems ausgegangen wird, erscheint es zweckmäßig, die Präferenzordnung vorab in diesem Kapitel darzustellen.

Wir werden im anschließenden Abschnitt B zunächst einige Definitionen bezüglich der Präferenzordnung treffen. Im Abschnitt C werden Möglichkeiten zur Darstellung von Präferenzfunktionen beschrieben. Im darauffolgenden Abschnitt D stellen wir kardinale und ordinale Nutzentheorien gegenüber. Schließlich werden im Abschnitt E Annahmen über die Präferenzordnung formuliert, von denen wir in den nachfolgenden Kapiteln ausgehen werden.

B. Definitionen

Zur Erklärung der Verhaltensweisen von Menschen ist die Erfassung der subjektiven Bewertungen verschiedener Güterbündel mit einem geeigneten Instrumentarium erforderlich. Ein **Güterbündel** bzw. ein **Sortiment** (S) besteht aus bestimmten Mengen mehrerer Güter, wobei wir ein **Gut** als etwas definieren, was sich ein Individuum wünscht. Hinter dem Begriff Gut verbergen sich alle möglichen materiellen und immateriellen Dinge, welchen die Eignung, Nutzen zu stiften, zugesprochen werden können. Es gibt eine Vielzahl von Möglichkeiten, die unter dem Begriff Gut subsumiert werden können, z.B. die Menge der selbst konsumierten Güter, die Menge der Güter, die andere Personen konsumieren, das Einkommen, die Freizeit, das Wetter, das Wohlbefinden anderer Leute usw.

Das Vorziehen von Güterbündeln gegenüber anderen Güterbündeln bezeichnet man als **Präferenz** und die Gesamtheit der Ordnung von Güterkombinationen nach der subjektiven Wertschätzung durch das Individuum als **Präferenzordnung**, z.B.:[1)]

$$S_1(x_1 = 2;\ x_2 = 3) \ > \ S_2(x_1 = 1;\ x_2 = 4) \ > \ S_3(x_1 = 3;\ x_2 = 2)$$

In dieser Präferenzordnung werden alle Details, die die Bewertung der Güterbündel beeinflussen, mit einbezogen, wobei die unterschiedliche, durch den einzelnen Konsumenten bewertete, subjektive Befriedigung der Bedürfnisse zum Ausdruck kommt. Dabei ist zu beachten, daß eine Präferenzordnung nicht direkt beobachtbar ist, sondern ledig-

---

1) Die Menge eines Gutes wird mit (kleinem) x und das Gut selber mit (großem) X bezeichnet.

lich die Entscheidungen eines Individuums.

C. Darstellungsmöglichkeiten von Präferenzordnungen

Nachdem nun die Begriffe "Präferenzordnung" und "Gut" erklärt worden sind, widmen wir uns den Möglichkeiten zur Darstellung von Präferenzordnungen. Grundsätzlich existieren hierfür zwei Alternativen:

a) die Nutzenfunktion
b) das Indifferenzkurvensystem

1. Die Nutzenfunktion

Um Aussagen über die subjektive Wertschätzung eines Individuums treffen zu können, wird häufig mit dem Begriff Nutzen gearbeitet, wobei unter **Nutzen** das Wohlbefinden eines Menschens bzw. der Grad der Bedürfnisbefriedigung zu verstehen ist, den ein Haushalt aus der Konsumtion eines Güterbündels erfährt.[2)] Der Nutzen gibt daher den Grad der Eignung eines Gutes zur Befriedigung menschlicher Bedürfnisse an. Der Nutzen ist in diesem Zusammenhang nichts anderes als ein abstrakter Begriff, ein analytisches Hilfsmittel, um subjektive Befriedigung auszudrücken.

Wird jedem Güterbündel ein bestimmtes Nutzenniveau zugeordnet, so erhält man die **Nutzenfunktion**, die formal durch

$$(1)\quad U = f(x_1, x_2)$$

U: Nutzenniveau
x_1: Menge des Gutes X_1
x_2: Menge des Gutes X_2

erfaßt werden kann.[3)] Aus der Ableitung der Nutzenfunktion nach x_1 bzw. x_2 resultieren die partiellen Grenznutzenfunktionen bzw. die partiellen Grenznutzen:

$$(2)\quad \frac{\partial U}{\partial x_1} = \frac{\partial f(x_1, x_2)}{\partial x_1} = f_1$$

$$(3)\quad \frac{\partial U}{\partial x_2} = \frac{\partial f(x_1, x_2)}{\partial x_2} = f_2$$

Der **Grenznutzen** eines Gutes gibt die Nutzenänderung bei einer infinitesimalen Variation der Menge eines Gutes an, z.B. um wieviel der Nutzen beim Konsum eines Biers

2) Zur weiteren Diskussion des Nutzenbegriffs siehe z.B. Krelle (1968) S. 24 ff.; Haslett (1990) S. 65 ff.; Tietzel (1988) S. 46 f.

3) Aus Vereinfachungsgründen beschränken wir uns auf die Betrachtung des Zwei-Güter-Falls.

zunimmt.[4)] Die partiellen Grenznutzen hängen von den Gütermengen x_1 und x_2 ab, so daß eine Variation der Gütermengen einen Einfluß auf die partiellen Grenznutzen ausübt. Die **zweiten partiellen Ableitungen** geben über die Veränderung des Grenznutzen eines Gutes bei Variation der Menge des betrachteten Gutes Auskunft:

$$(4) \quad \frac{\partial^2 U}{\partial x_1^2} = \frac{\partial^2 f(x_1, x_2)}{\partial x_1^2} = f_{11}$$

$$(5) \quad \frac{\partial^2 U}{\partial x_2^2} = \frac{\partial^2 f(x_1, x_2)}{\partial x_2^2} = f_{22}$$

Ist die zweite partielle Ableitung der Nutzenfunktion negativ, d.h. der Grenznutzen nimmt bei steigender Menge von X_1 ab, so bedeutet dies für unser Bierbeispiel, daß der Nutzenzuwachs jedes weiteren Glases Bier kleiner wird.

Möchte man über die Änderung des Grenznutzens eines Gutes bei einer Variation der Menge eines anderen Gutes Auskunft erhalten, so muß die **Kreuzableitung** gebildet werden. Wird berücksichtigt, daß es unerheblich ist, ob die Nutzenfunktion zunächst nach x_1 und dann nach x_2 oder zuerst nach x_2 und dann nach x_1 abgeleitet wird, folgt:

$$(6) \quad \frac{\partial^2 U}{\partial x_1 \partial x_2} = f_{12} = \frac{\partial^2 U}{\partial x_2 \partial x_1} = f_{21}$$

Eine **positive Kreuzableitung** liefert die Information, daß der Nutzenzuwachs der Menge eines Gutes um so größer ausfällt, je höher das Konsumniveau eines anderen Gutes ist. So kann sich z.B. der Grenznutzen des Bierkonsums durch den Konsum einer Portion Gyros erhöhen. Bei einer **negativen Kreuzableitung** wird der Nutzenzuwachs aus dem weiteren Konsum einer Einheit eines Gutes um so geringer, je mehr von einem anderen Gut konsumiert wird. Harmonieren für ein Individuum z.B. die Güter Bier und Schokolade geschmacklich nicht, dann ist der Nutzenzuwachs aus einem Glas Bier um so geringer, je mehr Schokolade gegessen worden ist.[5)]

2. Die Indifferenzkurven

2.1. Definitionen

Alternativ lassen sich Präferenzordnungen von Individuen auch mit Hilfe von Indifferenzkurven-Scharen (-systemen) erfassen. Eine **Indifferenzkurve** stellt den geometrischen Ort aller indifferenten Güterbündel dar, wobei zwei Güterbündel als **indifferent**

4) Bei der Erhöhung des Bierkonsums um ein Glas handelt es sich um eine endliche Änderung. Die Nutzensteigerung aus diesem zusätzlichen Konsum entspricht daher formal nicht dem Grenznutzen. Dieses Beispiel dient lediglich der Illustration des Begriffs "Grenznutzen".

5) Dabei wird der Konsum in einem sehr kurzen Zeitraum betrachtet.

bezeichnet werden, wenn sie im Urteil des betrachteten Individuums den gleichen Nutzen stiften. Für jedes vorgegebene Nutzenniveau läßt sich eine bestimmte Indifferenzkurve herleiten. Unterschiedliche Nutzenniveaus sind durch sogenannte **Indifferenzkurven-Scharen** darstellbar. Formal erhält man die Indifferenzkurve, indem der Nutzen konstant gehalten und die Nutzenfunktion anschließend nach x_2 aufgelöst wird:[6)]

$$(7) \quad x_2 = g(x_1, U)$$

Wird die Gleichung (7) nach x_1 abgeleitet, so resultiert die **Steigung der Indifferenzkurve**:

$$(8) \quad \left.\frac{dx_2}{dx_1}\right|_{dU=0} = \frac{dg(x_1, U)}{dx_1}$$

Für die ökonomische Interpretation ist es zweckmäßig, den Absolutbetrag der Steigung der Indifferenzkurve als **Grenzrate der Substitution** zu definieren:[7)]

$$(9) \quad GRS_{x_1}^{x_2} = -\left.\frac{dx_2}{dx_1}\right|_{dU=0}$$

Die **Grenzrate der Substitution** gibt an, auf wieviele Einheiten ein Individuum vom Gut X_2 für eine zusätzliche Einheit vom Gut X_1 zu verzichten bereit ist, ohne daß sich das Nutzenniveau verändert. Sie drückt somit die subjektive Wertschätzung des Gutes X_1 in Mengeneinheiten eines anderen Gutes, hier X_2, aus.[8)] Da die Grenzrate der Substitution in physischen Einheiten gemessen wird, ist sie im Gegensatz zur Nutzenfunktion keine Fiktion, sondern eine empirische Größe, die z.B. durch Befragungen oder auf experimentellem Wege prinzipiell ermittelbar ist.[9)]

Nachdem der Begriff der Grenzrate der Substitution erklärt worden ist, werden die Eigenschaften der Grenzrate der Substitution untersucht. Als erstes ist folgender Zusammenhang zu beachten: Ist ein Individuum bereit, von dem Gut X_2 zwei Mengeneinhei-

---

6) Die Vorgehensweise, aus der Nutzenfunktion die Indifferenzkurven abzuleiten, geht auf Edgeworth (1881) S.21 ff. zurück.

7) Der Begriff der Grenzrate der Substitution erlangte seine Bedeutung durch die Arbeiten von Hicks und Allen (1934) S. 52 ff. und S. 196 ff.

8) An dieser Stelle sei ausdrücklich darauf hingewiesen, daß es sich hier um eine subjektive Bereitschaft des Individuums handelt. Auf wieviel Einheiten der Haushalt tatsächlich verzichten muß, hängt vom Restriktionssystem ab. Darauf wird in den einzelnen Modellen explizit eingegangen.

9) Ansätze diesbezüglich existieren insbesondere von Davis betreffend der Feststellung der Wertschätzung für Freizeitparks und von Dunn über die Wertschätzungen für Einkommen und Freizeit. vgl. hierzu Kleinhückelskoten (1983) S. 49 ff.

ten aufzugeben, um eine zusätzliche Einheit von X_1 zu erhalten, so ist das Individuum auch bereit, für eine zusätzliche Einheit von X_2 0,5 Einheiten von X_1 aufzugeben. Es gilt also die inverse Beziehung:

$$(10)\quad GRS_{x_1}^{x_2} = \frac{1}{GRS_{x_2}^{x_1}} = \left(GRS_{x_2}^{x_1}\right)^{-1}$$

Die subjektive Wertschätzung des Gutes X_1, ausgedrückt in Mengeneinheiten des Gutes X_2, entspricht somit dem Kehrwert der subjektiven Wertschätzung des Gutes X_2, ausgedrückt in Mengeneinheiten des Gutes X_1.

Der Zusammenhang zwischen dem Vorzeichen der Steigung der Indifferenzkurven und den Grenznutzen läßt sich formal durch Bildung des ersten totalen Differentials der Nutzenfunktion herleiten:[10)]

$$(11)\quad dU = f_1(x_1,x_2)\,dx_1 + f_2(x_1,x_2)\,dx_2$$

Das **erste totale Differential der Nutzenfunktion** gibt an, wie sich der Nutzen verändert, wenn die Gütermengen variiert werden. Bei einer Bewegung entlang der Indifferenzkurve bleibt der Nutzen konstant. Daher setzen wir dU gleich Null und erhalten nach Umstellung:

$$(12)\quad \left.\frac{dx_2}{dx_1}\right|_{dU=0} = -\frac{f_1(x_1,x_2)}{f_2(x_1,x_2)}$$

Für positive und negative Grenznutzen ist die Steigung der Indifferenzkurve negativ; ist einer der beiden Grenznutzen positiv und der andere negativ, dann verläuft die Indifferenzkurve mit positiver Steigung. Da die Steigung der Indifferenzkurve dem negativen Verhältnis der Grenznutzen und die Grenzrate der Substitution dem Absolutbetrag der Steigung der Indifferenzkurve entspricht,[11)] folgt, **daß die Grenzrate der Substitution gleich dem Verhältnis der Grenznutzen ist:**

$$(13)\quad GRS_{x_1}^{x_2} = \frac{f_1(x_1,x_2)}{f_2(x_1,x_2)}$$

Es ist wichtig, den Unterschied zwischen der Grenzrate der Substitution und dem partiellen Grenznutzen zu erkennen. **Die Grenzrate der Substitution bezieht sich immer auf ein gegebenes Nutzenniveau, während der partielle Grenznutzen eine Aussage über die Veränderung des Nutzenniveaus trifft.**

---

10) Das Konzept des totalen Differentials wird bei Chiang (1984) S. 194 ff. ausführlich beschrieben.

11) vgl. Gleichung (9)

Bezüglich der Grenzrate der Substitution können folgende Variationen unterschieden werden:

(a) Wie verändert sich die Grenzrate der Substitution entlang der Indifferenzkurve?

(b) Wie verändert sich die Grenzrate der Substitution bei einer partiellen Erhöhung einer Gütermenge?

(c) Wie verändert sich die Grenzrate der Substitution bei einer proportionalen Veränderung der Gütermengen?

2.2. Der Einfluß einer Veränderung von x_1 entlang einer Indifferenzkurve auf die Grenzrate der Substitution

Wenden wir uns der Fragestellung a) nach den Beziehungen zwischen der Veränderung der Grenzrate der Substitution entlang der Indifferenzkurve, der Krümmung der Indifferenzkurve und den partiellen Grenznutzen zu. Zunächst wird die Beziehung zwischen der Veränderung der Grenzrate der Substitution und der Krümmung der Indifferenzkurve hergestellt. Dazu leiten wir die Gleichung (9) nach x_1 ab:

$$(14) \quad \frac{d^2 x_2}{dx_1^2} = - \frac{dGRS_{x_1}^{x_2}}{dx_1} \left\{ \begin{array}{ll} > 0 & \text{konkaver Verlauf} \\ = 0 & \text{linearer Verlauf} \\ < 0 & \text{konvexer Verlauf} \end{array} \right.$$

Aus (14) ist ersichtlich, daß die Indifferenzkurven konvex (konkav) verlaufen, wenn die Grenzrate der Substitution abnimmt (zunimmt). Dies soll anhand der folgenden Abbildung 1 illustriert werden. Die Grenzrate der Substitution wurde als Absolutbetrag der Steigung der Indifferenzkurve definiert. **Ein konvexer Verlauf der Indifferenzkurve bedeutet somit, daß die subjektive Wertschätzung, ausgedrückt durch Mengen des anderen Gutes, für das betrachtete Gut bei zunehmender Menge des betrachteten Gutes und gegebenem Nutzenniveau abnimmt; ein konkaver Verlauf bedeutet dementsprechend eine zunehmende subjektive Wertschätzung.** Für die in der Abbildung 1 dargestellte Präferenzordnung erkennen wir, daß die subjektive Wertschätzung für X_1 in S_0 größer ist als in S_1, in S_1 größer als in S_2 usw.:

$$GRS_{x_1}^{x_2}\Big|_{S_0} > GRS_{x_1}^{x_2}\Big|_{S_1} > GRS_{x_1}^{x_2}\Big|_{S_2} > GRS_{x_1}^{x_2}\Big|_{S_3} \quad \text{bzw.}$$

$$\left|\frac{dx_2}{dx_1}\right|_{S_0} > \left|\frac{dx_2}{dx_1}\right|_{S_1} > \left|\frac{dx_2}{dx_1}\right|_{S_2} > \left|\frac{dx_2}{dx_1}\right|_{S_3}$$

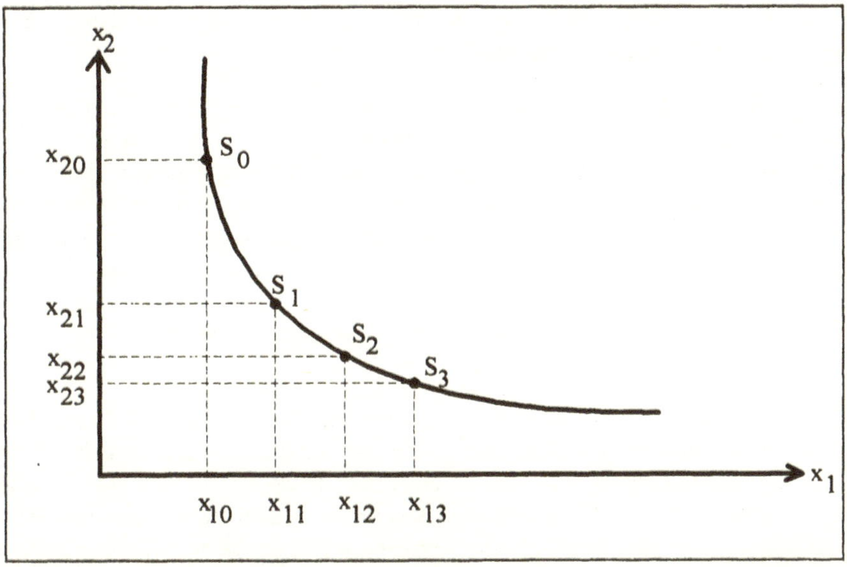

Abbildung 1: GRS und Krümmung der Indifferenzkurve

Das Individuum ist daher immer weniger bereit, Einheiten von X_2 für eine zusätzliche Einheit von X_1 aufzugeben. Da die Steigung der Indifferenzkurve negativ ist und diese negativen Werte immer kleiner werden, nimmt die Steigung der Indifferenzkurve bei einer Erhöhung der Menge X_1 zu bzw. absolut ab, d.h. die Indifferenzkurve verläuft bei abnehmender Grenzrate der Substitution konvex. Betrachten wir hierzu ein Zahlenbeispiel, in dem indifferente Güterkombinationen vorgegeben und die Grenzraten der Substitution berechnet werden:

Kombination	x_1	x_2	$GRS_{x_1}^{x_2}$
1	1	30	
			15
2	2	15	
			5
3	3	10	
			2,5
4	4	7,5	
			1,5
5	5	6	

Tabelle 1: *Beispiel zur Berechnung der* $GRS_{x_1}^{x_2}$

Die Grenzrate der Substitution nimmt in diesem Zahlenbeispiel ab, so daß die korrespondierende Indifferenzkurve konvex verläuft.

Es ist wichtig, in diesem Zusammenhang darauf hinzuweisen, daß Aussagen in der Form "ein Individuum schätzt ein Gut doppelt so hoch ein wie ein anderes Gut" nicht haltbar sind. Wie erläutert worden ist, hängt die subjektive Wertschätzung in Form der Aufgabebereitschaft davon ab, wieviel Mengen ein Individuum von den jeweiligen Gütern besitzt. Die Wertschätzung ist in einigen Gütermengenkonstellationen relativ groß, in anderen relativ gering. Es ist daher lediglich folgende Aussage möglich: "Ein Individuum schätzt ein Gut in einer bestimmten Mengenkombination, ausgedrückt durch die Aufgabebereitschaft in Mengen eines anderen Gutes, relativ gering bzw. relativ hoch ein".

Für die Darstellung des Zusammenhangs zwischen der Veränderung der Grenzrate der Substitution entlang der Indifferenzkurve und der Veränderung der partiellen Grenznutzen wird die Gleichung (13) nach x_1 abgeleitet. Dabei ist zu berücksichtigen, daß eine Erhöhung von x_1 bei Konstanthaltung von x_2 das Nutzenniveau verändert. Bei der Durchführung einer partiellen Ableitung verlassen wir daher die betrachtete Indifferenzkurve.[12] Der Nutzen kann nur dann konstant bleiben, wenn x_2 in Höhe der Grenzrate der Substitution variiert. Dies können wir formal durch Substitution der Indifferenzkurve (7) in die Gleichung (13) zur Geltung bringen:

$$(15)\quad GRS_{x_1}^{x_2} = \frac{f_1[x_1, x_2(x_1)]}{f_2[x_1, x_2(x_1)]}$$

Die Veränderung der Grenzrate der Substitution entlang der Indifferenzkurve resultiert aus der Ableitung der Gleichung (15) nach x_1:

$$(16)\quad \left.\frac{dGRS_{x_1}^{x_2}}{dx_1}\right|_{dU=0} = \frac{f_2\left(f_{11} + f_{12}\,\frac{dx_2}{dx_1}\right) - f_1\left(f_{21} + f_{22}\,\frac{dx_2}{dx_1}\right)}{f_2^{\,2}}$$

Unter Beachtung der Gleichung (12) folgt:

12) Mit der Untersuchung des Vorzeichens der partiellen Ableitung kann überprüft werden, ob ein Gut als superior oder inferior bewertet wird. Dies wird ausführlich im folgenden Abschnitt gezeigt.

$$(17)\quad \left.\frac{dGRS_{x_1}^{x_2}}{dx_1}\right|_{dU=0} = \frac{f_2\left(f_{11} - f_{12}\,\frac{f_1}{f_2}\right) - f_1\left(f_{21} - f_{22}\,\frac{f_1}{f_2}\right)}{f_2^{\,2}}$$

Nach Erweiterung des Zählers und Nenners mit f_2 resultiert:

$$(18)\quad \left.\frac{dGRS_{x_1}^{x_2}}{dx_1}\right|_{dU=0} = \frac{f_{11}f_2^{\,2} - 2f_{12}f_1f_2 + f_{22}f_1^{\,2}}{f_2^{\,3}}$$

Aus der Gleichung (18) können folgende Aussagen festgehalten werden:

(1) Die Grenzrate der Substitution nimmt bei abnehmenden partiellen Grenznutzen und positiver Kreuzableitung der Nutzenfunktion immer ab.

(2) Die Grenzrate der Substitution kann aber selbst bei zunehmenden Grenznutzen abnehmen. Diese Konstellation tritt ein, wenn der Effekt der positiven Kreuzableitung die Effekte der partiellen Grenznutzen überkompensiert.

Folglich kann aus der Aussage **"die Grenzrate der Substitution nimmt entlang der Indifferenzkurve ab" nicht auf abnehmende partielle Grenznutzen geschlossen werden!** Die Annahme der abnehmenden Grenznutzen ist hinreichend für einen konvexen Verlauf der Indifferenzkurve, wenn die Kreuzableitungen der Nutzenfunktion positiv sind. Sie ist aber nicht notwendig. Dies wollen wir an einem Beispiel näher erläutern. Die Nutzenfunktion

$$(19)\quad U = x_1^{\,2}x_2^{\,2}$$

weist zunehmende partielle Grenznutzen auf:

$$(20)\quad f_{11} = 2x_2^{\,2} > 0$$

$$(21)\quad f_{22} = 2x_1^{\,2} > 0$$

Aus der Nutzenfunktion (19) folgt für die Indifferenzkurven:

$$(22)\quad x_2 = U^{0,5}x_1^{\,-1}$$

Daraus resultieren fallende und konvexe Verläufe der Indifferenzkurven:

$$(23)\quad \frac{dx_2}{dx_1} = -\,U^{0,5}x_1^{\,-2} < 0 \qquad (24)\quad \frac{d^2x_2}{dx_1^{\,2}} = 2\,U^{0,5}x_1^{\,-3} > 0$$

Aus der Nutzenfunktion (19) erhält man trotz zunehmender Grenznutzen konvexe Verläufe der Indifferenzkurven!

Bei der Herleitung der Gleichgewichte und innerhalb der komparativ-statischen Untersuchung von Modellen werden wir häufig dem Begriff der **Quasi-Konkavität** von Nutzenfunktionen begegnen. Aus diesem Grunde wird an dieser Stelle der Begriff der Quasi-Konkavität definiert und der Zusammenhang zum Verlauf der Indifferenzkurven abgeleitet. Eine Nutzenfunktion verläuft **quasi-konkav**, wenn die Determinante der **geränderten Hesse-Matrix** positiv ist:

$$(25)\quad |G| = \begin{vmatrix} f_{11} & f_{12} & f_1 \\ f_{21} & f_{22} & f_2 \\ f_1 & f_2 & 0 \end{vmatrix} > 0$$

$|G|$: Determinanten der geränderten Hesse-Matrix

Um den Zusammenhang zwischen der Krümmung der Indifferenzkurve und der Quasi-Konkavität der Nutzenfunktion aufzuzeigen, wird die Determinante der geränderten Hesse-Matrix ausgerechnet. Dies kann z.B. durch Entwicklung der Determinante nach der 3. Spalte erfolgen:[13)]

$$(26)\quad |G| = f_1 \begin{vmatrix} f_{21} & f_{22} \\ f_1 & f_2 \end{vmatrix} - f_2 \begin{vmatrix} f_{11} & f_{12} \\ f_1 & f_2 \end{vmatrix} > 0 \quad \text{bzw.}$$

$$(27)\quad |G| = f_1 f_2 f_{21} - f_1^2 f_{22} - f_2^2 f_{11} + f_1 f_2 f_{21} > 0 \quad \text{oder}$$

$$(28)\quad |G| = 2 f_1 f_2 f_{21} - f_1^2 f_{22} - f_2^2 f_{11} > 0$$

Der Vergleich der Gleichung (28) mit der Gleichung (18) liefert das Ergebnis, **daß bei einer quasi-konkaven Nutzenfunktion die Grenzraten der Substitution entlang der Indifferenzkurve abnehmen und die Indifferenzkurven daher konvex verlaufen.**

Es ist darauf hinzuweisen, daß dieser Zusammenhang nur im Zwei-Güter-Fall Gültigkeit besitzt. Im Mehr-Güter-Fall resultieren zwar auch aus der Quasi-Konkavität paarweise konvexe Indifferenzkurven, jedoch sind paarweise konvexe Indifferenzkurven nicht hinreichend für die Quasi-Konkavität der Nutzenfunktion. Die Annahme der Quasi-Konkavität der Nutzenfunktion ist im N-Güterfall strenger als die Annahme der paarweise konvexen Indifferenzkurven.[14)] Es sei abschließend noch erwähnt, daß ein

13) Zur Berechnung von Determinanten siehe Chiang (1984) S. 95 ff.

14) vgl. ausführlicher Silberberg (1978) S. 221 f.

quasi-konkaver Verlauf nicht mit einem konkaven Verlauf der Nutzenfunktion gleichzusetzen ist. Die Nutzenfunktion verläuft **konkav**, wenn gilt:

$$(29) \quad f_{11}, f_{22} < 0, \qquad \begin{vmatrix} f_{11} & f_{12} \\ f_{12} & f_{22} \end{vmatrix} > 0$$

Die Unterschiede können anhand der Nutzenfunktion

$$(19) \quad U = x_1^2 x_2^2$$

erläutert werden. Für die geränderte Hesse-Matrix erhalten wir:

$$(30) \quad |G| = \begin{vmatrix} 2x_2^2 & 4x_1x_2 & 2x_1x_2^2 \\ 4x_1x_2 & 2x_1^2 & 2x_1^2x_2 \\ 2x_1x_2^2 & 2x_1^2x_2 & 0 \end{vmatrix} = 16x_1^4x_2^4 > 0$$

Die Nutzenfunktion (19) ist also quasi-konkav. Da die zweiten partiellen Ableitungen positiv sind, verläuft die Nutzenfunktion aber nicht konkav.

2.3. Der Einfluß einer partiellen Mengenänderung auf die Grenzrate der Substitution

Betrachten wir als nächstes die in 2.1 aufgeworfene Frage b). Wir untersuchen die Veränderung der Wertschätzung eines Gutes X_1, ausgedrückt durch Mengen eines anderen Gutes X_2, bei einer Zunahme der Menge des anderen Gutes X_2, z.B. die Veränderung der subjektiven Wertschätzung für Schallplatten bei einer Zunahme an Cassetten. In diesem Fall wird die Veränderung der Grenzrate der Substitution beim Übergang von einer Indifferenzkurve zu einer anderen untersucht. In Anlehnung an Kleinhückelskoten und Spaetling wollen wir ein Gut als **superior (inferior)** zu einem anderen Gut bezeichnen, wenn die subjektive Wertschätzung, ausgedrückt durch die Aufgabebereitschaft von Mengen des anderen Gutes, für das bewertete Gut bei Erhöhung der Menge des anderen Gutes zunimmt (abnimmt):[15)]

15) vgl. Kleinhückelskoten, Spaetling (1981) S. 515 f.

Hicks (1974) (1. Auflage 1939) bezeichnet mit Inferiorität die relative Minderwertigkeit von Gütern; vgl. auch Stackelberg (1951) S. 147 f., der Inferiorität und Superiorität als subjektive Wertschätzungen von Gütern herausarbeitet.

Es sei darauf hingewiesen, daß die Begriffe Superiorität und Inferiorität von den Lehrbuchdarstellungen abweichend definiert worden sind. Auf die Gründe für diese abweichende Definition kommen wir im Abschnitt III.D.2 zurück.

$$(31) \qquad \left.\frac{\partial\, GRS_{x_1}^{x_2}}{\partial x_2}\right\} \begin{array}{lll} > & 0 & X_1 \text{ ist zu } X_2 \text{ superior.} \\ = & 0 & X_1 \text{ ist zu } X_2 \text{ weder inferior noch superior.} \\ < & 0 & X_1 \text{ ist zu } X_2 \text{ inferior.} \end{array}$$

Die folgende Abbildung 2 illustriert die möglichen Alternativen. Den Ausgangspunkt der Betrachtung bildet das Sortiment S_0 in der Abbildung 2a). Die Menge von X_2, die das Individuum maximal für eine zusätzliche Einheit von X_1 aufzugeben bereit ist, beträgt in S_0 dx_2^0. Im Sortiment S_0' sind mehr Mengeneinheiten von X_2 als in S_0 enthalten. Da x_1 in beiden Sortimenten gleich ist, ist der relative Anteil des Gutes X_1 in S_0' kleiner. In der Abbildung 2a) wurde unterstellt, daß die GRS für X_1 größer ist als in S_0. Die relative Wertschätzung für X_1 ist demnach in S_0' gestiegen. Güter mit einer solchen Eigenschaft bezeichnen wir als superior.

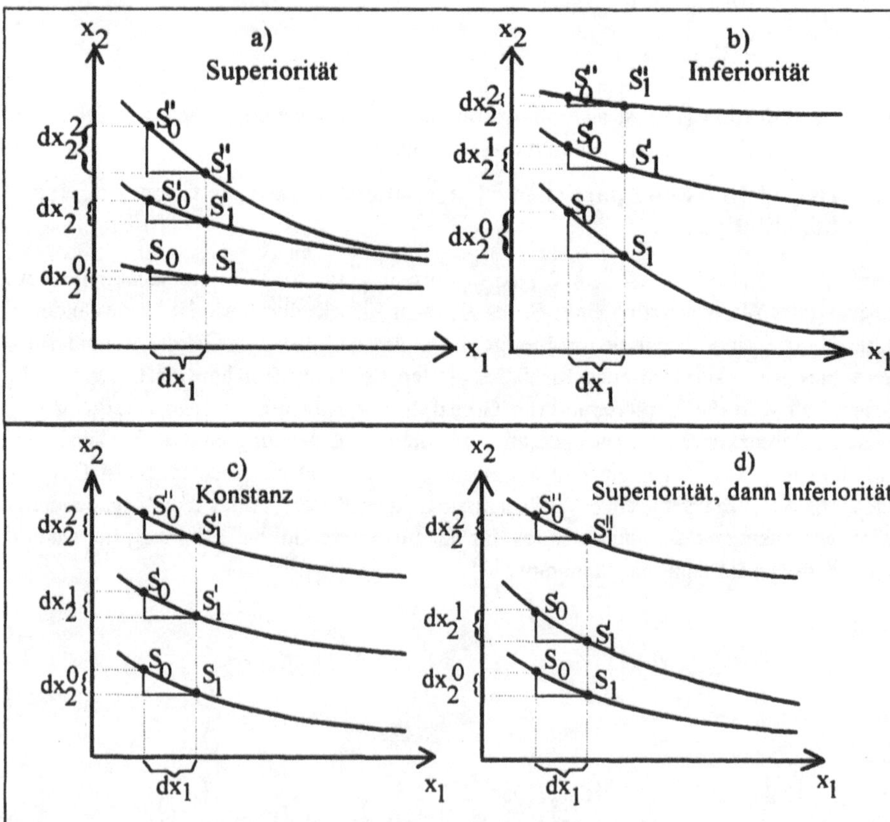

Abbildung 2: Indifferenzkurvenverläufe bei Superiorität und Inferiorität von X_1

Das Indifferenzkurvensystem der Abbildung 2b) stellt eine Präferenzordnung dar, in der die subjektive Wertschätzung für X_1 bei steigender Menge von X_2 und gleichbleibender Menge von X_1 abnimmt. Güter, die ein Haushalt derart beurteilt, bezeichnen wir als inferior.

In der Abbildung 2c) bleibt die Grenzrate der Substitution bei einer partiellen Erhöhung der Menge von X_2 unverändert. Das Gut X_1 ist weder superior noch inferior. Die Wertschätzung für X_1 ist unabhängig von den Mengen des Gutes X_2.

In der Abbildung 2d) gilt für das Gut X_1, daß es zunächst zu dem Gut X_2 als superior und dann als inferior bewertet wird. Der letztgenannte Verlauf zeigt, daß **die superiore bzw. inferiore Bewertung eines Gutes von der betrachteten Gütermengenkombination abhängt und somit immer eine lokale und keine globale Gutseigenschaft darstellt**. Diese Lokalität der Definition bezieht sich nicht nur auf bestimmte Mengenkombinationen zwischen X_1 und X_2, sondern auch auf unterschiedliche Güter, wenn der N-Güterfall betrachtet wird. So kann z.B. das Gut X_1 zu dem Gut X_2 superior, aber gleichzeitig zu dem Gut X_3 inferior sein.

Als nächstes wird die Veränderung der subjektiven Wertschätzung von X_1, ausgedrückt durch Mengen von X_2 bei partieller Variation von x_1, untersucht. Dazu leiten wir die Gleichung (10) nach x_1 ab. Unter Anwendung der Kettenregel folgt:

$$(32) \quad \frac{\partial\, GRS_{x_1}^{x_2}}{\partial x_1} = \frac{\partial \left(GRS_{x_2}^{x_1}\right)^{-1}}{\partial x_1} = -\left(GRS_{x_2}^{x_1}\right)^{-2} \frac{\partial\, GRS_{x_2}^{x_1}}{\partial x_1}$$

Aus (32) resultiert:

$$(33) \quad \frac{\partial\, GRS_{x_1}^{x_2}}{\partial x_1} \left\{ \begin{array}{ll} > 0 & X_2 \text{ ist zu } X_1 \text{ inferior.} \\ = 0 & X_2 \text{ ist zu } X_1 \text{ weder inferior noch superior.} \\ < 0 & X_2 \text{ ist zu } X_1 \text{ superior.} \end{array} \right.$$

Nimmt die subjektive Wertschätzung für das Gut X_1, ausgedrückt durch die Aufgabebereitschaft an Mengen des Gutes X_2, bei einer partiellen Erhöhung der Menge des Gutes X_1 zu, wird das Gut X_2 als inferior, nimmt die Wertschätzung ab, wird das Gut X_2 als superior bewertet. Zur Illustration betrachten wir die folgende Abbildung 3.

Ausgehend von S_0 nimmt die subjektive Wertschätzung des Gutes X_1 bei partieller Erhöhung der Menge des Gutes X_1 in der Abbildung 3a) ab und in der Abbildung 3b) zu. Dies ist aufgrund der Gleichung (10) gleichbedeutend mit einer Zunahme bzw. einer Abnahme der subjektiven Wertschätzung für das Gut X_2. Das Gut X_2 wird also in der Abbildung 3a) superior und in der Abbildung 3b) inferior bewertet.[16)]

---

16) Auf die Darstellung der anderen Fälle wird hier verzichtet.

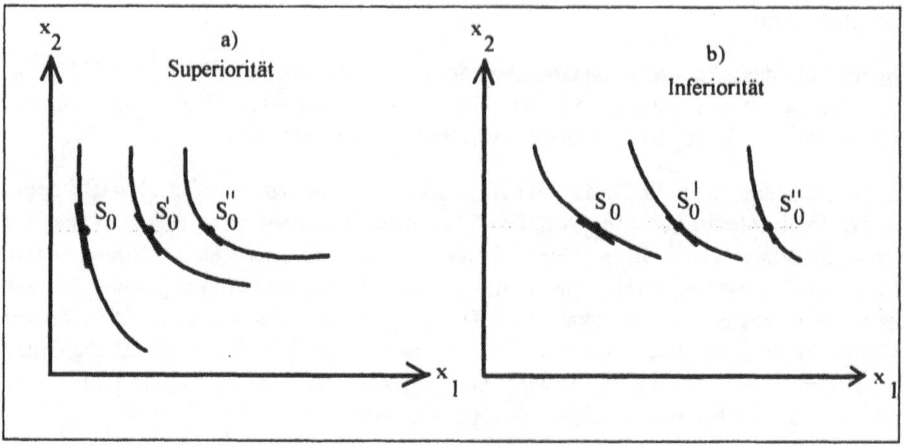

Abbildung 3: Indifferenzkurvenverläufe bei Superiorität und Inferiorität von X_2

Welcher Zusammenhang besteht zwischen der superioren bzw. inferioren Bewertung eines Gutes und den partiellen Ableitungen einer Nutzenfunktion? Differenzieren wir zur Beantwortung dieser Frage die Gleichung (13) nach x_2:

$$(34) \quad \frac{\partial \, GRS_{x_1}^{x_2}}{\partial \, x_2} = \frac{f_{12}f_2 - f_{22}f_1}{f_2^{\,2}}$$

Ist die zweite partielle Ableitung negativ und die Kreuzableitung positiv bzw. Null, dann wird X_1 für den Fall positiver Grenznutzen superior bewertet. Ist die zweite partielle Ableitung positiv und die Kreuzableitung negativ, dann wird das Gut als inferior bewertet. Haben Kreuzableitung und zweite partielle Ableitung die gleichen Vorzeichen, dann hängt das Vorzeichen der Ableitung von den Niveaus der beiden Ausdrücke im Zähler ab.

2.4. Der Einfluß einer proportionalen Mengenänderung auf die Grenzrate der Substitution

Schließlich können wir die Veränderung der Grenzrate der Substitution bei einer proportionalen Variation der Gütermengen untersuchen. Zu diesem Zweck führen wir den Begriff der **Isokline** ein: Eine Isokline stellt die Verbindungslinie von Punkten verschiedener Indifferenzkurven dar, die die gleiche Grenzrate der Substitution aufweisen. Bei einer proportionalen Veränderung der Gütermengen können zwei unterschiedliche Ergebnisse eintreten, die in der folgenden Abbildung illustriert werden.

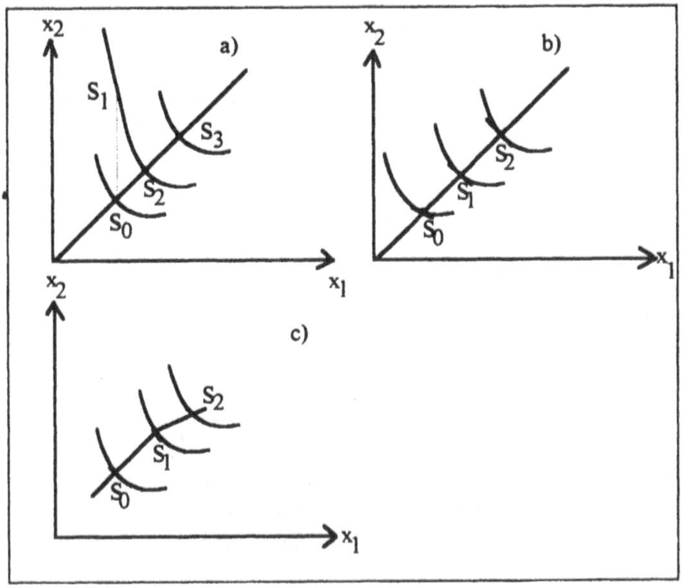

Abbildung 4: Veränderung der GRS bei proportionaler Mengenänderung

Eine proportionale Variation beider Gütermengen kann durch einen Fahrstrahl aus dem Ursprung graphisch dargestellt werden. Im Teil a) der Abbildung 4) ändert sich die Grenzrate der Substitution entlang eines Strahls aus dem Ursprung nicht, während im Teil b) die Grenzrate der Substitution variiert. Nutzenfunktionen mit der Eigenschaft, daß sich die Grenzrate der Substitution bei einer proportionalen Mengenänderung nicht verändert bzw. daß die Isokline eine Gerade aus dem Ursprung darstellt, bezeichnet man als **homothetische Nutzenfunktion**. Nutzenfunktionen, die diese Eigenschaft nicht aufweisen, werden als **nicht homothetisch** bezeichnet. Bei der in der Abbildung 4a) dargestellten Nutzenfunktion handelt es sich demnach um eine homothetische und in der Abbildung 4b) um eine nicht homothetische Nutzenfunktion. Alternativ könnte man den Fall einer nicht homothetischen Nutzenfunktion durch Verbindung aller Güterbündel mit gleicher Grenzrate der Substitution, wie in der Abbildung 4c) dargestellt, zeigen, wobei die Verbindungslinie keine Gerade aus dem Ursprung ist.

Bei homothetischen Nutzenfunktionen sind die betrachteten Güter immer superior. Sehen wir uns hierzu noch einmal die Abbildung 4a) an. Da die unterstellte Nutzenfunktion homothetisch ist, sind die Grenzraten der Substitution in S_0 und S_2 gleich groß. Geht man von S_2 nach S_1, dann nimmt die Grenzrate der Substitution aufgrund des konvexen Verlaufs der Indifferenzkurve zu. In S_1 ist die Grenzrate der Substitution also größer als in S_0, d.h. X_1 ist superior. Mit der Annahme einer homothetischen Nutzenfunktion wird der Inferioritätsfall daher ausgeschlossen.

Dieser Typ von Nutzenfunktion wird oft in volkswirtschaftlichen Modellen unterstellt, z.B.

- bei der Analyse der optimalen Kapitalakkumulation bei gleichzeitiger Güter- und Verfahrensinnovation;[17)]
- bei der Diskussion der Auswirkung des technischen Fortschritts auf die Wirtschaftsstruktur[18)] oder den Außenhandel[19)] eines Landes;
- bei der Analyse der spekulativen Geldnachfrage bei Vermögensänderungen;[20)]
- bei der Beurteilung des ökonomischen Preisindexes bezüglich des Problems von Invarianzen bei Nutzenniveauunterschieden.[21)]

Es sei ausdrücklich darauf hingewiesen, daß mit der Annahme einer homothetischen Nutzenfunktion bereits bestimmte Ergebnisse in den Annahmen postuliert werden.

2.5. Die Bedeutung der Indifferenzkurvenanalyse

In diesem Lehrbuch bildet das Konzept des Indifferenzkurvensystems die Basis zur Analyse des Angebots- und Nachfrageverhaltens privater Haushalte. Die Anwendungsmöglichkeiten dieses Konzeptes sind jedoch nicht auf die Haushaltstheorie beschränkt. Um die Bedeutung des Konzeptes deutlich zu machen, sollen nachfolgend beispielhaft einige weitere Anwendungsmöglichkeiten angedeutet werden:

In den neueren Ansätzen der Preistheorie wird davon ausgegangen, daß die Manager in einem bestimmten Bereich über diskretionäre Entscheidungsspielräume verfügen. Dabei wird unterstellt, daß die Zielsetzung der Manager nicht ausschließlich in einer Maximierung des Gewinns besteht, sondern daß noch weitere Ziele, wie z.B. Umsätze, Werbung oder Prestige, verfolgt werden. Die Mehrdimensionalität dieser Ziele wird anhand von Indifferenzkurven erfaßt, mit deren Hilfe das Güterangebotsverhalten der Unternehmen sowie deren Reaktionen auf Steueränderungen analysiert werden.[22)]

Im Rahmen der Handelstheorie werden die Wohlfahrtswirkungen der internationalen Arbeitsteilung analysiert. Um die Art der Spezialisierung und die Aufteilung der resultierenden Wohlfahrtsgewinne ableiten zu können, arbeitet man in der Handelstheorie mit sogenannten "gesellschaftlichen Indifferenzkurven".[23)]

Innerhalb der Geldtheorie wird die Reaktion der Geldnachfrage auf Veränderungen der Zinssätze und des Anlagerisikos untersucht. Zu diesem Zweck greift die Geldtheorie auf das Indifferenzkurvenkonzept zurück.[24)]

---

17) vgl. Neumann (1982) S. 61 ff.

18) vgl. Neumann (1982) S. 133

19) vgl. z.B. Heller (1975) S. 155 ff.

20) vgl. z.B. Jarchow (1984) S. 77 ff.

21) vgl. Pohl (1981) S. 27 ff

22) vgl. Koutsoyiannis (1979) S. 371 ff. und Blattner (1977) S. 38 ff.

23) vgl. z.B. Heller (1975) S. 85 ff.; Rose (1989) S. 354 ff.

24) vgl. z.B. Jarchow (1984) S. 70 ff.

Auch innerhalb der Finanztheorie zur Bestimmung des optimalen Budgetumfanges für öffentliche Güter werden Indifferenzkurven zur Erklärung herangezogen.[25)]

In der Gesundheitsökonomie werden Auswirkungen alternativer Honorarformen auf das Angebotsverhalten der Ärzte untersucht. Dabei wird unterstellt, daß das Einkommen, der Güterkonsum, die Freizeit, der Behandlungserfolg usw. das Wohlfahrtsniveau eines Arztes beeinflussen, so daß das Präferenzsystem eines Arztes ebenfalls mit Hilfe eines Indifferenzkurvensystems dargestellt werden kann.[26)]

Im Rahmen der Neokeynesianischen Theorie werden mit Hilfe eines Indifferenzkurvensystems die Auswirkungen von Rationierungen auf Güter- und Arbeitsmärkten untersucht.[27)]

Innerhalb der Sozialökonomik werden die Auswirkungen von Realtransfers, direkten Einkommenshilfen, einkommensabhängigen und einkommensunabhängigen Transfers unter Zugrundelegung von Indifferenzkurven analysiert.[28)]

2.6. Zusammenfassung

Wir wollen die wichtigsten Erkenntnisse des vorliegenden Abschnitts noch einmal zusammenfassen:

(1) Indifferenzkurven verbinden Güterbündel, deren Wertschätzung in den Augen der Konsumenten identisch ist.

(2) Der Absolutbetrag der Steigung der Indifferenzkurve wird als Grenzrate der Substitution bezeichnet. Sie gibt an, auf wieviel Einheiten eines anderen Gutes ein Haushalt für eine zusätzliche Einheit eines betrachteten Gutes zu verzichten bereit ist, ohne daß sich der Grad der Bedürfnisbefriedigung ändert.

(3) Die subjektive Wertschätzung des Gutes X_1, ausgedrückt in Mengeneinheiten des Gutes X_2, entspricht dem Kehrwert der subjektiven Wertschätzung des Gutes X_2, ausgedrückt in Mengeneinheiten des Gutes X_1.

(4) Die Grenzrate der Substitution entspricht dem Verhältnis der partiellen Grenznutzen.

(5) Die Indifferenzkurve hat eine negative Steigung, wenn beide Grenznutzen entweder positiv oder negativ sind.

(6) Die Indifferenzkurve verläuft konvex, wenn die Grenzrate der Substitution entlang der Indifferenzkurve abnimmt.

(7) Aus einer abnehmenden Grenzrate der Substitution kann *nicht* auf abnehmende Grenznutzen geschlossen werden.

(8) Ein Gut wird als superior (inferior) bezeichnet, wenn die subjektive Wertschätzung des Gutes, ausgedrückt durch die Grenzrate der Substitution, bei partieller

---

25) vgl. z.B. Peffekoven (1984) S. 469

26) vgl. z.B. Moritz (1990) S. 81 ff.

27) vgl. z.B. Felderer, Homburg (1987) S. 291 ff.

28) vgl. z.B. Petersen (1989) S. 71 ff.

Erhöhung der Menge des anderen Gutes zunimmt (abnimmt).

(9) Nimmt die subjektive Wertschätzung für das Gut X_1, ausgedrückt durch die Aufgabenbereitschaft an Mengen des Gutes X_2, bei einer partiellen Erhöhung der Menge des Gutes X_1 zu (ab), wird das Gut X_2 als inferior (superior) bewertet.

(10) Ein Gut wird als superior (inferior) bewertet, wenn die Kreuzableitung positiv (negativ) und die zweite partielle Ableitung negativ (positiv) ist.

(11) Eine Nutzenfunktion wird als homothetisch bezeichnet, wenn die Isoklinen Geraden aus dem Ursprung sind.

(12) Homothetische Nutzenfunktionen implizieren eine superiore Bewertung der Güter.

D. Kardinale versus ordinale Nutzentheorie

1. Die kardinale Nutzentheorie

In der mikroökonomischen Theorie wird zwischen einer **ordinalen** und einer **kardinalen Nutzentheorie** unterschieden. Die kardinale Nutzentheorie fußt auf den Überlegungen von Gossen, dessen Werk lange unbeachtet geblieben ist. Seine Arbeit wurde von Menger, Jevons und Walras wiederentdeckt und weiterentwickelt.[29)]

Die kardinale Nutzentheorie geht von der Grundhypothese der Meßbarkeit des Nutzens aus und unterstellt, daß für jedes Individuum genau eine Nutzenfunktion existiert. Demnach ist ein Individuum in der Lage, unterschiedlichen Güterbündeln kardinale Zahlen zuzuordnen, d.h. das Individuum kann angeben, wie stark es ein Güterbündel einem anderen Güterbündel vorzieht. Die Meßbarkeit des Nutzens impliziert weiterhin die Interpretierbarkeit der Veränderung des Grenznutzens. Dabei nahmen die Vertreter der kardinalen Nutzentheorie abnehmende Nutzenzuwächse bzw. negative zweite partielle Ableitungen an,

$$(35) \quad f_{11}, f_{22} < 0$$

wobei der Grenznutzen ab einem Sättigungspunkt negativ wird. Die Annahme des abnehmenden Grenznutzens geht auf Gossen zurück. Man spricht daher auch von dem **1. Gossenschen Gesetz**.[30)] Weiterhin unterstellten die ursprünglichen Vertreter der kardinalen Nutzentheorie additive Nutzenfunktionen mit Kreuzableitungen von Null. So findet man bei Gossen eine quadratische Funktion des Gesamtnutzens einer Güter-

---

29) vgl. Krelle (1968) S. 6 sowie Ott, Winkel (1985) S. 235 ff.

30) vgl. Gossen (1967) S. 4 f. (1. Auflage 1854) Nach m.E. führt der in der Ökonomie häufig verwendete Begriff "Gesetz" oft zu falschen Assoziationen, da es sich um Annahmen oder Hypothesen handelt. Den Grund für die Beliebtheit dieses Begriffes hat Burchardt (1986) S. 83 treffend beschrieben: "Da die Ökonomen seit jeher die Naturwissenschaften um ihre Exaktheit und Strenge der Gesetzesableitungen beneiden, tendieren sie oft dazu, schönen einfachen Kausalverknüpfungen den Rang ökonomischer Gesetze zu verleihen."

menge,

$$(36)\quad U = U_0 + (a_1x_1 - b_1x_1^2) + (a_2x_2 - b_2x_2^2) \ldots$$

a_i, b_i: Parameter,

oder bei Jevons den Gesamtnutzen als Summe der Teilnutzen der Güter.[31)]

$$(37)\quad U = U^{(1)}(x_1) + \ldots + U^{(n)}(x_n)$$

Wie aus der Gleichung (34) hervorgeht, wird durch die Annahmen der negativen zweiten partiellen Ableitungen und einer Kreuzableitung von Null der Inferioritätsfall ausgeschlossen. Erst Edgeworth[32)] und Fisher[33)] gaben die Annahme additiver Nutzenfunktionen auf und gingen von allgemeinen Nutzenfunktionen des Typs

$$(1)\quad U = f(x_1, x_2)$$

aus, wodurch sowohl positive als auch negative Kreuzableitungen der Nutzenfunktion in der mikroökonomischen Theorie berücksichtigt werden konnten.

2. Die ordinale Nutzentheorie

Die Annahme der Meßbarkeit des Nutzens wirft folgende Probleme auf: Wenn der Nutzen meßbar ist, dann muß auch eine Maßeinheit des Nutzens existieren. Was ist aber der Maßstab des Nutzens? Gelten diese Maßstäbe für alle Individuen? Ist es wirklich möglich anzugeben, daß z.B. der Nutzen, den ein Güterbündel stiftet, doppelt so groß ist wie der Nutzen, den ein anderes Güterbündel stiftet? Aufgrund dieser Probleme der kardinalen Nutzentheorie wurde die Frage formuliert, ob nicht die Möglichkeit, mit weniger stringenten Annahmen innerhalb der mikroökonomischen Theorie zu arbeiten, besteht, d.h. die Meßbarkeit des Nutzens aufgegeben und von einer ordinalen Nutzentheorie ausgegangen werden kann. Die **Ordinalität** besagt, daß lediglich eine Präferenzordnung festzulegen ist, aber nicht das konkrete Niveau der Bedürfnisbefriedigung. Dies wollen wir an einem Beispiel erläutern. Die folgende Tabelle 2 gibt für fünf unterschiedliche Güterbündel die Nutzenindices an, die aus drei unterschiedlichen Nutzenfunktionen resultieren. Den verschiedenen Güterbündeln werden gemäß der unterschiedlichen Nutzenfunktionen zwar differierende Nutzenindices zugeordnet, jedoch resultiert aus allen drei Nutzenfunktionen die Präferenzordnung:

$$S_5 > S_3 > S_4 = S_2 > S_1$$

---

31) vgl. hierzu auch Samuelson (1983) S. 93 sowie Kade (1962) S. 131 ff. Zur Entwicklung der Theorien zum Präferenzsystem vgl. auch Wold (1952) S. 60 ff.

32) vgl. Edgeworth (1881) S. 20.

33) vgl. Fisher (1892)

Güterbündel	Nutzenfunktion A $U = x_1^{0,5}x_2^{0,5}$	Nutzenfunktion B $U = x_1x_2$	Nutzenfunktion C $U = x_1^2x_2^2$
$S_1:(x_1=1;x_2=1)$	1	1	1
$S_2:(x_1=2;x_2=1)$	1,41	2	4
$S_3:(x_1=3;x_2=1)$	1,73	3	9
$S_4:(x_1=1;x_2=2)$	1,41	2	4
$S_5:(x_1=2;x_2=2)$	2	4	16

Tabelle 2: Die Bewertung von Güterbündeln

Gemäß der ordinalen Nutzentheorie ist es bedeutungslos, welche Zuordnungsvorschrift ein Haushalt wählt. Entscheidend ist ausschließlich, daß die Präferenzstruktur in den Zuordnungsvorschriften unverändert bleibt. Wir können daher im Rahmen der ordinalen Nutzentheorie Nutzenfunktionen beliebig transformieren, vorausgesetzt, die Präferenzordnung bleibt unverändert. Eine Transformation, die diese Voraussetzung erfüllt, bezeichnet man als **monotone Transformation**. Die ordinale Nutzenfunktion ist daher eine "Gummi-Nutzenfunktion", die durch eine monotone Transformation verändert werden kann.[34] Innerhalb der ordinalen Nutzentheorie haben daher lediglich die Eigenschaften der Nutzenfunktion eine Bedeutung, die von einer monotonen Transformation nicht verändert werden. Diese Eigenschaften wollen wir nun ermitteln. Wir transformieren die Nutzenfunktion aus Gleichung (1) monoton mit Hilfe der Zuordnungsvorschrift:

(38) $V = F(f)$ bzw.

(39) $V = F\left[f(x_1,x_2)\right]$

Für eine monotone Transformation muß das Vorzeichen der 1. Ableitung der Transformation $\frac{\partial F}{\partial f}$ positiv sein. Die Transformation

$$F = f^{-1} \quad \text{mit} \quad \frac{\partial F}{\partial f} = -f^{-2} < 0$$

hat beispielsweise eine negative 1. Ableitung. Jedem Güterbündel wird nach der Transformation der Kehrwert des ursprünglichen Nutzenindices zugeordnet. Ausgehend von der Nutzenfunktion B erhält S_5 den Wert 0,25, S_4 den Wert 0,5, S_3 den Wert 0,33 usw. Die Präferenzordnung kehrt sich also um. Eine solche Transformation ist daher nicht zulässig.

Das Vorzeichen der zweiten Ableitung der monotonen Transformation

34) vgl. Boulding (1972) S. 85.

(40) $$\frac{\partial^2 F}{\partial f^2} >/< 0$$

kann dagegen sowohl positiv als auch negativ sein. Zur Verdeutlichung betrachten wir die Tabelle 2. Ausgehend von der Nutzenfunktion A erhalten wir durch die monotone Transformation

(41) $$F = f^4$$

die Nutzenfunktion C. Ausgehend von C resultiert aus der monotonen Transformation

(42) $$F = f^{0,25}$$

die Nutzenfunktion A. Während in beiden Fällen die erste Ableitung der monotonen Transformation positiv ist, ist die zweite Ableitung bei der Transformation von A nach C positiv und bei der Transformation von C nach A negativ. **Aussagen über das Vorzeichen der zweiten Ableitung einer monotonen Transformation sind daher nicht möglich**.

Wie wir aus der Gleichung (38) bzw. der Tabelle 2 erkennen, verändert sich durch die Transformation der Nutzenindex. Die Höhe des Nutzenindices eines Güterbündels hat innerhalb der ordinalen Nutzentheorie nur noch die Aufgabe, die Güterbündel in eine Reihenfolge zu bringen. Jede monoton transformierte Nutzenfunktion leistet bezüglich der Bildung einer Präferenzordnung den gleichen Dienst. Der Nutzen eines Güterbündels ist im Rahmen der ordinalen Nutzentheorie mit seiner Stellung innerhalb der Präferenzstruktur gleichzusetzen. Dies heißt, **es können keine Aussagen darüber gemacht werden, um das Wievielfache die Nutzenstiftung eines Güterbündels die Nutzenstiftung eines anderen Güterbündels übersteigt. Die Bildung von Nutzendifferenzen verliert dadurch ebenfalls ihre Aussagekraft**. Aus der Tabelle 2 erkennen wir, daß der Nutzenindex S_5 gegenüber dem Güterbündel S_1 doppelt so groß ist, wenn die Nutzenfunktion A zu Grunde gelegt wird, und 16 mal so groß, wenn die Nutzenfunktion C herangezogen wird.

Ein weiterer wesentlicher Unterschied zur kardinalen Nutzentheorie ist darin zu sehen, daß die Präferenzstruktur durch mehrere Nutzenfunktionen gekennzeichnet werden kann, wobei eine Nutzenfunktion durch monotone Transformation aus einer anderen Nutzenfunktion hervorgegangen sein kann. Die Annahme, daß für jedes Individuum nur eine Nutzenfunktion existiert, die nicht transformiert werden kann, wird ebenfalls aufgegeben.

Für die partiellen Ableitungen der aus der monotonen Transformation resultierenden Nutzenfunktion gilt:

$$(43)\quad \frac{\partial V}{\partial x_1} = \frac{\partial F}{\partial f}\left[f(x_1,x_2)\right]\frac{\partial f}{\partial x_1}(x_1,x_2)$$

$$(44)\quad \frac{\partial V}{\partial x_2} = \frac{\partial F}{\partial f}\left[f(x_1,x_2)\right]\frac{\partial f}{\partial x_2}(x_1,x_2)$$

Aus der Gleichung (43) bzw. (44) ist ersichtlich, daß sich die Vorzeichen der partiellen Grenznutzen durch die monotone Transformation nicht verändern. Ist der ursprüngliche Grenznutzen $\partial f/\partial x_i$ positiv, dann ist der Grenznutzen auch nach der Transformation positiv, da der ursprüngliche Grenznutzen mit der Ableitung der Transformationsvorschrift $\partial F/\partial f$, die bei einer monotonen Transformation positiv sein muß, multipliziert wird. **Es kann also innerhalb einer ordinalen Nutzentheorie die Aussage formuliert werden, in welche Richtung sich der Nutzen bei einer Mengenänderung verändert**, d.h. ob dieser zu- oder abnimmt. Daher sind innerhalb der ordinalen Nutzentheorie Aussagen über das Vorzeichen der ersten partiellen Ableitungen möglich. Aus den Gleichungen (43) und (44) geht ebenfalls hervor, daß sich der numerische Wert des Grenznutzens durch die monotone Transformation geändert hat. **Daher ist der numerische Wert der ersten Ableitung der Nutzenfunktion nicht mehr interpretierbar**. Eine Aussage, um wieviel der Nutzen bei einer partiellen Erhöhung einer Gütermenge sich verändert, ist daher nicht mehr möglich.

Erläutern wir dies anhand der Tabelle 2: Ausgehend von S_1 steigt der Nutzen um 0,41 bei einer Erhöhung von x_1 um eine Einheit in der Nutzenfunktion A und um drei Einheiten in der Nutzenfunktion C.

Wie wirkt sich die monotone Transformation auf die zweiten partiellen Ableitungen der Nutzenfunktion aus? Leiten wir hierzu die Gleichung (43) unter Anwendung der Produktenregel erneut nach x_1 ab, dann resultiert:

$$(45)\quad \frac{\partial^2 V}{\partial x_1^2} = \frac{\partial^2 F}{\partial f^2}\left(\frac{\partial f}{\partial x_1}\right)^2 + \frac{\partial F}{\partial f}\frac{\partial^2 f}{\partial x_1^2}$$

Wenn ursprünglich die Veränderung des Grenznutzens $\frac{\partial^2 f}{\partial x_1^2}$ negativ war, dann kann, da das Vorzeichen der zweiten partiellen Ableitung der Transformationsfunktion nicht eindeutig ist, nach Durchführung der monotonen Transformation die Veränderung des Grenznutzens $\frac{\partial^2 V}{\partial x_1^2}$ ein positives Vorzeichen aufweisen. Damit haben wir nachgewiesen, daß eine monotone Transformation das Vorzeichen der zweiten partiellen Ableitung verändern kann. Da die zweite partielle Ableitung der Nutzenfunktion angibt, wie sich die Nutzendifferenzen verändern, diese Veränderungen innerhalb einer ordinalen Nutzentheorie aber nicht interpretierbar sind, verliert nicht nur ihr numerischer Wert an Aussagekraft, sondern auch ihr Vorzeichen. **Die zweite partielle Ableitung hat dem-**

nach innerhalb der ordinalen Nutzentheorie keine ökonomische Bedeutung! Aus der Tabelle 2 erkennen wir, daß der Grenznutzen für x_1 in der Nutzenfunktion A von S_1 nach S_3 sinkt, in der Nutzenfunktion B konstant bleibt und in der Nutzenfunktion C steigt.

Untersuchen wir als nächstes den Einfluß einer monotonen Transformation auf die Kreuzableitung. Die Kreuzableitung nach Durchführung der monotonen Transformation resultiert durch Ableitung der Gleichung (43) nach x_2:

$$(46) \quad \frac{\partial^2 V}{\partial x_1 \partial x_2} = \frac{\partial^2 F}{\partial f^2} \frac{\partial f}{\partial x_1} \frac{\partial f}{\partial x_2} + \frac{\partial F}{\partial f} \frac{\partial^2 f}{\partial x_1 \partial x_2}$$

Ist in der ursprünglichen Nutzenfunktion die Kreuzableitung positiv, dann ist der zweite Summand auf der rechten Seite positiv. Das Vorzeichen des ersten Summanden auf der rechten Seite hängt vom Vorzeichen der zweiten Ableitung der monotonen Transformation ab. Ist dieses negativ, dann kann der gesamte Ausdruck auf der rechten Seite negativ werden. Damit haben wir nachgewiesen, daß sich auch das Vorzeichen der Kreuzableitung durch eine monotone Transformation verändern kann. **Das Vorzeichen der Kreuzableitung ist ebenfalls nicht interpretierbar**.

Wir haben festgestellt, daß über die Vorzeichen der zweiten partiellen Ableitungen und der Kreuzableitungen der Nutzenfunktion innerhalb der ordinalen Nutzentheorie keine Aussagen möglich sind. **Da für die Krümmung der Nutzenfunktion Annahmen über die Vorzeichen der zweiten Ableitungen benötigt werden, kann innerhalb der ordinalen Nutzentheorie nicht festgestellt werden, ob die Nutzenfunktion konkav, konvex oder linear verläuft**!

In welchem Zusammenhang mit der kardinalen bzw. ordinalen Nutzentheorie steht nun die Indifferenzkurvenanalyse? In vielen Lehrbuchdarstellungen wird der Eindruck suggeriert, die Nutzenfunktion sei ein Instrument der kardinalen Nutzentheorie, die Indifferenzkurve ein Instrument der ordinalen Nutzentheorie. Diese Zuordnung ist jedoch unglücklich, denn es lassen sich auch aus kardinalen Nutzenfunktionen Indifferenzkurvensysteme herleiten, wie Edgeworth zur Herleitung eines allgemeinen Tauschgleichgewichts vorgeführt hat. Im Unterschied hierzu hat Pareto die Existenz von Indifferenzkurvensystemen vorausgesetzt und daraus seine Ergebnisse für das Nachfrageverhalten ohne Rückgriff auf den Nutzenbegriff analysiert.[35)] Für Pareto haben die Nutzenindexwerte[36)] lediglich die Funktion, eine Rangordnung zwischen den Indifferenzkurven herzustellen.[37)]

Untersuchen wir nun die Auswirkungen einer monotonen Transformation auf den Verlauf des Indifferenzkurvensystems. Betrachten wir zur Veranschaulichung die Nutzen-

35) vgl. Pareto (1972) S. 181 ff. (franz. Ausgabe 1927)

36) Pareto verwendet statt des Begriffs Nutzen den Begriff "Ophelimität"

37) Zur weiteren Diskussion siehe Kade (1962) S. 141 ff. und Reiß (1990) S. 213

funktion:

$$(47)\quad V = x_1^{0,5} x_2^{0,5}$$

Die Nutzenfunktion (47) ist aus der Nutzenfunktion (19) durch die monotone Transformation

$$(48)\quad V = U^{0,25}$$

entstanden. **Die korrespondierenden Indifferenzkurven erhalten wir durch Umformung der Gleichung (47) nach x_2:**

$$(49)\quad x_2 = V^2 x_1^{-1}$$

Daraus ergibt sich für die Steigungen und Krümmungen der Indifferenzkurven:

$$(50)\quad \frac{dx_2}{dx_1} = -V^2 x_1^{-2} < 0$$

$$(51)\quad \frac{d^2x_2}{dx_1^2} = 2\,V^2 x_1^{-3} > 0$$

Substituieren wir die Transformationsvorschrift (48) in die Gleichungen (50) und (51), dann erhalten wir die gleichen Verläufe der Indifferenzkurve wie für die Nutzenfunktion (19). **Eine monotone Transformation verändert somit nicht den Verlauf der Indifferenzkurven**. Anhand dieses Beispiels sehen wir, daß sich aus einer gegebenen Nutzenfunktion eine bestimmte Indifferenzkurvenschar herleiten läßt; eine bestimmte Indifferenzkurvenschar aber mit unterschiedlichen, aus monotonen Transformationen hervorgegangenen Nutzenfunktionen kompatibel ist.[38)]

Allgemein können wir die Invarianz der Grenzrate der Substitution gegenüber einer monotonen Transformation durch Bildung des Verhältnisses der Gleichungen (43) und (44) nachweisen:

$$(52)\quad GRS_{x_1}^{x_2} = \frac{\dfrac{\partial V}{\partial x_1}}{\dfrac{\partial V}{\partial x_2}} = \frac{\dfrac{\partial F}{\partial f}\,\dfrac{\partial f}{\partial x_1}}{\dfrac{\partial F}{\partial f}\,\dfrac{\partial f}{\partial x_2}} = \frac{\dfrac{\partial f}{\partial x_1}}{\dfrac{\partial f}{\partial x_2}}$$

Die Grenzrate der Substitution bleibt durch monotone Transformationen unverändert. Damit wird auch die Krümmung der Indifferenzkurve nicht beeinflußt. **Innerhalb einer**

38) vgl. hierzu insbesondere Hicks, Allen (1934) S. 52 ff. und die Bemerkungen bei Fisher (1892) S. 88.

ordinalen Nutzentheorie sind Aussagen über die Krümmung der Indifferenzkurve bzw. über die Quasi-Konkavität der Nutzenfunktion zulässig. Wenn, wie wir später sehen werden, der Verlauf der Indifferenzkurven für die Ableitungen der Nachfrage- und Angebotsfunktionen des Haushalts entscheidend ist,[39] dieser Verlauf durch eine monotone Transformation nicht beeinflußt wird, dann ist es aus methodischen Gründen sinnvoller, von dem Ansatz auszugehen, der mit weniger stringenten Annahmen zu den gleichen Ergebnissen kommt.[40]

Daraus folgt, daß eine kardinale Nutzentheorie nicht notwendig ist, um Aussagen über das Indifferenzkurvensystem tätigen zu können. Dies bedeutet, daß die ordinale Nutzentheorie der kardinalen Nutzentheorie vorzuziehen ist, da mit weniger stringenten Annahmen die gleichen Implikationen erzielt werden können. Entscheidend für die Überlegenheit der ordinalen Nutzentheorie ist somit nicht die unrealistische Annahme der Meßbarkeit des Nutzens, da Annahmen grundsätzlich von der Wirklichkeit abstrahieren und damit nie die Realität vollständig beschreiben können, sondern, daß die ordinale Nutzentheorie allgemeingültiger ist.[41]

Wir können die abgeleiteten Ergebnisse wie folgt zusammenfassen:

(1) In einer ordinalen Nutzentheorie können lediglich Aussagen über die Vorzeichen der Grenznutzen getroffen werden!

(2) Eine Interpretation der Grenznutzen, der Veränderungen der Grenznutzen, der Kreuzableitungen, der Vorzeichen der zweiten partiellen Ableitungen, der Krümmung der Nutzenfunktion sowie des Nutzenniveaus ist innerhalb einer ordinalen Nutzentheorie nicht möglich.

(3) Eine monotone Transformation verändert weder die Steigung (Grenzrate der Substitution) noch die Krümmung der Indifferenzkurve.

(4) Die ordinale Nutzentheorie ist der kardinalen Nutzentheorie vorzuziehen, da mit weniger stringenten Annahmen die gleichen Ergebnisse erzielt werden können.

(5) Aus einer Nutzenfunktion kann ein bestimmtes Indifferenzkurvensystem hergeleitet werden. Ein Indifferenzkurvensystem ist mit unendlich vielen Nutzenfunktionen kompatibel.

E. Annahmen bezüglich des Präferenzsystems

1. Einführende Bemerkungen

Wie wir im vorausgegangenen Abschnitt gesehen haben, liefert die ordinale Nutzentheorie mit weniger stringenten Annahmen die gleichen Implikationen hinsichtlich

---

39) Diesen Nachweis hat Fisher (1892) S. 88 erbracht.

40) Ob tatsächlich ein Indifferenzkurvensystem ohne Rückgriff auf eine kardinale Nutzenfunktion möglich ist, ist in der Literatur nicht unumstritten. Zu einer kritischen Diskussion vgl. z.B. Carell (1955) S. 25 ff.

41) Eine ähnliche Argumentation findet man bei Houthakker (1961) S. 719.

des Indifferenzkurvensystems wie die kardinale Nutzentheorie. Da der Geltungsbereich einer Theorie mit steigender Anzahl der Annahmen bei gleichem Erklärungsgehalt sinkt, ist die ordinale Nutzentheorie der kardinalen Nutzentheorie überlegen. Nun schließt sich die Frage nach der Entwicklung einer Theorie an, die ohne Rückgriff auf die ambivalenten Begriffe des Nutzens und des Grenznutzens individuelle Verhaltensweisen erklären kann, indem das Indifferenzkurvensystem und damit die Grenzrate der Substitution in den Mittelpunkt der Analyse gestellt wird. Aus den vorausgegangenen Erörterungen ist hervorgegangen, daß aus einer Nutzenfunktion ein bestimmtes Indifferenzkurvensystem eindeutig abgeleitet werden kann, aber ein Indifferenzkurvensystem mit unterschiedlichen Nutzenfunktionen kompatibel ist. Der Rückschluß vom Indifferenzkurvensystem auf die Nutzenfunktion ist jedoch, wie wir in den vorgestellten Verhaltensmodellen sehen werden, für die Untersuchung von Entscheidungsproblemen bei Sicherheit gar nicht notwendig,[42] wobei Sicherheit dann vorliegt, wenn den Handlungsalternativen eindeutige Werte zugeordnet werden können. Der Haushalt kennt bei Sicherheit die Eigenschaften und das Niveau der Nutzenstiftung der Güter. In solchen Fällen ist es ohne weiteres konsistent, positive Grenznutzen bzw. Nutzenmaximierung anzunehmen, ohne irgendwelche konkreten Nutzenfunktionen einzuführen. Unser Anliegen mit diesem Lehrbuch besteht darin aufzuzeigen, wie man, aufbauend auf dem Erklärungspotential der Grenzrate der Substitution,[43] in den Lehrbüchern meist lediglich als eine weitere unter vielen Definitionen erwähnt,[44] eine geschlossene mikroökonomische Theorie konzipieren kann. Um Aussagen über die Verhaltensweisen von Individuen ableiten zu können, ist es notwendig, bestimmte Annahmen zu treffen, die sich in drei unterschiedliche Annahmekategorien einteilen lassen:

(1) Formale Vereinfachungen

Die Annahmen, die hierunter fallen, haben den Zweck, die Analyse formal möglichst einfach zu gestalten. Wir werden diesbezüglich folgende Annahmen treffen:

- Es werden lediglich zwei Güter betrachtet.
- Die Güter sind beliebig teilbar.
- Die verwendeten Funktionen sind zweimal stetig differenzierbar.

(2) Annahmen über die Präferenzordnung

Diese Annahmen können untergliedert werden in

(a) Existenzannahmen (**Axiome**)

Die hier zu treffenden Annahmen sichern die Existenz einer Präferenzordnung.

(b) Verhaltensannahmen (**Postulate**)

44) Bei Entscheidungsproblemen unter Unsicherheit oder Risiko sind kardinale Annahmen nicht vermeidbar. Zu den Lösungsansätzen dieser Entscheidungsprobleme siehe z.B. Bitz (1981) S. 61 ff.

43) vgl. Stackelberg (1951) S. 115 ff.

44) Eine Ausnahme bildet das Übungsbuch von Weise (1991)

Mit Hilfe dieser Verhaltensannahmen werden die Eigenschaften der zugrunde gelegten Präferenzordnung beschrieben.

(c) Annahmen über die Einflußgrößen

Es müssen Annahmen darüber getroffen werden, welche Größen die Präferenzordnung beeinflussen.

(3) Annahmen über das Restriktionssystem

Schließlich müssen wir noch Annahmen bezüglich der Restriktionen formulieren, die die Wahlmöglichkeiten der Konsumenten einschränken.

Da wir in den folgenden Modellen stets von den gleichen Existenz- und Verhaltensannahmen ausgehen, werden diese in den anschließenden Abschnitten vorab diskutiert. Annahmen hinsichtlich der Einflußgrößen bezüglich der Präferenzordnung sowie über das Restriktionssystem können nur im Hinblick auf die spezifischen Fragestellungen der jeweiligen Modelle formuliert werden. Daher werden diese Annahmen innerhalb der Analyse der Modelle vorgenommen.

2. Existenzannahmen

Als erstes werden die formalen Bedingungen beschrieben, unter denen eine derartige Präferenzordnung existiert. Um zu sichern, daß eine Nutzenindexfunktion alle Sortimente im Urteil des Konsumenten vollständig erfaßt, werden die folgenden Axiome gesetzt. Sind diese Axiome erfüllt, dann existiert eine Nutzenindexfunktion. Die Axiome sind im einzelnen:

(1) Der Haushalt ist in der Lage, eine Rangordnung über mögliche Konsumpläne zu erstellen, d.h. er kann beurteilen, ob er ein Güterbündel höher, geringer oder gleich gegenüber einem anderen Güterbündel einschätzt **(Axiom der Vollständigkeit)**.

(2) Zieht der Haushalt das Güterbündel S_1 dem Güterbündel S_2 und S_2 einem weiteren Güterbündel S_3 vor, dann präferiert er auch S_1 stärker als S_3 **(Axiom der Transitivität).**

(3) Des weiteren gehen wir davon aus, daß die Ordnung der Sortimente, die mit der Nutzenfunktion erfaßt wird, stetig ist. Dadurch werden nicht definierte Bereiche der Nutzenfunktion ausgeschlossen. Dies impliziert, daß die Güter beliebig teilbar sind. **(Axiom der Stetigkeit)**

3. Verhaltensannahmen

Mit der Existenz einer Präferenzordnung sind aber noch nicht ihre Eigenschaften bestimmt. Dazu benötigen wir ökonomische Annahmen. Diese Annahmen werden in Anlehnung an Alchian und Allen[45] als **Postulate** bezeichnet. Die Postulate konstituieren einen bestimmten Verlauf der Indifferenzkurven und drücken damit bestimmte Eigenschaften der zugrundegelegten Präferenzordnungen aus. Die in den Postulaten aufge-

45) vgl. Alchian, Allen (1968) S. 14 ff. und (1977) S. 24 ff.

führten Hypothesen haben keinen Gesetzescharakter, sondern sind prinzipiell widerlegbar. Es wird hier nicht versucht zu hinterfragen, wie die Präferenzen zustande gekommen sind.[46] Es wird auch nicht unterstellt, daß die Individuen bewußt nach den hier aufgestellten Postulaten handeln, **d.h. es wird *kein* rationales Handeln (homo oeconomicus) vorausgesetzt, sondern es wird versucht, aus diesen Postulaten rationale Theorien abzuleiten, die bestimmte Verhaltensweisen erklären können**. Aus diesem Grunde ist die Diskussion, ob sich Individuen rational oder nicht rational verhalten, unfruchtbar, denn ob die Annahmen ökonomisch sinnvoll sind und sämtliche wesentliche Gesichtspunkte erfassen oder nicht, entscheidet am Ende der Analyse die Konfrontation der abgeleiteten theoretischen Ergebnisse mit dem empirischen Befund. Daher ist es wichtig, Modelle so zu konzipieren, daß sie grundsätzlich falsifizierbar sind. Modelle, die mit jeder möglichen empirischen Konstellation verträglich sind, sind inhaltsleer und damit wissenschaftlich bedeutungslos.[47]

Nach diesen wichtigen Vorüberlegungen werden wir nun Verhaltensannahmen formulieren, die für alle vorgestellten Modelle Gültigkeit besitzen sollen.

Postulat 1: Ein Individuum erstrebt eine Vielzahl von Gütern.

Dieses Postulat garantiert die Existenz eines Entscheidungsproblems auf der Ebene des Güterkonsums. Erstrebt ein Wirtschaftssubjekt nur ein Gut, werden sämtliche Mittel für die Konsumtion dieses Gutes verwendet, so daß kein Erklärungsbedarf hinsichtlich des Entscheidungsproblems auf der Konsumebene existiert.

Postulat 2: Jedes Individuum zieht mehr Mengen eines Gutes weniger Mengeneinheiten desselben Gutes vor.

Aus diesem Postulat folgen positive Grenznutzen. Dahinter verbirgt sich implizit die Annahme der "Nichtsättigung".

Postulat 3: Jedes Individuum ist grundsätzlich bereit, bestimmte Mengeneinheiten eines Gutes für bestimmte Mengeneinheiten eines anderen Gutes aufzugeben.

Zunächst einmal erscheint der Hinweis wichtig, daß sich die in dem Postulat 3 angesprochene Substitutionsbereitschaft auf das Nutzenniveau in dem Sinne bezieht, daß sich durch Substitution von Mengen eines Gutes durch Mengen eines anderen Gutes das gleiche Nutzenniveau erreichen läßt. In der Nutzenfunktion werden daher ausschließlich Güter mit der Eigenschaft erfaßt, die menschlichen Wünsche unmittelbar befriedigen und das Wohlbefinden eines Individuums positiv beeinflussen zu können. **Die in der Nutzenfunktion erfaßten Güter liegen demnach in konsumreifer Form vor.** Man spricht in diesem Zusammenhang auch von **finalen Gütern**.[48] Von den finalen

---

46) vgl. zu diesem Problem z.B. Krelle (1968) S. 42 ff.

47) vgl. hierzu auch die Bemerkungen im Kapitel I.

48) vgl. Koopmans (1951) S. 455 ff.

Gütern sind die Güter zu unterscheiden, die nicht in konsumreifer Form vorliegen. Den in der Übersicht angedeuteten Unterschied bezüglich der nutzenstiftenden Eigenschaften von Gütern wollen wir an einem Beispiel erklären. Um Musik hören zu können, benötigt man u.a. Lautsprecher, Verstärker, Plattenspieler, Schallplatten, Energie, Zeit. Erst durch die Kombination dieser Bausteine produziert der Haushalt das Gut "Musik". Der einzelne Baustein stiftet dem Konsumenten keinen Nutzen, sondern erst die Kombination. Für die mikroökonomische Analyse ist die Trennung der nicht-konsumreifen Güter, z.B. der Bausteine, von den konsumreifen Gütern, z.B. der Musik, wichtig. In diesem Zusammenhang erscheint es sinnvoll, die Begriffe **substitutive Güter** und **komplementäre Güter** in bezug auf die nicht-konsumreifen Güter einzuführen:

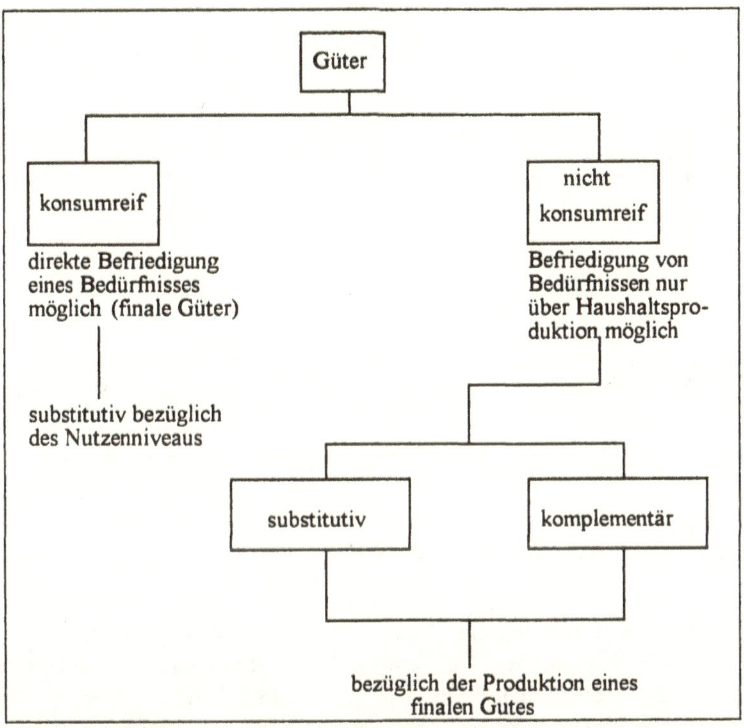

Übersicht: Einteilung von Gütern

(1) Zwei nicht konsumreife Güter sind zueinander **substitutiv**, wenn sie alternativ zur Produktion eines konsumreifen Gutes eingesetzt werden können.

(2) Zwei nicht konsumreife Güter sind zueinander **komplementär**, wenn sie zur Produktion eines bestimmten konsumreifen Gutes in einem bestimmten Verhältnis eingesetzt werden müssen.

Entsprechend dieser Definition sind in unserem Beispiel die einzelnen Bausteine der

Stereoanlage komplementär; substitutiv in diesem Sinne sind dagegen die Lautsprecher der Firma A und der Firma B, da sie alternativ das Gut Musik produzieren können.[49] Eine Komplementarität in der Weise, daß zwei Güter nur in einem bestimmten Mengenverhältnis einen Nutzen stiften können, wird daher per Annahme, daß in der Nutzenfunktion finale Güter erfaßt werden, ausgeschlossen.

Nach diesen Vorbemerkungen stellen wir nun die Frage nach den Implikationen der Postulate 2 und 3 für den Verlauf der Indifferenzkurven. Dazu betrachten wir folgende Abbildung:[50]

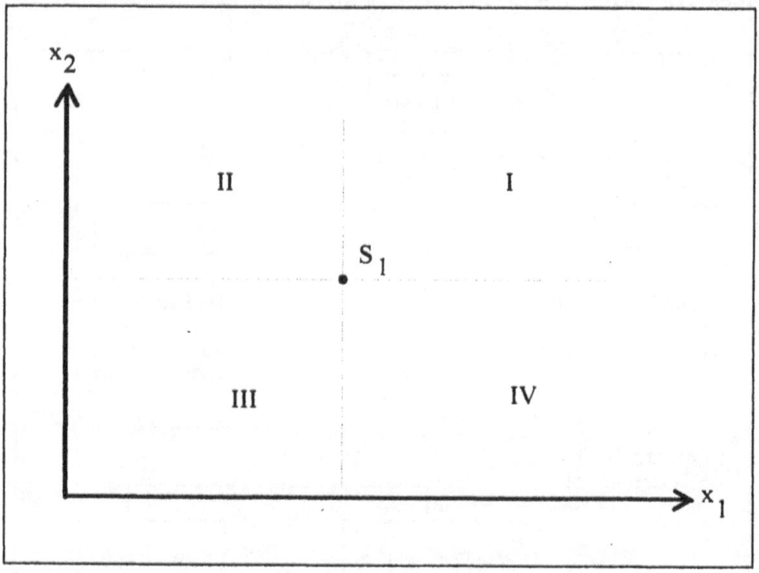

Abbildung 5: Steigung der Indifferenzkurven

Als Ausgangspunkt nehmen wir das Güterbündel S_1. Güterbündel, die in dem Bereich I liegen, wird das Individuum dem Güterbündel S_1 vorziehen, da in diesen Güterbündeln von beiden Gütern mehr Einheiten bzw. von einem Gut bei gleicher Menge des anderen Gutes mehr Einheiten enthalten sind. Andererseits wird das Individuum das Güterbündel S_1 allen Güterbündeln vorziehen, die in dem Bereich III liegen, da S_1 von beiden Gütern mehr Einheiten bzw. von einem Gut mehr Einheiten bei gleicher Menge des anderen Gutes enthält. Güterbündel, die zu S_1 indifferent sind, können lediglich in den Bereichen II und IV liegen. **Die Steigung der Indifferenzkurve, die als Verbindungslinie aller indifferenten Güterbündel definiert ist, ist somit negativ**. Die

49) Von Qualitätsunterschieden der Lautsprecherboxen wird an dieser Stelle aus Vereinfachungsgründen abstrahiert. Das Problem der Produktqualität wird in Abschnitt IV.C aufgegriffen.

50) Die Bereiche I und III umfassen auch die gestrichelten Begrenzungslinien.

Bereitschaft des Individuums, auch indifferente Güterbündel zu realisieren, wird durch das 3. Postulat garantiert. Formal läßt sich dieses Ergebnis aus der Gleichung (12) gewinnen. Da aus Postulat 2 positive Grenznutzen resultieren, haben die Indifferenzkurven gemäß Gleichung (12) negative Steigungen.

Die Postulate 2 und 3 haben zwei weitere wichtige Implikationen. Zunächst wollen wir nachweisen, daß Indifferenzkurven sich nicht schneiden dürfen. Dazu betrachten wir die folgende Abbildung.

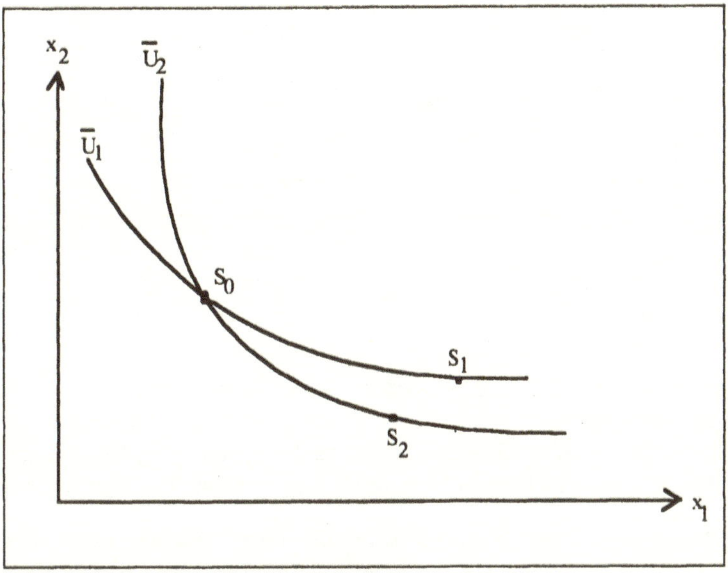

Abbildung 6: Indifferenzkurvenschnittpunkte

Das Güterbündel S_0 liegt im Schnittpunkt zweier Indifferenzkurven. Aufgrund des 2. Postulats wird das Sortiment S_1 dem Sortiment S_2 vorgezogen. Dies steht jedoch im Widerspruch dazu, daß S_1 und S_2 jeweils mit S_0 auf einer Indifferenzkurve liegen. **Daher folgt aus den Postulaten und dem Axiom der Transitivität, daß Indifferenzkurven sich nicht schneiden können**.

Weiterhin können wir aus den beiden zuletzt genannten Postulaten ableiten, daß Indifferenzkurven, die weiter vom Ursprung entfernt liegen, einen höheren Nutzenindex aufweisen als Indifferenzkurven, die näher am Ursprung liegen. Dazu betrachten wir die Abbildung 7:

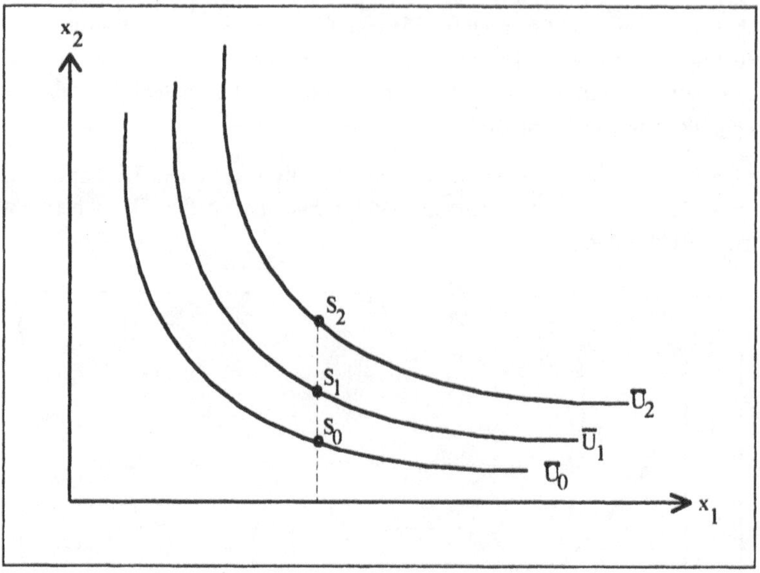

Abbildung 7: Nutzenindex und Lage der Indifferenzkurven

In den Güterbündeln S_0, S_1 und S_2 sind die gleichen Mengen von X_1, jedoch in S_2 mehr Mengeneinheiten von X_2 als in S_1 und in S_1 mehr als in S_0 enthalten. Demnach muß nach dem 2. Postulat die Indifferenzkurve U_2 (auf der S_2 liegt) einen höheren Nutzenindex aufweisen als U_1 und U_1 wiederum einen höheren Nutzenindex als U_0.

Postulat 4: Die subjektive Wertschätzung für eine Einheit eines Gutes ausgedrückt durch die Grenzrate der Substitution ist geringer, je mehr ein Individuum von diesem Gut besitzt.

Wie wir bereits erörtert haben, kann man die Veränderung der Grenzrate der Substitution entlang einer Indifferenzkurve oder bei einer partiellen Veränderung der Menge eines Gutes untersuchen. Da wir ein Gut als inferior definiert haben, wenn bei zunehmender Menge des anderen Gutes die subjektive Wertschätzung des betrachteten Gutes sinkt,[51] würde die Annahme der Reduktion der Grenzrate der Substitution bei partieller Zunahme der Menge eines anderen Gutes zum Ausschluß des Inferioritätsfalls führen.[52] Daher beziehen wir dieses Postulat ausschließlich auf Bewegungen entlang einer Indifferenzkurve. **Aus dem 4. Postulat folgen somit konvex verlaufende Indifferenzkurven**.

Weiterhin sehen wir noch folgendes Postulat als erfüllt an:

Postulat 5: Jedes Individuum ist bestrebt, seinen Nutzen zu maximieren.

51) vgl. die Ausführungen zu Gleichung (31)

52) vgl. die kritische Diskussion bei Kleinhückelskoten, Spaetling (1981) S. 518 f.

Mit dieser Annahme wird nicht unterstellt, daß jedes Individuum nach diesem Prinzip vorgeht, sondern daß sich die Marktentscheidungen der Haushalte mit Hilfe dieser Annahme erklären lassen. Es wird hier keine Tatsachenbehauptung aufgestellt, sondern ein Erklärungsansatz formuliert.[53)] Außerdem wird mit dieser Annahme nicht unterstellt, daß Individuen rein materiell orientiert oder unmoralisch handeln. Dies wird insbesondere deutlich, wenn immaterielle Güter in die Präferenzordnung aufgenommen werden, mit denen altruistische Verhaltensweisen erklärt werden können.

Um die formale Analyse möglichst einfach gestalten zu können, unterstellen wir zunächst, daß die Indifferenzkurven die Achsen nicht schneiden. Diese Annahme wird nicht implizit durch das Postulat 1 gewährleistet. Im Abschnitt III.D.7.1 heben wir diese Annahme auf.

Es sei noch einmal ausdrücklich darauf hingewiesen, daß in den Postulaten keinerlei Annahmen über die konkrete Gestalt der Nutzenfunktion bezüglich der Veränderung der Grenznutzen und der Krümmung der Nutzenfunktion getroffen worden sind. Das Indifferenzkurvensystem wurde auch nicht direkt aus einer Nutzenfunktion hergeleitet, obwohl die Implikationen eine ähnliche Struktur haben.

Die in den Postulaten unterstellten Annahmen über die Gestalt des Indifferenzkurvensystems werden hier kurz zusammengefaßt:

(1) Die partiellen Grenznutzen sind positiv.
(2) Die Steigungen der Indifferenzkurven sind negativ.
(3) Indifferenzkurven verlaufen konvex.
(4) Indifferenzkurven schneiden sich nicht.
(5) Der durch eine Indifferenzkurve repräsentierte Nutzenindex nimmt mit der Entfernung der Indifferenzkurven zum Koordinatenursprung zu.
(6) Die Haushalte verfolgen als Zielsetzung Nutzenmaximierung.
(7) Die Indifferenzkurven schneiden die Achsen nicht.

---

53) vgl. zu einer ähnlichen Auffassung Herberg (1985) S. 59

III. Das traditionelle Haushaltsmodell 47

III. Das traditionelle Haushaltsmodell

A. Überblick

Nachdem im vorausgegangenen Kapitel Möglichkeiten zur Darstellung der Präferenzordnung eines Individuums diskutiert und Verhaltensannahmen formuliert worden sind, wollen wir nun das Konsumstrukturproblem analysieren. Die volkswirtschaftliche Bedeutung der Analyse des Güternachfrageverhaltens privater Haushalte wird bei der Betrachtung des Anteils des privaten Verbrauchs an der gesamten volkswirtschaftlichen Endnachfrage sichtbar. Der quantitativ bedeutsamste Anteil der volkswirtschaftlichen Endnachfrage entfällt mit 53,7 % für das Jahr 1989 auf den privaten Verbrauch, wobei der Anteil gegenüber 1950 um ca. 11 Prozentpunkte gesunken ist.[1] Mißt man dagegen die Entwicklung in Preisen von 1980, so ist der private Verbrauch in etwa konstant geblieben.[2] Über die Veränderung der Zusammensetzung der privaten Nachfrage gibt die folgende Tabelle Auskunft:

Ausgabeart	1960	1970	1975	1980	1985
Nahrungsmittel	36,7	29,5	26,3	24,4	22,9
Kleidung	11,4	10,1	9,8	9,6	8,8
Mieten	9,8	12,2	13,1	13,6	15,5
Energie	3,0	3,8	4,3	5,4	6,3
Haushaltsführung	11,3	10,0	10,0	10	9,6
Gesundheit	4,8	4,5	4,4	4,6	4,8
Verkehr	8,9	13,8	14,2	14,8	15,2
Freizeit	8,4	10,1	11,0	10,2	9,7
sonst. Ausgaben	4,3	4,3	5,3	6,0	6,4
Eigenverbrauch	1,4	1,6	1,5	1,4	1,5

Tabelle 1: Nachfragestruktur der privaten Haushalte in Prozent[3]

Aus der Tabelle 1 geht hervor, daß Nahrungs- und Genußmittel den höchsten Anteil der Ausgaben der privaten Haushalte ausmachen und dieser Anteil im Vergleich zu 1960 um ca. 14 Prozentpunkte gesunken ist. Verringert haben sich ebenfalls die Ausgabenanteile für Kleidung u.ä. sowie für die Haushaltsführung. Während die Ausgabenanteile für Gesundheit in etwa unverändert geblieben sind, sind die größten Steigerungen bei den Ausgaben für Mieten, Energie und Verkehr/Nachrichten zu verzeichnen.

1) vgl. Institut der Deutschen Wirtschaft (1990) Tab 24.

2) vgl. Institut der Deutschen Wirtschaft (1990) Tab 25

3) vgl. Meißner, Fassing(1989) S. 38

Zur Diagnose und Prognose der konjunkturellen und strukturellen Entwicklungen einer Volkswirtschaft ist die Kenntnis der Einflußgrößen und Wirkungszusammenhänge, die das Nachfrageverhalten bestimmen, unerläßlich. Das Anliegen der mikroökonomischen Haushaltstheorie besteht darin, die Gründe für die beobachtbaren Verhaltensänderungen herauszuarbeiten.

Für die Analyse des Güternachfrageverhaltens werden wir in diesem Kapitel ein Grundmodell und im anschließenden Kapitel alternative Erklärungsansätze vorstellen. Die Gemeinsamkeit der Modelle liegt darin, daß der für den Konsum vorhandene Geldbetrag exogen vorgegeben wird. Die Einkommensentstehung wird in diesen Modellen nicht untersucht. Das Ziel dieser Ansätze ist in der Herleitung der Nachfragefunktion eines Haushalts sowie der Erörterung der wirtschaftspolitischen Implikationen zu sehen. Die zu diesem Zweck existierenden Erklärungsansätze können in statische und dynamische Ansätze unterteilt werden. Die **dynamischen** Ansätze beschäftigen sich mit der Nachfrage nach dauerhaften Konsumgütern, d.h. Güter, die über mehrere Perioden genutzt werden können. Die **statischen** Modelle, die wir in diesem Lehrbuch ausschließlich analysieren, betrachten dagegen Güter, deren Konsum auf eine Periode beschränkt ist, z.B. den Konsum von Bier.

Im Abschnitt B dieses Kapitels stellen wir die Annahmen des Grundmodells vor. Im anschließenden Abschnitt C leiten wir die Gleichgewichtsbedingungen her. Danach werden wir im Abschnitt D Aussagen hinsichtlich der Reaktion der Nachfrage auf Einkommens- und Preisänderungen ableiten. Im darauf folgenden Abschnitt E wollen wir Anwendungsmöglichkeiten auf konkrete ökonomische Fragestellungen vorstellen. Anschließend wird im Abschnitt F eine empirische Untersuchung zum Konsumentenverhalten dargelegt. Nach der Auseinandersetzung mit der Modellkritik im Abschnitt G werden die wesentlichen Ergebnisse des Modells abschließend im Abschnitt H zusammengefaßt.

B. Annahmen

Zur Ableitung der Güternachfragefunktionen und deren Eigenschaften müssen Annahmen formuliert werden, die in Annahmen über das Präferenzsystem und in Annahmen über das Restriktionensystem differenziert werden können. Zur Vereinfachung betrachten wir ein bestimmtes Gut X_1 und fassen alle anderen Güter zu einem weiteren Gut X_2 zusammen.[4)] Das Gut X_2 bezeichnet man als **composite-commodity-good**. Diese Vorgehensweise ist zulässig, solange die relativen Preise der zusammengefaßten Güter konstant bleiben.

Betrachten wir zunächst das Präferenzsystem. Die Annahmen bezüglich der Existenz von Präferenzfunktionen und die Verhaltensannahmen, wonach die Indifferenzkurven fallend und konvex verlaufen, sind bereits im Abschnitt II.E diskutiert worden. An die-

4) Dieses Konzept geht auf Hicks (1974) S. 312 f. (1. Auflage 1939) zurück.

ser Stelle bleibt zu klären, welche Argumente in die Nutzenfunktion aufgenommen werden sollen. Wir wollen hier mit der einfachsten Möglichkeit beginnen und davon ausgehen, daß ausschließlich die Gütermengen, die der Haushalt selber konsumiert, sein Nutzenniveau beeinflussen.

Zur Vervollständigung des Modells müssen wir Annahmen hinsichtlich des Entscheidungsraumes eines Haushalts treffen. In dem von uns dargestellten Haushaltsmodell betrachten wir ausschließlich **knappe Güter**. Die Annahme knapper Güter impliziert, daß die Wahlmöglichkeiten des Haushalts bestimmten Restriktionen unterliegen. Die Nominalpreise der Güter und das verfügbare Nominaleinkommen des Haushalts werden als exogen gegeben angenommen. Daraus folgt, daß der einzelne Haushalt keinen Einfluß auf die Nominalpreise und das Nominaleinkommen ausübt. Außerdem kann der Haushalt zu den gegebenen Preisen jede beliebige Menge nachfragen. Das **verfügbare Nominaleinkommen** eines Haushalts berechnet sich aus der Differenz zwischen dem Bruttoeinkommen und den direkten Steuern, den Sozialabgaben und den laufend zu leistenden Übertragungen. Das Bruttoeinkommen setzt sich aus dem **Faktoreinkommen** und dem **Transfereinkommen** zusammen. Zu dem Faktoreinkommen zählen einerseits Einkommen aus der selbständigen und unselbständigen **Erwerbstätigkeit** und andererseits Einkommen aus **Vermögen**, wie Dividenden und Zinseinkommen. Zu den Transfereinkommen zählen u.a. die Sozialhilfe, das Kindergeld, das Pflegegeld und das Krankengeld.

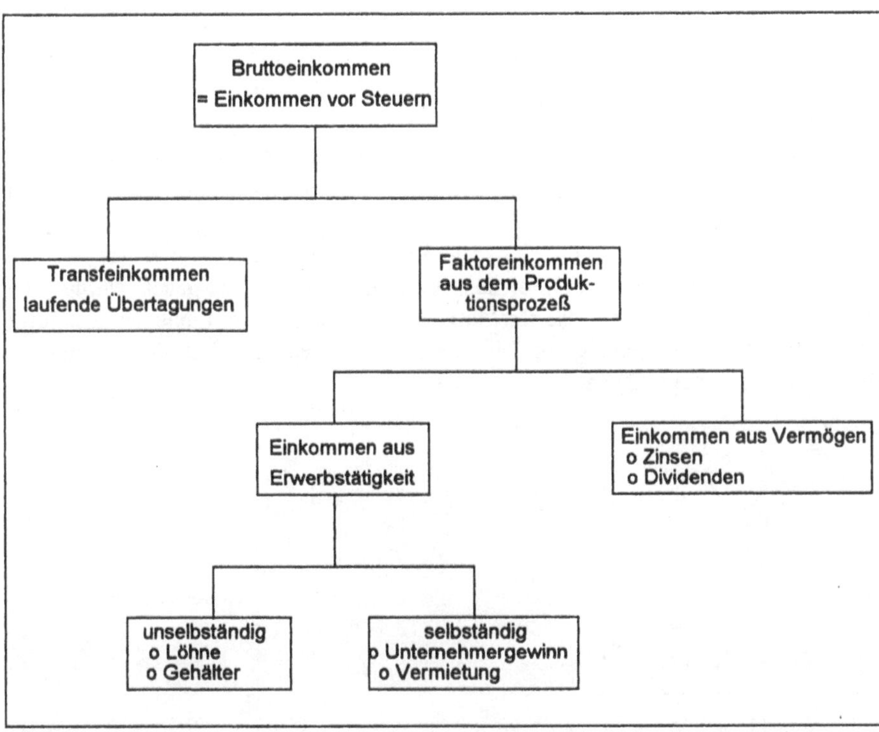

Übersicht 1: Berechnung des Bruttoeinkommens

Das in dieser Weise berechnete Einkommen steht für den Konsum und für die Ersparnisbildung zur Verfügung. In diesem Modell und den in Kapitel IV folgenden Modellen wird davon ausgegangen, daß die Entscheidung über die Höhe der Ersparnis und damit über die Höhe der Konsumausgaben bereits erfolgt ist. Es wird hier danach gefragt, wie der für Konsumzwecke zur Verfügung stehende Geldbetrag zum Kauf alternativer Güter verwendet wird.

Aufgrund des für Konsumzwecke beschränkten Nominaleinkommens und der gegebenen Güterpreise werden die Konsummöglichkeiten durch die **Budgetrestriktion** eingeschränkt:

(1) $y = p_1x_1 + p_2x_2$

mit: y: für Konsumzwecke zur Verfügung stehendes Nominaleinkommen
p_1: Preis des Gutes X_1
p_2: Preis des Gutes X_2

Auf der linken Seite der Gleichung (1) steht das für Konsumzwecke zur Verfügung stehende Nominaleinkommen,[5)] auf der rechten Seite die Ausgaben für die jeweiligen Güter, die sich aus dem Produkt von Preisen und Mengen ergeben. Um den Entscheidungsraum des Haushalts graphisch darstellen zu können, lösen wir die Gleichung (1) nach x_2 auf:

(2) $$x_2 = \frac{y}{p_2} - \frac{p_1}{p_2} x_1$$

Die Gleichung (2) stellt die **Bilanzgerade** dar. Sie gibt die bei gegebenem Einkommen und gegebenen Preisen realisierbaren Güterbündel an. Ein möglicher Verlauf einer Bilanzgeraden wird in der Abbildung 1a) dargestellt. Die Schnittpunkte der Restriktion mit den Achsen geben an, welche Gütermengen der Haushalt bei gegebenen Preisen und Einkommen maximal vom Gut X_1 bzw. X_2 erwerben kann, wenn er das gesamte Einkommen ausschließlich zum Kauf des Gutes X_1 bzw. X_2 ausgeben würde. Die Achsenabschnitte stellen daher das **Realeinkommen**, gemessen in Einheiten des Gutes X_1 bzw. X_2, dar. Die Steigung der Bilanzgeraden erhalten wir durch die Bildung der Ableitung der Gleichung (2) nach x_1:

(3) $$\frac{dx_2}{dx_1} = -\frac{p_1}{p_2} < 0$$

5) Zur sprachlichen Vereinfachung wird das für Konsumzwecke zur Verfügung stehende nominale Einkommen im folgenden als Nominaleinkommen bezeichnet.

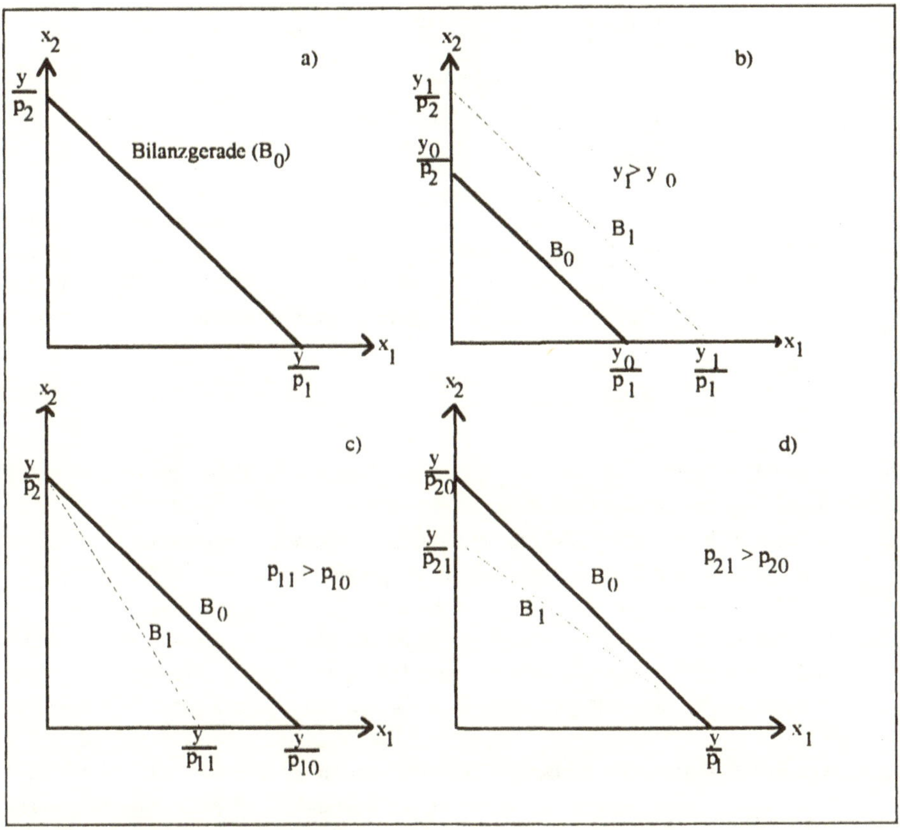

Abbildung 1: Die Bilanzgerade

Die Steigung der Bilanzgeraden ist aufgrund der vorgegebenen Preise konstant, entspricht dem negativen Preisverhältnis und ist daher negativ. Um die Steigung der Bilanzgeraden ökonomisch interpretieren zu können, wird zunächst die Maßeinheit (Dimension) der Steigung untersucht. Zu diesem Zweck müssen die Dimensionen von p_1 und p_2 bestimmt werden. Der Nominalpreis p_1 (p_2) gibt an, wieviel Geldeinheiten, z.B. DM, ein Haushalt für eine Mengeneinheit des Gutes X_1 (X_2) bezahlen muß. Die Dimensionen der Nominalpreise sind somit:

$$p_1\left[\frac{DM}{x_1}\right] \;;\; p_2\left[\frac{DM}{x_2}\right] \qquad [\quad]: \text{Dimension}$$

Wir können nun die Dimension der Steigung der Bilanzgeraden bestimmen:

$$(4)\quad \frac{dx_2}{dx_1} = - \frac{p_1 \left[\frac{DM}{x_1}\right]}{p_2 \left[\frac{DM}{x_2}\right]} = - \frac{p_1}{p_2} \left[\frac{x_2}{x_1}\right]$$

Die **Steigung der Bilanzgeraden** gibt an, auf wieviel Mengeneinheiten des Gutes X_2 ein Haushalt bei gegebenen Nominalpreisen verzichten muß, um eine zusätzliche Einheit von X_1 erhalten zu können. Daher können wir den Absolutbetrag der Steigung der Bilanzgeraden, das relative Preisverhältnis, als **Grenzopportunitätskosten** definieren:

$$(5)\quad GOK_{x_1}^{x_2} = \frac{p_1}{p_2}$$

Das Niveau der exogenen Variablen bestimmt den Verlauf der Bilanzgeraden. Aus der Gleichung (2) können wir unmittelbar erkennen, daß

(a) bei einer Erhöhung des Einkommens die Bilanzgerade sich parallel nach rechts oben verschiebt, d.h. der Haushalt kann bei gegebener Menge des Gutes $X_1(X_2)$ mehr Mengen des Gutes $X_2(X_1)$ konsumieren (Abbildung 1b).

(b) bei einer Erhöhung des Preises p_1 die Bilanzgerade steiler verläuft, d.h. für eine zusätzliche Einheit von X_1 müssen mehr Einheiten von X_2 aufgegeben werden, und das Realeinkommen gemessen in Einheiten des Gutes X_1 sinkt (Abbildung 1c).

(c) bei einer Erhöhung des Preises p_2 die Bilanzgerade flacher verläuft, d.h. für eine zusätzliche Einheit von X_1 müssen weniger Einheiten von X_2 aufgegeben werden, und das Realeinkommen gemessen in Einheiten des Gutes X_2 sinkt (Abbildung 1d).

Da die Entscheidung über die Höhe der Konsumsumme hier als bereits getroffen angesehen wird, im 2. Postulat implizit Nichtsättigung der Haushalte und im 5. Postulat Nutzenmaximierung unterstellt wurde, wird der Haushalt nur Güterbündel wählen, die auf der Bilanzgerade liegen.

C. Das Haushaltsgleichgewicht

1. Formale Herleitung

Als nächstes wird untersucht, welches Sortiment ein Haushalt bei gegebenem Nominaleinkommen, gegebenen Nominalpreisen und gegebener Präferenzstruktur wählt. Das Güterbündel, welches unter der gegebenen Restriktion die maximale Bedürfnisbefriedigung ermöglicht, stellt das **Haushaltsgleichgewicht** dar. Das vorliegende Entscheidungsproblem läßt sich formulieren durch:

(6) $\max_{x_1,x_2} \; U = f(x_1,x_2)$ $\max_{x_1,x_2}$: Maximierung in bezug auf x_1, x_2

(7) u.d.R. $y = p_1x_1 + p_2x_2$ u.d.R.: unter der Restriktion
endogen: U, x_1, x_2
exogen: y, p_1, p_2

Ein solches Problem kann mit Hilfe der **Lagrange-Multiplikatormethode** gelöst werden.[6)] Bei der Anwendung dieser Methode wird die Nebenbedingung zunächst implizit formuliert.

(8) $y - p_1x_1 - p_2x_2 = 0$

und anschließend mit dem **Lagrange`schen Multiplikator** λ multipliziert:

(9) $\lambda(y - p_1x_1 - p_2x_2) = 0 \quad \text{mit } \lambda \neq 0$

Als nächstes wird die sogenannte **Lagrange-Funktion** gebildet, in der die zu maximierende Funktion und die mit λ multiplizierte Nebenbedingung additiv verknüpft werden. Wir erhalten:

(10) $$\max_{x_1,x_2,\lambda} \; L = f(x_1,x_2) + \lambda(y - p_1x_1 - p_2x_2)$$

Zur Bestimmung der Bedingungen der 1. Ordnung werden die partiellen Ableitungen der Lagrange-Funktion nach x_1, x_2 und λ gebildet und anschließend gleich Null gesetzt:

(11) $$\frac{\partial L}{\partial x_1} = f_1(x_1,x_2) - \lambda p_1 = 0$$

(12) $$\frac{\partial L}{\partial x_2} = f_2(x_1,x_2) - \lambda p_2 = 0$$

(13) $$\frac{\partial L}{\partial \lambda} = y - p_1x_1 - p_2x_2 = 0$$

Die notwendigen Bedingungen des Gleichungssystems (11) - (13) müssen simultan erfüllt werden. Aus (13) ist der Grund für die Einführung von λ ersichtlich. Die Variable λ garantiert, daß bei der Bildung der notwendigen Bedingungen die Nebenbedingung Berücksichtigung findet. Aus den ersten beiden Gleichungen dieses Gleichungssystems folgt:

6) Zur Lagrange-Multiplikatormethode siehe Chiang (1984) S. 372 ff.

$$(14)\quad \lambda = \frac{f_1(x_1, x_2)}{p_1} > 0$$

$$(15)\quad \lambda = \frac{f_2(x_1, x_2)}{p_2} > 0$$

Da die Grenznutzen und die Preise positiv sind, **ist der Lagrange-Multiplikator λ ebenfalls positiv**. Durch Division der Gleichung (14) und (15) läßt sich der Lagrange-Multiplikator aus dem Gleichungssystem eliminieren:

$$(16)\quad \frac{f_1(x_1, x_2)}{f_2(x_1, x_2)} = GRS_{x_1}^{x_2} = \frac{p_1}{p_2} = GOK_{x_1}^{x_2}$$

Aus der Gleichung (16) erhalten wir das Ergebnis: **Im Haushaltsgleichgewicht entspricht die Grenzrate der Substitution dem relativen Preisverhältnis bzw. den Grenzopportunitätskosten.**

Die Gleichungen (13) und (16) stellen die Bedingungen der ersten Ordnung dar. Sie garantieren jedoch nicht die Berechnung eines Nutzenmaximums. Beide Bedingungen könnten auch für ein Nutzenminimum zutreffen. Daher müssen noch die Voraussetzungen für die Erfüllung der Bedingung der zweiten Ordnung untersucht werden. Zu diesem Zweck bilden wir aus dem Gleichungssystem (11) - (13) die 2. partiellen Ableitungen der Lagrange-Funktion und erhalten die **geränderte Hesse-Matrix**:

$$(17)\quad [H] = \begin{bmatrix} \frac{\partial^2 L}{\partial x_1^2} & \frac{\partial^2 L}{\partial x_1 \partial x_2} & \frac{\partial^2 L}{\partial x_1 \partial \lambda} \\ \frac{\partial^2 L}{\partial x_2 \partial x_1} & \frac{\partial^2 L}{\partial x_2^2} & \frac{\partial^2 L}{\partial x_2 \partial \lambda} \\ \frac{\partial^2 L}{\partial x_1 \partial \lambda} & \frac{\partial^2 L}{\partial x_2 \partial \lambda} & \frac{\partial^2 L}{\partial \lambda^2} \end{bmatrix} = \begin{bmatrix} f_{11} & f_{12} & -p_1 \\ f_{21} & f_{22} & -p_2 \\ -p_1 & -p_2 & 0 \end{bmatrix}$$

[H]: geränderte Hesse - Matrix

Die Bedingung der 2. Ordnung für ein Maximum bei zwei endogenen Variablen und einer Nebenbedingung verlangt eine positive Determinante der geränderten Hesse-Matrix. Zu diesem Zweck formen wir die Gleichungen (14) und (15) nach den Preisen um:

$$(18)\quad p_1 = \frac{f_1}{\lambda}$$

$$(19)\quad p_2 = \frac{f_2}{\lambda}$$

Wir substituieren für die Preise in der Gleichung (17) die Ausdrücke aus den Gleichungen (18) und (19) und multiplizieren die dritte Spalte und die dritte Zeile mit minus Eins:

$$(20)\quad |H| = \begin{vmatrix} f_{11} & f_{12} & f_1 \\ f_{22} & f_{22} & f_2 \\ f_1 & f_2 & 0 \end{vmatrix} \frac{1}{\lambda^2} > 0$$

Vergleichen wir die Determinante (20) mit der Determinante (25) aus Abschnitt II.C.2.2, so stellen wir fest, daß die Erfüllung der Bedingung der zweiten Ordnung einen quasi-konkaven Verlauf der Nutzenfunktion voraussetzt. **Dies impliziert eine abnehmende Grenzrate der Substitution entlang der Indifferenzkurve bzw. einen konvexen Verlauf der Indifferenzkurven**, welcher durch das 4. Postulat gesichert wird.

2. Graphische Darstellung

Die aus der formalen Analyse abgeleiteten Ergebnisse wollen wir graphisch illustrieren. Die Abbildung 2 stellt eine bestimmte Restriktion und die Indifferenzkurven einer gegebenen Präferenzordnung dar.

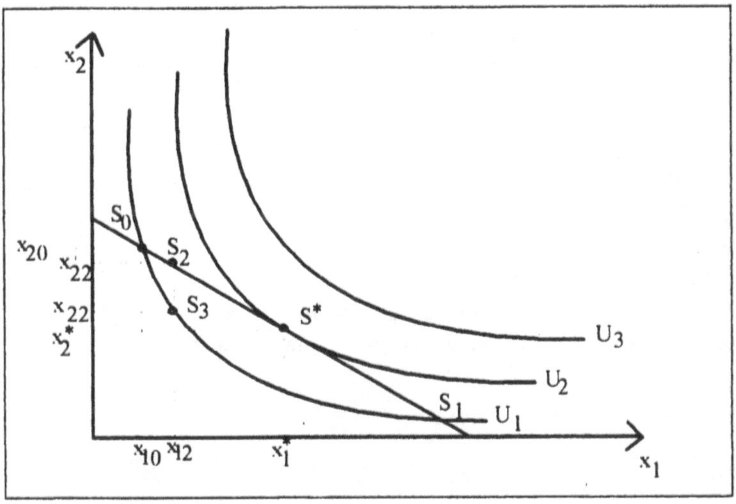

Abbildung 2: Das Haushaltsgleichgewicht

Sortimente, die auf der Indifferenzkurve U_3 liegen, sind bei den gegebenen Preisen und dem gegebenen Nominaleinkommen nicht realisierbar. Die Indifferenzkurve U_1 schneidet die Restriktion in S_0 und S_1. Betrachten wir das Sortiment S_0. In S_0 ist die Grenzrate der Substitution größer als das relative Güterpreisverhältnis:

$$\left. GRS_{x_1}^{x_2} \right|_{S_0} > \frac{p_1}{p_2} \left[\frac{x_2}{x_1} \right]$$

Die subjektive Wertschätzung des Haushalts für das Gut X_1, ausgedrückt in Mengeneinheiten von Gut X_2, ist größer als die Grenzopportunitätskosten des Gutes X_1. Der Haushalt ist demnach bereit, mehr Einheiten bei konstantem Nutzenniveau von dem Gut X_2 aufzugeben als am Markt von ihm verlangt wird, so daß er aufgrund des subjektiv niedrig empfundenen relativen Preises Mengen von X_2 gegen Mengen von X_1 entlang der Bilanzgeraden substituiert und damit ein höheres Nutzenniveau erreicht.

Dies wollen wir etwas näher erklären. Das Nutzenniveau des Haushalts ändert sich nicht, wenn der Haushalt $x_{20} - x_{22}$ Einheiten von X_2 aufgibt und $x_{12} - x_{10}$ Einheiten von X_1 zusätzlich erhält. Tatsächlich muß der Haushalt lediglich $x_{20} - x_{22}'$ Einheiten als Gegenleistung für die zusätzlichen Einheiten von X_1 aufgeben. Die Nutzensteigerung von S_0 nach S_2 kann also durch die Menge $x_{22}' - x_{22}$ ausgedrückt werden, die der Haushalt aufzugeben bereit ist, aber nicht aufgeben muß. Der Haushalt wird Mengen von X_2 gegen Mengen von X_1 substituieren, bis die Grenzrate der Substitution dem relativen Preisverhältnis entspricht. Diese Bedingung erfüllt das Güterbündel S^*. Eine weitere Substitution würde dazu führen, daß die subjektive Wertschätzung für das Gut X_1 geringer als das relative Preisverhältnis wird. Der Haushalt müßte dann mehr Einheiten von X_2 aufgeben, als er subjektiv aufzugeben bereit wäre. Aus diesem Grunde hat der Haushalt bei S^* keine Veranlassung, seine Konsumstruktur zu verändern. S^* stellt somit das Haushaltsgleichgewicht dar.[7)]

Damit das Gleichgewicht S^* erreicht wird, muß die Grenzrate der Substitution entlang der Bilanzgeraden abnehmen. Übersteigt die Grenzrate der Substitution die Grenzopportunitätskosten des Konsums, wird der Haushalt die Nachfrage nach dem bewerteten Gut erhöhen und nach dem anderen Gut entlang der Bilanzgeraden verringern. Da die Grenzopportunitätskosten des Konsums entlang der Bilanzgeraden konstant bleiben, führt diese Anpassung nur dann zu einem Gleichgewicht, wenn die Grenzrate der Substitution entlang der Bilanzgerade abnimmt.

$$(21) \quad \left. \frac{dGRS_{x_1}^{x_2}}{dx_1} \right|_B < 0$$

mit $|_B$: entlang der Bilanzgeraden

Nachdem die Eigenschaften der Bedingungen der 1. Ordnung erklärt worden sind, widmen wir uns nun der Bedingung der 2. Ordnung. Wir unterstellen in der Abbildung 3

7) Analog läßt sich zeigen, daß S_1 kein Gleichgewicht darstellt.

einen konkaven Verlauf der Indifferenzkurve.

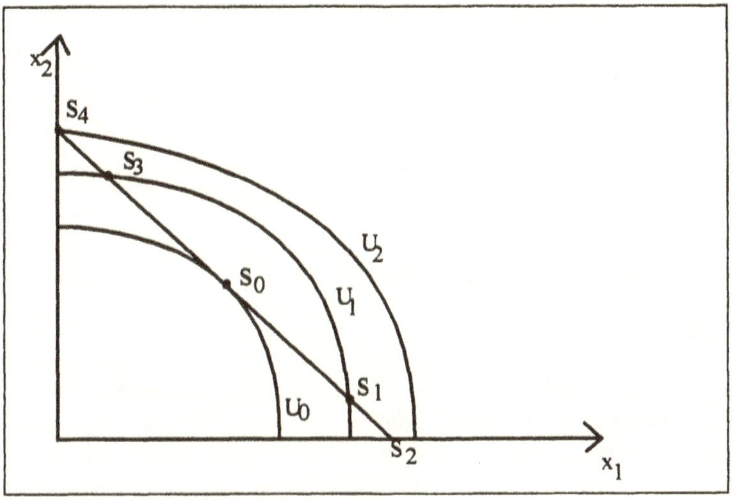

Abbildung 3: Bedingung der zweiten Ordnung

Die Bedingungen der 1. Ordnung werden im Punkt S_0 erfüllt. Wir können jedoch nachweisen, daß das Güterbündel nicht zu einem maximalen Grad an Bedürfnisbefriedigung führt. Vergleichen wir zu diesem Zweck die Grenzraten der Substitution der Güterbündel S_4, S_3, S_0, S_1 und S_2, die alle auf der Bilanzgeraden liegen. Anhand der Graphik erkennen wir, daß die Grenzrate der Substitution entlang der Bilanzgeraden zunimmt. Bei konkaven Indifferenzkurvenverläufen wird die Bedingung (21) nicht erfüllt. Erhöhen wir ausgehend von S_0 die Menge des Gutes X_1 entlang der Bilanzgerade, dann steigt die Grenzrate der Substitution, so daß der Grad der Bedürfnisbefriedigung bei einer Erhöhung von X_1 entlang der Bilanzgeraden steigt. Der Grad der Bedürfnisbefriedigung läßt sich entlang der Bilanzgeraden solange erhöhen, bis der Achsenabschnitt S_2 erreicht wird. Gehen wir wiederum von S_0 aus und verringern die Menge X_1, dann sinkt die Grenzrate der Substitution. In S_3 ist z.B. die Grenzrate der Substitution kleiner als das Preisverhältnis. Eine weitere Substitution von Mengen des Gutes X_1 gegen Mengen des Gutes X_2 führt daher zu einer erneuten Nutzenerhöhung, bis schließlich der Achsenabschnitt S_4 erreicht wird. Der Tangentialpunkt S_0 stellt daher das Nutzenminimum unter Beachtung der Nebenbedingung dar. Die Bedingung der zweiten Ordnung für ein Nutzenmaximum wird demnach bei einem konkaven Verlauf der Indifferenzkurve im Tangentialpunkt von Indifferenzkurve und Bilanzgeraden nicht erfüllt. Das Nutzenmaximum liegt bei einem solchen Fall auf einem der beiden Achsenabschnitte der Bilanzgeraden. In der Abbildung 3 ist dies bei S_4 der Fall, in dem ausschließlich das Gut X_2 konsumiert wird. Das Nutzenmaximum kann auch dort erreicht werden, wo ausschließlich das Gut X_1 konsumiert wird. Welcher Abschnitt ein Nutzenmaximum darstellt, hängt von dem konkreten Verlauf von Bilanzgeraden und Indifferenzkurvensystem ab.

Aus den vorstehenden Ausführungen wird noch einmal deutlich, daß die hinreichende Bedingung für ein Nutzenmaximum einen konvexen Verlauf der Indifferenzkurve bzw. eine abnehmende Grenzrate der Substitution entlang der Bilanzgeraden voraussetzt.

Zum Abschluß dieses Abschnittes sei noch einmal eindringlich darauf hingewiesen, daß hier *nicht*, wie oft behauptet, dem Haushalt bestimmte Anweisungen zur Maximierung seines Nutzens gegeben werden. **Das Modell liefert lediglich eine Erklärungsmöglichkeit des Verhaltens der Konsumenten und keine Entscheidungshilfe für die Konsumenten bei der Aufstellung ihrer Konsumpläne!**

D. Die Nachfragefunktionen

1. Einführung

In der bisherigen Analyse haben wir uns damit beschäftigt, welches Sortiment ein Haushalt bei einem bestimmten Nominaleinkommen, einem bestimmten Preis des Gutes X_1 sowie einem bestimmten Preis des Gutes X_2 wählt. Um das Haushaltsgleichgewicht für ein anderes Einkommen und andere Preise herleiten zu können, könnte man wiederum, wie im vorausgegangenen Abschnitt C beschrieben, die Bedingungen der ersten Ordnung aufstellen und anschließend das Gleichungssystem nach x_1 und x_2 auflösen. Diese Vorgehensweise erscheint, insbesondere wenn Reaktionen der Nachfrage auf Datenänderungen berechnet werden sollen, als zu umständlich. Es ist daher einfacher, die für eine bestimmte Nutzenfunktion resultierenden Kaufentscheidungen allgemein in Abhängigkeit von Preisen und Nominaleinkommen zu formulieren.

(22) $x_1^* = x_1(p_1, p_2, y)$ allgemeine Nachfragefunktion für X_1

(23) $x_2^* = x_2(p_1, p_2, y)$ allgemeine Nachfragefunktion für X_2

Solche Funktionen nennt man **allgemeine Nachfragefunktionen**. Aus diesen kann man unmittelbar die zu bestimmten Preisen und Einkommen korrespondierenden Haushaltsgleichgewichte gewinnen. Außerdem können anhand der allgemeinen Nachfragefunktion die Auswirkungen von Datenänderungen auf die Nachfrageentscheidungen des Haushalts direkt abgelesen werden.

Wenn wir der Frage nachgehen wollen, wie ein Haushalt sich verhält, wenn nur eine der drei exogenen Größen variiert, dann benötigen wir die **partiellen Nachfragefunktionen**. In dem hier vorgestellten Modell können drei verschiedene partielle Nachfragefunktionen für das Gut X_1 definiert werden.

(24) $x_1^* = x_1(y; p_1, p_2)$ Einkommensnachfragefunktion für X_1

(25) $x_1^* = x_1(p_1; p_2, y)$ direkte Nachfragefunktion für X_1

(26) $x_1^* = x_1(p_2; p_1, y)$ Kreuzpreisnachfragefunktion für X_1

Die Nachfragefunktionen für $x_1(x_2)$ erhält man aus den notwendigen Bedingungen des Haushaltsgleichgewichts

$$(27)\quad y - p_1x_1 - p_2x_2 = 0$$

$$(28)\quad \frac{f_1(x_1,x_2)}{f_2(x_1,x_2)} = GRS_{x_1}^{x_2} = \frac{p_1}{p_2} = GOK_{x_1}^{x_2}$$

indem $x_2(x_1)$ aus diesem Gleichungssystem eliminiert wird. Nehmen wir z.B. die Nutzenfunktion

$$(29)\quad U = (a + x_1)(b + x_2) \qquad a, b > 0 \qquad a, b\text{: Parameter}$$

Für die Grenzrate der Substitution erhalten wir:

$$(30)\quad GRS_{x_1}^{x_2} = \frac{b + x_2}{a + x_1}$$

Wird nun die Grenzrate der Substitution gleich dem Preisverhältnis gesetzt, die resultierende Gleichung nach x_2 aufgelöst und die daraus folgende Beziehung für x_2 in die Restriktion (27) eingesetzt, so folgt nach Umstellung die allgemeine Nachfragefunktion:

$$(31)\quad x_1^* = \frac{y - ap_1 + bp_2}{2p_1}$$

Aus dieser allgemeinen Nachfragefunktion können nun die partiellen Nachfragefunktionen durch Vorgabe der Werte für jeweils zwei exogene Variablen ermittelt werden. Beträgt z.B. das Einkommen 100 Geldeinheiten und der Preis für das Gut X_2 fünf Geldeinheiten, so lautet die direkte Nachfragefunktion:

$$x_1^* = \frac{100 - ap_1 + 5b}{2p_1}$$

Aus der Gleichung (31) können wir folgende Eigenschaften für die Nachfrage nach x_1 ableiten: Bei einer

(a) Einkommenserhöhung steigt der Konsum des Gutes X_1.
(b) Erhöhung des Preises für X_1 sinkt der Konsum des Gutes X_1.
(c) Erhöhung des Preises für X_2 steigt der Konsum des Gutes X_1.
(d) proportionalen Erhöhung der Preise und des Einkommens bleibt der Konsum des Gutes X_1 konstant.

Es stellt sich nun die Frage nach der Allgemeingültigkeit der aus der speziellen Nutzenfunktion (29) abgeleiteten Ergebnisse. Allgemeine Aussagen über die Wirkung der Datenänderungen können mit Hilfe der komparativ statischen Analyse erzielt werden. Im Rahmen der **komparativ statischen Analyse** werden unterschiedliche Gleichgewichtssituationen eines Modells für alternative Werte der exogenen Größen verglichen, ohne dabei den Anpassungsprozeß zu untersuchen. Im übertragenen Sinne kann man die Vorgehensweise der komparativen Statik wie folgt veranschaulichen: In einem beleuchteten Raum befindet sich eine Person an einer bestimmten Stelle. Nachdem das Licht ausgeschaltet und wieder eingeschaltet wurde, befindet sich die Person an einer anderen Stelle. Die komparative Statik vergleicht nun die Positionen vor und nach der Unterbrechung der Beleuchtung. Wie die Person von der einen zur anderen Stelle gelangt ist, bleibt sozusagen "im Dunkeln".

Den Ausgangspunkt der komparativ statischen Analyse bildet das Gleichungssystem:

$$(32)\quad GRS_{x_1}^{x_2}(x_1^*, x_2^*) = GOK_{x_1}^{x_2}(p_1, p_2)$$

$$(33)\quad y - p_1 x_1^* - p_2 x_2^* = 0$$

Zur Ableitung der Auswirkungen möglicher Datenänderungen wird das Gleichungssystem (32) - (33) total differenziert. Die resultierenden Gleichungen werden so geordnet, daß auf der linken Seite alle Veränderungen der endogenen (dx_1^*, dx_2^*) und auf der rechten Seite alle Veränderungen der exogenen (dp_1, dp_2, dy) Variablen stehen:

$$(34)\quad \frac{\partial\, GRS_{x_1}^{x_2}}{\partial x_1} dx_1^* + \frac{\partial\, GRS_{x_1}^{x_2}}{\partial x_2} dx_2^* = \frac{\partial\, GOK_{x_1}^{x_2}}{\partial p_1} dp_1 + \frac{\partial\, GOK_{x_1}^{x_2}}{\partial p_2} dp_2$$

$$(35)\quad - p_1 dx_1^* - p_2 dx_2^* = - dy + x_1^* dp_1 + x_2^* dp_2$$

In Matrixschreibweise gilt:

$$(36)\quad \underbrace{\begin{bmatrix} \frac{\partial\, GRS_{x_1}^{x_2}}{\partial x_1} & \frac{\partial\, GRS_{x_1}^{x_2}}{\partial x_2} \\ - p_1 & - p_2 \end{bmatrix}}_{[H]} \begin{bmatrix} dx_1^* \\ dx_2^* \end{bmatrix} = \begin{bmatrix} \frac{\partial\, GOK_{x_1}^{x_2}}{\partial p_1} dp_1 + \frac{\partial\, GOK_{x_1}^{x_2}}{\partial p_2} dp_2 \\ - dy + x_1^* dp_1 + x_2^* dp_2 \end{bmatrix}$$

Die Matrix H, die die Koeffizienten der Änderungen der endogenen Variablen dx_1^* und dx_2^* enthält, bezeichnen wir als **Systemmatrix**. Für die Untersuchung der Auswirkungen partieller Änderungen der exogenen Größen benötigen wir das Vorzeichen der Determinante der Matrix H. Diese lautet:

$$(37)\quad |H| = - \frac{\partial\, GRS_{x_1}^{x_2}}{\partial x_1} p_2 + \frac{\partial\, GRS_{x_1}^{x_2}}{\partial x_2} p_1$$

Wird in Gleichung (37) der Ausdruck ($-p_2$) ausgeklammert, so gilt:

$$(38) \quad |H| = -p_2 \left[\frac{\partial \, GRS_{x_1}^{x_2}}{\partial \, x_1} - \frac{\partial \, GRS_{x_1}^{x_2}}{\partial \, x_2} \frac{p_1}{p_2} \right]$$

Der erste Ausdruck in der Klammer der Gleichung (38) stellt die Veränderung der Grenzrate der Substitution bei einer partiellen Veränderung der Menge des Gutes X_1 dar. Nun kann die Menge des Gutes X_1 unter Berücksichtigung der gegebenen Budgetrestriktion nur ausgedehnt werden, wenn die Menge des Gutes X_2 entsprechend des relativen Preises des Gutes X_1 reduziert wird. Diese Reduktion der Menge des Gutes X_2 wirkt ebenfalls auf die Grenzrate der Substitution. Der Klammerausdruck der Gleichung (38) beschreibt daher die Veränderung der Grenzrate der Substitution entlang der Bilanzgeraden:

$$(39) \quad |H| = -p_2 \left. \frac{dGRS_{x_1}^{x_2}}{dx_1} \right|_B > 0$$

Aufgrund des angenommenen konvexen Verlaufs der Indifferenzkurve nimmt die Grenzrate der Substitution entlang der Bilanzgeraden ab.[8] Die Determinante von H ist daher positiv.

Wir können den Klammerausdruck in der Gleichung (38) im Gleichgewicht auch als Veränderung der Grenzrate der Substitution entlang der Indifferenzkurve interpretieren. Das Preisverhältnis entspricht im Gleichgewicht der Grenzrate der Substitution, und diese ist als Absolutbetrag der Steigung der Indifferenzkurve definiert. Wir erhalten dann:

$$(40) \quad |H| = -p_2 \left[\frac{\partial \, GRS_{x_1}^{x_2}}{\partial \, x_1} - \frac{\partial \, GRS_{x_1}^{x_2}}{\partial \, x_2} \left| \frac{dx_2^*}{dx_1^*} \right| \right]_{dU=0}$$

Der erste Ausdruck in der Klammer gibt die Veränderung der Grenzrate der Substitution bei einer partiellen Variation von x_1 an. Entlang der Indifferenzkurve muß sich aber gleichzeitig die Menge x_2 verändern, da sonst das Nutzenniveau nicht konstant bleibt und man damit die Indifferenzkurve verlassen würde. Die durch die Variation von x_1 notwendige Veränderung von x_2 wirkt erneut auf die Grenzrate der Substitution. Dies beschreibt der zweite Ausdruck in der Klammer. Der gesamte Klammeraus-

8) vgl. Gleichung (21) und die entsprechenden Erläuterungen

druck entspricht somit der Veränderung der Grenzrate der Substitution entlang der Indifferenzkurve. Daher gilt im Gleichgewicht:

$$(41) \quad |H| = -p_2 \left. \frac{dGRS_{x_1}^{x_2}}{dx_1} \right|_{dU=0} > 0$$

Da die Grenzrate der Substitution entlang der Indifferenzkurve abnimmt, ist das Vorzeichen der Determinante von H wiederum positiv.

2. Einkommensänderungen

Wir beginnen mit der Analyse der Auswirkungen einer partiellen Veränderung des Einkommens auf die Nachfrage. Eine Einkommenserhöhung verschiebt die Bilanzgerade parallel nach rechts oben.

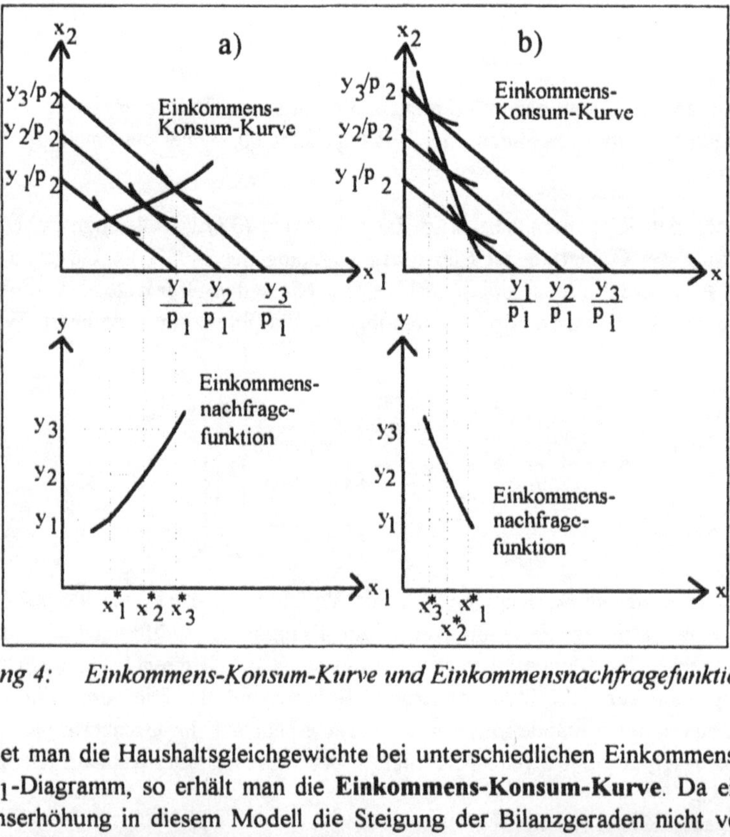

Abbildung 4: Einkommens-Konsum-Kurve und Einkommensnachfragefunktion

Verbindet man die Haushaltsgleichgewichte bei unterschiedlichen Einkommensniveaus im x_2/x_1-Diagramm, so erhält man die **Einkommens-Konsum-Kurve**. Da eine Einkommenserhöhung in diesem Modell die Steigung der Bilanzgeraden nicht verändert und im Gleichgewicht die Steigung der Bilanzgerade der Steigung der Indifferenzkurve entspricht, **bleibt entlang der Einkommens-Konsum-Kurve die Grenzrate der Substitution unverändert**. Für das totale Differential der Grenzrate der Substitution entlang der Einkommens-Konsum-Kurve gilt daher:

$$(42)\quad dGRS_{x_1}^{x_2} = \frac{\partial\, GRS_{x_1}^{x_2}}{\partial\, x_1}\, dx_1^* + \frac{\partial\, GRS_{x_1}^{x_2}}{\partial\, x_2}\, dx_2^* = 0$$

Die Steigung der Einkommens-Konsum-Kurve erhält man nach Umstellung:

$$(43)\quad \frac{dx_2^*}{dx_1^*} = -\frac{\dfrac{\partial\, GRS_{x_1}^{x_2}}{\partial\, x_1}}{\dfrac{\partial\, GRS_{x_1}^{x_2}}{\partial\, x_2}}$$

Der Zähler ist positiv (negativ), wenn das Gut X_2 als inferior (superior) und der Nenner ist positiv (negativ), wenn das Gut X_1 als superior (inferior) bewertet wird[9]. **Die Einkommens-Konsum-Kurve verläuft daher mit positiver Steigung, wenn beide Güter superior bewertet werden und mit negativer Steigung, wenn eines der beiden Güter inferior eingestuft wird.**[10]

Die **Einkommensnachfragefunktion** gibt an, wieviel Mengen eines Gutes ein Individuum bei alternativen Einkommen und gegebenen Güterpreisen nachgefragt. Sie wird graphisch entwickelt, indem die jeweiligen Einkommen-Mengenkombinationen in ein y/x_1-Diagramm übertragen werden. Im Teil a) der Abbildung 4 verläuft die Einkommensnachfragefunktion mit einer positiven, im Teil b) der Abbildung 4 mit einer negativen Steigung. Um die Gründe für die unterschiedlichen Verläufe erklären zu können, betrachten wir das Gleichungssystem (34) und wenden die Cramer'sche Regel[11] an. Gemäß dieser Regel erhalten wir die Veränderungen von x_1^*, indem die 1. Spalte der Systemmatrix H durch die rechte Seite der Gleichung (36) substituiert, die Determinante der auf diese Weise konstruierten Matrix berechnet und anschließend durch die Determinante der Systemmatrix dividiert wird. Da lediglich Änderungen des Einkommens untersucht werden, setzen wir dp_1 und dp_2 gleich Null. Nach anschließender Division durch dy sowie unter Berücksichtigung der Gleichung (39) folgt:

---

9) vgl. die Gleichungen (31) und (33) aus dem Kapitel II

10) Der Fall einer positiven Steigung der Einkommens-Konsum-Kurve bei inferiorer Bewertung beider Güter ist, da die Mengen beider Güter bei einer Nominaleinkommenserhöhung nicht reduziert werden können, auszuschließen.

11) vgl. hierzu Chiang (1984) S. 107 ff.

$$\frac{dx_1^*}{dy} = \frac{\begin{vmatrix} 0 & \dfrac{\partial\, GRS_{x_1}^{x_2}}{\partial\, x_2} \\ -1 & -p_2 \end{vmatrix}}{|H|} \quad \text{bzw.}$$

$$(44) \quad \frac{dx_1^*}{dy} = \frac{\dfrac{\partial\, GRS_{x_1}^{x_2}}{\partial\, x_2}}{|H|} = - \frac{\dfrac{\partial\, GRS_{x_1}^{x_2}}{\partial\, x_2}}{p_2 \left.\dfrac{dGRS_{x_1}^{x_2}}{dx_1}\right|_B}$$

Aus der komparativ-statischen Analyse können wir folgende Ergebnisse festhalten:

(1) Die subjektive Einschätzung eines Gutes als inferior oder superior bestimmt (in diesem Modell) eindeutig das Vorzeichen der Auswirkung einer Einkommensänderung auf den Konsum des Gutes X_1.

(2) Das Niveau der ausgelösten Veränderung der Nachfrage nach X_1 ist um so größer,

   (a) je stärker die Veränderung der Grenzrate der Substitution bei einer partiellen Variation von x_2 ausfällt,

   (b) je geringer der Preis p_2 ist,

   (c) je geringer die Veränderung der Grenzrate der Substitution entlang der Bilanzgeraden im Gleichgewicht ist.

Die aus der Gleichung (44) resultierenden Ergebnisse sollen mit Hilfe der Abbildung 5 näher erläutert werden. Aus didaktischen Gründen wird zunächst das Ergebnis 2b), dann das Ergebnis 2a), daran anschließend das Ergebnis 2c) und schließlich das Ergebnis 1) begründet.

Ergebnis 2b)

Im Ausgangspunkt der Betrachtung wird das Güterbündel S_0^* gewählt. Die Erhöhung des Einkommens verschiebt die Bilanzgerade parallel nach rechts oben. Zur Erläuterung der auftretenden Effekte nehmen wir an, daß es dem Haushalt nicht möglich ist, den Konsum von X_1 zu verändern, z.B. weil der Haushalt einen Liefervertrag für einen bestimmten Zeitraum über eine bestimmte Menge an X_1 abgeschlossen hat. Das Güterbündel S_1' kennzeichnet die Situation, in der der Haushalt sein gesamtes zusätzliches Einkommen für den Konsum von Gut X_2 verwendet. Das Niveau, um das die Konsumtion von X_2 bei unverändertem Konsumniveau von X_1 zunehmen kann, ist abhängig von der Höhe des Preises p_2. Beträgt z.B. der Preis p_2 zwei und die Einkommenserhöhung acht Geldeinheiten, dann können vier zusätzliche Einheiten von X_2 konsumiert werden. **Dies bedeutet, je niedriger der Preis von X_2 ist, desto größer ist die mögliche Nachfrageerhöhung und damit die Parallelverschiebung nach oben.**

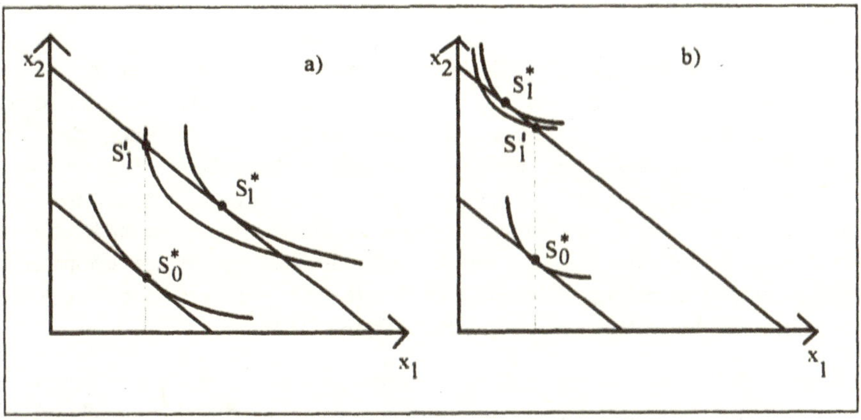

Abbildung 5: Auswirkungen einer Einkommenserhöhung

Ergebnis 2a)

Heben wir nun die Annahme des bestehenden Liefervertrages auf, so stellt sich die Frage, ob der Haushalt seine Konsumstruktur ändern wird. Das Güterbündel S_1' stellt nur dann ein Gleichgewicht dar, wenn sich die Grenzrate der Substitution bei partieller Variation der Menge des Gutes X_2 nicht verändert. In der Abbildung a) wurde eine superiore Bewertung des Gutes X_1 unterstellt. Die subjektive Wertschätzung für das Gut X_1, ausgedrückt durch die Grenzrate der Substitution, nimmt bei einer Erhöhung des Niveaus von x_2 zu. Dies bedeutet, daß die subjektive Wertschätzung für das Gut X_1 in S_1' größer ist als die Grenzopportunitätskosten für das Gut X_1, ausgedrückt durch das Preisverhältnis. **Die Differenz zwischen der Grenzrate der Substitution und den Grenzopportunitätskosten des Konsums ist um so größer, je stärker sich die Grenzrate der Substitution bei einer partiellen Variation der Menge x_2 verändert.** Diese Information liefert der Zähler in der Gleichung (44). Da in der Abbildung 5a) in S_1' die Grenzrate der Substitution größer als die Grenzopportunitätskosten des Güterkonsums ist, wird das nutzenoptimale Güterbündel nach der Datenänderung rechts unterhalb von S_1' liegen.

Ergebnis 2c)

Wie aus der Gleichung (44) ersichtlich ist, hängt das Niveau der Reaktion auf eine Einkommenserhöhung von der Veränderung der Grenzrate der Substitution entlang der Bilanzgeraden ab. Zur ökonomischen Begründung dieses Ergebnisses wird erneut das Güterbündel S_1' in der Abbildung 5a) betrachtet. In S_1' ist die Grenzrate der Substitution größer als die Grenzopportunitätskosten. Bei einer Substitution entlang der Bilanzgeraden nimmt die Grenzrate der Substitution ab, während die Grenzopportunitätskosten konstant bleiben. **Je stärker die Grenzrate der Substitution entlang der Bilanzgeraden abnimmt - dies beschreibt der Nenner in der Gleichung (44) - desto geringer fällt die Reaktion auf die Datenänderung aus.**

Ergebnis 1)

Betrachten wir nun den Teil b) der Abbildung. Dort ist der Fall einer inferioren Bewertung des Gutes X_1 dargestellt. Aufgrund der getroffenen Annahmen nimmt die subjektive Wertschätzung für das Gut X_1 bei einer partiellen Erhöhung der Menge des Gutes X_2 ab. Das neue Gleichgewicht wird in S_1^* erreicht, in dem die Konsumtionsmenge des Gutes X_1 gesunken ist. Im Unterschied zur superioren Bewertung nimmt die Nachfrage eines Gutes bei einer inferioren Bewertung ab. Damit können wir auch die Frage nach den Vorzeichen der Steigung der Einkommensnachfragefunktion beantworten: **Die Einkommensnachfragefunktion verläuft mit einer positiven (negativen) Steigung, wenn das betrachtete Gut superior (inferior) bewertet wird.**

Im Kapitel I haben wir erwähnt, daß die Veränderung einer Einflußgröße, ausgenommen der Preis des betrachteten Gutes, die direkte Nachfragefunktion verschiebt. Wir haben hier eine Möglichkeit der Erklärung der Verschiebung herausgearbeitet: Die direkte Nachfragefunktion verschiebt sich bei einer Einkommenserhöhung nach rechts (links), wenn das betrachtete Gut superior (inferior) bewertet wird. Mit anderen Worten: **Der Haushalt ist bereit, bei unverändertem Preis mehr (weniger) von dem Gut bei einer Einkommenserhöhung nachzufragen bzw. die gleiche Menge zu einem höheren (niedrigeren) Preis zu kaufen, wenn das Gut superior (inferior) bewertet wird.**

Was verbirgt sich aber nun hinter der Inferiorität eines Gutes, d.h. von welchen Gütern wird bei gestiegenem Einkommen weniger nachgefragt? Inferiore Güter sind Güter mit subjektiv empfundener niedrigerer Qualität. Bei steigendem Einkommen werden Mengen von Gütern mit minderer Qualität (inferiore Güter) durch Mengen von Gütern mit höherer Qualität (superiore) Güter ersetzt. Ein Beispiel hierfür ist die Substitution von Margarine durch Butter. An diesem Beispiel wird deutlich, daß beide Güter nicht gleichzeitig zueinander inferior sein können.

Kritisch anzumerken an dieser Interpretation ist folgendes: Inferiorität wird mit einer subjektiv niedrig empfundenen Qualität erklärt, obwohl Qualität in dem Modell nicht definiert wurde; d.h. das Nachfrageverhalten nach diesen Gütern wird modellexogen erklärt. Dieses Problem wird hier nicht weiter verfolgt, da es ausführlich in den Abschnitten IV.C und IV.D behandelt wird.

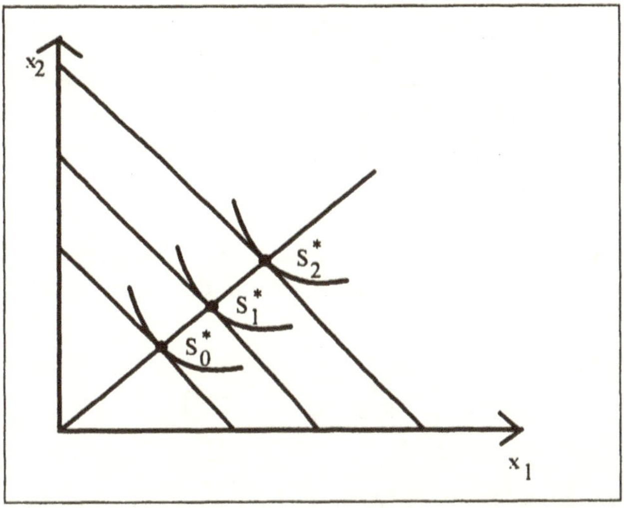

Abbildung 6: Reaktion auf eine Einkommensänderung bei homothetischen Nutzenfunktionen

Liegt der Spezialfall einer homothetischen Nutzenfunktion vor, dann bleibt die Konsumstruktur, d.h. das Verhältnis der konsumierten Gütermengen, konstant. Den Ausgangspunkt bildet in der Abbildung 6 das Gleichgewicht S_0^*. Durch die Einkommenserhöhung verschiebt sich die Bilanzgerade nach rechts oben. Im neuen Gleichgewicht S_1^* muß die Grenzrate der Substitution konstant geblieben sein, da die Einkommensänderung die Steigung der Bilanzgeraden nicht verändert und im Gleichgewicht die Steigung der Bilanzgeraden der Steigung der Indifferenzkurve entsprechen muß. **Da bei homothetischen Nutzenfunktionen ein Ursprungsstrahl Indifferenzkurvenpunkte gleicher Grenzraten der Substitution verbindet, bleibt die Konsumstruktur unverändert**.

An dieser Stelle sei angemerkt, daß die hier verwendete Definition von Superiorität bzw. Inferiorität von der in den Lehrbüchern üblicherweise verwendeten Definition abweicht, wobei dort Superiorität eines Gutes vorliegt, wenn bei steigendem Einkommen mehr von diesem Gut nachgefragt wird. Wie wir in diesem Abschnitt gesehen haben, führt eine Einkommenserhöhung bei superiorer Bewertung zu einer Erhöhung der nachgefragten Menge, so daß die beiden unterschiedlichen Definitionen zu den gleichen Ergebnissen führen. Dies ist auf die Annahme, daß der Haushalt zu den gegebenen Preisen jede beliebige Menge nachfragen kann, zurückzuführen. Sind dagegen die Güterpreise abhängig von den nachgefragten Mengen, z.B. aufgrund von Rabatten, dann ändert sich bei einer Ausdehnung der Nachfrage aufgrund einer Einkommenserhöhung das Preisverhältnis. Die Kausalität zwischen superiorer bzw. inferiorer Bewertung und der Reaktion auf eine Einkommensänderung ist dann nicht mehr gegeben. In solchen Fällen erweist sich die Trennung der Reaktion auf eine Einkommensänderung von der

Definition der Superiorität bzw. Inferiorität als zweckmäßig.[12)]

Abschließend zur Analyse der Auswirkungen von Einkommensänderungen sollen kurz einige Bemerkungen zu der Behandlung von Einkommensvariationen in der älteren kardinalen Nutzentheorie angeführt werden. Diese unterstellte additive Nutzenfunktionen

$$U = f(x_1) + f(x_2)$$

und abnehmende Grenznutzen. Da die Kreuzableitungen bei additiven Nutzenfunktionen Null sind, nimmt bei einer partiellen Erhöhung der Menge x_2 die Grenzrate der Substitution immer zu,

$$\frac{\partial \, GRS_{x_1}^{x_2}}{\partial \, x_2} = \frac{f_{12} f_2 - f_{22} f_1}{f_2^2} = - \frac{f_{22} f_1}{f_2^2} > 0$$

so daß der Inferioritätsfall per Annahme ausgeschlossen wird und demnach Einkommensänderungen immer zu höheren Nachfragemengen führen.

3. Der Einfluß des Preises eines Gutes auf dessen nachgefragte Menge

In diesem Abschnitt werden wir den Einfluß des Preises eines Gutes auf dessen nachgefragte Menge untersuchen. Im Mittelpunkt steht also die Frage nach dem Vorzeichen der Steigung der direkten Nachfragefunktion. Die Auswirkungen einer Preisänderung des Gutes X_1 sollen anhand der Abbildung 7 erläutert werden. Eine Veränderung des Preises p_1 führt zu einer Drehung der Bilanzgeraden. Werden die Haushaltsgleichgewichte bei den unterschiedlichen Preisen verbunden, so erhält man die **Preis-Konsum-Kurve**. Die Preis-Konsum-Kurve verbindet alle Haushaltsgleichgewichte bei alternativen Preisen p_1 und gegebenem Preis p_2 sowie gegebenem Einkommen y. Die **direkte Nachfragefunktion** gibt an, welche Mengen eines Gutes ein Haushalt bei alternativen Preisen des Gutes und gegebenem Einkommen sowie gegebenen Preisen der anderen Güter nachfragt. Sie läßt sich graphisch ermitteln, indem die bei alternativen Preisen p_1 resultierenden nachgefragten Mengen x_1 in ein p_1/x_1 Koordinatensystem übertragen werden. Im Teil a) der Abbildung erhalten wir einen fallenden, im Teil b) der Abbildung einen steigenden Verlauf der direkten Nachfragefunktion.

---

12) Spaetling (1977) S. 389 ff. weist z.B. nach, daß auch bei Inferiorität gemäß unserer Definition eine Erhöhung der Nachfrage bei einer Einkommenserhöhung eintreten kann, wenn die Haushaltsproduktionszeit berücksichtigt wird.

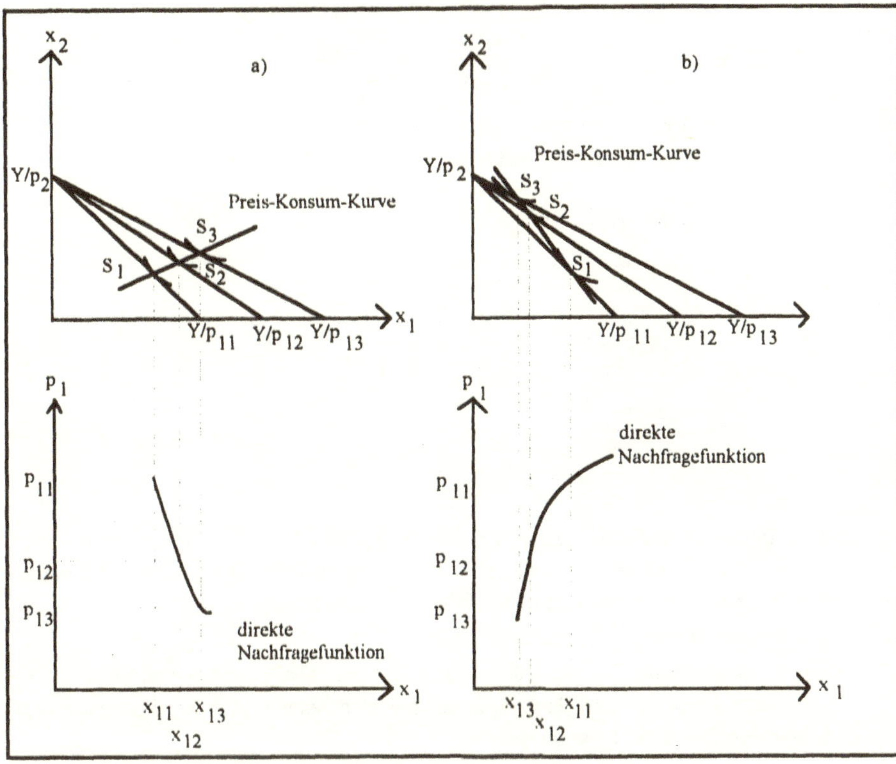

Abbildung 7: Der Einfluß des Preises eines Gutes auf dessen nachgefragte Menge

Welche Einflußgrößen bestimmen das Vorzeichen der Steigung der direkten Nachfragefunktion? Zur Beantwortung dieser Frage setzen wir dy und dp_2 in der Gleichung (36) gleich Null. Nach Anwendung der Cramer'schen Regel folgt:

$$\frac{dx_1^*}{dp_1} = \frac{\begin{vmatrix} \dfrac{\partial \, GOK_{x_1}^{x_2}}{\partial \, p_1} & \dfrac{\partial \, GRS_{x_1}^{x_2}}{\partial \, x_2} \\ x_1^* & -p_2 \end{vmatrix}}{|H|}$$

Nach Ausrechnung der Determinante folgt:

$$(45)\quad \frac{dx_1^*}{dp_1} = -p_2 \frac{\frac{\partial\, GOK_{x_1}^{x_2}}{\partial p_1}}{|H|} - x_1^* \frac{\frac{\partial\, GRS_{x_1}^{x_2}}{\partial x_2}}{|H|} \qquad \text{bzw.}^{13)}$$

$$(46)\quad \frac{dx_1^*}{dp_1} = \left.\frac{\frac{\partial\, GOK_{x_1}^{x_2}}{\partial p_1}}{\frac{dGRS_{x_1}^{x_2}}{dx_1}}\right|_{B} - x_1^* \left.\frac{dx_1}{dy}\right|_{p\ const}$$

Wie sind die beiden Effekte auf der rechten Seite der Gleichung (46) zu interpretieren? Eine Veränderung des Preises eines Gutes bei konstantem Preis des anderen Gutes und konstantem Nominaleinkommen induziert folgende Auswirkungen:

(1) Das Preisverhältnis p_1/p_2 verändert sich.

(2) Das Realeinkommen, ausgedrückt als Quotient von Nominaleinkommen und Preis des Gutes X_1, und damit die realisierbare Menge von X_1 bei gegebener Menge von X_2, sinkt bzw. steigt.

Es schließt sich die Frage an, wie der Haushalt auf eine Veränderung des Preisverhältnisses reagiert. Diesen Effekt definieren wir als **Substitutionseffekt**. Weiterhin können wir fragen, wie der Haushalt auf einen Realeinkommensverlust (-zuwachs), der durch eine Veränderung von p_1 hervorgerufen wird, mit seiner Nachfrage nach X_1 bei konstantem Preisverhältnis reagiert. Diesen Effekt bezeichnen wir als **Einkommenseffekt**. Für die graphische Illustration der Teileffekte, in die der Gesamteffekt zerlegt werden kann, existieren drei unterschiedliche Möglichkeiten:[14)]

(a) Die historisch gesehen erste vorgeschlagene Darstellung basiert auf den Überlegungen des Ökonomen Slutzky und ist als **cost-difference-method** bekannt.

(b) Die weiteren beiden Methoden basieren auf den Arbeiten von Hicks. Man bezeichnet sie als **equivalent-income-variation-method** und als **compensating-income-variation-method**.

Diese drei Methoden werden im folgenden vorgestellt und im Abschnitt III.D.3.4 verglichen.

---

13) Bei der Umformung von (45) nach (46) sind die Informationen aus den Gleichungen (41) und (44) verwendet worden. Mit "p const." ist die Konstanz des Preisverhältnisses gemeint.

14) vgl. Zamagni (1987) S. 155 ff.

3.1. Die compensating-income-variation-method

Aus didaktischen Gründen betrachten wir als erstes die compensating-income-variation-method. Hierzu werfen wir einen Blick auf die folgende Abbildung.

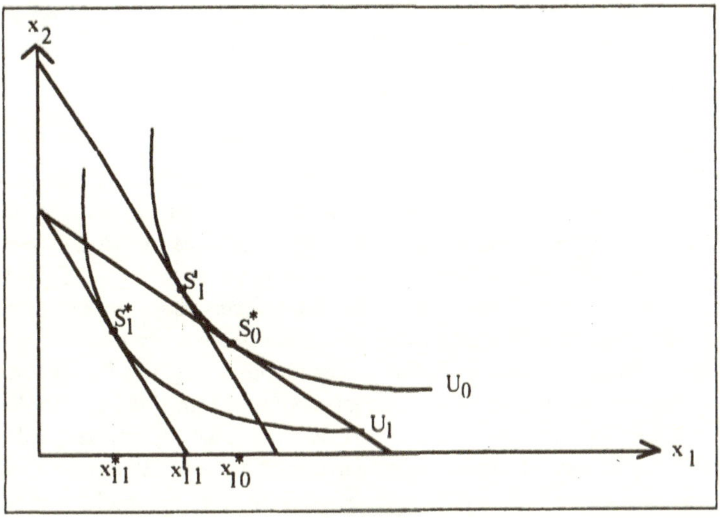

Abbildung 8: Auswirkungen einer Preiserhöhung auf die Nachfrage des Gutes

In der Ausgangssituation wählt der Haushalt das Sortiment S_0^*. Nach einer Erhöhung des Preises p_1 konsumiert der Haushalt das Sortiment S_1^*. Die Verringerung des Konsums des Gutes X_1 von S_0^* nach S_1^* als Reaktion auf die Preisänderung stellt den **Gesamteffekt** der Preisänderung dar. Um die Auswirkung der Veränderung des Preisverhältnisses *isoliert* betrachten zu können, erhält der Haushalt eine hypothetische Nominaleinkommenserhöhung, die so bemessen ist, daß er das ursprüngliche Nutzenniveau U_0 wieder erreicht. Dabei ist zu beachten, daß die hypothetische Einkommenserhöhung nicht ausreicht, um das ursprüngliche Güterbündel wieder konsumieren zu können, sondern die Einkommenserhöhung lediglich die Erreichung des ursprünglichen Nutzenniveaus garantiert. Daher ist die hypothetische Realeinkommenserhöhung geringer als die aufgrund der Preiserhöhung eingetretene Realeinkommensminderung. Diese nutzenkompensierende Einkommenserhöhung bezeichnen wir als **compensating-income**. Die hypothetische Realeinkommenserhöhung wird graphisch durch eine Parallelverschiebung der neuen Restriktion zur ursprünglichen Indifferenzkurve zum Ausdruck gebracht. Die neue Restriktion tangiert die ursprüngliche Indifferenzkurve in S_1'. Die Bewegung S_0^* nach S_1' stellt die Reaktion des Haushalts auf eine Veränderung des Preisverhältnisses dar, wenn er sein ursprüngliches Nutzenniveau beibehalten kann. Dies ist der nach der compensating-income variation method ermittelte **Substitutionseffekt**:

$$(47)\quad SE = \left.\frac{dx_1}{dp_1}\right|_{U\ const} \qquad \text{SE: Substitutionseffekt}$$

Dieser Substitutionseffekt beschreibt die Reaktion eines Haushalts auf ein geändertes Preisverhältnis bei konstantem Nutzenniveau. Die mengenmäßige Wirkung des Substitutionseffektes beträgt:

$$x_{11}' - x_{10}^{*} < 0$$

Bei einer Preiserhöhung nimmt die Menge aufgrund des Substitutionseffektes ab. Betrachtet man den Fall einer Preissenkung, so ist die mengenmäßige Wirkung des Substitutionseffektes positiv. Können wir eine eindeutige Aussage hinsichtlich des Vorzeichens des Substitutionseffektes treffen? In Gleichung (47) wurde der Substitutionseffekt als Verhältnis von Mengen- zu Preisänderung definiert. Bei einer Preiserhöhung ist der Zähler negativ und der Nenner positiv; bei einer Preissenkung ist der Zähler positiv und der Nenner negativ. In beiden Fällen ist der Quotient negativ: **Der Substitutionseffekt ist daher immer negativ**! Das Ergebnis resultiert zum einen aus der Konvexität der Indifferenzkurven und zum anderen aus dem steileren Verlauf der Bilanzgerade nach einer Preiserhöhung. Dies bedeutet, daß das in realen Gütermengen gemessene teurer gewordene Gut durch das billiger gewordene Gut substituiert wird. Wovon hängt nun das Niveau des Substitutionseffektes ab? Zunächst einmal verändert sich die Steigung der Bilanzgeraden, die im Zähler des ersten Terms der Gleichung (46) erfaßt wird:

$$(48)\quad \frac{\partial\, GOK_{x_1}^{x_2}}{\partial\, p_1} = \frac{\partial \left(\dfrac{p_1}{p_2}\right)}{\partial\, p_1} = \frac{1}{p_2}$$

Die Steigung der Bilanzgeraden nimmt um so stärker zu, je kleiner p_2 ist. Einen weiteren Einfluß stellt die Krümmung der Indifferenzkurve dar, die im Nenner des ersten Terms in der Gleichung (46) erfaßt wird.

In der Abbildung 9 sind zwei unterschiedliche Indifferenzkurven dargestellt, wobei in der Ausgangssituation das Sortiment S_0^* gewählt wird. Der Substitutionseffekt wird wiederum durch die Verschiebung der neuen Bilanzgeraden (B_1) an die ursprüngliche Indifferenzkurve ermittelt. Der Substitutionseffekt für die schwächer gekrümmte Indifferenzkurve beträgt $S_0^*S_{1B}$, der für die stärker gekrümmte Indifferenzkurve S_0S_{1A}. Wir können der Abbildung 9 entnehmen, **daß die mengenmäßige Wirkung bei gleicher Preisänderung - und damit der Substitutionseffekt - absolut um so größer ist, je schwächer die Indifferenzkurve gekrümmt ist**.

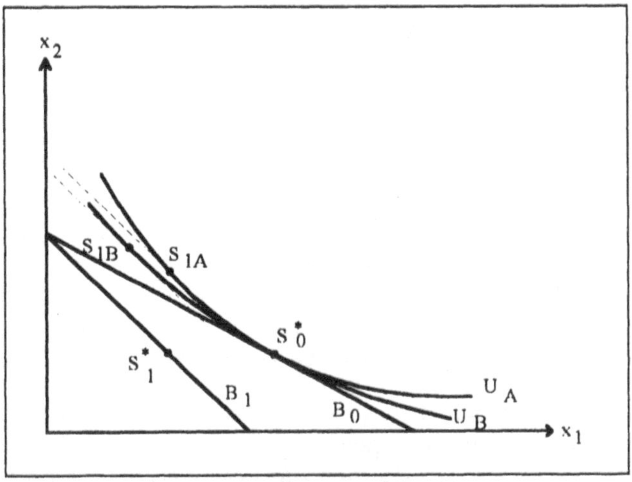

Abbildung 9: Substitutionseffekt und Krümmung der Indifferenzkurve

Betrachten wir nach diesen Ausführungen die Gleichung (46), so erkennen wir, daß der erste Ausdruck auf der rechten Seite den Stustitutionseffekt angibt:

$$(49)\quad SE = \frac{\dfrac{\partial\, GOK_{x_1}^{x_2}}{\partial p_1}}{\left.\dfrac{dGRS_{x_1}^{x_2}}{dx_1}\right|_{dU = 0}} < 0$$

Dieser ist umso größer, je stärker sich die Grenzopportunitätskosten verändern und je geringer die Veränderung der Grenzrate der Substitution ausfällt.

Weiterhin können wir fragen, wie der Haushalt auf einen Realeinkommensverlust (-zuwachs), der durch eine Veränderung von p_1 hervorgerufen wird, mit seiner Nachfrage nach X_1 bei konstantem Preisverhältnis reagiert. Diesen Effekt stellt der **Einkommenseffekt** dar:

$$(50)\quad EE = \left.\frac{dx_1}{dp_1}\right|_{p\ const} \qquad \text{EE: Einkommenseffekt}$$

Zur graphischen Darstellung des Einkommenseffektes wird die hypothetische Einkommenserhöhung in der Abbildung 8 zurückgenommen. Der Einkommenseffekt kommt graphisch durch die Strecke von S_1' nach S_1^* zum Ausdruck. Für die mengenmäßige Wirkung des Einkommenseffektes folgt:

$$x_{11}^* - x_{11}' < 0$$

An dieser Stelle wollen wir die Frage stellen, wovon das Niveau der hypothetischen Einkommenserhöhung abhängt. Welche Auswirkung hat zum Beispiel eine Erhöhung des Zigarettenpreises? Ein "Gelegenheitsraucher" wird von dieser Preiserhöhung relativ gering, ein "Kettenraucher" sehr stark betroffen sein. Daraus läßt sich ableiten, daß die Realeinkommenssenkung, die durch eine Preiserhöhung hervorgerufen wird und damit die Rücknahme der hypothetischen Einkommenserhöhung, umso größer ist, je mehr der Haushalt im ursprünglichen Gleichgewicht von dem jeweiligen Gut konsumiert hat.

Für die Interpretation der Ergebnisse ist die Unterscheidung zwischen dem **Einkommenseffekt** und der **Reaktion auf eine nominale Einkommensänderung** wichtig. Die beiden Effekte unterscheiden sich zum einen hinsichtlich ihres Vorzeichens. Dies läßt sich wie folgt begründen: Die hier betrachtete Realeinkommensänderung resultiert aus einer Preisänderung. Da eine Preiserhöhung (-senkung) qualitativ einer Realeinkommenssenkung (-erhöhung) entspricht, induziert eine Preisänderung eine Realeinkommensänderung in die entgegensetzte Richtung wie eine Nominaleinkommensänderung. Daraus folgt, daß der Einkommenseffekt und die Reaktion auf eine Einkommensänderung unterschiedliche Vorzeichen besitzen. **Bei einem superioren (inferioren) Gut ist der Einkommenseffekt daher immer negativ (positiv)**. Andererseits hängt der Einkommenseffekt im Unterschied zu dem Effekt einer Einkommenserhöhung, wie oben geschildert, von der realisierten Menge x_1^* im ursprünglichen Gleichgewicht ab. Der zweite Term auf der rechten Seite der Gleichung (46) beschreibt den Einkommenseffekt:

$$\text{(51)} \quad EE = - x_1^* \frac{dx_1^*}{dy}$$

Für den in der Abbildung 8 dargestellten Fall ist der Einkommenseffekt, da der Haushalt mit einer Reduktion der Nachfrage auf die preisinduzierte Realeinkommenssenkung reagiert hat, negativ.

Nach der Analyse der Eigenschaften von Substitutions- und Einkommenseffekten können wir für die Gleichung (46) unter Berücksichtigung der Gleichungen (47) und (51) schreiben:

$$\text{(46)'} \quad \underbrace{\frac{dx_1^*}{dp_1}}_{GE} = \underbrace{\left.\frac{dx_1}{dp_1}\right|_{U\ const}}_{SE} - \underbrace{x_1^* \frac{dx_1^*}{dy}}_{EE}$$

Bei dem in der Abbildung 8 dargestellten Fall ist der Einkommenseffekt negativ. Dieses Ergebnis ist jedoch nicht generell gültig. Wie in Abschnitt III.D.2 gezeigt wurde, kann die Nachfrage nach einem Gut bei einer Einkommenserhöhung zu- oder abnehmen. Da der Einkommenseffekt von dieser Reaktion abhängig ist, ist auch das Vorzeichen des Einkommenseffektes unbestimmt. Die Abbildung 10 stellt den Fall dar, daß das Gut X_1 inferior bewertet wird und der Einkommenseffekt absolut größer als der Substitutionseffekt ist. Die mengenmäßige Wirkung des Substitutionseffektes

$$x_{11}' - x_{10}^* < 0$$

wird durch die mengenmäßige Wirkung des Einkommenseffektes überkompensiert.

$$x_{11}^* - x_{11}' > 0$$

Der Gesamteffekt ist daher positiv. Ein solches Gut, bei dem die nachgefragte Menge bei einer Preiserhöhung zunimmt, wird als **Giffen-Gut** bezeichnet.[15)]

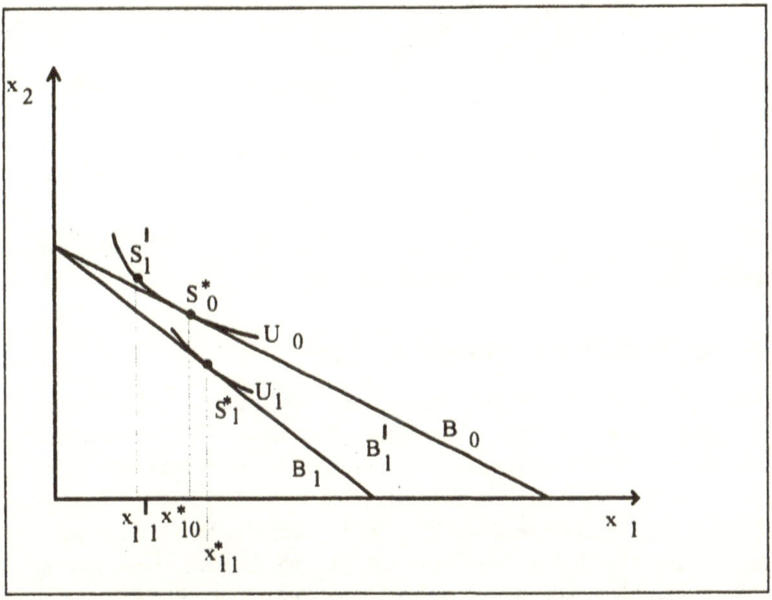

Abbildung 10: Darstellung eines Giffen-Gutes

Es kann schließlich noch ein dritter Fall auftreten, in dem das Gut X_1 inferior bewertet wird, der Einkommenseffekt aber betragsmäßig kleiner ist als der Substitutionseffekt.[16)] Zwar nimmt aufgrund des Einkommenseffektes ($S_1'S_1^*$) der Konsum des Gutes X_1 zu, die Zunahme aufgrund des Einkommenseffektes kann jedoch den Rückgang

---

15) Da Giffen-Güter in der Mikroökonomik eine wichtige Rolle spielen, werden diese im Abschnitt IV.D gesondert diskutiert.

16) Auf die graphische Darstellung der inferioren Bewertung und absolut gleich großen Substitutions- und Einkommenseffekte soll hier verzichtet werden.

aufgrund des Substitutionseffektes ($S_0^*S_1'$) nicht kompensieren. Diese Konstellation ist in der Abbildung 11 dargestellt.

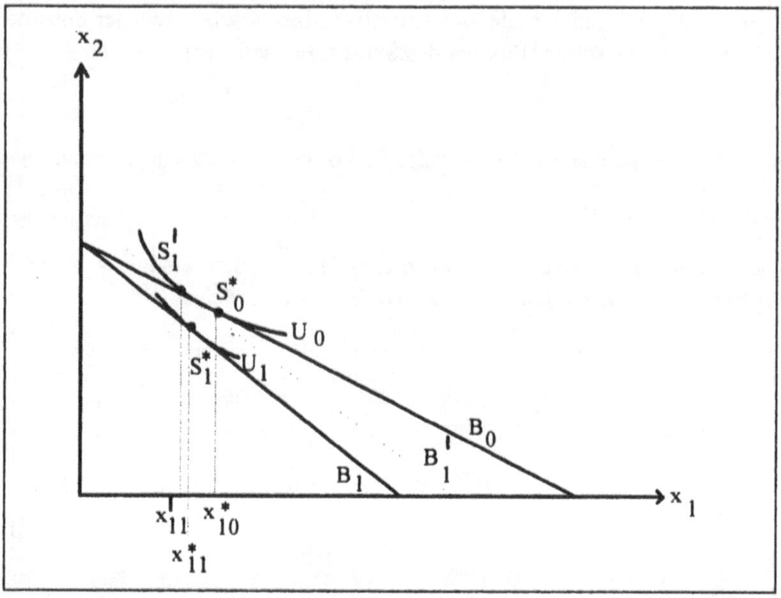

Abbildung 11: Inferiores Gut und normale Reaktion

3.2. Die equivalent-income-variation-method

Wir wollen nun die zweite auf Hicks basierende Möglichkeit der graphischen Darstellung von Substitutions- und Einkommenseffekten vorstellen. Wir betrachten erneut eine Erhöhung von p_1. Bei der compensating-income-variation-method erhielt der Haushalt eine hypothetische Nominaleinkommenserhöhung in einem solchen Ausmaß, daß er sein ursprüngliches Nutzenniveau wieder erreichen konnte. Nun wird in der Abbildung 12 unterstellt, der Haushalt erfahre zunächst, ausgehend vom ursprünglichen Gleichgewicht S_0^*, eine Nominaleinkommenssenkung in einem solchen Niveau, daß er das gleiche Nutzenniveau erreicht wie nach der Preiserhöhung. Diese Einkommenssenkung, die nach Hicks als **equivalent-income** bezeichnet wird, können wir graphisch durch eine Verschiebung der ursprünglichen Bilanzgerade B_0 an die neue Indifferenzkurve U_1 zum Ausdruck bringen. Die auf diese Weise konstruierte hypothetische Bilanzgerade ist die Gerade B_0'. Werden die Konsummöglichkeiten des Haushalts durch diese Bilanzgerade eingegrenzt, dann wählt der Haushalt das Güterbündel S_1'. Die Strecke $S_0^*S_1'$ beschreibt die Reaktion des Haushalts auf eine Einkommenssenkung, die so bemessen ist, daß er das gleiche Nutzenniveau wie bei der unterstellten Preiserhöhung erreicht. Das Vorzeichen dieses Effektes hängt wiederum von der superioren bzw. inferioren Bewertung der Güter ab. Die Strecke $S_0^*S_1'$ gibt den Einkommenseffekt nach der equivalent-income-variation-method an. Die Strecke $S_1'S_1^*$ stellt die Reaktion auf die Änderung des Preisverhältnisses bei gleichem Nutzenniveau und somit den Substitutionseffekt dar. Der Substitutionseffekt ist aus den gleichen Gründen wie bei der compensating-income-variation-method negativ.

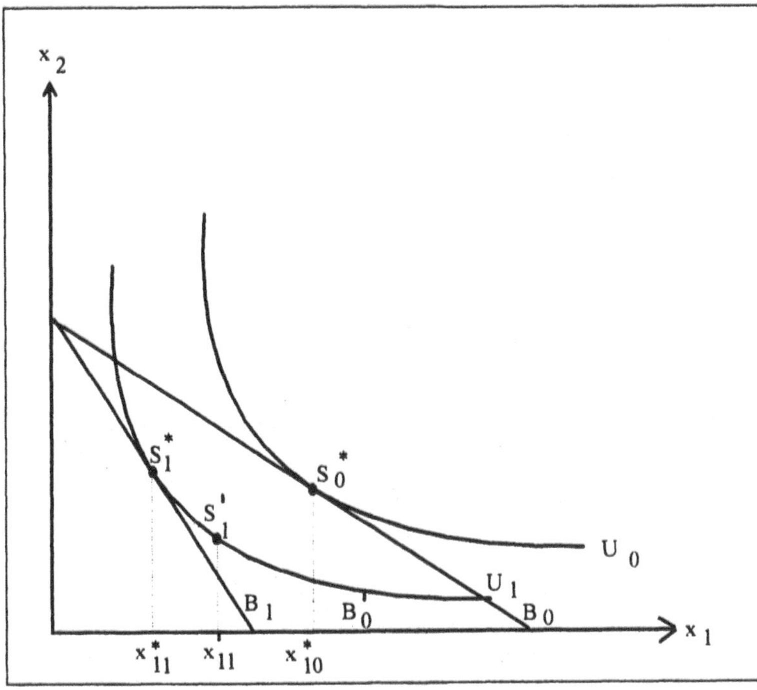

Abbildung 12: Die equivalent-income-variation-method

3.3. Die cost-difference-method

Betrachten wir abschließend die dritte Darstellungsmöglichkeit der einzelnen Effekte anhand der Abbildung 13. Die Güterbündel S_0^* und S_1^* stellen die Gleichgewichte bei den jeweiligen Preisniveaus dar. Der Haushalt erhält ausgehend von S_1^* wie bei der compensating-income-variation-method eine Einkommenserhöhung. Die Einkommenserhöhung fällt aber jetzt so hoch aus, daß das Realeinkommen des Haushalts gegenüber der Ausgangssituation gemessen an dem ursprünglich konsumierten Güterbündel S_0^* unverändert bleibt, d.h. der Haushalt kann weiterhin das Güterbündel S_0^* konsumieren. Die hypothetische Bilanzgerade B_1' verläuft durch S_0^* parallel zur Bilanzgeraden B_1. Das hypothetische Haushaltsgleichgewicht, welches der Haushalt bei der Existenz der Bilanzgeraden B_1' wählt, ist S_1'. Die Strecke $S_0^*S_1'$ beschreibt die Reaktion des Haushalts auf eine Preisstrukturänderung bei gegebenem Realeinkommen, gemessen am Güterbündel S_0^*. Dies ist nach Slutzky der Substitutionseffekt. Auch in dieser Darstellung ist der Substitutionseffekt negativ. Der Haushalt wird bei konsistenter Präferenzordnung und Gültigkeit der hypothetischen Bilanzgeraden B_1' ein Güterbündel rechts unterhalb von S_0^* nicht wählen, da diese Güterbündel auch bei der Bilanzgeraden B_0 realisierbar waren, er aber S_0^* gekauft hat. Die Strecke $S_1'S_1^*$ beschreibt die Reaktion auf die Realeinkommenssenkung und stellt daher den Einkommenseffekt nach der **cost-difference-method** dar. Das Vorzeichen des Einkommenseffektes ist ebenfalls abhängig von der superioren bzw. inferioren Bewertung der Güter.

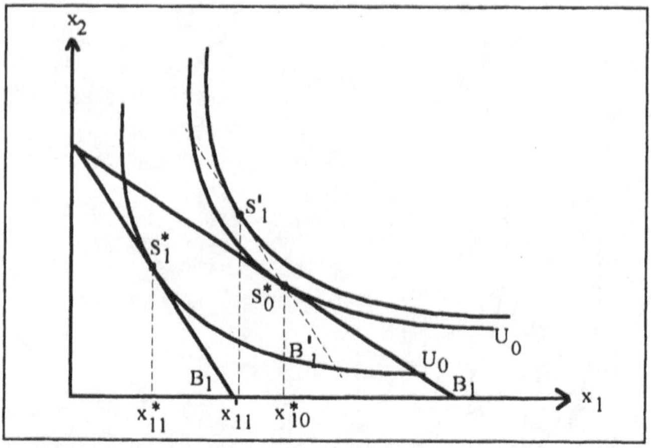

Abbildung 13: Die cost-difference-method

3.4. Vergleich der Methoden

Zum abschließenden Vergleich der alternativen Darstellungsmethoden betrachten wir die Abbildung 14:

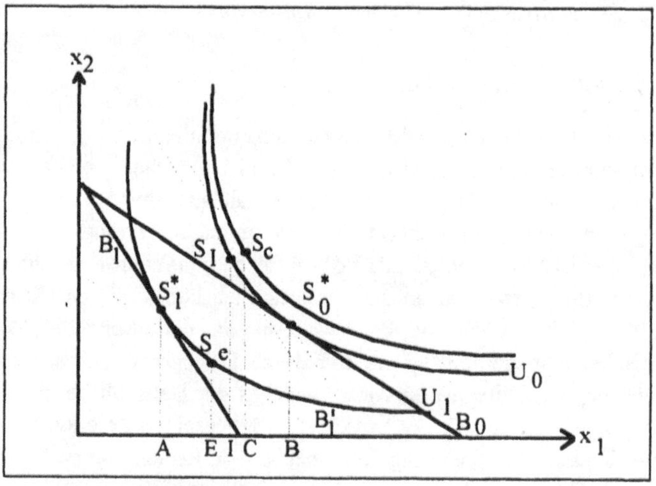

Abbildung 14: Vergleich der Methoden

Aus der Abbildung 14 können wir in der beschriebenen Weise die Substitutions- und Einkommenseffekte ermitteln. Die Ergebnisse sind in der folgenden Übersicht zusammengestellt.

Methode	SE	EE	GE
compensating-income-method	BI	IA	BA
equivalent-income-method	EA	BE	
cost difference-method	BC	CA	

Übersicht 2: Vergleich der Methoden

Wie wir sehen, sind die Vorzeichen der abgeleiteten Effekte unabhängig von der Art der graphischen Zerlegung des Gesamteffektes. Auch das Niveau des Gesamteffektes wird von der Art der Zerlegung nicht berührt. Unterschiede bestehen lediglich in der Ermittlung der einzelnen Effekte:

(1) Der Unterschied bei den von Hicks vorgeschlagenen Methoden besteht in der Zugrundelegung des Nutzenniveaus. Bei der compensating-income-variation-method wird das ursprüngliche Nutzenniveau, bei der equivalent-income-variation-method wird das neue Nutzenniveau zur Berechnung des Substitutionseffektes herangezogen.

(2) Zwischen der cost-difference-method und der compensating-income-variation-method liegt der Unterschied in der Ermittlung des Niveaus der hypothetischen Einkommenserhöhung. Bei der cost-difference-method fällt die hypothetische Einkommenserhöhung größer aus als bei der compensating-income-variation-method.

(3) Bei der Methode von Slutzky beschreibt der Substitutionseffekt die Reaktion einer Preisstrukturänderung bei unverändertem Realeinkommen, gemessen am ursprünglichen Güterbündel, während bei den Methoden von Hicks die Reaktion einer Preisstrukturänderung bei gegebenem Nutzenniveau untersucht wird.

Aus den vorliegenden Darstellungen könnten wir den Eindruck gewinnen, daß je nach Anwendung des jeweiligen Konzeptes unterschiedliche Niveaus der einzelnen Effekte vorliegen. Wir müssen jedoch beachten, daß die graphischen Darstellungen lediglich Illustrationen der Effekte sind. Tatsächlich betrachten wir im Rahmen der komparativen Statik marginale Änderungen, die anhand einer solchen Zerlegung graphisch gar nicht darstellbar sind. Bei marginalen Änderungen gleichen sich die in der Graphik nach dem Niveau unterschiedlich ausfallenden Effekte an. Die unterschiedlichen Darstellungsmöglichkeiten sind hier aufgeführt worden, da sie sich je nach Anwendung des traditionellen Haushaltsmodells für die graphische Illustration wirtschaftspolitischer Fragestellungen, wie wir im Abschnitt III.E. noch sehen werden, unterschiedlich eignen.

3.5. Zusammenfassung

Zum Abschluß sollen die wesentlichen Ergebnisse dieses Abschnitts zusammengefaßt werden. Die Übersicht 3 verdeutlicht die Natur der Effekte:

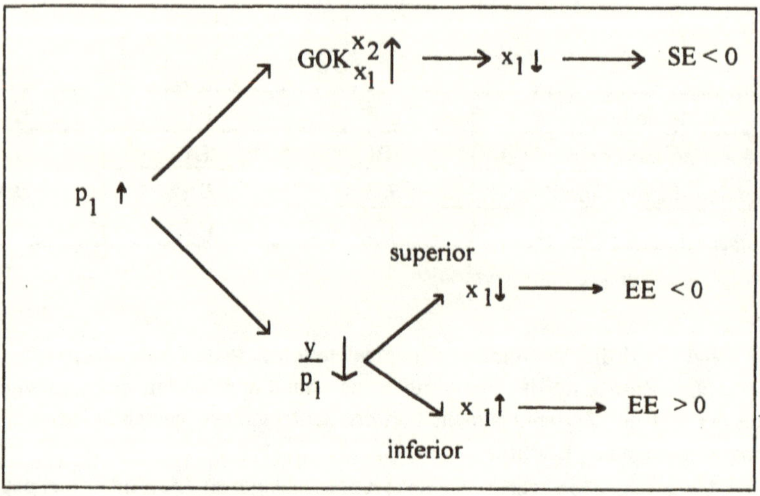

Übersicht 3: Die auftretenden Effekte

Aufgrund der Preiserhöhung steigen die Grenzopportunitätskosten des Konsums des Gutes X_1, worauf das teurer gewordene Gut durch das billiger gewordene Gut substituiert wird, so daß ein negativer Substitutionseffekt resultiert. Gleichzeitig führt die Preiserhöhung zu einer Realeinkommenseinbuße. Wird das Gut als superior (inferior) bewertet, dann sinkt der Konsum des Gutes X_1, d.h. der Einkommenseffekt ist negativ (positiv). Die möglichen Ergebnisse für den Gesamteffekt werden in der folgenden Übersicht zusammengefaßt:

SE	EE		GE
	< 0	$\lvert SE \rvert > \lvert EE \rvert$	< 0
< 0	> 0	$\lvert SE \rvert = \lvert EE \rvert$	= 0
		$\lvert SE \rvert < \lvert EE \rvert$	> 0

Übersicht 4: Ergebnisse der direkten Preisänderung

Wird das betrachtete Gut als superior bewertet, dann ist der Gesamteffekt und damit das Vorzeichen der Steigung der direkten Nachfragefunktion negativ, während bei inferiorer Bewertung die Stärke von Substitutions- und Einkommenseffekt das Vorzeichen des Gesamteffekts und damit das Vorzeichen der Steigung der direkten Nachfragefunktion bestimmen.

Im Abschnitt II.E.3 haben wir ausdrücklich auf die Notwendigkeit der empirischen Überprüfung von Modellen hingewiesen. Es müssen daher aus dem Modell Hypothesen in einer "wenn-dann" Form gebildet werden können. Welche Hypothesen können wir aus den bisherigen Überlegungen ableiten? Wir haben festgestellt, daß bei einer Einkommens- und Preisänderung die Reaktionen der Nachfrage ungewiß sind. Aus diesem Dilemma können wir uns durch eine Verbindung der Ergebnisse der beiden Datenänderungen befreien. Ein eindeutiger Gesamteffekt ergibt sich bei superiorer Bewertung. Daraus resultiert folgende falsifizierbare Hypothese: **Steigt die Nachfrage für ein Gut bei einer Einkommenserhöhung, dann nimmt der Konsum des Gutes bei einer Preiserhöhung für dieses Gut ab!**

An dieser Stelle soll kurz auf die Ergebnisse der früheren kardinalen Nutzentheoretiker eingegangen werden. Da diese negative Grenznutzenzuwächse und additive Nutzenfunktionen voraussetzten, wurde der Inferioritätsfall und damit auch der Giffen-Fall per Annahme ausgeschlossen. Daher konnten im Rahmen der älteren kardinalen Nutzentheorie steigende Nachfragefunktionen nicht erklärt werden.

4. Der Einfluß der Preise anderer Güter auf die nachgefragte Menge eines Gutes

In diesem Abschnitt werden die Auswirkungen einer Änderung des Preises eines Gutes auf die Nachfrage eines anderen Gutes untersucht. Eine Veränderung des Preises p_2 führt, wie in der Abbildung 15a) dargestellt ist, zu einer Drehung der Budgetgeraden in A. Werden die resultierenden Haushaltsgleichgewichte in einem p_2/x_1 Diagramm, wie in der Abbildung 15b) gezeigt wird, übertragen, so erhält man die **Kreuz-Nachfragefunktion**. Diese gibt an, wieviel Mengen eines Gutes der Haushalt bei alternativen Preisen eines anderen Gutes c.p. nachzufragen bereit ist. Wie aus der Abbildung 15 ersichtlich ist, kann die Kreuz-Nachfragefunktion steigen oder fallen.

Wir wollen analysieren, unter welchen Bedingungen die Steigung der Kreuz-Nachfragekurve positiv bzw. negativ ist. Aus dem Gleichungssystem (36) erhalten wir durch Nullsetzung der Veränderungen des Einkommens und des Preises des Gutes X_1 nach Anwendung der Cramer'schen Regel:

$$\frac{dx_1^*}{dp_2} = \frac{\begin{vmatrix} \dfrac{\partial\, GOK_{x_1}^{x_2}}{\partial\, p_2} & \dfrac{\partial\, GRS_{x_1}^{x_2}}{\partial\, x_2} \\ x_2^* & -p_2 \end{vmatrix}}{|H|}$$

Nach Ausrechnung der Determinanten folgt

$$(52)\quad \frac{dx_1^*}{dp_2} = -\,p_2\,\frac{\dfrac{\partial\, GOK_{x_1}^{x_2}}{\partial\, p_2}}{|H|} - x_2^*\,\frac{\dfrac{\partial\, GRS_{x_1}^{x_2}}{\partial\, x_2}}{|H|} \quad \text{bzw.}$$

$$(53)\quad \frac{dx_1}{dp_2} = \frac{\dfrac{\partial\, GOK_{x_1}^{x_2}}{\partial\, p_2}}{\left.\dfrac{dGRS_{x_1}^{x_2}}{dx_1}\right|_{dU=0}} - x_2^* \frac{dx_1^*}{dy}$$

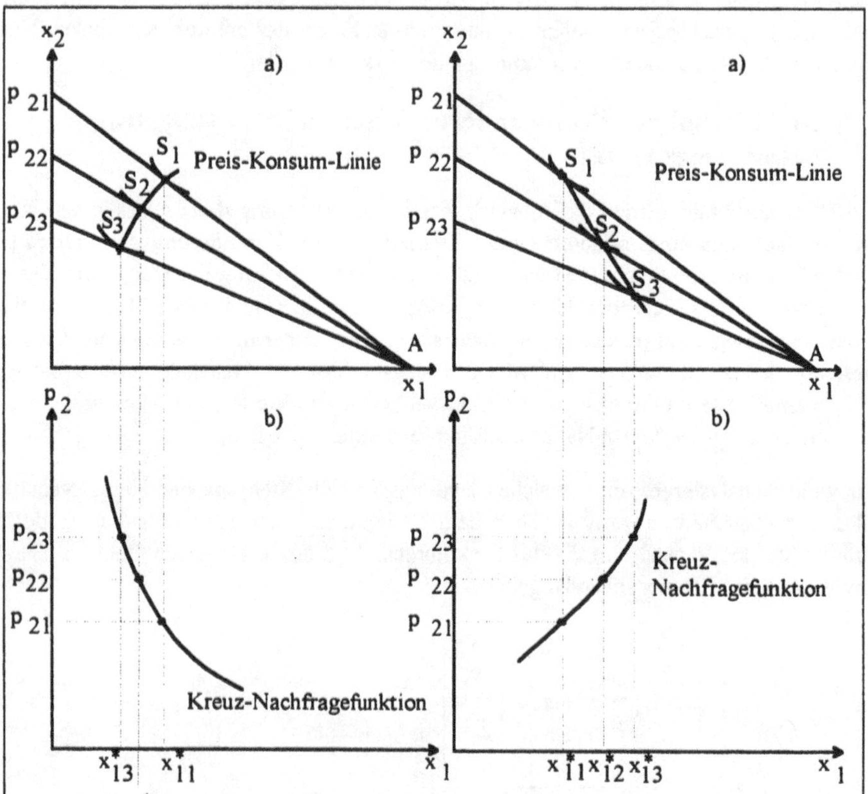

Abbildung 15: Die Kreuz-Nachfragekurve

Wie sind die Ausdrücke auf der rechten Seite der Gleichung (53) zu interpretieren? Aus der hier betrachteten Datenänderung resultieren wieder zwei Effekte: Die Erhöhung des Preises eines anderen Gutes führt einerseits zu einer Senkung des Realeinkommens - gemessen in realisierbaren Mengen des anderen Gutes - andererseits zu einer Veränderung des relativen Preisverhältnisses. Wir können nun fragen, in welchem Ausmaß der Haushalt das Gut X_2 gegen das Gut X_1 nach einer Preisveränderung von p_2 substituiert, unter der Bedingung, daß das Nutzenniveau vor der Preisvariation wieder erreicht wird. Diesen Effekt bezeichnen wir als **Kreuzsubstitutionseffekt:**[17]

$$(54)\quad KSE = \left.\frac{dx_1}{dp_2}\right|_{dU=0} \qquad \text{KSE: Kreuzsubstitutionseffekt}$$

Weiterhin können wir fragen, wie ein Haushalt auf eine Realeinkommensveränderung - die aus einer Veränderung von p_2 resultiert - mit seiner Nachfrage nach X_1 reagiert. Diesen Effekt bezeichnen wir als **Kreuzeinkommenseffekt:**

$$(55)\quad KEE = \left.\frac{dx_1}{dp_2}\right|_{p\ const.} \qquad \text{KEE: Kreuzeinkommenseffekt}$$

Die beiden Effekte werden anhand der Abbildung 16 illustriert.

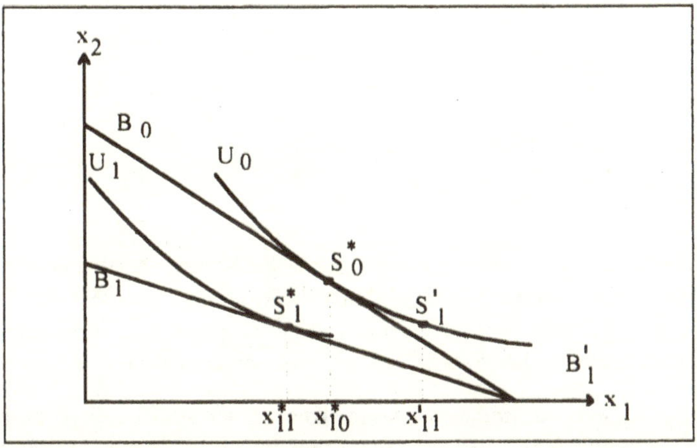

Abbildung 16: Darstellung der Kreuzeffekte

Das Gleichgewicht vor der Datenänderung wird durch S_0^* repräsentiert. Es wird ein Anstieg des Preises p_2 unterstellt. Der Haushalt wählt nach der Datenänderung das Sortiment S_1^*. Die Nachfrage nach Gut X_1 ist gesunken. Die mengenmäßige Wirkung des Gesamteffektes beträgt:

$$x_{11}^* - x_{10}^* < 0$$

Zur Bestimmung der mengenmäßigen Wirkung des Kreuzsubstitutionseffektes wird die

17) Wir beschränken uns im folgenden auf die Darstellung der compensating-income-varation-method.

neue Bilanzgerade B_1 wiederum zur Indifferenzkurve U_0 parallel verschoben, bis das neue Preisverhältnis der Steigung dieser Indifferenzkurve entspricht. Wir erhalten das Sortiment S_1' und damit die mengenmäßige Wirkung des Substitutionseffektes:

$$x_{11}' - x_{10}^* > 0$$

Der Kreuzsubstitutionseffekt, der das Verhältnis von Mengen- und Preisänderung angibt, ist daher positiv.

Bei einer Preissenkung von p_2 sinkt die Menge x_1. Da das Verhältnis aus Mengen- und Preisänderung stets positiv ist, ist der Kreuzsubstitutionseffekt wiederum positiv. **Der Kreuzsubstitutionseffekt ist daher im Zwei-Güter-Fall immer positiv.**[18] Die Stärke des Effektes hängt analog zur Analyse des Substitutionseffektes von der Veränderung der Grenzopportunitätskosten und von der Krümmung der Indifferenzkurve, wie durch den 1. Ausdruck auf der rechten Seite der Gleichung (53) beschrieben wird, ab:

$$(56) \quad KSE = \frac{\dfrac{\partial\, GOK_{x_1}^{x_2}}{\partial\, p_2}}{\left.\dfrac{dGRS_{x_1}^{x_2}}{dx_1}\right|_{dU = 0}} > 0$$

Ohne formalen Nachweis sei hier angemerkt, **daß die Kreuzsubstitutionseffekte symmetrisch sind.**[19] Symmetrisch heißt, daß die Reaktion der Nachfrage für X_1 auf eine Preisänderung p_2 bei konstantem Nutzenniveau der Reaktion der Nachfrage für X_2 auf eine Preisänderung p_1 bei konstantem Nutzenniveau entspricht.

Die Wirkung des Kreuzeinkommenseffektes kann in der Abbildung 16 durch die Zurücknahme der hypothetischen Einkommenserhöhung (S_1'S_1*) zum Ausdruck gebracht werden. Das Vorzeichen des Kreuzeinkommenseffektes ist abhängig von der Reaktion des Individuums auf Einkommensänderungen, wobei sich das Vorzeichen des Kreuzeinkommenseffektes wiederum vom Vorzeichen der Reaktion auf eine Nominaleinkommensänderung und der Höhe der im ursprünglichen Gleichgewicht konsumierten Menge des anderen Gutes unterscheidet. **Der Kreuzeinkommenseffekt ist in seinem Vorzeichen unbestimmt. In dem hier analysierten *traditionellen Haushaltsmodell* ist er negativ (positiv), wenn der Haushalt das Gut X_1 als ein superiores (inferiores) Gut ansieht!** Weiterhin folgt, daß der Kreuzeinkommenseffekt abhängig

18) Dieses Ergebnis verliert seine Gültigkeit, wenn mehr als zwei Güter betrachtet werden. vgl. hierzu die Ausführungen zum Ergebnis (6) in Abschnitt III.D.6.2

19) Zur formalen Herleitung siehe Henderson, Quandt (1983) S. 29 f.

von der Menge des Gutes X_2 im Ausgangszustand ist.

Der Kreuzeinkommenseffekt entspricht dem zweiten Ausdruck auf der rechten Seite der Gleichung (53):

$$(57)\quad KEE = -x_2^* \frac{dx_1^*}{dy}$$

In der Abbildung 16 wird eine superiore Bewertung des Gutes X_1 unterstellt. Der Kreuzeinkommenseffekt ist somit negativ. Die mengenmäßige Wirkung des Kreuzeinkommenseffektes beträgt $x_{11}^*-x_{11}' < 0$ (Bewegung von S_1' nach S_1^*). In dem dargestellten Fall überkompensiert der negative KEE den positiven KSE. Der Gesamteffekt ist daher negativ, d.h. die Preiserhöhung für X_2 führt zu einem Rückgang der Menge X_1. Es können auch andere Konstellationen eintreten, auf deren graphische Darstellungen hier verzichtet werden soll. Wird das Gut X_1 superior bewertet und ist der resultierende negative Einkommenseffekt absolut kleiner als der positive Kreuzsubstitutionseffekt, dann nimmt die nachgefragte Menge des Gutes X_1 zu. Wird das Gut X_1 als inferior bewertet, dann sind beide Effekte positiv. Dies führt zu einer Ausdehnung des Konsums von X_1.

Wir können die Gleichung (53) analog der Gleichung (46) mit Hilfe der beschriebenen Effekte formulieren:

$$(53)'\quad \frac{dx_1^*}{dp_2} = \left.\frac{dx_1}{dp_2}\right|_{U\ const} - x_2^* \frac{dx_1^*}{dy}$$

Die folgende Übersicht faßt die Ergebnisse zusammen:

KSE	KEE		GE
> 0	> 0		
	< 0	|KSE| > |KEE|	> 0
		|KSE| = |KEE|	= 0
		|KSE| < |KEE|	< 0

Übersicht 5: Ergebnisse der Preisänderung p_2

Für den Gesamteffekt folgt daher: Die Auswirkung einer Preiserhöhung eines Gutes auf die Nachfrage eines anderen Gutes ist a priori nicht eindeutig. Ist der KEE positiv, dann ist auch der Gesamteffekt positiv. Die Kreuznachfragefunktion hat dann eine positive Steigung und die direkte Nachfragefunktion verschiebt sich bei einer Erhöhung des Preises des anderen Gutes nach rechts, d.h. der Haushalt ist bereit, zum gleichen Preis des betrachteten Gutes mehr nachzufragen. Ist der KEE dagegen negativ, so hängt das Vorzeichen des Gesamteffektes von der relativen Stärke der beiden Teileffekte ab. Das Vorzeichen der Steigung der Kreuznachfragefunktion sowie die Verschiebung der direkten Nachfragefunktion bei einer Erhöhung des Preises des anderen Gutes ist dann unbestimmt. Daraus resultiert die empirisch testbare Hypothese: **Wird eine Abnahme des Konsums eines Gutes bei einer Einkommenserhöhung festgestellt, dann nimmt der Konsum dieses Gutes bei einer Preiserhöhung eines anderen Gutes zu.**

In den Lehrbüchern werden innerhalb dieses Modells Güter häufig als komplementär (substitutiv) bezeichnet, wenn eine Erhöhung des Preises eines anderen Gutes zu einer Reduktion (Erhöhung) der Nachfrage des betrachteten Gutes führt.[20)] Eine solche Definition erscheint aus folgenden Gründen unbrauchbar:

(1) In dem hier vorgestellten Haushaltsmodell wurde im 3. Postulat unterstellt, daß ausschließlich substitutive Güter betrachtet werden. Dies kann nicht im Einklang mit der obigen Definition stehen.

(2) Das Vorzeichen der Reaktion der Nachfrage für X_1 auf Preisänderungen für X_2 ist abhängig vom Vorzeichen und Niveau des Einkommenseffektes. Dieser ist wiederum abhängig von den Eigenschaften der subjektiven Präferenzordnung des Haushalts - also von Superiorität/Inferiorität - und nicht von den technischen Eigenschaften der Güter, wie sie durch obige Definition zum Ausdruck kommen. Würde man den Lehrbuchdefinitionen folgen, so könnten - wie aus der Übersicht 4 unmittelbar ersichtlich ist - zwei Güter niemals zueinander komplementär sein, wenn das Gut X_1 als inferior bewertet wird, was wenig Sinn macht. Die Widersprüchlichkeit einer solchen Definition wird z.B. bei der Betrachtung einer Mietpreiserhöhung deutlich. Ist der Haushalt nicht bereit, eine kleinere Wohnung zu mieten, dann müssen aufgrund der gestiegenen Mietausgaben die Ausgaben für andere Güter reduziert werden, z.B. die Nachfrage nach Pizza. Nach der herkömmlichen Definition wären dann die Güter "Pizza" und "Wohnungen" komplementäre Güter, was eine wenig sinnvolle Implikation ist.

---

20) Andere in der Literatur vorgeschlagene Klassifikationsmöglichkeiten von Substitutionalität und Komplementarität sind: (vgl. hierzu die Überblicke von Samuelson (1974) S. 1255 ff. und Phlips (1974) S. 77 ff.)

- Die Unterscheidung wird anhand der Verläufe der Indifferenzkurven vorgenommen. Verlaufen diese rechteckig, dann liegt Komplementarität, in den anderen Fällen Substitutionalität vor.
- Sind die Kreuzableitungen der Nutzenfunktion positiv, dann liegt Komplementarität, sind sie negativ, dann liegt Substitutionalität vor.
- Eine weitere Unterteilung wird anhand des Vorzeichens des Kreuzsubstitutionseffektes vorgeschlagen. Ist dieses positiv, dann liegen substitutive Güter vor, ist es negativ, dann liegen komplementäre Güter vor.

Zu einer kritischen Darstellung dieser Ansätze siehe Kleinhückelskoten (1983) S. 59 ff.

5. Der Einfluß einer proportionalen Erhöhung der Preise und des Nominaleinkommens auf die Nachfrage

In diesem Abschnitt wird die Reaktion der Nachfrage auf eine proportionale Preis- und Nominaleinkommenserhöhung untersucht. Reagieren die Haushalte auf diese Datenänderung mit ihren Mengenentscheidungen nicht, so sind sie **frei von Geldillusion**, andernfalls unterliegen sie der Geldillusion.

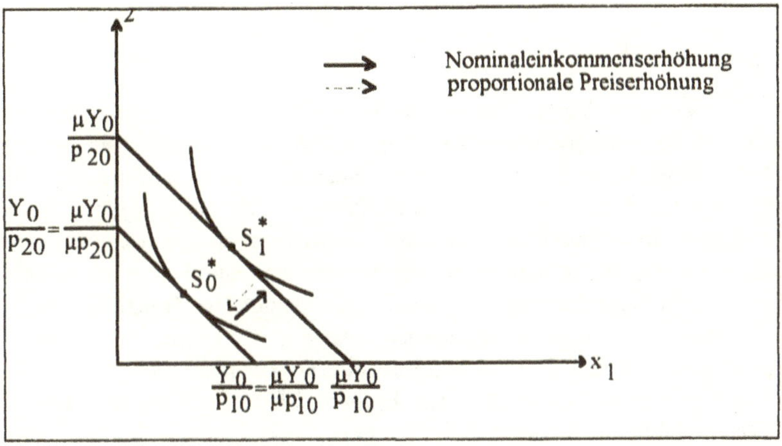

Abbildung 17: Auswirkung einer proportionalen Erhöhung von Nominaleinkommen und Preisen

In der Ausgangssituation sind die Preise p_{10}, p_{20} und das Nominaleinkommen y_0 gegeben. Der Haushalt wählt das Sortiment S_0^*. Die weitere Analyse soll in zwei Schritte unterteilt werden. Als erstes unterstellen wir eine Nominaleinkommenserhöhung um den Faktor μ:

(58) $y_1 = \mu y_0 \quad ; \quad \mu > 1$

Die Restriktion verschiebt sich parallel nach rechts oben. Der Haushalt kann jetzt vom Gut X_1 maximal $\mu y_0/p_{10}$ und vom Gut X_2 maximal $\mu y_0/p_{20}$ Einheiten kaufen. Es wird angenommen, daß der Haushalt nach der Einkommenserhöhung das Sortiment S_1^* wählt. Nun unterstellen wir in einem zweiten Schritt, daß alle Preise um den gleichen Prozentsatz wie die vorausgegangene Nominaleinkommenserhöhung steigen:

(59) $p_{21} = \mu p_{20}$ und (60) $p_{11} = \mu p_{10}$

Es ist unmittelbar ersichtlich, daß die proportionale Preiserhöhung das relative Preisverhältnis nicht verändert:

(61) $$\frac{p_{11}}{p_{21}} = \frac{\mu p_{10}}{\mu p_{20}} = \frac{p_{10}}{p_{20}}$$

Sie führt jedoch zu einer Realeinkommenssenkung. Der Haushalt kann jetzt vom Gut X_1 nur noch

$$(62) \quad \frac{\mu y_0}{\mu p_{10}} = \frac{y_0}{p_{10}}$$

und vom Gut X_2 lediglich

$$(63) \quad \frac{\mu y_0}{\mu p_{20}} = \frac{y_0}{p_{20}}$$

Einheiten konsumieren. Vergleichen wir das neue mit dem ursprünglichen Realeinkommen, so stellen wir ein unverändertes Realeinkommen fest. Da außerdem das Preisverhältnis konstant geblieben ist, gilt die ursprüngliche Restriktion, und der Haushalt wird wieder S_0^* wählen. Findet eine proportionale Preis- und Nominaleinkommenserhöhung gleichzeitig statt, so verändern sich die realen Umweltbedingungen nicht. Da die Präferenzordnung des Haushalts unabhängig von Einkommens- und Preisänderungen ist, besteht für ihn keine Veranlassung zur Verhaltensänderung! **Der Haushalt reagiert auf eine proportionale Nominaleinkommens- und Preisänderung mit seiner Nachfrage nicht und ist daher frei von Geldillusion**. Daraus folgt auch, daß die Nachfragefunktionen sich nicht verändern. Dieses Ergebnis können wir mit Hilfe einer homogenen Nachfragefunktion erfassen. Eine Funktion

$$(64) \quad x_1 = f(p_1, p_2, y)$$

ist **homogen**, wenn nach einer proportionalen Variation der unabhängigen Variablen um μ gilt:

$$(65) \quad \mu^m f(p_1, p_2, y) = f(\mu p_1, \mu p_2, \mu y) \qquad \text{m: Homogenitätsgrad}$$

Der Parameter m gibt den Homogenitätsgrad der Funktion an.[21] Da in dem betrachteten Modell die Haushalte auf proportionale Einkommens- und Preisveränderungen nicht reagieren, erhalten wir aus dem Modell Nachfragefunktionen mit einem Homogenitätsgrad von Null. Dieses Ergebnis liefert uns eine weitere Falsifizierungsmöglichkeit des vorliegenden Modells. **Werden in ökonometrischen Untersuchungen Nachfragefunktionen mit einem signifikant von Null verschiedenen Homogenitätsgrad ermittelt, dann kann das betrachtete Nachfrageverhalten nicht mit dem vorliegenden Modell erklärt werden.**

Aus der Freiheit von Geldillusion folgt, daß die Haushalte sich lediglich für die Mengen der Güter interessieren, die sie mit dem Geld kaufen können und nicht für das "Geld" an sich. In einer inflationären Gesellschaft, in der alle Nominalgrößen im gleichen Um-

---

21) Funktionen, die nach einer proportionalen Variation aller unabhängigen Variablen nicht wie in der Gleichung (65) gezeigt dargestellt werden können, sind inhomogen.

fang steigen, treten von der Nachfrageseite her keine allokativen Verzerrungen auf.[22]

6. Nachfrageelastizitäten

6.1. Einführendes Beispiel und Definitionen

In der Ökonomie arbeitet man sehr häufig mit dem Begriff der **Elastizität**. Die Natur der Elastizität und die Gründe für ihre Verwendung sollen anhand zweier Beispiele erläutert werden. Betrachten wir zunächst folgende hypothetische Nachfrage nach Bier auf dem Münchner Oktoberfest:

Preis je l in DM (p_B)	Nachfrage in l (x_B)
2,00	30.000
2,50	25.000
3,00	23.000
3,50	22.000

Tabelle 2: Bierkonsum

Wie reagiert nun die Biernachfrage auf eine Preisänderung? Als Maßgröße der Reaktion könnte man die Steigung der Nachfragefunktion nehmen. Ausgehend von einem Preisniveau von 3,00 DM erhalten wir bei einer Preiserhöhung um 0,50 DM einen Nachfragerückgang in Höhe von 1.000 Litern. Für die Steigung der Nachfragefunktion folgt:

$$(66) \quad \frac{\Delta x_B}{\Delta p_B} = -\frac{1000}{0,5} = -2000 \left[\frac{1}{DM}\right]$$

Eine Erhöhung des Bierpreises um 1,-- DM verringert somit für das betrachtete Preisintervall den Konsum um 2000 l Bier. Nehmen wir nun als weiteres hypothetisches Beispiel die Nachfrage nach Hähnchen:

Preis je Hähnchen (p_H)	Nachfrage in Stück (x_H)
4,00	10.000
5,00	8.000
6,00	4.000

Tabelle 3: Hähnchennachfrage

---

22) Es sei ausdrücklich darauf hingewiesen, daß dieses Ergebnis nicht für alle mikroökonomischen Haushaltsmodelle zutrifft. vgl. hierzu auch die Ausführungen in Abschnitt IV.C.2.5.

Gehen wir von einem Preis von 5,-- DM aus und erhöhen diesen Preis auf 6,-- DM, dann sinkt die Nachfrage nach Hähnchen um 4.000 Stück.

$$(67)\quad \frac{\Delta x_H}{\Delta p_H} = -\frac{4000}{1{,}0} = -4000\left[\frac{\text{Stück}}{\text{DM}}\right]$$

Die Aussagekraft der 1. Ableitung der Nachfragefunktion ist jedoch aufgrund folgender Schwächen beschränkt:

(1) Ein Vergleich zwischen Nachfrageverhalten für unterschiedliche Güter anhand der Ableitungen ist aufgrund unterschiedlicher Dimensionen nicht möglich.

(2) Außerdem ist das Niveau der Ableitung abhängig von der verwendeten Maßeinheit. Wählen wir anstatt der Maßeinheit Liter Hektoliter, dann beträgt die Steigung der Nachfragefunktion für Bier nur noch -20.

(3) Ist eine Verringerung von 2000 l eine starke oder eine schwache Reaktion?

Es muß also ein Kriterium für die Reaktion auf Datenänderungen gefunden werden, das den Anforderungen eines relativen und dimensionslosen Maßes gerecht wird. Diese Anforderungen werden von den Elastizitäten erfüllt.[23] Die **Elastizität** $\varepsilon(x,p)$ mißt das Verhältnis einer relativen Veränderung der abhängigen Variablen x (Wirkung) zu einer relativen Veränderung der unabhängigen Variablen p (Ursache). Formal existieren zwei unterschiedliche Arten von Elastizitäten. Zum einen kann man die Elastizität auf endliche Änderungen beziehen zum anderen auf infinitesimale Änderungen. Betrachten wir zunächst die erstgenannte Möglichkeit:

$$(68)\quad \varepsilon(x,p) = \frac{\Delta x}{x} \div \frac{\Delta p}{p} = \frac{\Delta x}{\Delta p} \div \frac{x}{p} = \frac{\Delta x}{\Delta p}\,\frac{p}{x} \qquad \varepsilon\text{: Elastizität}$$

Man spricht in diesem Fall von einer **Bogenelastizität**. Hierbei ist zu beachten, daß der Wert der Elastizität davon abhängt, ob man die ursprünglichen oder die neuen Werte zugrunde legt. Verwenden wir für unser Zahlenbeispiel die Ausgangswerte, dann können wir für die Biernachfrage eine Elastizität von

$$(69)\quad \varepsilon(x_B, p_B) = -\frac{1000}{0{,}5}\,\frac{3{,}00}{23000} = -0{,}26$$

und für die Hähnchennachfrage von

$$(70)\quad \varepsilon(x_H, p_B) = -\frac{4000}{1{,}0}\,\frac{5{,}00}{8000} = -2{,}5$$

berechnen. Beziehen wir die Elastizität auf die neuen Werte, dann resultiert:

---

23) Cournot war der erste, der die Elastizität exakt definiert und ihre analytische Bedeutung hervorgehoben hat, während bei Jenkins zum erstenmal der Begriff Verwendung findet. Die Durchsetzung des Elastizitätskonzeptes als Anwendung für wirtschaftliche Fragestellungen geht auf Marshall zurück. vgl. hierzu ausführlich Gerfin, Heimann (1980) S. 353 ff.

$$(71)\quad \varepsilon\,(x_B, p_B) \;=\; -\;\frac{1000}{0,5}\;\frac{3,50}{22000} \;=\; -\;0,32$$

$$(72)\quad \varepsilon\,(x_H, p_B) \;=\; -\;\frac{4000}{1,0}\;\frac{6,00}{4000} \;=\; -\;6$$

Wir sehen, daß sich insbesondere bei der Hähnchennachfrage erhebliche Unterschiede in den Berechnungen ergeben. Welchen der jeweils berechneten Werte sollte man nun nehmen? Ein Ausweg besteht darin, die arithmetischen Mittelwerte der berechneten Elastizitäten anzugeben:

$$(73)\quad \phi\,\varepsilon\,(x_B, p_B) \;=\; -\;0,29 \qquad (74)\quad \phi\,\varepsilon(x_H, p_B) \;=\; -\;4,25$$

ϕ: Durchschnitt

Diese Ergebnisse können wir wie folgt interpretieren: Eine Variation des Bierpreises um 1% verändert die Biernachfrage um durchschnittlich 0,29%, eine Variation des Hähnchenpreises um 1% verändert die Hähnchennachfrage um durchschnittlich 4,25% in den vorgegebenen Preisintervallen. Die Hähnchennachfrage reagiert also relativ stärker auf eine Preisänderung als die Biernachfrage.

Da die Dimensionen der Mengen- und Preiseinheiten sowohl im Zähler als auch im Nenner enthalten sind, entfallen sie bei der Berechnung der Elastizität. **Die Elastizität ist somit ein dimensionsloses Maß.** Daher haben Veränderungen der Maßeinheiten keinen Einfluß auf den Wert der Elastizität. Würden wir jetzt z.B. den Bierkonsum in Hektolitern messen, dann müßten wir den Zähler und den Nenner der Gleichung (69) bzw. (71) durch 100 dividieren, wodurch sich der Wert der Elastizität nicht verändern würde.

Wann können wir von einer relativ starken Nachfrageänderung und wann von einer relativ schwachen Nachfrageänderung sprechen? Die Nachfragereaktion wird als **relativ stark (schwach)** bezeichnet, wenn die Nachfrageänderung relativ stärker (geringer) ausfällt als die ursächliche relative Preisänderung. Wir bezeichnen also eine Nachfrageänderung als **elastisch (unelastisch)**, wenn die Elastizität absolut größer (kleiner) als Eins ist:

$$(75)\quad |\varepsilon(x,p)| \left\{ \begin{array}{ll} > 1 & \text{elastisch} \\ & \\ < 1 & \text{unelastisch} \end{array} \right.$$

Dementsprechend ist die Hähnchennachfrage elastisch, die Biernachfrage unelastisch.

In dem Zahlenbeispiel haben wir endliche Veränderungen betrachtet. Die Elastizität kann aber auch für infinitesimale Änderungen berechnet werden:

$$(76)\quad \varepsilon(x,p) = \frac{dx}{dp}\,\frac{p}{x} = \frac{dx}{dp} \div \frac{x}{p}$$

Man spricht in diesem Fall von einer **Punktelastizität**. Im Unterschied zur Bogenelastizität ist der Wert der Punktelastizität eindeutig. Voraussetzung für die Berechnung der Punktelastizität ist die Kenntnis der Steigung der Nachfragefunktion in dem untersuchten Punkt. Die benötigten Informationen können mit Hilfe ökonometrischer Methoden ermittelt werden.

Aussagen über Steigung und Elastizität einer Funktion werden sehr oft unglücklich vermengt. So findet man häufig die Aussage, daß die Nachfragefunktion dann sehr elastisch ist, wenn die Steigung relativ gering ist. Daß es sich hier um einen Trugschluß handelt, kann man anschaulich anhand einer linearen Nachfragefunktion

$$(77)\quad x = a - bp \qquad a, b > 0$$

nachweisen. Für diese Funktion gilt:

$$(78)\quad \frac{dx}{dp} = -b \qquad (79)\quad \frac{p}{x} = \frac{p}{a - bp}$$

Daraus folgt:

$$(80)\quad \varepsilon(x,p) = -\frac{bp}{a - bp} < 0$$

Bei einer Erhöhung des Preises wird der Zähler größer und der Nenner kleiner, so daß die Elastizität kleiner bzw. absolut größer wird. Eine lineare Nachfragefunktion kann daher sowohl eine sehr große als auch eine sehr kleine Elastizität aufweisen, je nachdem wie groß p ist. Ein Vergleich der Elastizitäten kann daher nur in einem Schnittpunkt der Funktionen bzw. bei einem bestimmten Preis vorgenommen werden. In der Abbildung 18 sind drei unterschiedliche Funktionen eingezeichnet, die durch den Punkt S verlaufen. Für die Interpretation ist zu beachten, daß die Wirkung x an der Abszisse und die Ursache p an der Ordinate abgetragen wird. Die Funktion mit der absolut geringsten Steigung (F_1) hat demnach in S die absolut größte, die mit der absolut größten Steigung (F_3) die absolut geringste Elastizität.

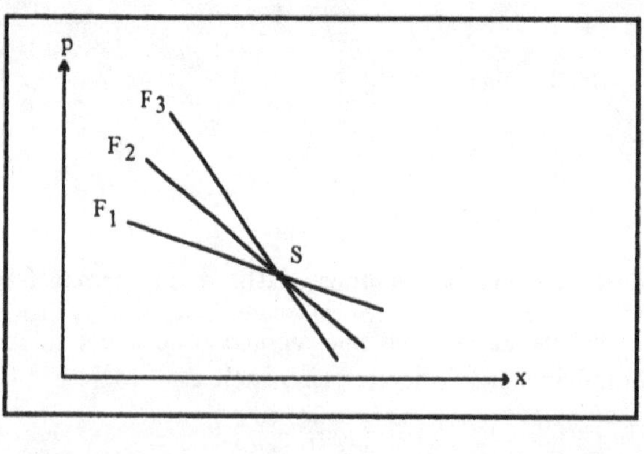

Abbildung 18: Steigung und Elastizitäten

Auch aus der Krümmung von Kurven können keine Rückschlüsse auf die Elastizität gezogen werden. In der Abbildung 19 sind drei Funktionen eingezeichnet, die jeweils konkav, linear und konvex verlaufen und in S tangieren. Da sie in S die gleiche Steigung haben, stimmen die Elastizitäten in diesem Punkt überein.

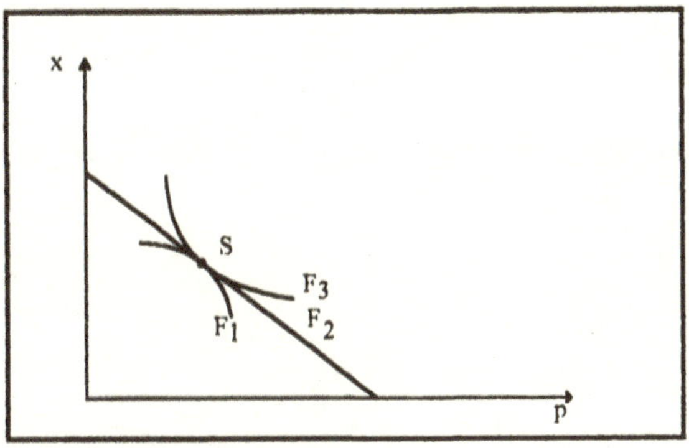

Abbildung 19: Krümmung und Elastizität

Es kann unter Umständen leichter sein, die Elastizitäten mit Hilfe einer Logarithmustransformation zu berechenen. Wir definieren:

(81) $\alpha = \ln x$ (82) $\beta = \ln p$

ln: natürlicher Logarithmus

Wird das totale Differential gebildet, so ergibt sich:

(83) $d\alpha = \frac{1}{x}\,dx$ (84) $d\beta = \frac{1}{p}\,dp$

Nach Berechnung des Quotienten von (83) und (84) folgt:

(85) $\frac{d\alpha}{d\beta} = \frac{\frac{1}{x}\,dx}{\frac{1}{p}\,dp}$ bzw. (86) $\frac{d\alpha}{d\beta} = \frac{dx}{dp}\,\frac{p}{x} = \varepsilon\,(x,p)$

Da

(87) $d\alpha = d(\ln x)$ und (88) $d\beta = d(\ln p)$

gilt

(89) $\frac{d(\ln x)}{d(\ln p)} = \frac{dx}{dp}\,\frac{p}{x} = \varepsilon\,(x,p)$

Die Elastizität läßt sich also durch Logarithmierung beider Seiten einer Funktion und anschließender Ableitung nach der logarithmierten exogenen Größe berechnen.

Betrachten wir z.B. die Nachfragefunktion:

(90) $x = A p_1^{-2} p_2^{3} p_3^{-5} y^2$ A: Parameter

Nach Logarithmierung resultiert:

(91) $\ln x = \ln A - 2\ln p_1 + 3\ln p_2 - 5\ln p_3 + 2\ln y$

Für die Elastizitäten folgt dann unmittelbar:

(92) $\varepsilon(x, p_1) = \dfrac{d\ln x}{d\ln p_1} = -2$

(93) $\varepsilon(x, p_2) = \dfrac{d\ln x}{d\ln p_2} = 3$

(94) $\varepsilon(x, p_3) = \dfrac{d\ln x}{d\ln p_3} = -5$

(95) $\varepsilon(x, y) = \dfrac{d\ln x}{d\ln y} = 2$

Für diese Funktion ist die Berechnung der Elastizitäten über die Logarithmustransformation einfacher als über die Formel (76). Die aus der Funktion (90) berechneten Elastizitäten sind unabhängig von dem Niveau der Preise und dem Einkommen. Solche Funktionen bezeichnet man als **iso-elastische** Funktionen.

6.2. Erfassung der Modellergebnisse mit Hilfe von Elastizitäten

In dem hier vorgestellten traditionellen Haushaltsmodell können drei Arten von Elastizitäten für X_1 und X_2 gebildet werden:

(96) $\varepsilon(x_1, y) = \dfrac{dx_1}{dy}\dfrac{y}{x_1}$ Einkommenselastizität für X_1

(97) $\varepsilon(x_1, p_1) = \dfrac{dx_1}{dp_1}\dfrac{p_1}{x_1}$ direkte Preiselastizität für X_1

(98) $\varepsilon(x_1, p_2) = \dfrac{dx_1}{dp_2}\dfrac{p_2}{x_1}$ Kreuzpreiselastizität für X_1

(96)' $\varepsilon(x_2, y) = \dfrac{dx_2}{dy}\dfrac{y}{x_2}$ Einkommenselastizität für X_2

$$(97)' \quad \varepsilon(x_2, p_2) = \frac{dx_2}{dp_2} \frac{p_2}{x_2} \qquad \text{direkte Preiselastizität für } X_2$$

$$(98)' \quad \varepsilon(x_2, p_1) = \frac{dx_2}{dp_1} \frac{p_1}{x_2} \qquad \text{Kreuzpreiselastizität für } X_2$$

Die **Einkommenselastizität** gibt die relative Veränderung der Nachfrage als Reaktion auf eine relative Veränderung des Einkommens, die **direkte Preiselastizität** die relative Veränderung der Nachfrage bei einer relativen Veränderung des Preises des Gutes und die **Kreuzpreiselastizität** die relative Veränderung der Nachfrage bei einer relativen Veränderung des Preises des anderen Gutes an.

Mit Hilfe dieser Elastizitäten werden wir nun folgende Ergebnisse herleiten, die weitere empirische Überprüfungen des Modells ermöglichen:

(1) Die Einkommenselastizität ist bei homothetischen Nutzenfunktionen immer Eins.

(2) Die Summe der mit den Ausgabenanteilen multiplizierten Einkommenselastizitäten der Güter beträgt Eins.

(3) Die Summe der Elastizitäten eines Gutes beträgt Null.

(4) Die Elastizität des Substitutionseffektes ist gleich der Summe aus der direkten Preiselastizität und der mit dem Ausgabenanteil des betrachteten Gutes gewichteten Einkommenselastizität. Die Kreuzpreiselastizität entspricht der Elastizität des Kreuzsubstitutionseffektes abzüglich der mit dem Ausgabenanteil des anderen Gutes gewogenen Einkommenselastizität.

(5) Die mit den jeweiligen Ausgabenanteilen gewichtete Summe der Preiselastizitäten aller Güter bezogen auf den Preis eines Gutes entspricht dem negativen Ausgabenanteil des Gutes.

(6) Die Summe der Elastizitäten aller Substitutionsterme ist Null.

(7) Bei homothetischen Nutzenfunktionen sind die Kreuzableitungen der Nachfragefunktionen symmetrisch.

Zu 1: Für den Spezialfall einer homothetischen Nutzenfunktion verändert sich die Güternachfragestruktur bei einer Einkommenserhöhung nicht. Die Nachfrage der einzelnen Güter wächst proportional zur Einkommenserhöhung,[24)] so daß die Einkommenselastizität bei homothetischen Nutzenfunktionen immer gleich Eins ist.

Zu 2: Als Ausgangspunkt wählen wir die Budgetrestriktion:

$$(99) \quad p_1 x_1 + p_2 x_2 = y$$

Differenzieren wir beide Seiten nach y, dann folgt:

---

24) vgl. hierzu erneut die Abbildung 6

$$(100)\quad p_1 \frac{dx_1}{dy} + p_2 \frac{dx_2}{dy} = 1$$

Die Gleichung (100) garantiert, daß eine Einkommenserhöhung vollständig auf alle Güter im Budget verteilt wird. Werden die Brüche auf der linken Seite mit y und x_1 bzw. x_2 erweitert, dann resultiert:

$$(101)\quad \frac{p_1 x_1}{y} \frac{y}{x_1} \frac{dx_1}{dy} + \frac{p_2 x_2}{y} \frac{y}{x_2} \frac{dx_2}{dy} = 1$$

Die Ausdrücke

$$(102)\quad \frac{p_1 x_1}{y} = A_1 \qquad (103)\quad \frac{p_2 x_2}{y} = A_2$$

entsprechen den jeweiligen Ausgabenanteilen der Güter an den Gesamtausgaben des Haushalts. Werden diese in (101) berücksichtigt, dann erhält man unter Beachtung der Definition der Einkommenselastizitäten:

$$(104)\quad A_1\, \varepsilon(x_1,y) + A_2\, \varepsilon(x_2,y) = 1$$

Die Summe der mit den Ausgabenanteilen multiplizierten Einkommenselastizitäten der Güter nimmt den Wert Eins an. Dieses Ergebnis ist, da zur Herleitung lediglich die Bilanzgerade verwendet wurde, unabhängig von den Präferenzen der Haushalte.

Zu 3: Aufgrund des **Euler-Theorems** gilt, daß die Summe der Ableitungen der Nachfragefunktion gewichtet mit den jeweiligen Argumenten der Ableitungen, dem Produkt aus Homogenitätsgrad und Funktionswert entsprechen müssen.[25] Für die Nachfragefunktion

$$(105)\quad x_1{}^* = x_1(p_1,p_2,y)$$

folgt dann:

$$(106)\quad p_1 \frac{dx_1}{dp_1} + p_2 \frac{dx_1}{dp_2} + y \frac{dx_1}{dy} = m x_1{}^* \qquad \text{m: Homogenitätsgrad}$$

Da der Haushalt frei von Geldillusion ist, ist der Homogenitätsgrad und somit die rechte Seite Null. Dividieren wir beide Seiten durch x_1, so resultiert:

$$(107)\quad \varepsilon(x_1,p_1) + \varepsilon(x_1,p_2) + \varepsilon(x_1,y) = 0$$

Die Summe aller partiellen Elastizitäten ist Null. Dies ist wichtig, da für den n-Güterfall nicht alle Kreuzpreiselastizitäten einfach zu ermitteln sind. Man kann jedoch die

25) Zur Herleitung des Euler-Theorems vgl. Silberberg (1978) S. 90 f.

Summe der Kreuzpreiselastizitäten aus der direkten Preiselastizität und der Einkommenselastizität berechnen:

$$(108)\quad \varepsilon(x_1,p_2) = -\left[\varepsilon(x_1,p_1) + \varepsilon(x_1,y)\right]$$

Mit Hilfe dieser Gleichung kann überprüft werden, ob man in einer ökonometrischen Schätzung alle relevanten Substitutionsbeziehungen erfaßt hat.

Zu 4: Wir haben festgestellt, daß der Substitutionseffekt immer negativ ist. Nun ist dieser, da es sich hier um ein theoretisches Konstrukt handelt, nicht direkt beobachtbar. Die Elastizität des Substitutionseffektes und damit das Vorzeichen des Substitutionseffektes läßt sich jedoch aus den empirisch beobachtbaren Werten berechnen. Zu diesem Zweck wird die Slutzky-Gleichung

$$(46)'\quad \frac{dx_1^*}{dp_1} = \left.\frac{dx_1}{dp_1}\right|_{U\ \text{const.}} - x_1^* \left.\frac{dx_1^*}{dy}\right|_{p\ \text{const.}}$$

mit Hilfe der Elastizitäten ausgedrückt. Multiplizieren wir die Gleichung (46)' mit p_1/x_1 und erweitern den zweiten Ausdruck auf der rechten Seite mit y/y, dann folgt unter Berücksichtigung von (102):

$$(109)\quad \varepsilon(x_1,p_1) = \varepsilon(SE) - A_1\varepsilon(x_1,y)$$

$$(110)\quad \varepsilon(SE) = \left.\frac{dx_1}{dp_1}\right|_{dU=0} \frac{p_1}{x_1} \qquad \text{Elastizität des Substitutionseffektes}$$

Die Preiselastizität der Nachfrage entspricht der Elastizität des Substitutionseffektes abzüglich der mit dem Ausgabenanteil von X_1 gewichteten Einkommenselastizität von X_1. Nach Umformung folgt:

$$(111)\quad \varepsilon(SE) = \varepsilon(x_1,p_1) + A_1\varepsilon(x_1,y)$$

Die Elastizität des Substitutionseffektes ist gleich der Summe aus der direkten Preiselastizität und der mit dem Ausgabenanteil des Gutes gewichteten Einkommenselastizität. Anhand (111) kann empirisch überprüft werden, ob der Substitutionseffekt tatsächlich negativ ist. In gleicher Weise erhält man aus

$$(53)'\quad \frac{dx_1^*}{dp_2} = \left.\frac{dx_1}{dp_2}\right|_{U\ \text{const}} - x_2^* \left.\frac{dx_1}{dy}\right|_{p\ \text{const.}}$$

für die Auswirkungen einer Preisänderung eines anderen Gutes:

(112) $\varepsilon(x_1,p_2) = \varepsilon(\text{KSE}) - A_2\varepsilon(x_2,y) = 0$ mit

(113) $\varepsilon(\text{KSE}) = \left.\frac{\partial x_1}{\partial p_2}\right|_{dU=0} \frac{p_2}{x_1}$ ε: Elastizität des Kreuzsubstitutionseffektes

Die Kreuzpreiselastizität entspricht der Kreuzsubstitutionselastizität abzüglich der mit dem Ausgabenanteil des anderen Gutes gewogenen Einkommenselastizität.

Zu 5): Zur Herleitung des in Punkt (5) genannten Ergebnisses leiten wir die Bilanzgerade nach p_1 ab:[26)]

(114) $x_1 + p_1 \frac{dx_1}{dp_1} + p_2 \frac{dx_2}{dp_1} = 0$

Nach entsprechender Erweiterung und Umformung folgt:

(115) $\frac{p_1x_1}{y} \frac{p_1}{x_1} \frac{dx_1}{dp_1} + \frac{p_2x_2}{y} \frac{p_1}{x_2} \frac{dx_2}{dp_1} = - \frac{p_1x_1}{y}$ bzw.

(116) $A_1\,\varepsilon(x_1,p_1) + A_2\,\varepsilon(x_2,p_1) = -A_1$

Damit ist die oben angeführte Behauptung (5) bewiesen. Auch dieses Ergebnis ist, wie Ergebnis (2), unabhängig vom Präferenzsystem.

Zu 6): Wir schreiben zunächst die Gleichung (53)' in allgemeiner Form:[27)]

(117) $\frac{dx_i}{dp_j} = \left.\frac{dx_i}{dp_j}\right|_{U\ const} - x_j^* \frac{dx_j}{dy}$

Wir erweitern die Gleichung (117) mit p_j/x_i und den Einkommenseffekt mit y/y:

(118) $\frac{dx_i}{dp_j} \frac{p_j}{x_i} = \left.\frac{dx_i}{dp_j} \frac{p_j}{x_i}\right|_{U\ const} - \frac{p_jx_j}{y} \frac{dx_i}{dy} \frac{y}{x_i}$ bzw.

(119) $\varepsilon(x_i,p_j) = \left.\varepsilon(x_i,p_j)\right|_{U\ const} - \frac{p_jx_j}{y} \varepsilon(x_i,y)$

---

26) vgl. Silberberg (1978) S. 251

27) vgl. hierzu auch Neumann (1987) S. 127

Summieren wir nun über alle j und berücksichtigen, daß die Summe der Produkte aus Mengen und Preisen dem Einkommen entspricht, dann nimmt der Bruch vor dem zweiten Ausdruck auf der rechten Seite den Wert Eins an. Nach Umstellung folgt:

$$(120)\quad \sum_{j=1}^{J} \varepsilon(x_i, p_j) + \varepsilon(x_i, y) = \sum_{j=1}^{J} \varepsilon(x_i, p_j)\Big|_{U\ const}$$

Auf der linken Seite der Gleichung (120) steht die Summe der Nachfrageelastizitäten für das Gut X_i. Aus der Gleichung (107) ist bekannt, daß diese den Wert Null annimmt. Daraus resultiert:

$$(121)\quad \sum_{j=1}^{J} \varepsilon(x_i, p_j)\Big|_{U\ const} = 0$$

Die Summe aller Elastizitäten der Substitutionsterme ist somit Null. Für den Zwei-Güter-Fall muß der Kreuzsubstitutionseffekt, da der Substitutionseffekt immer negativ ist, positiv sein. Bei Betrachtung des Mehrgüterfalls muß lediglich die Summe der Elastizitäten aller Kreuzsubstitutionseffekte positiv sein, d.h. einige Kreuzsubstitutionseffekte können auch negative Werte annehmen.

Auf ähnliche Weise kann nachgewiesen werden, daß die Summe der Produkte aus den jeweiligen Preisen und den Substitutionsefekten eines Gutes den Wert Null ergibt.[28)]

Zu 7): Schließlich wollen wir noch der interessanten Frage nachgehen, wann die Ableitungen der Nachfragefunktionen nach den Preisen des anderen Gutes symmetrisch sind:

$$(122)\quad \frac{dx_1}{dp_2} = \frac{dx_2}{dp_1}$$

Unter Verwendung der Slutzky-Zerlegung folgt:

$$(123)\quad \frac{dx_1}{dp_2}\Big|_{U\ const} - x_2^* \frac{dx_1^*}{dy} = \frac{dx_2}{dp_1}\Big|_{U\ const} - x_1^* \frac{dx_2^*}{dy}$$

Aufgrund der Symmetrie der Kreuzsubstitutionseffekte vereinfacht sich die Gleichung (123) zu:

$$(124)\quad x_2^* \frac{dx_1^*}{dy} = x_1^* \frac{dx_2^*}{dy}$$

28) vgl. hierzu Silberberg (1978) S. 252

Nach Division beider Seiten durch y folgt:

$$(125)\quad \varepsilon(x_1,y) = \varepsilon(x_2,y)$$

Die Kreuzableitungen der Nachfragefunktion sind identisch, wenn die Einkommenselastizitäten der Güter gleich sind. Nun wissen wir aber auch, daß die Summe der mit den Ausgabenanteilen gewogenen Einkommenselastizitäten Eins beträgt. In Verbindung mit identischen Einkommenselastizitäten folgt:

$$(126)\quad A_1\ \varepsilon(x_1,y) + A_2\ \varepsilon(x_2,y) = (A_1 + A_2)\ \varepsilon(y) = 1$$

Da die Ausgabenanteile sich zu Eins addieren, resultiert:

$$(127)\quad \varepsilon(y) = 1$$

Die Kreuzableitungen der Nachfragefunktionen sind identisch, wenn die Einkommenselastizitäten Eins sind. Dies impliziert wiederum, daß bei steigendem Einkommen die Ausgabenstruktur unverändert bleibt. Dies ist eine Eigenschaft von homothetischen Nutzenfunktionen. Wir erhalten als Ergebnis: **Bei homothetischen Nutzenfunktionen sind die Kreuzableitungen der Nachfragefunktionen symmetrisch.**

6.3. Anwendungsmöglichkeiten

Die empirischen Werte der Elastizitäten sind für die Wirtschaftspolitik wichtig. An der Einkommenselastizität kann abgelesen werden, welche Sektoren in einer expandierenden Volkswirtschaft ihre prozentualen Anteile am Sozialprodukt steigern können und welche Sektoren ihre Anteile verringern werden. Steigende relative Anteile erzielt ein Sektor, wenn die betreffenden Güter eine Einkommenselastizität von größer als Eins aufweisen. Aus den vorliegenden empirischen Untersuchungen geht hervor, daß 70%. des Anteils des sekundären Sektors am Sozialprodukt durch die Einkommenshöhe erklärt werden kann.[29)] Dies ist insbesondere für die Strukturpolitik wichtig, deren Ziel u.a. darin besteht, "zukunftssichere Produktionskapazitäten, die sich langfristig im Wettbewerb behaupten können",[30)] zu fördern. Dieses Ziel kann nur erreicht werden, wenn Branchen gefördert werden, die zukünftig expandieren können. Dies setzt eine einkommenselastische Nachfrage voraus.

Desweiteren können aus den Elastizitäten wichtige Prognosen für die Entwicklung der Leistungsbilanzen unterschiedlich strukturierter Volkswirtschaften abgeleitet werden. So exportieren Entwicklungsländer in erster Linie landwirtschaftliche Produkte und importieren Industrieprodukte. Da die Einkommenselastizitäten für landwirtschaftliche Produkte relativ gering und für Industrieprodukte relativ groß sind,[31)] führt das Wachstum der Sozialprodukte zu Leistungsbilanzproblemen in den Entwicklungslän-

29) vgl. Willms (1985) S. 378 und die dort angegebenen Literaturhinweise.

30) Willms (1985) S. 384

31) vgl. hierzu die Ergebnisse der im Abschnitt F vorgestellte Untersuchung von Rau (1975).

dern. Darüber hinaus können sich die **terms of trade**, die angeben, wieviel ein Land für eine Exporteinheit importieren kann, verschlechtern.[32] So betrugen die terms of trade der Entwicklungsländer 1985 lediglich 74 % des Jahres 1960.[33]

Die Kreuzpreiselastizität wird als eine Möglichkeit zur Abgrenzung eines relevanten Marktes in der Wettbewerbspolitik verwendet.[34] Liegt eine hohe Kreuzpreiselastizität vor, dann besteht zwischen den betrachteten Gütern ein starker Wettbewerb.

7. Modifikationen der Annahmen und Nachfrageverläufe

Wir wollen in diesem Abschnitt untersuchen, wie sich die Modellergebnisse verändern, wenn bestimmte Annahmen aufgehoben werden. Wir analysieren das vorgestellte Modell unter folgenden Modifikationen:

- Die Indifferenzkurven schneiden die Achsen.
- Die Nichtsättigungsannahme wird aufgehoben.
- Die Grenzrate der Substitution nimmt entlang der Indifferenzkurve zu.
- Die Güterpreise sind variabel.

7.1. Vollständige Substituierbarkeit

Wir heben als erstes die Annahme, daß die Indifferenzkurve die x_2-Achse nicht schneidet, auf.[35] Betrachten wir hierzu die folgende Abbildung 20:

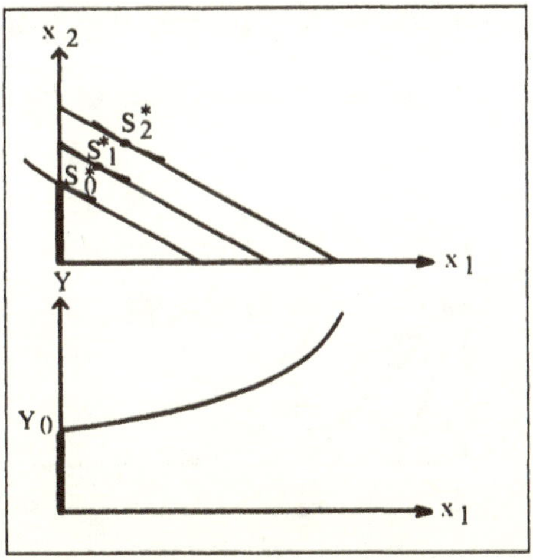

Abbildung 20: Vollständige Substituierbarkeit und Einkommensänderung

32) vgl. hierzu ausführlich Hemmer (1988) S. 222 ff.

33) vgl. Sloan (1991) S. 85.

34) Zu weiteren möglichen Kriterien der Marktabgrenzung siehe Herdzina (1987) S. 76 ff.; Schmidt (1987) S. 49 ff.

35) Wir betrachten hierbei das Gut X_2 als composite-commodity.

Bei den unterstellten Preisen, Einkommen und der angenommenen Präferenzstruktur wird das Haushaltsgleichgewicht in der Ausgangssituation in S_0^* erreicht, in dem das Gut X_1 nicht nachgefragt wird. Erhöht sich das Einkommen, dann wird der Haushalt bei superiorer Bewertung des Gutes X_1 ab einem bestimmten Einkommensniveau y_0 nachfragen. Im unteren Teil der Abbildung 20 ist die korrespondierende Einkommens-Nachfragefunktion eingezeichnet. Ein solcher Verlauf erscheint für nicht lebensnotwendige Güter plausibel. So werden z.B. Surf-Bretter erst bei Realisierung eines bestimmten Einkommensniveaus nachgefragt.

Betrachten wir nun die Auswirkungen einer Preisänderung anhand der Abbildung 21. Auch hier gehen wir im Ausgangspunkt der Betrachtung von der Randlösung S_0^* aus und unterstellen eine superiore Bewertung des Gutes X_1. In der durch die Bilanzgerade B_0 gekennzeichneten Situationen könnte der Haushalt zwar Mengen des Gutes X_1 konsumieren, er nimmt aber, da der relative Preis des Gutes ihm als zu hoch erscheint, davon Abstand. Sinkt nun der Preis des Gutes X_1, dann wird dieses Gut relativ billiger und der Haushalt fragt das Gut nach. Im unteren Teil der Abbildung ist die korrespondierende, direkte Preisnachfragefunktion dargestellt. Oberhalb des Preises p_{10} fragt der Haushalt das Gut nicht nach. Erst wenn dieser "kritische" Preis unterschritten wird, kauft der Haushalt das Gut. Typische Beispiele für solche individuellen Preisnachfragefunktionen können wir bei Gütern während der Markteinführung feststellen, wo die Produktion nicht ausgereift ist und hohe Ausschüsse existieren. Werden diese im Zeitverlauf gesenkt, damit die Kosten verringert und in Preissenkungen weitergegeben, dann werden auch neue Konsumenten das Gut kaufen. Ein Beispiel hierfür ist die Produktion von CD's, wo die Verbesserung der Produktionsverfahren zu Kosten- und Preissenkungen geführt haben, die bei vielen Konsumenten erst zu einem Umstieg von Schallplatten zu CD's geführt hat.

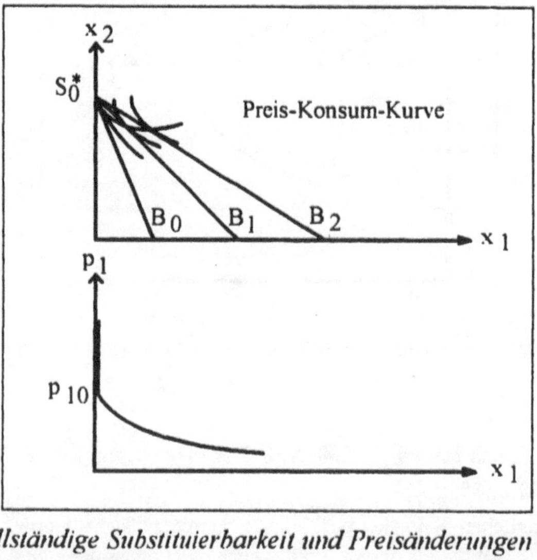

Abbildung 21: Vollständige Substituierbarkeit und Preisänderungen

7.2. Aufhebung der Nichtsättigungsannahme

Welche Auswirkungen bezüglich der Nachfrageverläufe ergeben sich nun bei Aufhebung der Sättigungsannahme? Der Haushalt wird ab einem bestimmten Niveau x_{10} nicht mehr bereit sein, für zusätzliche Mengen des Gutes X_1 auf Mengen des Gutes X_2 zu verzichten. Die Grenzrate der Substitution nimmt ab x_{10} den Wert Null an:

$$(128)\quad GRS_{x_1}^{x_2} = 0 \quad \text{für } x_1 > x_{10}$$

Betrachten wir den Fall einer superioren Bewertung des Gutes X_1 in der folgenden Abbildung:

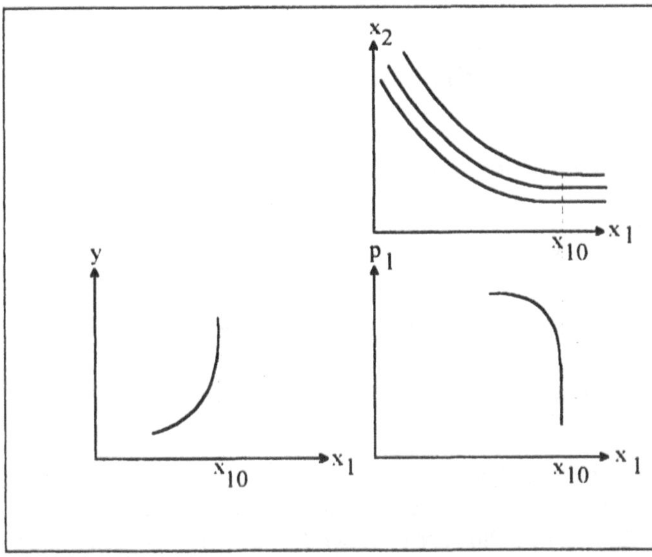

Abbildung 22: Auswirkungen von Einkommens- und Preisänderungen bei Sättigung

Einkommenserhöhungen führen, solange die Grenzrate der Substitution für das Gut X_1 positiv ist, zu Erhöhungen der Nachfrage. Die Einkommensnachfragekurve konvergiert gegen die Menge x_{10}. Preissenkungen haben ähnliche Auswirkungen. Die direkte Nachfragefunktion konvergiert bei Preissenkungen ebenfalls gegen die Menge x_{10}. Einkommenssteigerungen bzw. Preissenkungen haben bei Erreichen des Niveaus x_{10} keinen Einfluß auf die Nachfrage bzw. nachgefragte Menge. Beispiele für solche Güter sind Nahrungsmittel, deren Konsum mengenmäßig gewissen natürlichen Sättigungserscheinungen unterliegt.

7.3. Konkave Indifferenzkurven

Bisher wurde von der im 4. Postulat unterstellten abnehmenden Grenzrate der Substitution ausgegangen, woraus konvex verlaufende Indifferenzkurven resultieren. Dieses Postulat wird nun revidiert. Wir unterstellen in diesem Abschnitt eine zunehmende

Wertschätzung bei gegebenem Nutzenniveau und Erhöhung der Menge von X_1. Die Grenzrate der Substitution nimmt jetzt zu, und die Indifferenzkurven verlaufen konkav. Solche Präferenzsysteme sind z.B. bei Suchtgütern wie Heroin denkbar. Die Implikationen eines derartigen Präferenzsystems auf die Modellergebnisse werden im folgenden untersucht. Betrachten wir zunächst die Restriktion B_0.

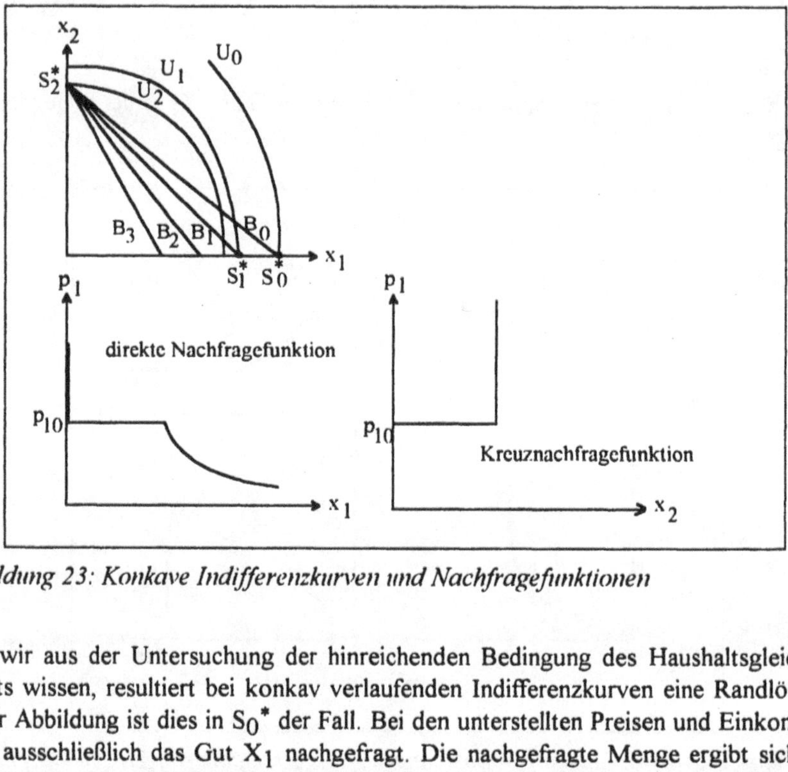

Abbildung 23: Konkave Indifferenzkurven und Nachfragefunktionen

Wie wir aus der Untersuchung der hinreichenden Bedingung des Haushaltsgleichgewichts wissen, resultiert bei konkav verlaufenden Indifferenzkurven eine Randlösung; in der Abbildung ist dies in S_0^* der Fall. Bei den unterstellten Preisen und Einkommen wird ausschließlich das Gut X_1 nachgefragt. Die nachgefragte Menge ergibt sich aus dem Quotienten von Einkommen und Preis des Gutes X_1. Es wird nun eine Preiserhöhung für X_1 unterstellt. Der neue Entscheidungsraum wird durch die Bilanzgerade B_1 eingegrenzt. In dieser Situation wird weiterhin ausschließlich das Gut X_1 nachgefragt, jedoch sinkt die nachgefragte Menge von X_1 aufgrund der Preiserhöhung. Steigt der Preis für X_1 weiter und gilt die Bilanzgerade B_2, dann wird ausschließlich das Gut X_2 nachgefragt. Weitere Preiserhöhungen für das Gut X_1 haben keinen Einfluß auf das Haushaltsgleichgewicht. Wie verlaufen die Nachfragefunktionen? Bis zu einem bestimmten Niveau des Preises von X_1, welches wir mit p_{10} bezeichnen wollen, wird ausschließlich das Gut X_1 nachgefragt. Liegt der Preis unter p_{10}, dann führt eine Preiserhöhung zu einer Verringerung der nachgefragten Menge. Überschreitet der Preis das Niveau von p_{10}, dann geht die nachgefragte Menge für X_1 abrupt auf Null zurück. Für die Kreuznachfragefunktion ergibt sich in bezug auf p_1 eine völlig unelastische Reaktion, solange p_1 oberhalb von p_{10} liegt. Sinkt p_1 unter p_{10}, dann reduziert sich die Nachfrage abrupt auf Null. Eine solche inflexible und dann abrupte Verhaltensweise ist in der Realität kaum zu finden.[36] Dies ist ein entscheidender Grund, warum man in den ökonomischen Analysen von konvexen und nicht von konkaven Indifferenzkurven ausgeht.

7.4. Variable Güterpreise

Die drei vorausgegangenen Modifikationen bezogen sich auf das Präferenzsystem. In diesem Abschnitt wird eine Modifikation bezüglich des Restriktionssystems eingeführt. Wir heben die Annahme eines gegebenen Preises für das Gut X_1 auf. Der Haushalt erhält beim Kauf des Gutes X_1 Mengenrabatte, d. h., der Preis des Gutes X_1 sinkt bei zunehmender Menge des Gutes X_1:

$$(129)\quad p_1 = p_1(x_1) \quad \text{mit} \quad \frac{\partial p_1}{\partial x_1} < 0$$

Die Ausgaben sowie die Grenzausgaben der beiden Güter betragen:

$$(130)\quad R_1 = x_1\, p_1(x_1) \qquad (131)\quad R_2 = x_2\, p_2 \qquad R_i\text{: Ausgaben für das Gut } X_i$$

$$(132)\quad \frac{\partial R_1}{\partial x_1} = R_1' = x_1 \frac{\partial p_1}{\partial x_1} + p_1(x_1)$$

$$(133)\quad \frac{\partial R_2}{\partial x_2} = R_2' = p_2 > 0$$

Die **Grenzausgaben** eines Gutes geben an, um wieviel die Ausgaben bei einer Erhöhung der Menge des betrachteten Gutes um eine Einheit ansteigen. Für die Grenzausgaben des Gutes X_1 folgt:

$$(134)\quad R_1' = p_1\left(\frac{\partial p_1}{\partial x_1}\,\frac{x_1}{p_1} + 1\right) = p_1\left[\varepsilon\left(p_1, x_1\right) + 1\right]$$

mit: $\varepsilon\left(p_1, x_1\right)$: Elastizität des Mengenrabatts

Die Grenzausgaben sind positiv, wenn der Mengenrabatt unterproportional zur Nachfrageerhöhung gewährt wird. Da es unplausibel ist, von einem Mengenrabatt auszugehen, der bei erhöhter Nachfrage geringere Ausgaben ermöglicht, wird für die folgende Analyse ein unterproportionaler Mengenrabatt unterstellt. Aufgrund des gewährleisteten Mengenrabattes nehmen die Grenzausgaben für das Gut X_1 ab; die Grenzausgaben für das Gut X_2 sind, da kein Rabatt für das Gut X_2 gewährt wird, konstant:

$$(135)\quad R_1'' < 0 \qquad (136)\quad R_2'' = 0$$

---

36) vgl. Silberberg (1978) S. 222

Die Budgetrestriktion lautet nun:

(137) $y = p_1(x_1)x_1 + p_2x_2$ bzw.

(138) $y = R_1(x_1) + R_2(x_2)$ $R_1' > 0,$
$R_1'' < 0,$
$R_2' = p_2 > 0,$
$R_2'' = 0$

Für die Steigung der Bilanzgeraden folgt aus (138) unter Anwendung der Regel für das Differenzieren impliziter Funktionen:[37)]

(139) $$\frac{dx_2}{dx_1} = -\frac{R_1'(x_1)}{R_2'} < 0$$

Für die Krümmung erhalten wir unter Beachtung, daß $R_2' = p_2$ und konstant ist:

(140) $$\frac{d^2x_2}{dx_1^2} = -\frac{R_1''(x_1)}{R_2'} > 0$$

Die Bilanzgerade verläuft daher fallend und konvex. Eine Ausdehnung des Konsums für das Gut X_1 führt, da der Preis des Gutes X_1 sich aufgrund des Mengenrabattes verringert, zu immer geringeren Grenzopportunitätskosten.

Der konvexe Verlauf der Bilanzgeraden kann dazu führen, daß die Bedingung der zweiten Ordnung für ein Haushaltsgleichgewicht auch bei konvexem Verlauf der Indifferenzkurven verletzt wird.

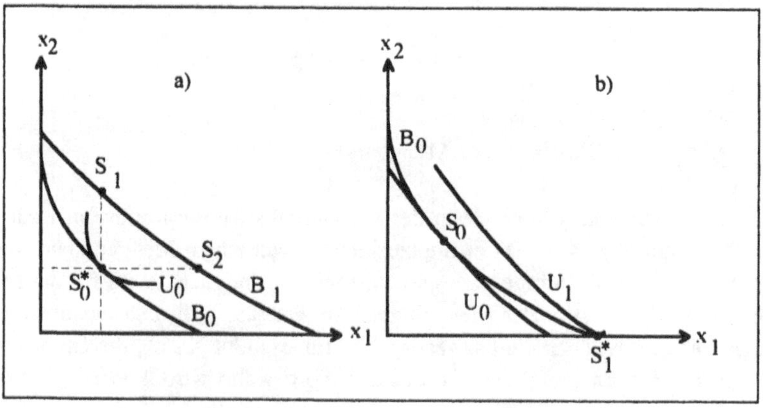

Abbildung 24: Mengenrabatte und Haushaltsgleichgewicht

37) Diese Regel wird bei Chiang (1984) S. 206 ff. beschrieben.

In der Abbildung 24a) ist die Bedingung der zweiten Ordnung in S_0 erfüllt, in der Abbildung 24b) nicht. **Ist die Bilanzgerade also schwächer gekrümmt als die Indifferenzkurve (Abbildung 24 a), dann stellt die Marginalbedingung die notwendige Bedingung für ein Nutzenmaximum dar.** Im anderen Fall erhalten wir wie bei einem konkaven Verlauf der Indifferenzkurven wieder eine Randlösung.

Es sollen hier die Auswirkungen einer Erhöhung des Nominaleinkommens bei Existenz einer Marginallösung geschildert werden. Ausgehend vom Haushaltsgleichgewicht

$$(141) \quad GRS_{x_1}^{x_2}(x_1^*, x_2^*) = GOK_{x_1}^{x_2}(x_1^*, p_2)$$

$$(142) \quad y - p_1(x_1^*)x_1^* - p_2 x_2^* = 0$$

resultiert bei einer Veränderung des Nominaleinkommens für das Gut X_2:

$$(44)' \quad \frac{dx_2}{dy} = - \frac{\dfrac{\partial GRS_{x_1}^{x_2}}{\partial x_1}}{|H|} + \frac{\dfrac{\partial GOK_{x_1}^{x_2}}{\partial x_1}}{|H|}$$

Wird das Gut X_2 superior bewertet, dann ist der erste Ausdruck auf der rechten Seite der Gleichung (44)' (einschließlich des Minuszeichens) positiv.[38] Eine Erhöhung der Nachfrage des Gutes X_2 ist jedoch nicht zwingend, da aufgrund des Mengenrabattes sich die Grenzopportunitätskosten des Gutes X_1 verringern und die des Gutes X_2 dementsprechend erhöhen, so daß die Nachfrage des Gutes X_2 aufgrund des Mengenrabattes für X_1 sinkt. Da zwei entgegengesetzte Effekte auftreten, **kann auch bei superiorer Bewertung des Gutes X_2 eine Einkommenserhöhung zu einem Rückgang der Nachfrage nach X_2 führen**. Die Nachfrage nach X_1 wird bei superiorer Bewertung stets ausgedehnt, da neben dem Effekt der positiven Reaktion auf die Einkommenserhöhung jetzt noch der positive Effekt der Reaktion auf die Verringerung der Grenzopportunitätskosten tritt.

Zur Veranschaulichung betrachten wir erneut die Abbildung 24a). Die ursprüngliche Budgetrestriktion B_0 verschiebt sich bei einer Einkommenserhöhung aufgrund des gegebenen Preises p_2 parallel nach oben. Aufgrund des Mengenrabattes tritt aber keine Parallelverschiebung nach rechts ein, denn bei gegebener Menge des Gutes X_2 führt eine Erhöhung der Menge des Gutes X_1 zu einer Verringerung der Grenzopportunitätskosten des Gutes X_1. In S_2 verläuft die neue Bilanzgerade flacher als die ursprüngliche in S_0^*. Wird das Gut X_2 als inferior bewertet, nimmt die Grenzrate der Substitution für X_1 von S_0^* nach S_2 zu. Die Grenzrate der Substitution für X_1 ist dann in S_2 größer als die Grenzopportunitätskosten, so daß der Konsum von X_2 eingeschränkt wird. Bei superiorer Bewertung von X_2 sinkt die Grenzrate der Substitution für X_1 von S_0^*

38) vgl. Gleichung (33) in Abschnitt II.C.2.3

nach S_2. Die Grenzrate der Substitution und die Grenzopportunitätskosten haben sich demnach verringert, so daß die Grenzrate der Substitution für X_1 kleiner als die Grenzopportunitätskosten werden kann; es kann aber auch der Fall eintreten, daß die Grenzrate der Substitution für X_1 größer als die Grenzopportunitätskosten ist. Im letzteren wird die Menge von X_2 reduziert, so daß trotz superiorer Bewertung die Menge von X_2 sinkt.

Für die Veränderung von X_1 gilt folgendes: Da sich die Bilanzgerade parallel nach oben verschiebt, hängt die Reaktion der Nachfrage nach X_1 ausschließlich von der Veränderung der Grenzrate der Substitution bei partieller Veränderung der Menge des Gutes X_2 ab. Wird das Gut X_1 als superior (inferior) bewertet, ist die Grenzrate der Substitution in S_1 größer (kleiner) als die Grenzopportunitätskosten, so daß die Menge des Gutes X_1, wie in Abschnitt III.D.2 beschrieben, zunimmt (abnimmt).

E. Anwendungen des Modells

Gegenstand der bisherigen Ausführungen war die Frage nach den Bestimmungsgründen des Nachfrageverhaltens von Individuen. Zu diesem Zweck wurden zunächst Annahmen bezüglich des Präferenz- und des Restriktionssystems aufgestellt und aus diesen die Kaufentscheidung bei gegebenen exogenen Größen abgeleitet. Anschließend wurden die Reaktionsmuster bei Variationen der exogenen Variablen untersucht und Implikationen von möglichen Modifikationen der Modellannahmen aufgezeigt.

Nun kann man die berechtigte Frage stellen, wozu dies alles gut sein soll. Dient die mikroökonomische Theorie einzig und allein der Erhöhung des Nutzenniveaus der an formal-eleganten Ausführungen interessierten Dozenten? Diese Frage muß natürlich mit "Nein" beantwortet werden. Die Aufgabe der mikroökonomischen Theorie besteht darin, den wirtschaftspolitischen Entscheidungsträgern eine wissenschaftlich fundierte Basis für die Lösungen ihrer Probleme zu geben. Nun wird sich der kritische Leser fragen, wie denn dies mit Hilfe des hier vorgestellten Nachfragemodells geschehen kann. Aus diesem Grunde wollen wir die Anwendungsmöglichkeiten des Modells bei einigen wirtschaftspolitischen Fragestellungen aufzeigen.

1. Gebundene versus ungebundene Transfers

Die **soziale Marktwirtschaft** der Bundesrepublik Deutschland ist durch die Verbindung der privatwirtschaftlichen Marktwirtschaft mit dem Prinzip des sozialen Ausgleichs gekennzeichnet.[39)] Die wirtschaftliche Koordination und die Verteilung der produzierten Güter erfolgt daher primär über Märkte. Der Staat greift jedoch korrigierend in das Marktgeschehen ein, wenn dieses sozial unerwünschte Ergebnisse hervorbringt. Die Maßnahmen der Umverteilungen können auf der Einnahmenseite der öffentlichen Haushalte durch **Steuern** und **Sozialversicherungsbeiträge** sowie auf der

39) Zu dem Programm der sozialen Marktwirtschaft und deren Realisierung in der Bundesrepublik Deutschland siehe Klump (1989) S. 134 ff.

Ausgabenseite durch **Subventionen** und **Transfers** erfolgen. In diesem Abschnitt wollen wir die **Effizienz** unterschiedlicher Transferzahlungen diskutieren. Eine Transferzahlung ist effizient, wenn mit einer gegebenen Transfersumme die größtmögliche Wohlfahrtssteigerung erzielt wird. Dementsprechend ist eine Transferzahlung ineffizient, wenn bei gegebener Transfersumme das Nutzenniveau der Transferempfänger noch gesteigert werden kann. Die folgende Übersicht vermittelt einen Überblick über alternative Formen von Transferzahlungen:

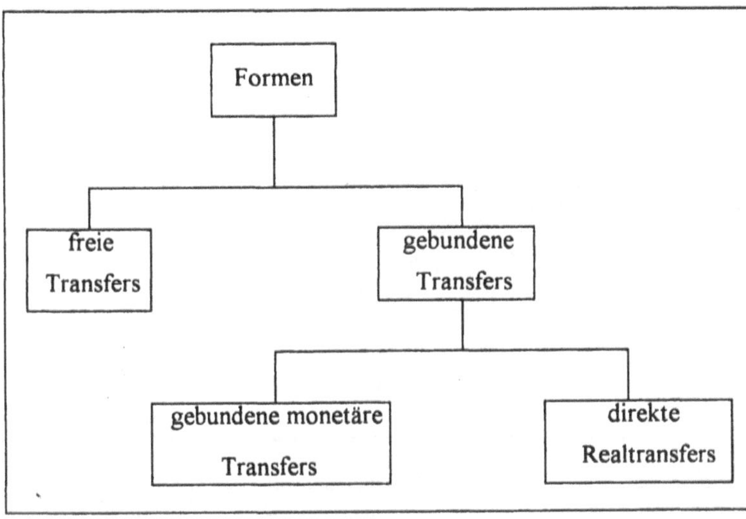

Übersicht 6: Formen von Transferzahlungen

Bei **freien Transfers** kann der Empfänger ungebunden über die Verwendung entscheiden. Beispiele hierfür sind das Kindergeld, das Arbeitslosengeld oder die Sozialhilfe. Bei **gebundenen** Transfers ist der Verwendungszweck vorgegeben. Die gebundenen Transfers können untergliedert werden in **gebundene monetäre Transfers**, die beim Nachweis getätigter Ausgaben gezahlt werden, z.B. Mietzuschüsse und in **Realtransfers**, die ohne direkte finanzielle Gegenleistung zur Verfügung gestellt werden, wie z.B. eine kostenlose medizinische Versorgung. Mit Hilfe der folgenden Abbildung 25 wollen wir die Effizienz von freien Transfers gegenüber gebundenen monetären Transfers untersuchen.[40)] Bei gegebenen Präferenzen wird in der Ausgangssituation das Güterbündel S_0^* gewählt. Wird ein Zuschuß für den Kauf des Gutes X_1 gezahlt, dann wird das Gut X_1 relativ billiger. Das neue Gleichgewicht liegt in S_1^*. Ohne die Tranferzahlung hätte der Haushalt die Menge x_{11}^* nur dann kaufen können, wenn er seinen Konsum von X_2 auf x_{21}' beschränkt hätte. Der Subventionsbedarf, um dem Haushalt eine Steigung seines Nutzenniveaus von U_0 auf U_1 zu ermöglichen, beträgt, gemessen in Einheiten des Gutes X_2, $x_{21}^*-x_{21}'$. Fragen wir nun nach der Höhe der Subvention

40) vgl. Nowotny (1991) S. 461 ff.

bei einer ungebundenen Subvention, wenn durch diese Transferzahlung ebenfalls das Nutzenniveau U_1 erreicht werden soll. Dies können wir graphisch durch eine Parallelverschiebung der Bilanzgeraden B_0 an die Indifferenzkurve U_1 zum Ausdruck bringen. Das Haushaltsgleichgewicht wird in S_2^* erreicht. Die in X_2 gemessene Parallelverschiebung und damit notwendige Transferhöhe beträgt x_{22}'-x_{21}'.

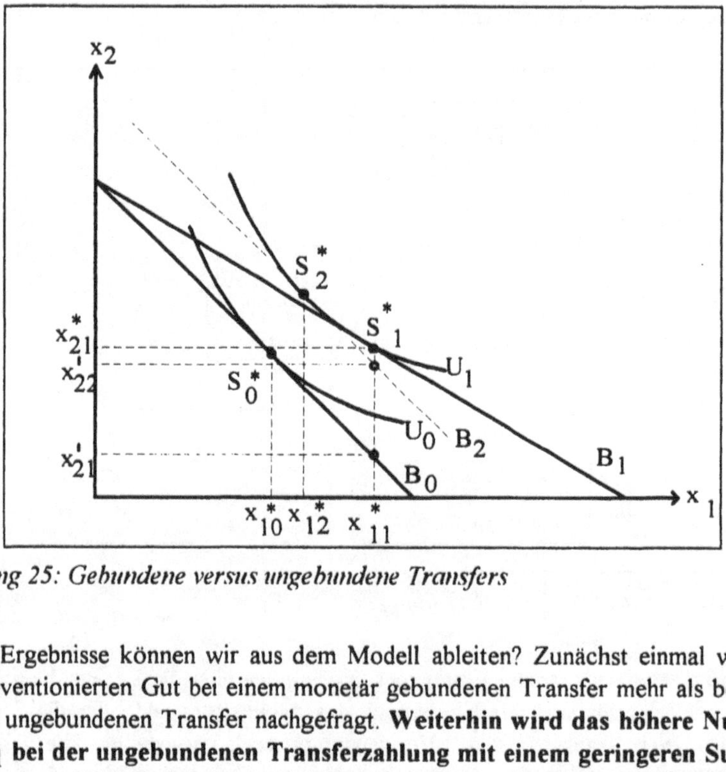

Abbildung 25: Gebundene versus ungebundene Transfers

Welche Ergebnisse können wir aus dem Modell ableiten? Zunächst einmal wird von dem subventionierten Gut bei einem monetär gebundenen Transfer mehr als bei einem monetär ungebundenen Transfer nachgefragt. **Weiterhin wird das höhere Nutzenniveau U_1 bei der ungebundenen Transferzahlung mit einem geringeren Subventionsbedarf erreicht als bei dem monetär gebundenen Transfer**. Die Differenz zwischen den beiden Transferzahlungen beträgt x_{21}^*-x_{22}'. Worauf läßt sich diese Einsparung zurückführen? Betrachten wir noch einmal die gebundene Tranferzahlung. Diese hat die gleichen Implikationen wie eine Preissenkung des Gutes X_1. Der Gesamteffekt $S_0^*S_1^*$ kann mit Hilfe der equivalent-income variation method von Hicks in einem Einkommenseffekt $S_0^*S_2^*$ und einen Substitutionseffekt $S_2^*S_1^*$ zerlegt werden. Vergleichen wir beide Transferzahlungen, so stellen wir fest, daß bei der ungebundenen Subventionszahlung lediglich der Einkommenseffekt auftritt. Da der Substitutionseffekt stets negativ ist, wird bei einer Preisreduktion des Gutes X_1 durch einen gebundenen Transfer mehr von diesem nachgefragt. **Das Niveau der Ineffizienz der gebundenen Transferzahlung hängt somit vom Niveau des Substitutionseffektes ab**. Der Grund ist darin zu sehen, daß bei einer Barauszahlung das zusätzliche Geld auch grundsätzlich für andere Verwendungszwecke ausgegeben werden kann. Wie wir aus dem Abschnitt D.3 wissen, ist der Substitutionseffekt umso größer,

- je stärker die Veränderung der Grenzopportunitätskosten ist;
- je schwächer die Indifferenzkurve gekrümmt ist.

Betrachten wir die ökonomische Bedeutung der Krümmung. Transfers werden in erster Linie bei Bedürftigkeit des Empfängers für lebensnotwendige Güter gewährt. In einer solchen Situation können wir annehmen, daß die Grenzrate der Substitution für dieses Gut relativ hoch ist, diese Wertschätzung aber bei Überschreiten der Bedürftigkeit stark sinkt. Die Indifferenzkurven verlaufen für diese Güter relativ stark gekrümmt, d.h. die Grenzrate der Substitution nimmt entlang der Indifferenzkurve stark ab.[41)] Die Ineffizienz der gebundenen Transfers ist für lebensnotwendige Güter daher relativ gering. So berechnet z.B. Pommerehne bei Mietzuschüssen eine effizienzmäßige Unterlegenheit der gebundenen Transfers von lediglich 10%.[42)]

Es gibt aber noch weitere Einschränkungen bezüglich der Überlegenheit der ungebundenen Transfers.[43)] Sind mit dem Konsum des subventionierten Gutes positive externe Effekte für die Allgemeinheit verbunden, z.B. eine Erhöhung des Bildungsniveaus, oder handelt es sich bei dem Gut X_2 um ein demeritorisches Gut, [44)] [45)] dann sind diese Vorteile der gebundenen Transferzahlung bei der Beurteilung mit zu berücksichtigen.

2. Spezielle versus allgemeine Verbrauchssteuern

Der Staat benötigt zur Durchführung seiner Aufgaben finanzielle Mittel. Zu diesem Zweck erhebt er Steuern. Ein wichtiges Kriterium zur Beurteilung von Steuern ist die wirtschaftliche Effizienz.[46)] Eine Steuerart ist gegenüber einer anderen Steuerart **effizient**, wenn die gleichen Steuereinnahmen mit einer geringeren Belastung der Besteuerten erzielt werden können. Wir werden in diesem Abschnitt die Effizienz einer **speziellen Verbrauchssteuer** gegenüber einer **allgemeinen Verbrauchssteuer** abwägen. Zu den wichtigsten speziellen Verbrauchssteuern zählen die **Getränkesteuern** und die **Mineralölsteuer**. Der Steuerpflichtige ist der Verkäufer der Güter. Durch den Versuch der Produzenten, die Steuererhöhung durch eine Erhöhung der Preise an die Konsu-

---

41) Es sei hier ausdrücklich darauf hingewiesen, daß das Niveau des Substitutionseffektes nicht von der Wertschätzung, sondern von der Veränderung der Wertschätzung abhängt.

42) zitiert nach Nowotny (1991) S. 462

43) vgl. Nowotny (1991) S. 462 ff.

44) Dies ist z.B. dann der Fall, wenn die Transferzahlung eine höhere Nachfrage nach Kleidung ermöglichen soll, aber durch die Transferzahlung auch der Alkoholkonsum ausgedehnt wird.

45) Die Begriffe meritorisch und demeritorisch gehen auf Musgrave (1959) S. 13 ff. zurück. Dazu werden Güter gezählt, über die aus Sicht des Staates die Konsumenten "verzerrte" Präferenzen haben. So handelt es sich z.B. bei Kulturgütern um meritorische Güter, die nach Meinung des Staates eine zu geringe Wertschätzung und bei Zigaretten um demeritorische Güter, die nach Meinung des Staates eine zu hohe Wertschätzung bei den Konsumenten finden. Eine ausführliche Darstellung findet der interessierte Leser bei Brümmerhoff (1990) S. 96 ff.

46) Zu weiteren Kriterien siehe Stiglitz, Schönfelder (1989) S. 408 ff.

menten weiterzugeben, werden die Konsumenten indirekt belastet. Zu den allgemeinen Verbrauchssteuern zählt die **Umsatzsteuer**, die bei den Produzenten erhoben und über die Erhöhung der Güterpreise an die Konsumenten weitergegeben werden kann.[47] Dabei wird unterstellt, daß die Preiserhöhung für alle Produkte prozentual gleich ausfällt, so daß im Unterschied zur speziellen Verbrauchssteuer sich das Güterpreisverhältnis nicht verändert. Da eine Erhöhung der Einkommensteuer, eine Kopf- sowie eine Pauschalsteuer ebenfalls das Güterpreisverhältnis nicht verändert, brauchen wir diese Steuern nicht explizit zu untersuchen.

Zur weiteren Diskussion betrachten wir die Abbildung 26. Im Ausgangspunkt werden keine Steuern erhoben. Die Konsummöglichkeiten werden durch die Bilanzgerade B_0 beschrieben. Der Haushalt wählt das Güterbündel S_0^*. Die Regierung erhebt nun eine spezielle Verbrauchssteuer für die Ausgaben des Gutes X_1. Die neue Bilanzgerade wird durch B_1 dargestellt. Der Haushalt wählt nach der Erhebung der speziellen Steuer das Güterbündel S_1^*. Vor Erhebung der Steuer hätte der Haushalt vom Gut X_2 die Menge x_{21}' bei Wahl der Menge x_{11}^* konsumieren können. Da sich das Bruttoeinkommen des Haushalts durch die Steuererhebung nicht verändert, können die Steuereinnahmen, gemessen in Einheiten des Gutes X_2, durch die Menge $x_{21}' - x_{21}^*$ erfaßt werden.

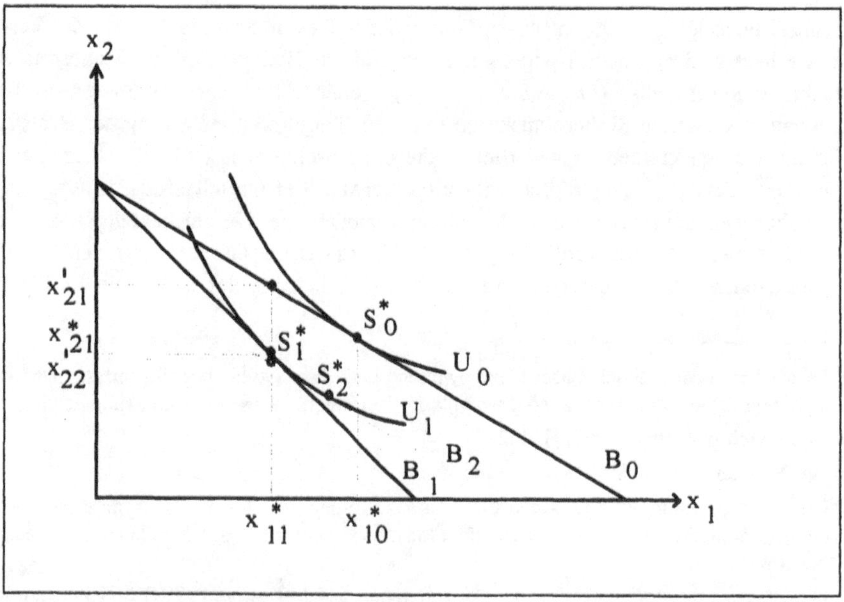

Abbildung 26: Die Effizienz einer allgemeinen Verbrauchssteuer gegenüber einer speziellen Verbrauchssteuer

47) Inwieweit eine Steuerüberwälzung möglich ist, hängt von den Elastizitäten der Marktangebots- und Marktnachfragefunktion ab. Vgl. hierzu z.B. Brümmerhoff (1990) S. 250 ff.

Wir wollen nun alternativ fragen, wie hoch die Steuereinnahmen bei einer allgemeinen Verbrauchssteuer ausfallen, wenn der Haushalt weiterhin das Nutzenniveau U_1 erreichen soll. Bei einer allgemeinen Verbrauchssteuer steigen alle Preise für den Konsumenten um den gleichen Prozentsatz, so daß sich die Steigung der Bilanzgeraden nicht verändert. Die neue Bilanzgerade B_2 verläuft parallel unterhalb von B_0. Das neue Gleichgewicht wird in S_2^* erreicht. Gemessen in Mengen des Gutes X_2, ergeben sich Steuereinnahmen in Höhe von $x_{21}' - x_{22}'$. **Die Steuereinnahmen sind bei einer allgemeinen Verbrauchssteuer um $x_{21}^* - x_{22}'$ größer bei gleicher Bedürfnisbefriedigung des Haushalts als bei einer speziellen Verbrauchssteuer**. Die Ineffizienz der speziellen Verbrauchssteuer können wir wiederum durch die Zerlegung des Gesamteffektes mit Hilfe der equivalent-income-variation method von Hicks erklären. Die Strecke $S_0^*S_2^*$ stellt den Einkommenseffekt, die Strecke $S_1^*S_2^*$ den Substitutionseffekt dar. Bei einer Erhebung einer allgemeinen Verbrauchssteuer tritt ausschließlich der Einkommenseffekt auf. Der Grad der Ineffizienz der speziellen Verbrauchssteuer hängt, wie bei der Analyse der Ineffizienz der speziellen Transferzahlung vom Niveau des Substitutionseffektes, d.h. von der Krümmung der Indifferenzkurve, ab. Es kann daher auf die Ausführungen im vorausgegangenen Abschnitt verwiesen werden.

3. Anhebung der Verbrauchssteuern bei gleichzeitiger Rückerstattung der Steuereinnahmen durch Transferzahlungen

Im Rahmen der Umweltpolitik werden unterschiedliche Modelle zur Reduzierung der Umweltbelästigung durch Autoabgase diskutiert. Wir wollen an dieser Stelle den Vorschlag der SPD zur Verringerung des Benzinverbrauchs durch eine Erhöhung der Mineralölsteuer diskutieren. Dabei ist vorgesehen, die durch die Steuererhöhung ansteigenden Steuerbeträge durch eine Senkung der Einkommenssteuer zurückzugeben. Zu diesem Vorschlag findet man z.B. in der FAZ folgende Stellungnahme:

Steuern mit Logik

"Zum Programm der SPD soll gehören, die Energie höher zu besteuern, um die Bürger damit zum Energiesparen zu bewegen. So hat es ihre Kommission "Fortschritt`90" unter Oscar Lafontaine vorgeschlagen. Das Benzin kostet dann rund 50 Pfennig je Liter mehr. Autofahren soll teurer werden, damit weniger gefahren wird und weniger Abgase die Luft verschmutzen. Nun hat Lafontaine noch ergänzt: Man sei erfahrungsoffen. Allerdings will die Kommission nur die Energie höher besteuern, nicht die Bürger; die Mehreinnahmen sollen an sie zurückfließen - durch Streichen der Kraftfahrzeugsteuer, durch Senken der Einkommensteuer, durch soziale Ausgleichszahlungen. Mag sein, daß die SPD nicht immer nur als Steuererfindungs- und Steuererhöhungspartei dastehen will, aber wenn sie der Bevölkerung eben das an Kaufkraft zurückgibt, was sie ihr mit der höheren Energiebesteuerung an Kaufkraft wegnimmt, fährt dieses Auto wie bisher und läßt sich auch von einem "verstärkten Preissignal" nicht erschüttern. Selbst ohne Rückgabe der höheren Steuer ist das schon höchst fraglich. Wenn Lafontaine die Autoabgase verringern will, muß er beim Abgas direkt ansetzen, nicht beim Verteuern des Autofahrens. Zur Erfahrungsoffenheit sollte auch die Offenheit für Logik kommen".[48)]

Die FAZ kommt also zu dem Ergebnis, daß die Anzahl der gefahrenen Kilometer bei Anwendung dieses Programms nicht sinkt. Diese Aussage wollen wir nun mit Hilfe unseres mikroökonomischen Nachfragemodells untersuchen.

Ohne Verbrauchssteuern lautet die Budgetrestriktion:

(1) $y = p_1x_1 + p_2x_2$

Unter Berücksichtigung der Verbrauchssteuer und der Rückerstattung gilt:

(143) $y + s = p_1x_1 + t_1x_1 + p_2x_2$ s: Rückerstattung

t_1: Verbrauchssteuer

Entspricht die Rückerstattung den Steuereinnahmen

(144) $\Omega = t_1x_1 = s$ Ω: Steuereinnahmen,

dann erhalten wir:

(145) $y + t_1x_1 = p_1x_1 + t_1x_1 + p_2x_2$ bzw.

(1) $y = p_1x_1 + p_2x_2$

Die Einführung dieser Steuer hat demnach keinen Einfluß auf das Verbraucherverhalten. Durch die Einführung der Umweltsteuer steigt zwar der relative Benzinpreis. Diese relative Preiserhöhung wird, da der Haushalt entsprechend des Benzinverbrauchs die Steuer zurückerhält, kompensiert.

In unserer Analyse haben wir implizit unterstellt, daß die Steuern, die ein bestimmtes Individuum zahlt, in Form einer Transferzahlung *diesem* Individuum erstattet werden. Der Haushalt müßte dementsprechend alle Tankbelege bei der Einkommensteuer einreichen. Abgesehen von den formalen Aufwendungen der Rückerstattung ist es fraglich, ob der einzelne Haushalt den Zusammenhang zwischen Mehrverbrauch und Rückerstattung antizipiert. Ist dies nicht der Fall, dann sind Veränderungen im Nachfrageverhalten nicht auszuschließen.

4. Die Bedeutung des traditionellen Haushaltsmodells zur Messung der Inflation

Ein wichtiges wirtschaftspolitisches Ziel ist die Preisniveaustabilität. Zur Beurteilung der Realisierung dieses Ziels ist eine Messung der Inflation notwendig. Zu diesem Zweck sind sogenannte Preisindices entwickelt worden. Wir wollen in diesem Ab-

48) FAZ, 5.10.1989

schnitt zeigen, wie mit Hilfe des traditionellen Haushaltsmodells ein solcher Index entwickelt werden kann. Dabei soll ein Preisindex hergeleitet werden, der die Ausgabensteigerungen aufgrund von Preisänderungen unter der Voraussetzung eines gegebenen Wohlfahrtsniveaus berechnet. Diesen Preisindex bezeichnet man als **ökonomischen Preisindex**. Zur Herleitung dieses Preisindexes betrachten wir die folgende Abbildung 27 [49]. In der Ausgangssituation gilt die Bilanzgerade B_0 und der Haushalt wählt das Güterbündel S_0^*. Die Ausgaben berechnen sich durch:

(146) $R_0 = p_{10}x_{10}^* + p_{20}x_{20}^*$ R: Ausgaben
p_{10}: urspr. Preis für X_1
p_{20}: urspr. Preis für X_2

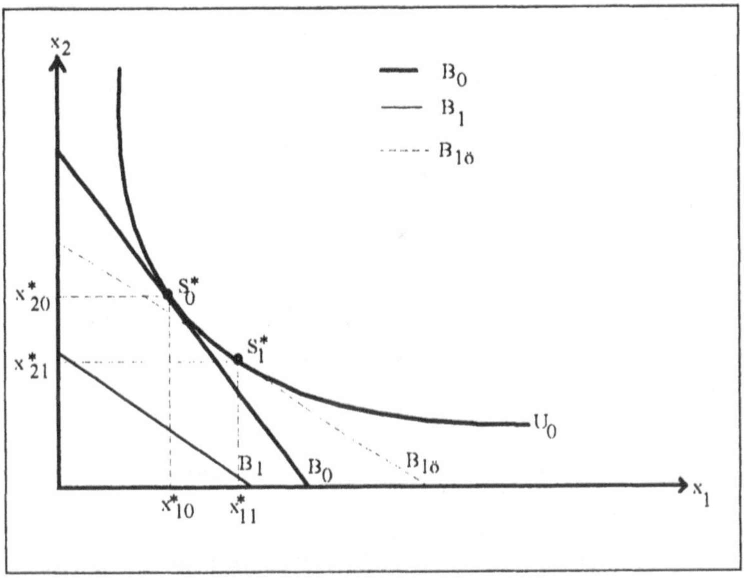

Abbildung 27: Der ökonomische Preisindex

Nun wird ein Anstieg der Güterpreise angenommen, so daß die Konsummöglichkeiten durch die Bilanzgerade B_1 eingeschränkt werden.[50] Das ursprüngliche Nutzenniveau U_0 kann jetzt nicht mehr erreicht werden. Es stellt sich die Frage, wie stark die Ausgaben hypothetisch steigen müßten, wenn der Haushalt sein ursprüngliches Nutzenniveau wieder erreichen wollte. Zu diesem Zweck wird die Bilanzgerade so weit nach rechts verschoben, bis die ursprüngliche Indifferenzkurve tangiert wird. Dies ist in S_1^* der Fall. Die Bewegung von S_0^* nach S_1^* stellt den Substitutionseffekt dar. Für das hypo-

49) Zu den folgenden Ausführungen siehe auch Pohl (1981) S. 20 ff.

50) Die in der Abbildung 27 unterstellte Veränderung des Preisverhältnisses muß nicht zwingend eintreten. Es ist auch der Fall einer proportionalen Preisänderung denkbar.

thetische Ausgabenniveau resultiert:

$$(147)\quad R_1 = p_{11}x_{11}^* + p_{21}x_{21}^* \qquad \begin{array}{l} p_{11}\text{: neuer Preis für } X_1 \\ p_{21}\text{: neuer Preis für } X_2 \end{array}$$

Die Differenz zwischen den Ausgaben für das Güterbündel S_0^* zu den ursprünglichen Preisen und den Ausgaben für das Güterbündel S_1^* zu den neuen Preisen beträgt $R_1 - R_0$. Den ökonomischen Preisindex erhält man, indem die notwendigen Ausgaben zur Erreichung des gleichen Nutzenniveaus ins Verhältnis gesetzt und mit 100 multipliziert werden:

$$(148)\quad I^ö = \frac{p_{11}x_{11}^* + p_{21}x_{21}^*}{p_{10}x_{10}^* + p_{20}x_{20}^*}\,100 \qquad I^ö\text{: ökonomischer Preisindex}$$

Beträgt der ökonomische Preisindex z.B. 110, dann ist zur Erreichung des ursprünglichen Nutzenniveaus ein Anstieg der Ausgaben um 10 % notwendig. Die Berechnung des ökonomischen Preisindexes setzt die Ermittlung des Güterbündels S_1^* voraus. Die Wahl des Güterbündels S_1^* wird aber tatsächlich nicht beobachtet. Aus diesem Grunde ist man bei der empirischen Messung der Inflationsrate auf alternative Berechnungsmethoden angewiesen.

Bei der Inflationsmessung finden aus der Vielzahl der alternativen Möglichkeiten die Preisindices nach **Laspeyres** und **Paasche** die häufigste Anwendung.[51] Beim **Laspeyres-Preisindex** wird das Güterbündel der Basisperiode gewählt und die Ausgaben für dieses Güterbündel in den verschiedenen Perioden berechnet:

$$(149)\quad I^L = \frac{p_{11}x_{10}^* + p_{21}x_{20}^*}{p_{10}x_{10}^* + p_{20}x_{20}^*}\,100 \qquad I^L\text{: Laspeyres Preisindex}$$

Der Laspeyres-Preisindex gibt die prozentuale Ausgabensteigerungen an, wenn das Güterbündel der Basisperiode in der Vergleichsperiode gekauft werden soll.

Beim **Paasche-Index** hingegen wird das Güterbündel der Vergleichsperiode zugrunde gelegt und die Höhe der Ausgaben für dieses Güterbündel in der Vergleichsperiode und der Basisperiode berechnet:

$$(150)\quad I^P = \frac{p_{11}x_{11}^* + p_{21}x_{21}^*}{p_{10}x_{11}^* + p_{20}x_{21}^*}\,100 \qquad I^P\text{: Paasche Preisindex}$$

Der Paasche-Preisindex gibt die prozentuale Ausgabensteigerung des Güterbündels der gegenwärtigen Periode an.

---

51) Zu weiteren Preisindices siehe z.B. Haslinger (1990) S. 169 ff. oder v.d. Lippe (1990) S. 354 ff.

Wir wollen die Inflationsmessung der beiden Indices mit dem ökonomischen Preisindex vergleichen. Dazu unterstellen wir in der Abbildung 28, daß die in den beiden Perioden gewählten Güterbündel auf der gleichen Indifferenzkurve liegen. Der ökonomische Preisindex setzt die Ausgaben für S_1^* zu S_0^* ins Verhältnis:

$$(151)\quad I^{ö} = \frac{\text{Ausgaben }(B_{1ö})}{\text{Ausgaben }(B_0)}\,100$$

Der Laspeyres-Index berechnet die Ausgaben für das Güterbündel S_0^* zu den Preisen der beiden Perioden. Die Ausgaben für S_0^* in der Periode 1 können durch die Bilanzgerade B_{1L} erfaßt werden, die durch S_0^* sowie parallel zu B_1 verläuft und die Preise der neuen Periode berücksichtigt. Die Bilanzgerade B_{1L} verläuft daher parallel zur Bilanzgeraden $B_{1Ö}$. Der Laspeyres-Index berechnet sich durch:

$$(152)\quad I^{L} = \frac{\text{Ausgaben }(B_{1L})}{\text{Ausgaben }(B_0)}\,100$$

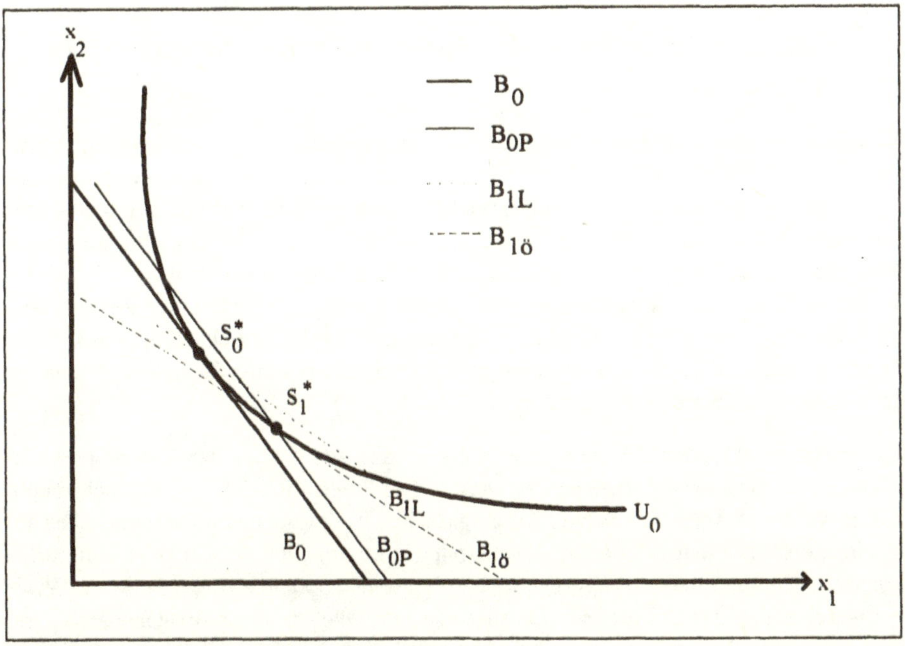

Abbildung 28: Vergleich der Preisindices

Da die Bilanzgerade B_{1L} oberhalb von $B_{1Ö}$ verläuft, wird nach dem Laspeyres-Index eine höhere Inflationsrate ausgewiesen. Der Grund liegt in der Vernachlässigung des Substitutionseffektes der Preisstrukturänderung.

Der Paasche-Index legt das Güterbündel S_1^* zu Grunde. Die Ausgaben in der Vergleichsperiode betragen $B_{1\ddot{O}}$. Die Ausgaben in der Basisperiode für das Güterbündel $S_1{}^*$ können durch die Bilanzgerade B_{0P}, die parallel zu der Bilanzgeraden B_0 verläuft, gemessen werden, so daß für den Paasche-Index gilt:

$$(153) \quad I^P = \frac{\text{Ausgaben } (B_{1\ddot{O}})}{\text{Ausgaben } (B_{0P})} \, 100$$

Da die Bilanzgerade B_{0P} oberhalb der Bilanzgeraden B_0 verläuft, ist der Preisindex nach Paasche geringer als der ökonomische Preisindex. **Wir können also als Ergebnis festhalten, daß der Laspeyres-Index die inflationsbedingten Mehrausgaben überschätzt und der Paasche-Index die inflationsbedingten Mehrausgaben, wenn das Nutzenniveau konstant bleibt, unterschätzt[52]:**

$$(154) \quad I^L > I^{\ddot{o}} > I^P$$

Mit Hilfe des traditionellen Haushaltsmodells kann also die Über- bzw. Unterschätzung der Inflationsrate alternativer Preisindices, nachgewiesen werden.

F. Empirische Befunde des Konsumverhaltens privater Haushalte

Nachdem wir das traditionelle Haushaltsmodell vorgestellt haben, wollen wir überprüfen, inwieweit die abgeleiteten Ergebnisse zur Beschreibung der tatsächlichen Verhaltensweisen geeignet sind. Eine umfangreiche ökonometrische Analyse des Nachfrageverhaltens in der Bundesrepublik Deutschland wurde von Rau[53] vorgelegt. In diesem Abschnitt wollen wir die Ergebnisse der statischen Schätzung vorstellen.[54] In diesem Verfahren wird davon ausgegangen, daß die nachgefragte Menge einer Periode ausschließlich von Daten der gleichen Periode beeinflußt wird. Die Schätzung wurde unter Zugrundelegung alternativer Funktionstypen durchgeführt. In der Tabelle 4 sind einige geschätzte Nachfrageelastizitäten dargestellt.

Zunächst einmal ist der Tabelle 4 zu entnehmen, daß alle geschätzten Einkommenselastizitäten ein positives Vorzeichen aufweisen. Der Inferioritätsfall ist also nicht beobachtet worden. Daraus den Schluß der empirischen Irrelevanz des Inferioritätsfalles abzuleiten, erscheint jedoch voreilig, denn durch die Aggregation der Güter zu Güterarten können inferiore Güter "wegaggregiert" worden sein. So kann z.B. ein Schwarz-Weiß-Fernseher ein inferiores Gut sein. Da aber alle Fernseher zu einer Ausgabenart aggregiert werden und Fernseher an sich superior sind, kann die Inferiorität eines Schwarz-Weiß-Fernsehers nicht ermittelt werden. Anhand der geschätzten Einkommenselastizi-

52) Zu weiteren Problemen der beiden Indices vgl. z.B. Haslinger (1990) S. 165 ff.

53) vgl. Rau (1975)

54) vgl. Rau (1975) S. 36 ff. Zu den ökonometrischen Schätzmethoden siehe z.B. Assenmacher (1992).

täten können wir erkennen, wie sich die prozentualen Anteile der einzelnen Ausgabearten an der gesamten privaten Nachfrage entwickeln werden. Die Ausgabearten, die eine Elastizität von größer als Eins aufweisen,

Ausgabenart	Einkommenselastizität	Preiselastizität
Fisch, Fleischwaren	0,9-1,1	(-)1,6-(-)1,3
Milch, Käse	0,6-0,7	
Brot, Backwaren	0,5	(-)1,2-(-)1,3
Schuhe	0,7-1,0	
Mieten	0,8	1,2
Elektrizität	2,4-2,5	
Möbel, Heimtextilien	1,1-1,2	
Kraftfahrzeuge	4,5-6,2	6,0
Kraftstoffe, Schmiermittel	3,1-3,5	
Nachrichtenübermittlung	2,5-2,6	1,9-2,4
Waren, Dienstleistung und Gesundheitspflege	1,1-1,2	
Bücher, Zeitungen	1,0	
Kunst, Sport, Vergnügen	1,1	-0,03

Tabelle 4: Durchschnittliche Nachfrageelastizitäten im statistischen Nachfragemodell

werden ihre prozentualen Anteile steigern können. Dies sind in erster Linie Kraftfahrzeuge und Kraftstoffe. Schrumpfende Anteile, die wir anhand einer Einkommenselastizität von kleiner als Eins erkennen, stellen wir bei den Nahrungsmitteln wie Milch, Käse und Brot fest.

Betrachten wir nun die Ergebnisse bezüglich der direkten Preiselastizität. Als erstes ist anzumerken, daß bei nicht allen Güterarten ein signifikanter Zusammenhang zwischen nachgefragter Menge und Preis festgestellt werden konnte. Überraschend positive Preiselastizitäten werden bei Mieten und Kraftfahrzeugen ermittelt. Dieser empirische Befund stimmt nicht mit den theoretischen Ergebnissen des traditionellen Haushaltsmodells überein, denn eine positive Preiselastizität setzt eine negative Einkommenselastizität voraus. Das empirische Nachfrageverhalten für diese Ausgabenarten kann mit dem traditionellen Haushaltsmodell nicht erklärt werden.[55)]

55) vgl. auch die Bemerkungen von Rau (1975) S. 40, der diese Ergebnisse auf statistische Meßprobleme zurückführt.

G. Modellkritik

In diesem Abschnitt werden zunächst in der Literatur häufig anzutreffende Kritikpunkte vorgestellt und diese anschließend einer kritischen Analyse unterworfen. Die **traditionelle Haushaltstheorie** wird häufig wie folgt kritisiert:

(1) Das Modell liefert keine Entscheidungshilfen für den einzelnen privaten Haushalt.

(2) In der mikroökonomischen Theorie werden triviale Sachverhalte mit gekünstelten und mathematisch aufwendigen Methoden dargestellt. Der Gehalt der ökonomischen Aussagen wird durch mathematische Formeln lediglich verschleiert.

(3) Die Theorie unterstellt rationales Verhalten. Für ein Wirtschaftssubjekt existieren unzählige Determinanten der Entscheidungen, so daß rationales Verhalten nicht möglich ist.

(4) Da der Nutzen durch sich selbst definiert ist, besteht keine Möglichkeit, ihn zu messen. Aus diesem Grunde kann die Hypothese der Nutzenmaximierung niemals falsifiziert werden. Eine Analyse, die eine nicht meßbare Größe optimieren will, muß scheitern. Wie auch immer sich die Konsumenten entscheiden, man kann das Verhalten immer als Nutzenmaximierung bezeichnen. Die Präferenzaxiomatik bleibt deshalb ein uninterpretierbares Kalkül.

(5) Die Präferenzen sind im Zeitablauf nicht konstant.

(6) Präferenzänderungen können analytisch nicht erfaßt werden. Durch die in der Realität auftretenden aber nicht identifizierbaren Änderungen der Bedürfnisstruktur können Auswirkungen von Preisänderungen nicht identifiziert werden. Die Annahme der Konstanz der Bedürfnisse kann aus diesem Grunde immer als "Alibi" für die Theorie genutzt werden, wenn der empirische Befund nicht kompatibel mit den theoretischen Ergebnissen ist. Die Modelle sind daher unempfindlich gegen die Realität, was als Modellplatonismus der reinen Theorie bezeichnet wird.[56)]

(7) Die Annahme der Nutzenmaximierung ist unrealistisch. Die Konsumenten handeln spontan und tätigen häufig Impulskäufe. Außerdem stellt sich die Frage, ob die Konsumenten sich nicht mit einem befriedigenden Nutzenniveau zufrieden geben, anstatt nach der Güterkombination mit dem maximalen Nutzenniveau zu suchen.

(8) Das Modell unterstellt Konsumentensouveränität, d.h. der Konsument fällt seine Entscheidungen ohne Bevormundung gemäß seiner Präferenzstruktur und seiner zur Verfügung stehenden Mittel. In der Realität werden die Präferenzen oftmals durch Werbung beeinflußt.

(9) In dem Modell wird Kauf und Gebrauch gleichgesetzt. Dies trifft nur für ganz wenige Güter, z.B. bei Dienstleistungen, zu.

(10) Die Präferenzen eines Haushalts sind nicht unabhängig von der sozialen Umwelt des Haushalts. Die relative Stellung des Individuums in der gesellschaftlichen

---

56) vgl. Albert (1967) S. 338

Einkommens- und Konsumhierachie wird als irrelevant für die Bewertung von Gütern angesehen.

(11) Das Modell geht von einer vorhandenen Präferenzordnung aus. In Wirklichkeit ist der Haushalt sich über seine wahren Präferenzen nicht immer sicher.[57]

(12) Die Bekanntheit und Berücksichtigung aller überhaupt möglichen Handlungsalternativen und aller ihrer Folgen stellen utopische Forderungen an den Grad der Informiertheit und die menschlichen Fähigkeiten zur Verarbeitung dieser Informationen dar. Das gesamte Güterspektrum sowie die nutzenbringenden Eigenschaften sind dem Haushalt in der Realität unbekannt. So kennt er z.B. die in Nahrungsmitteln möglicherweise enthaltenen gesundheitsgefährdenden Inhaltsstoffe nicht.[58]

(13) Im Modell wird unterstellt, die Güter lägen in konsumreifer Form vor. Dies ist für die wenigsten Güter der Fall.

(14) Der Zeitaspekt des Konsums wird vernachlässigt, d.h. es wird von einer unendlich großen Konsumgeschwindigkeit ausgegangen.

(15) Das Modell unterstellt beliebige Teilbarkeit der Güter.

Dieser Kritik können folgende Argumente entgegengehalten werden:

Zu 1): Bezüglich der vorgeworfenen fehlenden Praxisrelevanz ist zwischen einer Praxisrelevanz i.e.S. und einer Praxisrelevanz i.w.S. zu differenzieren.[59] Mit der **Praxisrelevanz i.e.S.** ist gemeint, daß die mikroökonomische Haushaltstheorie für die täglichen Entscheidungen eines Haushalts unmittelbar anwendbares Wissen vermitteln soll. In diesem Sinne könnte man die mikroökonomische Analyse mit der normativen Entscheidungstheorie des Haushalts gleichsetzen. **Die Praxisrelevanz i.w.S.** fragt danach, ob die Theorie

(a) zur allgemeinen Bewußtseinserweiterung der Studenten beiträgt, welche die Fähigkeit eines gesteigerten Problembewußtseins für ökonomische Fragen fördert, um Probleme im privaten Bereich und in der beruflichen Praxis besser lösen zu können;

(b) dazu beiträgt, Erklärungen und Prognosen für das Verhalten von privaten Haushalten sowie Grundlagen für wirtschaftspolitische Entscheidungen zu liefern.

Der hier vorgetragene Kritikpunkt zielt auf die fehlende Praxisrelevanz i.e.S. ab. In der Tat liefert die mikroökonomische Haushaltstheorie keine konkreten Entscheidungshilfen für private Haushalte. Dies ist aber auch nicht ihr Ziel.[60] Die Aufgabe der mikroökonomischen Haushaltstheorie besteht nicht darin, dem einzelnen Haushalt eine Entscheidungshilfe zu geben, sondern sie soll das Verhalten der Haushalte einerseits erklären und vorhersagen sowie andererseits die Grundlage für die Analyse wichtiger

57) Diese Unsicherheit bezeichnet man auch als subjektive Unsicherheit.

58) Diese Unsicherheit können wir als objektive Unsicherheit bezeichnen.

59) Die gleiche Ansicht vertritt Burchardt (1986) S. 18 f.

60) vgl. hierzu die Ausführungen in Kapitel I.

volkswirtschaftlicher Fragestellungen liefern. Unter dieser Zielsetzung liefert das Modell sehr wohl wichtige Erkenntnisse für wirtschaftspolitische Fragestellungen, wobei auf die beispielhaft vorgetragenen Anwendungsmöglichkeiten im Abschnitt E dieses Kapitels verwiesen wirden.

Zu 2): Die mikroökonomische Theorie liefert durch die Aufspaltung des Gesamteffekts in einen Substitutions- und Einkommenseffekt Erklärungen für den Verlauf der Nachfragekurve bei Preisänderungen. Insbesondere weist sie darauf hin, daß eindeutige Verläufe a priori nicht vorhersagbar sind und zeigt die Voraussetzungen für atypische Verläufe auf. Die Mathematik ist dabei kein Selbstzweck, wenn sie in der Darstellung der ökonomischen Theorie angewendet wird. Sie liefert vielmehr die Instrumente, die die Ableitungen und Darstellungen der Theorie erleichtern. Sie übersetzt die verbalen Argumente in eine präzise und konsistente formale Sprache. Darüber hinaus gestattet die Mathematik die Aufdeckung und Vermeidung logischer Inkonsistenzen bzw. Deduktionsfehler.

Zu 3): Aus dem Modell sollen widerlegbare Hypothesen abgeleitet werden. Dazu nimmt man an, die aufgestellten Hypothesen seien richtig. Wird die Hypothese empirisch widerlegt, so heißt das *nicht,* daß die Konsumenten irrational handeln, *sondern* daß die Hypothese falsch ist! **Die mikroökonomische Analyse ist keine Theorie des rationalen Verhaltens, sondern eine rationale Theorie des Verhaltens von Wirtschaftssubjekten.** Dies bedeutet: Es wird nicht behauptet, die Wirtschaftssubjekte verhalten sich rational i.d.S., daß sie sich ihrer Handlungsweisen in jedem Augenblick bewußt sind und sie nach rationalen Kriterien ausrichten, sondern die Handlungsweisen werden beobachtet, und es wird versucht, aufgrund dieser Beobachtungen reale Erscheinungen zu erklären. Dieser Erklärungsversuch ist rational.[61)]

Zu 4): Die Realitätsnähe der Annahmen ist kein geeignetes Kriterium zur Beurteilung der Fruchtbarkeit eines Modells. Die Annahmen eines Modells sind Bestandteile eines gedanklichen Abstraktionsprozesses von der Wirklichkeit und daher niemals hundertprozentig realistisch. Die wissenschaftliche Analyse der Realität kann nur auf dem Fundament von Modellüberlegungen vorgenommen werden. Für die Beurteilung eines Modells ist somit nicht die Realitätsnähe der Annahmen entscheidend, sondern die empirische Bewährung, der aus den Annahmen abgeleiteten Hypothesen. Die Prämissen des Modells werden also gar nicht überprüft, sondern der ökonomische Gehalt der Modellergebnisse.[62)] Dies bedeutet nicht, daß die Suche nach realitätsnahen Annahmen irrelevant ist.[63)] Vielmehr ist es Aufgabe der mikroökonomischen Theorie, das Modell

---

61) Eine ähnliche Ansicht vertritt Silberberg (1978) S. 215

62) vgl. hierzu insbesondere Friedman (1966) S. 3 ff. und (1969) S. 23 f. Eine ausführliche Auseinandersetzung mit den Ansichten Friedmans liefert Arni (1989).

63) vgl. Burchardt (1986) S. 149; Neumann (1988) S. 6 ff; Einen Überblick über die "Annahmen-Kontroverse" in der Wirtschaftstheorie findet man bei Tietzel (1981) S. 237 ff.

herauszufinden, welches einen bestimmten Sachverhalt am besten erklären kann.[64] Da die folgenden Kritikpunkte sich alle auf die fehlende Realitätsnähe der Annahmen beziehen, kann das hier vorgetragene Argument auch bei diesen Kritikpunkten entgegengebracht werden.

Zu 5) und 6): In der Tat unterliegen Präferenzordnungen im Zeitablauf einem Wandel. Diese lassen sich jedoch relativ einfach durch Einführung eines Präferenzparameters in die Nutzenfunktion integrieren. Probleme bestehen jedoch in der empirischen Überprüfung der abgeleiteten Hypothesen, denn Geschmacksänderungen können nur schwer empirisch nachgewiesen werden, z.B. ob eine beobachtete Veränderung der Nachfrage auf eine Preis- bzw. Einkommensänderung oder auf eine Geschmacksänderung zurückzuführen ist? Diese Kritik trifft aber nicht die mikroökonomische Haushaltstheorie, sondern es ist Aufgabe der empirischen Wirtschaftsforschung, geeignete Methoden zur Identifizierung der Ursachen der Nachfrageänderung bereitzustellen. So könnte man z.B. das Bestimmtheitsmaß verwenden, um zu fragen, inwieweit die Preise und das Einkommen den empirischen Befund erklären. Auch durch Einführung von Trendparametern lassen sich Geschmacksänderungen erfassen.[65]

Zu 7): Die Kritik, daß die Haushalte nicht Nutzenmaximierung sondern ein "befriedigendes Nutzenniveau" anstreben, ist insbesondere von Simon entwickelt worden.[66] Die Individuen sind unzureichend informiert und müssen deshalb Informationen einholen. Diese Informationssuche brechen sie ab, wenn eine Alternative ein zuvor fixiertes Anspruchsniveau erreicht oder überschreitet. Zur Veranschaulichung betrachten wir die Wertschätzung für 5 Güterbündel:

$$U(S_1) = 1,\ U(S_2) = 2,\ U(S_3) = 3,\ U(S_4) = 4,\ U(S_5) = 5$$

Es wird von einem Anspruchsniveau in Höhe von Drei ausgegangen. Welches Güterbündel der Haushalt wählt, hängt von der Reihenfolge des Suchprozesses ab. So wählt der Haushalt das Güterbündel S_3 bei der Reihenfolge

$$S_1;\ S_2;\ S_3;\ S_4;\ S_5;$$

er konsumiert dagegen S_5, wenn der Suchprozeß

$$S_2,\ S_5,\ S_1,\ S_3,\ S_4$$

gewählt wird. Gegenüber dieser alternativen Verhaltenshypothese können wir folgende Kritik vorbringen: "Warum soll man bei niedrigen Suchkosten mit Suchen aufhören, wenn man auf einem relativ niedrigen Anspruchsniveau die erste befriedigende Lösung

---

64) vgl. hierzu insbesondere Friedmann (1969) S. 23 ff. vgl. auch Kästli (1978) S. 126 ff., der auf logische Widersprüche in der Forderung nach der Realitätsnähe der Annahmen hinweist.

65) vgl. hierzu die Untersuchung von Rau (1975) S. 42 ff.

66) vgl. Simon (1955) S. 99 ff. und (1959) S. 253 ff.

gefunden hat"?[67] Darüber hinaus unterbleibt die Erklärung der Höhe des Anspruchsniveaus. Das Entscheidungsproblem wird nicht gelöst, sondern verlagert, denn es muß entweder die schwierige Frage nach dem optimalen Anspruchsniveau beantwortet werden, oder das Anspruchsniveau wird willkürlich festgelegt, was natürlich modelltheoretisch nicht befriedigen kann.[68] Hinzu kommt, daß die Aussagen des Nutzenmaximierungsmodells und des Anspruchniveaumodells vergleichbar sind. Denn wenn bei erfolgreicher Anpassung bei niedrigem Suchaufwand das Anspruchsniveau stufenweise erhöht wird, dann konvergiert dieser Ansatz zum absoluten Optimalverhalten.[69]

Zu 8): Das Modell leugnet nicht den Einfluß der Werbung. Daß das hier vorgestellte Modell Auswirkungen der Werbung nicht beantworten kann, heißt noch lange nicht, daß es generell für solche Fragestellungen unbrauchbar ist. Das hier vorgestellte Modell ist als ein **BASISMODELL** zu verstehen, mit dessen Hilfe durch geeignete Modifikationen weitere Probleme diskutiert werden können. Bezüglich des hier angesprochenen Problems könnte die Präferenzfunktion um einen Werbeparameter erweitert werden.

Die Kritikpunkte (9 - 15) setzen alle an den Vereinfachungen des Modells an. Demgegenüber ist, wie bereits ausgeführt, einzuwenden, daß das vorgestellte Modell ein "Basismodell" darstellt, welches die Grundelemente für weiterführende Fragestellungen liefert. Durch Modifikationen sind alle in den Kritikpunkten aufgeworfenen Fragestellungen, auf die das Basismodell keine Antworten geben kann, lösbar. Einige Modifikationen werden wir in den folgenden Kapiteln vornehmen. So werden im Abschnitt IV.B die Interdependenzen der Konsumentscheidungen berücksichtigt. Der Abschnitt IV.C beachtet die Unsicherheiten bezüglich der Qualitäten, und im Kapitel VI wird der Zeitaspekt des Konsums explizit in die Haushaltsentscheidungen einbezogen.

Nicht explizit analysieren wir die im Kritikpunkt 9 aufgeworfenen Fragen. Die Analyse von dauerhaften bzw. langlebigen Konsumgütern erfordert eine dynamische Analyse und würde den Rahmen dieses Lehrbuches sprengen. Es sei an dieser Stelle auf die vorliegenden Analysen verwiesen.[70] Auch die Möglichkeiten zur Erfassung der Entscheidungsprobleme bei Unsicherheit bzw. Risiko können nicht behandelt werden.[71]

Schließlich werden wir in den folgenden Ausführungen weiterhin die Annahme der beliebigen Teilbarkeit aufrechterhalten, da eine Modifikation dieser Annahme die Erklärungen für unsere Probleme nur komplizierter gestalten würden, ohne daß sich dadurch

---

67) vgl. Krelle (1968) S. 105

68) vgl. Seel (1975) S. 65

69) vgl. Arrow, (1958) S. 10; zur weiteren Diskussion siehe z.B. Maierbeck (1978) S. 45 ff.; Seel (1975) S. 64

70) vgl. hierzu z.B. Clausse (1979) S. 63 ff.; Paulus (1989) S. 97 ff.

71) vgl. zu diesen Problemen die didaktisch hervorragende Darstellung bei Bitz (1981) S. 61 ff.

neue Erkenntnisse ergäben.[72)]

Außerdem kann man mit einem einzigen Modell nie alle Geschehnisse in der Welt erklären. Je "realistischer" ein Modell wird, desto komplizierter und unübersichtlicher wird es auch. Je mehr "realitätsnahe" Annahmen in ein Modell aufgenommen werden, desto weniger eindeutige Aussagen können abgeleitet werden. Wollte man "völlig realistisch" arbeiten, so müßte die Realität 1:1 abgebildet werden. Dann läge aber kein Modell mehr vor.

Man könnte dem Modell auch vorwerfen, daß es nicht erklären kann, warum Alf gerne Katzen frißt. Die Aufgabe eines Modells besteht immer darin, bestimmte Einzelaspekte des Wirtschaftsgeschehens erklären zu können. Man wirft einer Straßenkarte für Autofahrer ja auch nicht vor, daß sie für Geologen ungeeignet ist.

Wenden wir uns abschließend dem Kritikpunkt 14 zu. Wir haben bereits betont, daß die Fruchtbarkeit eines Modells nicht von der Realitätsnähe der Annahmen, sondern von der Aussagekraft der abgeleiteten Ergebnisse abhängt. In der Realität stellen wir fest, daß trotz Nulltarif für öffentliche Einrichtungen, z.B. Parks oder Museen, die Nachfrage nicht unendlich groß ist. Dieses Erscheinungsbild können wir im vorliegenden Modell mit Hilfe von Sättigungserscheinungen erklären. Diese Erklärung erscheint aber unbefriedigend. Vielmehr ist die begrenzte Nachfrage eher auf die Zeitkosten des Konsums zurückzuführen. In einem solchen Fall liefert das vorliegende Modell keine zufriedenstellenden Erklärungen. Dies heißt aber nicht, daß das vorliegende Modell grundsätzlich zu verwerfen, sondern daß eine Modifikation notwendig ist.

H. Zusammenfassung

Zum Abschluß dieses Kapitels werden die wichtigsten Erkenntnisse des traditionellen Haushaltsmodells zusammengefaßt.

(1) Ziel des traditionellen Haushaltsmodells ist es, das Güternachfrageverhalten zu erklären und insbesondere die Einflüsse von Preis- und Einkommensänderungen herauszuarbeiten. Zudem soll das Haushaltsmodell eine theoretische Fundierung wirtschaftspolitischer Entscheidungen ermöglichen.

(2) Das traditionelle Haushaltsmodell geht im wesentlichen von folgenden Annahmen aus:

   (a) Es werden zwei Güter, die beliebig teilbar sind, betrachtet.

   (b) Für das betrachtete Individuum existiert eine Präferenzfunktion. Die Indifferenzkurven verlaufen fallend und konvex. Die Güter, die der Haushalt konsumiert, beeinflussen sein Nutzenniveau.

   (c) Das zu Konsumzwecken zur Verfügung stehende Einkommen ist exogen

---

72) Paulus (1989) S. 97 ff. hat nachgewiesen, daß es ohne Schwierigkeiten möglich ist, aufbauend auf dem Potential der Grenzrate der Substitution die Nachfrage nach unteilbaren Gütern abzuleiten.

gegeben. Der Haushalt kann jede beliebige Menge eines Gutes zu einem vorgegebenen Preis nachfragen. Daraus folgt, daß die Bilanzgerade linear und mit negativer Steigung verläuft.

(3) Das Individuum wählt das Güterbündel auf der Bilanzgeraden, bei dem die Grenzrate der Substitution dem Güterpreisverhältnis entspricht. Die hinreichende Bedingung wird durch die Annahme der abnehmenden Grenzrate der Substitution entlang der Indifferenzkurve bzw. entlang der Bilanzgeraden gesichert.

(4) Eine Erhöhung des Einkommens führt zu einer Erhöhung des Konsums, wenn das Gut als superior (inferior) bewertet wird. Die Einkommensnachfragefunktion verläuft dann mit einer positiven (negativen) Steigung und die direkte Nachfragefunktion verschiebt sich nach rechts (links). Bei einer homothetischen Nutzenfunktion bleibt die Nachfragestruktur unverändert.

(5) Die Wirkung einer Preiserhöhung auf die nachgefragte Menge läßt sich in einen Substitutions- und einen Einkommenseffekt zerlegen. Das Vorzeichen des Substitutionseffektes ist immer negativ, das Vorzeichen des Einkommenseffektes ist bei einer superioren Bewertung des Gutes negativ und bei einer inferioren Bewertung positiv. Die nachgefragte Menge nimmt bei einer Preiserhöhung des Gutes ab, d.h. die direkte Nachfragefunktion hat eine negative Steigung, wenn das Gut als superior bewertet wird. Der Gesamteffekt ist bei einer inferioren Bewertung nicht eindeutig. Ist der Substitutionseffekt absolut größer, dann sinkt die nachgefragte Menge, umgekehrt nimmt sie zu. Die nachgefragte Menge wird bei einer Preiserhöhung immer dann sinken, wenn sie bei einer Einkommenserhöhung steigt.

(6) Die Auswirkungen einer Erhöhung des Preises eines anderen Gutes auf die nachgefragte Menge können in einen Kreuzsubstitutions- und einen Kreuzeinkommenseffekt zerlegt werden. Der Kreuzsubstitutionseffekt ist im Zwei-Güter-Fall stets positiv; der Einkommenseffekt ist negativ bei einer superioren Bewertung des Gutes und positiv bei einer inferioren Bewertung. Ein eindeutig positiver Gesamteffekt ergibt sich bei einer inferioren Bewertung. Die Kreuznachfragefunktion verläuft dann mit einer positiven Steigung und die direkte Nachfragefunktion verschiebt sich bei einer Erhöhung des Preises des anderen Gutes nach rechts. Bei superiorer Bewertung ist der Gesamteffekt positiv, wenn der Kreuzsubstitutionseffekt absolut größer als der Kreuzeinkommenseffekt ist. Im anderen Fall ist der Gesamteffekt negativ. Daraus ergibt sich folgende falsifizierbare Hypothese: Nimmt die Nachfrage eines Gutes bei einer Einkommenserhöhung ab, dann nimmt die nachgefragte Menge dieses Gutes bei einer Preiserhöhung eines anderen Gutes zu.

(7) Die Haushalte sind frei von Geldillusion, und die allgemeinen Nachfragefunktionen sind homogen vom Grade Null.

(8) Bei homothetischen Nutzenfunktionen sind die Einkommenselastizitäten immer gleich Eins.

(9) Die Summe der mit den Ausgabenanteilen multiplizierten Einkommenselastizitäten ergibt einen Wert von Eins.

(10) Die Elastizität des Substitutionseffektes ist gleich der Summe aus der direkten

Preiselastizität und der mit dem Ausgabenanteil des betrachteten Gutes gewichteten Einkommenselastizität. Die Kreuzpreiselastizität entspricht der Elastizität des Kreuzsubstitutionseffektes abzüglich der mit dem Ausgabenanteil des anderen Gutes gewogenen Einkommenselastizität.

(11) Die mit den jeweiligen Ausgabenanteilen gewichtete Summe der Preiselastizitäten aller Güter bezogen auf den Preis eines Gutes entspricht dem negativen Ausgabenanteil des Gutes.

(12) Die Summe der Elastizitäten eines Gutes ist Null.

(13) Wird die Annahme, daß die Indifferenzkurven die Achsen nicht schneiden, aufgehoben, dann kann der Fall eintreten, daß das betrachtete Gut erst ab Überschreitung eines bestimmten Einkommensniveaus nachgefragt bzw. daß das Gut bei Überschreitung eines bestimmten Preises nicht mehr nachgefragt wird.

(14) Bei Aufhebung der Sättigungsannahme strebt die Nachfrage bei einer Einkommenserhöhung bzw. bei einer Senkung des direkten Preises gegen die Sättigungsmenge.

(15) Bei konkav verlaufenden Indifferenzkurven verläuft die Kreuzpreisnachfragefunktion oberhalb eines kritischen Preises völlig preisunelastisch. Sinkt der Preis darunter, sinkt die Kreuznachfrage auf Null. Die direkte Preisnachfrage geht bei Überschreitung des kritischen Preises auf Null zurück.

(16) Werden dem Haushalt Mengenrabatte für das Gut X_1 eingeräumt, die unterproportional zu der Mengenerhöhung gewährt werden, dann verläuft die Bilanzgerade konvex. In diesem Fall sind Randlösungen nicht auszuschließen. Eine Einkommenserhöhung kann auch bei superiorer Bewertung des Gutes, für den kein Rabatt gewährt wird, zu einer Reduktion der Nachfrage führen.

(17) Gebunde Transfers sind gegenüber ungebunden Transfers ineffizient.

(18) Spezielle Verbrauchssteuern sind gegenüber allgemeinen Verbrauchssteuern ineffizient.

(19) Eine Anhebung der Verbrauchssteuern hat keinen Einfluß auf die nachgefragte Menge, wenn die individuell gestiegenen Steuerzahlungen durch Transfers an die Haushalte zurückfließen und dies von den Konsumenten richtig antizipiert wird.

(20) Der nach Laspeyres berechnete Preisindex überschätzt, der nach Paasche berechnete Preisindex unterschätzt die tatsächliche Inflation.

(21) Das traditionelle Haushaltsmodell liefert für das empirische Nachfrageverhalten einer Vielzahl von Gütern eine theoretische Erklärung. In den wenigen Fällen, in denen das empirische Verhalten nicht mit dem theoretischen Modell erklärbar ist, sind Modifikationen durchzuführen.

(22) Die üblicherweise vorgetragene Modellkritik setzt in der Regel an den Annahmen und nicht an dem Erklärungsgehalt des Modells an. Diese Art der Kritik ist u.E. nicht haltbar. Um weiterführende Probleme lösen zu können, sind auf den jeweiligen Problemkreis zugeschnittene Modifikationen notwendig,[73)] so daß hier von einem "Basismodell" gesprochen werden kann.

---

73) Die Modifikationen werden in den folgenden Kapiteln vorgestellt.

IV. Alternative Ansätze zur Erklärung des Nachfrageverhaltens

A. Überblick

Im Abschnitt G des Kapitels III wurden Kritikpunkte des traditionellen Haushaltsmodells diskutiert. Dabei wurde dargelegt, daß das traditionelle Haushaltsmodell von bestimmten realen Gegebenheiten abstrahiert bzw. auf einige reale Fragestellungen keine Antwort geben kann. Diesbezüglich wurde angemerkt, daß das traditionelle Haushaltsmodell lediglich ein Basismodell darstellt, mittels dessen sich durch geeignete Modifikationen durchaus weiterführende Probleme analysieren lassen. Das soll in diesem Kapitel anhand einiger Modelle gezeigt werden. Um die in den Modellen vorgenommenen Modifikationen deutlich machen zu können, werden noch einmal die wichtigsten Annahmen, die die Anwendbarkeit des traditionellen Modells einschränken, aufgeführt:

(1) In der Nutzenfunktion stehen ausschließlich Güter, die das betrachtete Individuum selbst konsumiert.

(2) Die Konsumenten sind über die Qualität der Produkte informiert.

(3) Die am Markt gekauften Gütermengen stiften unmittelbar Nutzen.

(4) Die Konsumgeschwindigkeit ist unendlich groß, d.h. der Zeitbedarf des Konsums wird vernachlässigt.

Diese Annahmen des "Grundmodells" werden in den folgenden Modellen modifiziert. In Abschnitt B des vorliegenden Kapitels werden zunächst die Auswirkungen der Verhaltensweisen der Mitmenschen auf die individuellen Kaufentscheidungen erläutert. Diese stellen insofern Erweiterungen des traditionellen Ansatzes dar, als zusätzlich der Konsum anderer Wirtschaftssubjekte (Mitläufer- und Snob-Modell) sowie die von den Nichtkonsumenten erwarteten Preise der Güter (Prestige-Modell) das Nutzenniveau eines Individuums beeinflussen. In diesen Modellen wird daher die Annahme (1) aufgehoben. Eine Modifikation der Annahme (2) findet in den Abschnitten C.2 und C.3 statt, in denen der Einfluß der Qualität auf das Nachfrageverhalten untersucht wird. Im Abschnitt C.4 wird die Annahme (3), daß die gekauften Güter unmittelbar Nutzen stiften, aufgehoben. Dabei wird unterstellt, daß die in den gekauften Marktgütern enthaltenen Eigenschaften Nutzen stiften. Da durch Aufhebung der Annahme (4) es möglich wird, das Arbeitsangebots- und das Güternachfrageverhalten simultan zu analysieren, werden wir entsprechende Modelle in dem Kapitel VI gesondert darstellen.

Nachdem die einzelnen Modelle vorgestellt worden sind, werden im Abschnitt D unterschiedliche Interpretationen einer steigenden direkten Güternachfragefunktion diskutiert.

B. Interdependenzen individueller Nachfrageentscheidungen

1. Einführung

Im traditionellen Haushaltsmodell sind wir davon ausgegangen, daß das Nutzenniveau eines Haushalts ausschließlich vom eigenen Güterkonsumniveau abhängt. Nun sind aber Situationen denkbar, in denen einerseits das Verhalten anderer Wirtschaftssubjekte die individuelle Wertschätzung beeinflußt und andererseits die Wertschätzung eines Gutes von dessen Preis abhängt. Die Nachfrage wird in solchen Fällen auf nicht dem Gut immanenten Charakteristika zurückgeführt. Bereits 1948 hat Oskar Morgenstern darauf hingewiesen, daß die Aggregation individueller Nachfragefunktionen nicht zwingend zur Marktnachfrage führt, und Thorsten B. Veblen[1)] beschrieb 1899 den demonstrativen Konsum.[2)] Die Vielzahl der diesbezüglich existierenden Modelle wurde von Leibenstein[3)] zusammengefaßt, an dessen Systematisierung sich die folgenden Ausführungen orientieren.

2. Das Mitläufermodell

2.1. Annahmen

Im Unterschied zum traditionellen Haushaltsmodell wird hier unterstellt, daß die subjektive Wertschätzung eines Gutes umso größer ist, je mehr andere Haushalte von diesem Gut konsumieren. Erfaßt werden sogenannte Modeerscheinungen, wie z.B. Hoola-Hoop-Reifen, Skateboards, Knight-Rider-Figuren, rosa Taftkleidchen usw. Auch Unsicherheiten bezüglich der Qualität des Produktes, die sich aufgrund von unzureichenden, eigenen Informationen ergeben, sind ein Grund für die Orientierung des eigenen Konsums an dem Konsum bzw. den Empfehlungen anderer Personen. Weiterhin kann vermutet werden, daß die qualitativen und quantitativen Reparatur- und Serviceleistungen mit dem Niveau der Marktnachfrage positiv korrelieren. So ist z.B. das Servicenetz einer Automobilfirma mit hohen Umsätzen flächendeckender als bei einer Automobilfirma mit geringen Umsätzen. Schließlich verhalten sich viele Nachfrager bei neuen Produkten abwartend und sind zum Kauf dieser erst bereit, wenn einige "Pionier-Kon-

---

1) vgl. Veblen (1924)

2) Einen guten Überblick hierzu findet man auch bei Koch (1991) S. 133 ff.

3) vgl. Leibenstein (1950) S. 183 ff.

sumenten" die ersten Schritte gewagt haben.[4)] Den aus diesen Motiven ableitbaren Einfluß auf die Wertschätzung können wir formal durch Aufnahme der Marktnachfrage in die Nutzenfunktion

(1) $U = f(x_1, x_2, D_1)$ mit: $\frac{\partial U}{\partial D_1} > 0$ D_1: Marktnachfrage für das Gut X_1

oder durch einen positiven Einfluß der Gesamtnachfrage auf die Grenzrate der Substitution zum Ausdruck bringen:

(2) $\frac{\partial \, GRS_{x_1}^{x_2}}{\partial D_1} > 0$

Die Auswirkungen einer Veränderung der Gesamtnachfrage auf den Verlauf der Indifferenzkurven soll anhand der folgenden Abbildung illustriert werden.

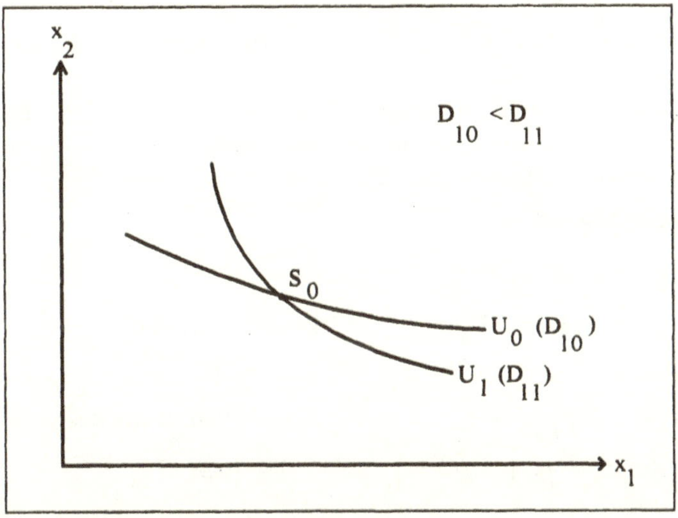

Abbildung 1: Mitläufereffekt und Indifferenzkurve

4) Diese Verhaltensweisen spielen auch bei der makroökonomischen Formulierung der relativen Einkommenshypothese eine Rolle, die besagt, daß der gesparte Einkommensanteil abhängig vom Verhältnis des gegenwärtigen Einkommens zum Durchschnittseinkommen ist. Für die Ersparnis bildet die relative Position des einzelnen in der Einkommensskala die entscheidende Rolle. Sinkt nun das Einkommen, so werden die Haushalte ihre Konsumausgaben, um gegenüber ihrem sozialen Umfeld nicht abzufallen, aufrechterhalten. Die Verringerung des Einkommens schlägt sich dann in einer geringeren Ersparnis nieder. (vgl. Linder (1971) S. 162 f.)

Die Ausgangssituation sei durch eine Marktnachfrage für das Gut X_1 in Höhe von D_{10} gekennzeichnet. Eine Erhöhung der Marktnachfrage auf D_{11} hat zwei Implikationen:

(1) Die subjektive Wertschätzung für das Gut X_1 nimmt zu, so daß die Grenzrate der Substitution in S_0 steigt. Dies wird durch einen steileren Verlauf der neuen Indifferenzkurve zum Ausdruck gebracht.

(2) Das Nutzenniveau nimmt aufgrund der gestiegenen Marktnachfrage zu. Die neue Indifferenzkurve U_1 kennzeichnet ein höheres Nutzenniveau als die ursprüngliche U_0.

Es wird angenommen, daß die individuelle Nachfrage (x_1) des einzelnen Haushalts im Vergleich zur Marktnachfrage (D_1) relativ gering ist, so daß seine Mengenentscheidungen keinen spürbaren Einfluß auf die Marktnachfrage ausüben und die Gesamtnachfrage daher aus seiner Sicht exogen gegeben ist. Die Marktnachfrage ist abhängig von den Preisen und dem Einkommen aller Konsumenten. Die Marktnachfrage ist daher aus Sicht des Gesamtmarktes endogen. Da der einzelne Konsument die Marktnachfrage nicht beeinflussen kann, ist sie aus seiner Sicht exogen.

(3) $D_1 = D_1(p_1, p_2, Y)$ Y: Einkommen aller Konsumenten

Weiterhin unterstellen wir die im Abschnitt II.E aufgestellten Annahmen über das Präferenzsystem. Bezüglich des Restriktionssystems werden die gleichen Annahmen wie im traditionellen Haushaltsmodell getroffen.

2.2. Das Gleichgewicht

Das Maximierungsproblem lautet:

(4) $\max_{x_1, x_2} U = f(x_1, x_2; D_1)$ endogen: x_1, x_2, D_1, U

exogen: p_1, p_2, y, Y

u.d.R $y = p_1 x_1 + p_2 x_2$ individuelle Budgetrestriktion

$D_1 = D_1(p_1, p_2, Y)$ Marktnachfrage

Im Unterschied zum traditionellen Haushaltsmodell ist das Maximierungsproblem durch die Aufnahme der aus Sicht des einzelnen Haushalts gegebenen Marktnachfrage erweitert worden. Da von einer für den Markt nicht spürbaren individuellen Nachfrage ausgegangen wird, folgt aus den gegebenen Preisen und den gegebenen Einkommen aller Konsumenten die Marktnachfrage. Im Haushaltsgleichgewicht entspricht die Grenzrate der Substitution wieder dem relativen Preisverhältnis, und die Budgetrestriktion wird erfüllt. Im Unterschied zum traditionellen Haushaltsmodell wird die subjektive Wertschätzung durch die Marktnachfrage beeinflußt, die ihrerseits abhängig von den Marktpreisen und dem Gesamteinkommen aller Konsumenten ist:

(5) $GRS_{x_1}^{x_2}(x_1, x_2; D_1) = \frac{p_1}{p_2}$

(6) $y = p_1 x_1 + p_2 x_2$

(7) $D_1 = D_1(p_1, p_2, Y)$

2.3. Die Nachfragefunktion

Welche Besonderheiten ergeben sich für das Nachfrageverhalten? Aus den Gleichgewichtsbedingungen (5) und (6) erhalten wir

(8) $x_1^* = x_1(p_1, p_2, y, D_1)$

und unter Berücksichtigung von (7) die individuelle Nachfragefunktion:

(9) $x_1^* = x_1\left[p_1, p_2, y, D_1(p_1, p_2, Y)\right]$

Für den Einfluß einer Preiserhöhung auf die individuelle Nachfrage nach x_1 folgt:

(10) $\frac{dx_1}{dp_1} = \frac{dx_1}{dp_1} + \frac{d\,x_1}{dD_1}\,\frac{dD_1}{dp_1}$

SE+EE Mitläufereffekt (ME)

Der ökonomische Gehalt der Gleichung (10) soll anhand der folgenden Abbildung erklärt werden:

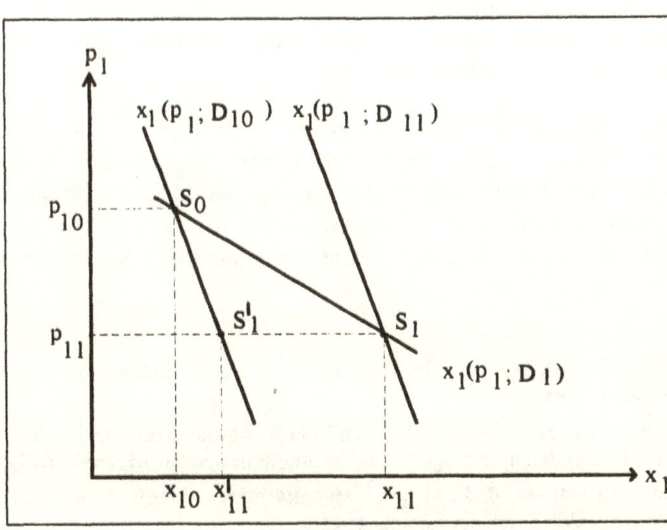

Abbildung 2: Mitläufereffekt und Nachfragefunktion

Zur Darstellung der auftretenden Effekte benötigen wir zwei unterschiedliche individuelle Nachfragekurven und zwar eine, die die Reaktionen auf Preisänderungen bei *gegebener Marktnachfrage* und eine, die die Reaktion auf Preisänderungen bei *variabler Marktnachfrage* beschreibt. Wir gehen zunächst in der Abbildung 2 von einer Marktnachfrage in Höhe von D_{10} und von einem Preis in Höhe von p_{10} aus. Die individuelle Nachfragefunktion bei gegebener Marktnachfrage D_{10} stellt die Funktion $x_1(p_1;D_{10})$ dar. Sie beschreibt die Kaufentscheidungen des betrachteten Haushalts bei alternativen Preisen des Gutes X_1 und einer gegebenen Marktnachfrage in Höhe von D_{10}. Sinkt der Preis auf p_{11} und handelt es sich um ein normales Gut,[5)] dann erhöht sich die individuell nachgefragte Menge auf x_{11}'. Die Erhöhung der nachgefragten Menge von x_{10} auf x_{11}' entspricht der mengenmäßigen Wirkung aus Substitutions- und Einkommenseffekt. Dies ist der erste Term auf der rechten Seite der Gleichung (10). Steigt nun aufgrund des gesunkenen Preises die Marktnachfrage z.B. auf D_{11}, dann nimmt aufgrund des Mitläufereffektes die individuelle Nachfrage erneut zu. Den Mitläufereffekt beschreibt der 2. Term auf der rechten Seite der Gleichung (10). Die individuelle Nachfragekurve verschiebt sich aufgrund der gestiegenen Marktnachfrage nach rechts. Die individuelle Nachfragefunktion bei gegebener Marktnachfrage in Höhe von D_{11} stellt die Funktion $x_1(p_1;D_{11})$ dar. Die Differenz $x_{11} - x_{11}'$ gibt die mengenmäßige Wirkung des **Mitläufereffektes** an.[6)] Die individuelle Nachfragekurve unter Beachtung der Reaktion der preisinduzierten Veränderung der Gesamtnachfrage $x_1(p_1,D_1)$[7)] gewinnt man durch die Verbindung der Punkte S_0 und S_1.[8)] Diese Kurve bezeichnen wir als individuelle Nachfragekurve bei variabler Gesamtnachfrage. **Wir erhalten als Ergebnis, daß die Nachfrager stärker (elastischer) auf Preisvariationen reagieren, wenn die individuellen Wertschätzungen positiv mit der Marktnachfrage korrelieren.** Die qualitativ gleichen Resultate erhalten wir bei einem anomalen Gut. Die Erhöhung des Preises eines anomalen Gutes impliziert eine Erhöhung der individuellen nachgefragten Menge bei gegebener Marktnachfrage. Steigt nun die gesamte Marktnachfrage, so erhöht sich aufgrund des Mitläufereffektes erneut die individuelle Nachfrage. Auch in diesem Fall reagiert die Nachfrage elastischer.

Schließlich kann noch der Fall eintreten, daß die individuelle Nachfragefunktion steigend, die Marktnachfrage fallend verläuft. In diesem Fall steht der positiven Summe aus Substitutions- und Einkommenseffekte ein negativer Mitläufereffekt gegenüber, so daß das Vorzeichen des Gesamteffektes unbestimmt ist. Die gleichen qualitativen Ergebnisse resultieren für den Fall einer negativen Summe aus Substitutions- und Ein-

---

5) Ein normales Gut soll dadurch gekennzeichnet sein, daß die Summe von Substitutions- und Einkommenseffekt negativ ist.

6) Es sei noch einmal darauf hingewiesen, daß die Mengenänderung nicht identisch mit dem Effekt einer Preisänderung ist. vgl. hierzu die Ausführungen in Abschnitt III.D.3.

7) Um deutlich zu machen, daß sich die Gesamtnachfrage entlang dieser Kurve verändert, wurde das Semikolon durch ein Komma ersetzt.

8) Hier wurde zur Vereinfachung von einem linearen Verlauf der individuellen Nachfragefunktion ausgegangen.

kommenseffekt und einer steigenden Marktnachfragefunktion.

3. Der Snob-Effekt

Als nächstes untersuchen wir den Fall eines negativen Einflusses der Gesamtnachfrage auf die subjektive Wertschätzung des betrachteten Gutes. Dieses Verhalten wird als **Snob-Verhalten** bezeichnet. Die individuelle Nachfrage korreliert mit der Gesamtnachfrage negativ. Ein möglicher Grund hierfür ist darin zu sehen, daß sich der Haushalt mit seinem Konsumverhalten von den anderen Haushalten unterscheiden möchte. Auch bei der Bewertung eines Urlaubsortes ist eine solche Verhaltensweise vorstellbar. Die Attraktivität eines Urlaubsortes nimmt ab einem bestimmten Niveau mit steigenden Touristenzahlen ab, z.B. aufgrund der erhöhten Wartezeiten in Restaurants oder wegen der negativen Begleiterscheinungen überfüllter Strände und Campingplätze. Für die subjektive Wertschätzung eines solchen Gutes gilt:

$$(11) \quad \frac{\partial \, GRS_{x_1}^{x_2}}{\partial D_1} < 0$$

Die Bedingungen für ein Haushaltsgleichgewicht werden durch die Verhaltensannahme (11) nicht beeinflußt. Die Auswirkungen einer Preiserhöhung im Snob-Modell können ebenfalls anhand der Gleichung (10) beschrieben werden. Zur Illustration betrachten wir die Abbildung 3 und unterstellen ein normales Gut.

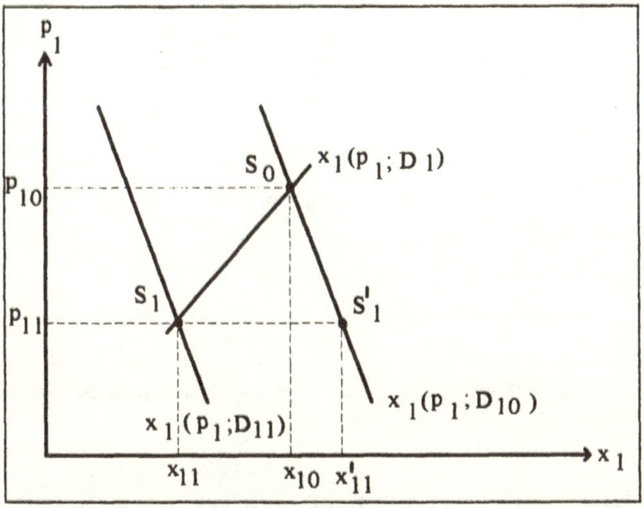

Abbildung 3: Snob-Effekt und positive Steigung der individuellen Nachfrage bei variabler Gesamtnachfrage

Wir gehen wiederum von einer Marktnachfrage in Höhe von D_{10} und von einem Preis in Höhe von p_{10} aus. Die individuelle Nachfragefunktion bei gegebener Gesamtnachfrage D_{10} stellt die Funktion $x_1(p_1;D_{10})$ dar. Sinkt der Preis auf p_{11}, dann erhöht sich die individuell nachgefragte Menge auf x_{11}'. Die Erhöhung der nachgefragten Menge von x_{10} auf x_{11}' entspricht der Summe der mengenmäßigen Wirkung des Substitutions- und Einkommenseffektes. Dies ist wieder der erste Term auf der rechten Seite der Gleichung (10). Steigt aufgrund der Preissenkung die Marktnachfrage, dann schätzt der betrachtete Haushalt das Gut niedriger ein. Die individuelle Nachfragekurve bei gegebener Gesamtnachfrage verschiebt sich aufgrund der gestiegenen Marktnachfrage nach links. Die individuelle Nachfragefunktion bei gegebener Gesamtnachfrage in Höhe von D_{11} stellt die Funktion $x_1(p_1;D_{11})$ dar. Die mengenmäßige Wirkung des **Snob-Effektes** beträgt $x_{11}' - x_{11}$. Den Snob-Effekt beschreibt der 2. Term auf der rechten Seite der Gleichung (10). Ist der Effekt absolut größer als die Summe des Substitutions- und Einkommenseffektes, dann kann die individuell nachgefragte Menge, wie in der Abbildung 3 dargestellt, bei einer Preissenkung abnehmen. Die individuelle Nachfragekurve bei variabler Gesamtnachfrage $x_1(p_1,D_1)$ gewinnt man durch die Verbindung der Punkte S_0 und S_1. In unserem Beispiel verläuft die individuelle Nachfragekurve bei variabler Marktnachfrage mit positiver Steigung. Zu beachten ist aber, daß die am Markt insgesamt nachgefragte Menge bei einer Preiserhöhung nicht steigen kann, da der positive Snob-Effekt eine fallende Gesamtnachfragefunktion voraussetzt.

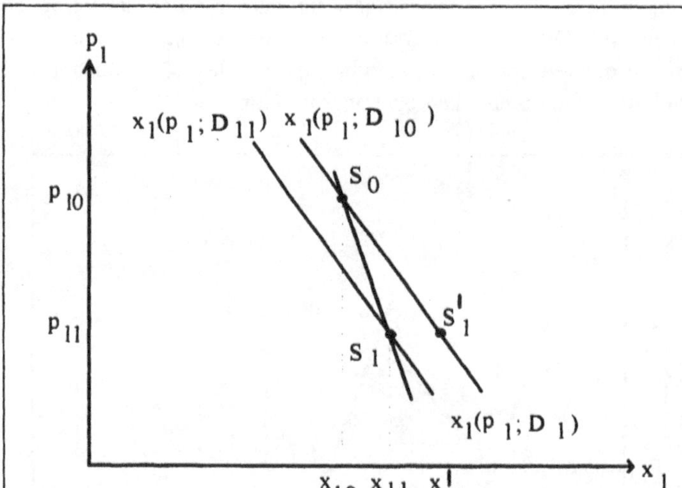

Abbildung 4: Snob-Effekt und negative Steigung der individuellen Nachfrage bei variabler Gesamtnachfrage

Ist der Snob-Effekt ($x_{11}' - x_{11}$), wie in der Abbildung 4 dargestellt, dagegen absolut kleiner als die Summe aus Substitutions- und Einkommenseffekt ($x_{10} - x_{11}'$), dann verläuft die individuelle Nachfragefunktion mit negativer Steigung. **Als Ergebnis bleibt festzuhalten: Wenn die Summe aus Einkommens- und Substitutionseffekt negativ ist und die Marktnachfrage fällt, dann führt der Snob-Effekt zu einer gegenüber dem traditionellen Haushaltmodell unelastischeren Nachfrage.** Hat die

Summe aus Einkommens- und Substitutionseffekt dagegen ein anderes Vorzeichen als die Steigung der Marktnachfragefunktion, dann werden die individuellen Effekte durch den Snob-Effekt verstärkt.

4. Der Prestige-(Veblen) Effekt

In diesem Modell wird unterstellt, daß die subjektive Wertschätzung für ein Gut nicht nur von den Eigenschaften dieses Gutes abhängt, sondern auch von der Höhe des von den Mitmenschen erwarteten Preises. Durch den Konsum eines vermeintlich teuren Gutes soll die Exklusivität des Gutes zum Ausdruck gebracht und Achtung, Bewunderung sowie soziale Geltung erzielt werden. Die subjektive Wertschätzung für das betreffende Gut ist demnach umso größer, je höher der von den Nichtkonsumenten vermutete Preis ausfällt, von dem das betrachtete Individuum ausgeht:

(12) $$\frac{\partial \, GRS_{x_1}^{x_2}}{\partial \, p_1^e} > 0 \qquad p_1^e\text{: vermuteter Preis für das Gut } X_1$$

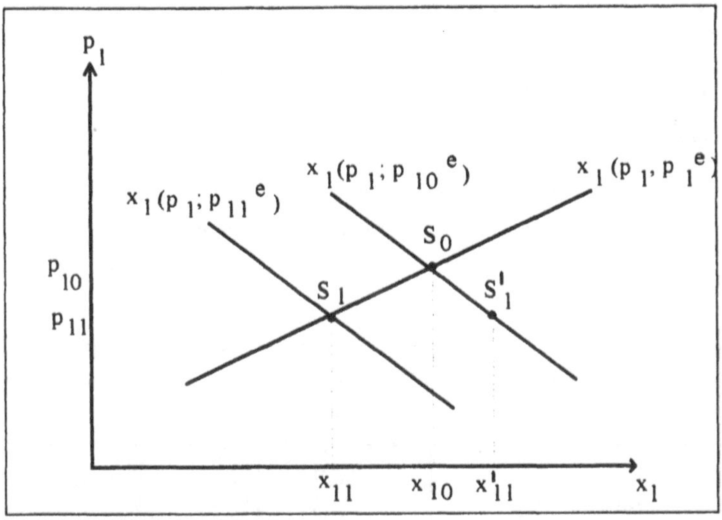

Abbildung 5: Der Prestige-Effekt

Wir müssen auch hier wieder zwischen zwei möglichen individuellen Nachfragefunktionen unterscheiden. Einerseits können wir eine individuelle Nachfragefunktion bei gegebenem vermuteten Preis und andererseits eine individuelle Nachfragefunktion bei variablem vermuteten Preis betrachten. Zur Ableitung der individuellen Nachfragefunktionen gehen wir in der Abbildung 5 vom Marktpreis p_{10} aus. Die individuelle Nachfragefunktion $x_1(p_1;p_{10}^e)$ gibt zu den alternativen tatsächlichen Marktpreisen p_1 die nachgefragten Mengen des Haushalts an, wenn die Nichtkonsumenten den Preis p_{10}^e erwarten. Stimmen tatsächlicher und vermuteter Preis überein ($p_{10}^e = p_{10}$), dann fragt der Haushalt die Menge x_{10} nach. Nun unterstellen wir eine Preissenkung auf p_{11}. Gehen die Nicht-Konsumenten weiter von dem Preis p_{10}^e aus, was implizit unvollständige Informationen voraussetzt, dann steigt die nachgefragte Menge auf x_{11}'. Die Erhöhung der nachgefragten Menge von x_{10} auf x_{11}' stellt die mengenmäßige Wirkung von Substitutions- und Einkommenseffekt dar. Langfristig revidieren die Nicht-Konsumenten ihre Preiseinschätzungen auf p_{11}^e, so daß die Konsumenten nun das Gut geringer einschätzen, die Grenzrate der Substitution nimmt ab, und die Nachfrage wird auf x_{11} reduziert. Die Reduktion der Nachfrage von x_{11}'auf x_{11} stellt die mengenmäßige Wirkung des **Prestigeeffektes** dar. Dieser Effekt gibt den Rückgang der nachgefragten Menge aufgrund des Imageverlustes durch den Konsum an.[9)] In der Abbildung 5 ist der Prestigeeffekt absolut größer als der Preiseffekt, so daß die individuelle Nachfragefunktion unter Berücksichtigung der veränderten vermuteten Preise $x_1(p_1,p_1^e)$ ein positives Anstiegsmaß hat. Diese Schlußfolgerung ist nicht zwingend. Ist der Prestigeeffekt absolut kleiner als der Preiseffekt, dann resultiert ein fallender individueller Nachfrageverlauf. Aggregiert man die individuellen Nachfragefunktionen bei variablen vermuteten Preisen aller Haushalte, so erhält man die Marktnachfrage. **Das Vorzeichen der Steigung der Gesamtnachfrage kann, da das Niveau der Gesamtnachfrage in diesem Modell die individuelle Wertschätzung nicht beeinflußt, im Unterschied zum Snob-Modell, positive Werte annehmen**. Das Veblen-Modell zeigt die Möglichkeit auf, daß trotz superiorer Bewertung eines Gutes die direkte Marktnachfragefunktion mit positiver Steigung verlaufen kann und erhöht somit die Wahrscheinlichkeit für die Existenz einer steigenden Güternachfragefunktion. Die Evidenz eines atypischen Verlaufs ist jedoch begrenzt: Der demonstrative Konsum setzt einen sehr hohen Preis voraus, so daß die meisten Haushalte das betreffende Gut aufgrund der Einkommensbeschränkung nicht konsumieren können.

5. Zusammenfassung

Zum Abschluß werden die wesentlichen Erkenntnisse aus den vorgestellten Modellen anhand der folgenden Übersicht zusammengefaßt:

Modell	$\dfrac{\partial GRS_{x_1}^{x_2}}{\partial D_1}$	$\dfrac{\partial GRS_{x_1}^{x_2}}{\partial p_1^e}$
traditionelles Haushaltsmodell	0	0
Mitläufer-Modell	>0	0
Snob-Modell	<0	0
Prestige-Modell	0	>0

Übersicht 1: Modellannahmen

9) Daher müßte man diesen Effekt eigentlich als "Prestigeverlusteffekt" bezeichnen. Die gleiche Auffassung vertreten Hoyer, Rettig (1984) S. 103

Im traditionellen Haushaltsmodell ist die subjektive Wertschätzung unabhängig von den erwarteten Preisen der Nicht-Konsumenten und der Gesamtnachfrage. Im Mitläufer-Modell steigt, im Snob-Modell sinkt die subjektive Wertschätzung bei einer Ausdehnung der Marktnachfrage, während im Prestige-Modell die subjektive Wertschätzung der Konsumenten bei steigenden von den Nichtkonsumenten erwarteten Preisen zunimmt. Aus der komparativen Statik der Modelle resultieren folgende Ergebnisse:[10]

(1) Sowohl die individuelle als auch die Marktnachfrage reagieren im Mitläufer-Modell preiselastischer als im traditionellen Haushaltsmodell und im traditionellen Haushaltsmodell elastischer als im Snob-Modell und im Prestige-Modell.

(2) Die individuelle nachgefragte Menge kann im Snob-Modell bei einer Preiserhöhung auch bei superiorer Bewertung des Gutes steigen, die gesamte nachgefragte Menge sinkt aber weiterhin.

(3) Im Prestige-Modell kann sowohl die individuelle als auch die gesamte nachgefragte Menge bei einer Preiserhöhung selbst dann steigen, wenn das Gut als superior bewertet wird, d.h. ein negativer Einkommenseffekt vorliegt.

C. Der Einfluß der Qualität auf das Nachfrageverhalten

1. Einführung

In diesem Abschnitt werden wir Modelle vorstellen, die den Einfluß der Qualität auf das Nachfrageverhalten der Haushalte untersuchen. **Qualität** wird dabei als Gesamtheit der jeweiligen Produkteigenschaften und des dazu erreichten Grades der Ausprägung definiert.[11] In den bisher vorgestellten Haushaltsmodellen wurde die Qualität eines Produktes nicht explizit beachtet. Es wurde implizit unterstellt, daß die Qualität eines Produktes, "ohne daß die unterschiedlichen Eigenschaften in der Nutzenfunktion ... durch entsprechende Parameter explizit zum Ausdruck"[12] gebracht werden, die subjektive Wertschätzung der Individuen beeinflußt. Da für die subjektive Wertschätzung nur die Mengen als entscheidend betrachtet werden, werden zwei Videorecorder unterschiedlicher Firmen ebenso als unterschiedliche Güter wie Eier und Fernseher angesehen.[13] Die Problematik dieser Vorgehensweise kann anhand eines von Linde angeführten Beispiels illustriert werden, der eine Person, die in einer Gaststätte ein Bier zu sich nehmen will, betrachtet: "Der Nutzen einer bestimmten Biermenge hängt von der Temperatur des Bieres ab. Der Nutzen von warmem Bier ist geringer als der Nutzen von 'gut gekühltem Bier'. Bier ein und derselben Marke muß demnach z.B. bei einer Temperatur von 8° Celsius ein anderes Gut sein als bei 25° Celsius. Und nicht nur das: Da die Biertemperatur zwischen 8° und 25° unendlich viele Werte annehmen kann, so muß

10) Dabei wird eine negative Summe von Einkommens- und Substitutionseffekt sowie eine fallende Marktnachfragefunktion vorausgesetzt.

11) vgl. Linde (1977) S. 6

12) Linde (1977) S. 1

13) vgl. Genth (1981) S. 17

- sieht man von der Existenz von Fühlbarkeitsschwellen ab - ein und dieselbe Biermarke "unendlich viele" unterschiedliche Güter repräsentieren. Die (ex-ante-) Nutzenfunktion des Gastes auf dem Wege zur Gaststätte müßte so formuliert werden, daß der Existenz dieses Kontinuums von Bier unterschiedlicher Temperatur Rechnung getragen wird. Im Rahmen einer Nutzenfunktion $U = U(X_1, X_2, ... X_g..)$, in der $X_1, X_2, ... X_g..$ Biermengen unterschiedlicher, mit dem Laufindex steigender Temperatur angibt, ist das nicht möglich: Da die Temperatur stufenlos variabel ist, gibt es zu je zwei benachbarten Temperaturstufen stets eine dritte, die dazwischenliegt".[14)]

Da die Qualität eines Produktes nicht erfaßt wird, kann die traditionelle Haushaltstheorie auch keine Reaktionen auf Qualitätsänderungen von Produkten herleiten.

Zur Lösung des Problems müssen unterschiedliche Fragen beantwortet werden. Als erstes sind objektiv meßbare Kriterien festzulegen, z.B. der Nikotingehalt einer Zigarette. In einem zweiten Schritt müssen diese objektiven Kriterien subjektiv bewertet werden, z.B. die Bewertung des Nikotingehalts. Bezüglich der Erfassung der subjektiven Wertschätzung der Eigenschaften werden in der mikroökonomischen Theorie drei Typen von Nutzenfunktionen unterschieden:[15)]

(1) Die Verbrauchsmengen und die Preise sind Bestandteile der Nutzenfunktion.

(2) Die Verbrauchsmengen und die Qualitäten von Gütern sind Elemente der Nutzenfunktion.

(3) Lediglich die Ausprägungen der Eigenschaften werden als Argumente in der Nutzenfunktion betrachtet.

In diesem Kapitel werden wir die alternativen Modelle vorstellen.

2. Nachfrageverhalten bei exogen vorgegebener Produktqualität und Preise als subjektive Qualitätsindikatoren

2.1. Einführung

In diesem Abschnitt wird untersucht, wie subjektiv empfundene Qualitätseinschätzungen das Nachfrageverhalten von Individuen beeinflussen. Dabei wird eine positive Korrelation zwischen subjektiver Qualitätseinschätzung des betrachteten Gutes und Höhe des Preises des Gutes unterstellt. Für den beobachtbaren positiven Zusammenhang zwischen Preis und subjektiver Qualitätseinschätzung lassen sich folgende Argumente anführen:[16)]

(1) Der Preis ist eine bekannte skalare Größe.

(2) Der Preis wird in der Vorstellung der Konsumenten durch seine Kosten bestimmt.

(3) Der Preis genießt eine besondere Vertrauensstellung, da er einer höheren Neu-

---

14) Linde (1977) S. 1 f.

15) vgl. Genth (1981) S. 26 f.

16) vgl. insbesondere Simon (1977) S. 87 und (1982) S. 350 f.

tralität als die Werbung, Aufmachung und Verpackung entspricht.

(4) Die Erfahrung lehrt, daß ein hoher Preis mit großer Wahrscheinlichkeit eine höhere Qualität garantiert als ein niedriger Preis.[17)]

Der Grund, nach einem Surrogat für die Qualität zu suchen, ist in den fehlenden oder unvollständigen Informationen der Haushalte zu sehen, wobei die Unvollständigkeit der Informationen auf die Kosten der Informationsbeschaffung zurückzuführen ist. Dabei handelt es sich in erster Linie um Produkte, die durch

- technische Komplexität
- soziales Risiko (z.B. Geschenke)
- Markteinführung

gekennzeichnet sind.[18)] Daraus leitet sich die Strategie der Verbraucher ab, durch die Wahl eines teureren Produktes das Risiko des Kaufs eines minderwertigen Gutes zu reduzieren.[19)] Aufgrund der unvollständigen Information über die Qualität kann es sinnvoll sein, den Preis mit der Qualität gleichzusetzen, wenn die auf diese Weise gemachten Fehler zu geringeren Kosten führen als die Kosten der Beschaffung besserer Informationen.[20)] Dies läßt sich insbesondere beobachten, wenn der Preis die einzige unter Kostenaspekten verfügbare Information darstellt.

Im folgenden werden wir ein Modell vorstellen, in dem die subjektive Bewertung der Qualität in der Präferenzfunktion berücksichtigt wird und anschließend die Implikationen für den Verlauf der Nachfragefunktion untersuchen.[21)]

2.2. Die Annahmen

Ergänzend zu den Annahmen des traditionellen Haushaltsmodells führen wir folgende Verhaltenshypothese ein:

Ein Gut wird umso höher eingeschätzt, ausgedrückt durch die Grenzrate der Substitution, je höher sein Preis ist:

$$(13) \quad \frac{\partial \, GRS_{x_1}^{x_2}}{\partial \, p_1} > 0$$

---

17) vgl. Spaetling (1988) S. 267 und die dort angegebenen Quellen sowie die Hinweise bei Diller (1985) S. 118 ff.; Müller (1981) S. 49 ff.; Simon (1977) S. 88

18) vgl. Simon (1977), S. 88

19) vgl. Diller (1985) S. 118

20) vgl. Linder (1970) S. 102

21) Die folgenden Ausführungen orientieren sich an Spaetling (1988), S. 264 ff. Weitere mikrotheoretische Ausführungen zu diesem Thema findet der interessierte Leser bei Kalman (1968) S. 497 ff.

$$(14)\quad \frac{\partial\, GRS_{x_1}^{x_2}}{\partial\, p_2} < 0$$

Im Unterschied zum Prestige-Modell hängt hier die subjektive Wertschätzung vom tatsächlichen und nicht von dem erwarteten Preis der Nichtkonsumenten ab, wobei die Ursache nicht mehr das Prestige, sondern die mit dem Preis verbundene Qualitätseinschätzung darstellt.

Außerdem unterstellen wir, daß der Haushalt die Qualität nicht beeinflussen kann. Die Qualität stellt somit eine exogene Größe dar. Veränderungen der Qualitätseinschätzungen finden immer statt, wenn Preisänderungen vorliegen.

2.3. Das Gleichgewicht

Wir erläutern zunächst die Auswirkungen auf das Haushaltsgleichgewicht, d.h. wir suchen das Güterbündel, welches bei den gegebenen Preisen und dem gegebenen Einkommen den Grad der Bedürfnisbefriedigung maximiert. Das Maximierungsproblem lautet:

$$(15)\quad \max_{x_1, x_2}\; U = f(x_1, x_2; p_1, p_2) \qquad \text{endogen: } x_1, x_2, U$$
$$\text{exogen: } p_1, p_2, y$$
$$\text{u.d.R. } y = p_1 x_1 + p_2 x_2$$

Die Aufnahme der Preise in die Nutzenfunktion beeinflußt die Struktur der notwendigen und hinreichenden Bedingungen für das Haushaltsgleichgewicht nicht:

$$(16)\quad GRS_{x_1}^{x_2}(x_1, x_2; p_1, p_2) = GOK_{x_1}^{x_2}(p_1, p_2)$$

$$(17)\quad y = p_1 x_1 + p_2 x_2$$

2.4. Die Nachfragefunktion

Von Interesse sind nun die Auswirkungen von Preisänderungen des Gutes X_1 auf die nachgefragte Menge nach X_1. Aus dem Gleichungssystem (16) - (17) resultiert für Veränderungen des Preises von X_1:[22)]

22) Dabei werden $dp_2 = dy = 0$ gesetzt.

$$(18)\quad \underbrace{\begin{bmatrix} \dfrac{\partial\, GRS_{x_1}^{x_2}}{\partial\, x_1} & \dfrac{\partial\, GRS_{x_1}^{x_2}}{\partial\, x_2} \\ -p_1 & -p_2 \end{bmatrix}}_{[H]} \begin{bmatrix} dx_1 \\ dx_2 \end{bmatrix} = \begin{bmatrix} \left(\dfrac{\partial\, GOK_{x_1}^{x_2}}{\partial\, p_1} - \dfrac{\partial\, GRS_{x_1}^{x_2}}{\partial\, p_1} \right) dp_1 \\ x_1 dp_1 \end{bmatrix}$$

Nach Anwendung der Cramer'schen Regel folgt:

$$(19)\quad \frac{dx_1}{dp_1} = -\, p_2 \frac{\dfrac{\partial\, GOK_{x_1}^{x_2}}{\partial\, p_1}}{|H|} - x_1 \frac{\dfrac{\partial\, GRS_{x_1}^{x_2}}{\partial\, x_2}}{|H|} + p_2 \frac{\dfrac{\partial\, GRS_{x_1}^{x_2}}{\partial\, p_1}}{|H|}$$

Substitutions-effekt Einkommen-effekt Qualitäts-effekt

Im Vergleich zur komparativen Statik des traditionellen Haushaltsmodells treten hier bei einer Preisänderung drei Effekte auf, wobei die beiden ersten Effekte in der Gleichung (19) mit den Effekten des traditionellen Haushaltsmodells übereinstimmen. Der dritte Effekt beschreibt den **Qualitätseffekt**. Aufgrund der Erhöhung des Preises p_1 steigt die subjektive Wertschätzung für das Gut X_1, wodurch eine Ausdehnung des Konsums nach diesem Gut induziert wird. **Der Qualitäts-Effekt ist daher positiv**.

Ist der Qualitäts-Effekt hinreichend groß, dann kann der Gesamteffekt auch bei einem negativen Einkommenseffekt positiv werden. Die im traditionellen Haushaltsmodell für einen positiven Gesamteffekt notwendige Bedingung der inferioren Bewertung eines Gutes entfällt somit in diesem Modell. **Dies bedeutet, daß auch Nachfrageverhalten mit einer positiven Einkommenselastizität und einer positiven direkten Preiselastizität erklärt werden können**. Es ergeben sich somit die gleichen qualitativen Ergebnisse wie im Prestige-Modell.

Welche Implikationen können aus diesem Modell bei einer proportionalen Preis- und Einkommensänderung abgeleitet werden? Wie im traditionellen Haushaltsmodell hat diese Datenänderung keinen Einfluß auf die Bilanzgerade; im Unterschied dazu kann sich jedoch das Indifferenzkurvensystem verändern. Dies ist in der Abbildung 6 dargestellt. Das Ausgangsgleichgewicht bildet das Sortiment S_0^*. Es wird unterstellt, daß durch die proportionale Preissteigerung die subjektive Wertschätzung für X_1 steigt, was durch einen steileren Verlauf der Indifferenzkurve U_1 gegenüber der Indifferenzkurve U_0 in S_0^* zum Ausdruck kommt. Da die subjektive Wertschätzung für X_1 den relativen Preis übersteigt, wird die Nachfrage nach X_1 ausgedehnt und entsprechend die Nachfrage nach X_2 eingeschränkt. Das neue Gleichgewicht liegt in S_1^*. **Wir erhalten als Ergebnis, daß die Haushalte in diesem Fall auf proportionale Preis- und Ein-**

kommensänderungen reagieren können.[23)]

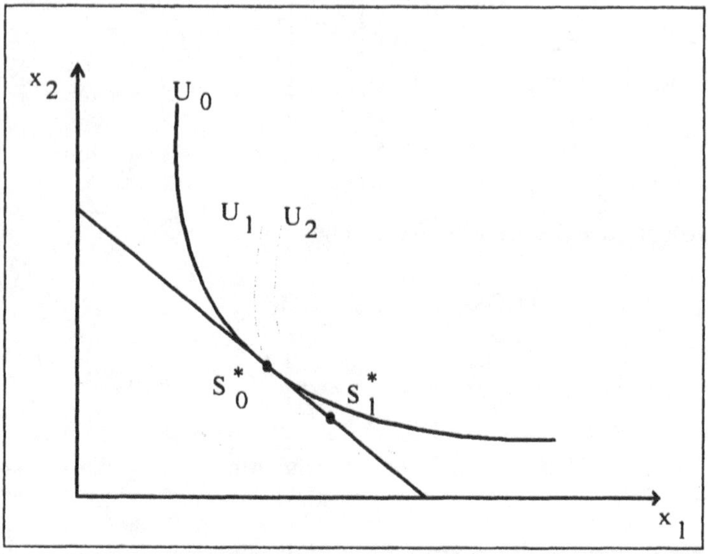

Abbildung 6: Proportionale Preis- und Einkommensänderung

2.5. Wirtschaftspolitische Implikationen

Neben den Zielen hoher Beschäftigungsstand, außenwirtschaftliches Gleichgewicht und sowohl stetigem als auch angemessenem Wirtschaftswachstum gehört das Ziel der Preisniveaustabilität zu den im Stabilitätsgesetz angestrebten Zielen.[24)] Das Ziel der Preisniveaustabilität wird aufgrund der negativen Folgen der Inflation angestrebt, die in einer Gefährdung der Geldfunktionen, unerwünschten Einkommens- und Vermögensumverteilungen, Gefährdung des außenwirtschaftlichen Gleichgewichts, Beeinträchtigungen von Wachstum und Beschäftigung sowie Fehlallokationen zu sehen sind.[25)] In diesem Modell wird darüber hinaus auf eine weitere mögliche negative Folge der Inflation hingewiesen. Durch die Inflation wird die Funktion des Preises als Qualitätsindikator gestört. Der einzelne Konsument steht vor dem Problem, die allgemeine Preissteigerung von einer qualitätsinduzierten Preissteigerung zu trennen. Durch eine allgemeine Preissteigerung kann, wie im vorausgegangenen Abschnitt erläutert, eine Veränderung der Bewertung der Güter erfolgen, die zu einer Umstrukturierung der Nachfrage führt. Dadurch bedingt könnten Bereiche, deren Nachfrage gestiegen ist, neue Kapazitäten aufbauen. Wird in späteren Perioden erkannt, daß die Preissteigerung in-

---

23) Ein empirischer Nachweis der Geldillusion ist Marschak bereits (1943) S. 40 ff. bezüglich der Nachfrage nach Fleisch gelungen.

24) Zum Stabilitätsgesetz siehe z.B. Klump (1989) S. 105 ff.

25) Zu den negativen Folgen der Inflation siehe z.B. Ströbele (1984) S. 6 ff.

flationsbedingt und nicht qualitätsbedingt war, dann sinkt die Nachfrage für die betreffenden Bereiche, und es entstehen "Leerkapazitäten". Die Inflation hat dann zu Fehlallokationen der Ressourcen geführt.[26)] Das mikroökonomische Modell liefert also eine Basis für die Fundierung des makroökonomischen Ziels der Preisniveaustabilität.

2.6. Empirische Überprüfung des Zusammenhangs zwischen Preis und Qualität

Der empirische Zusammenhang zwischen Preis und objektiver Qualität ist z.B. von Diller untersucht worden.[27)] Dieser legte die empirischen Ergebnisse der Stiftung Warentest aus den Jahren 1972-1976 zugrunde. Die Berechnung der durchschnittlichen Korrelationskoeffizienten[28)] aller Ergebnisse ergab einen Wert von -0,19[29)], wobei der größte Korrelationskoeffizient bei Reinigungsmitteln (-0,575), die niedrigste bei Kfz und Kfz-Zubehör (-0,002) festgestellt wurde. Dabei erhielten 57% der teuersten Produkte die Noten "sehr gut" und "gut" und 18% die Note "ausreichend", während bei den billigsten Produkten die Noten "sehr gut" und "gut" 33%, die Note "ausreichend" 30% erhielten. Diller kommt zu dem Schluß, "daß der Preis keinen verläßlichen Maßstab für die Qualität von Konsumgütern darstellen kann. Wenn die Verbraucher trotzdem häufig darauf zurückgreifen, dann kann dies nur darin liegen, daß sie das Risiko niedriger Preise überschätzen."[30)]

Diese Schlußfolgerung muß jedoch kritisch beleuchtet werden. Es ist zu beachten, daß die Stiftung Warentest Produkte bestimmter Preisklassen, z.B. Kassettenrecorder in den Preisklassen von 400-600 DM, testet. Würde man dagegen alle Kassettenrecorder testen, so würde sich eine größere Korrelation zwischen Preis und Qualität als in jeder einzelnen Klasse ergeben. Es ist z.B. nicht zwingend, daß ein Kassettenrecorder von 600 DM besser ist als ein Kassettenrecorder für 400 DM. Vergleichen wir jedoch einen Kassettenrecorder für 5000 DM mit einem für 400 DM, so werden wir mit großer Wahrscheinlichkeit Qualitätsunterschiede feststellen.

---

26) Dabei muß beachtet werden, daß durch die Erhöhung der Nachfrage in den entsprechenden Bereichen dort die Preise erneut steigen, was wiederum zu einer Erhöhung der Wertschätzung, zu einer höheren Bewertung der Güter und damit erneut zu einer Erhöhung der Nachfrage führt. Das System ist nur dann stabil, wenn diese Effekte in ihrer Wirkung absolut kleiner werden!

27) vgl. Diller (1977) S. 227 ff. und Diller (1985) S. 122 ff.

28) Der Korrelationskoeffizient (R) ist ein relatives Maß für die Stärke des Zusammenhangs von Variablen und kann Werte im Intervall $-1 \leq R \leq 1$ annehmen. Die Stärke des Zusammenhangs ist dabei umso größer, je größer der Absolutwert des Korrelationskoeffizienten ausfällt. Zur ausführlichen Darstellung vgl. z.B. Schlittgen (1990) S. 166 ff.

29) Die Stiftung Warentest verteilte Noten von Eins bis Fünf, wobei die Eins für die bestmögliche und die Fünf für die schlechteste Qualitätseinstufung steht. Existieren positive Beziehungen zwischen Preis und Qualität, dann müssen sich negative Korrelationen aus den Tests berechnen lassen.

30) Diller (1985) S. 124

3. Nachfrageverhalten bei endogener Produktqualität

3.1. Annahmen

Im Unterschied zu dem vorausgegangen Modell betrachten wir nun ein Modell, in dem der Haushalt die Produktqualität selbst wählen kann, wobei eine bessere Produktqualität nur zu einem höheren Preis erhältlich ist:

$$(20)\ p_1 = p_1(q_1) \qquad (21)\ p_2 = p_2(q_2) \quad \text{mit} \quad \frac{\partial p_1}{\partial q_1}, \frac{\partial p_2}{\partial q_2} > 0$$

q_i: Niveau der Qualität i des Gutes X_i

Für die Budgetrestriktion folgt dann:

$$(22)\ y = p_1(q_1)x_1 + p_2(q_2)x_2$$

Ein weiterer Unterschied zum vorausgegangenen Modell besteht darin, daß der Preis nicht mehr als Qualitätsindikator angenommen wird, sondern daß sich die Qualitätsbeurteilung anhand anderer hier nicht weiter zu untersuchender Kriterien vollzieht. Die Präferenzfunktion ist daher abhängig von den Gütermengen und den Niveaus der Qualitäten der Güter:

$$(23)\ U = f(x_1, x_2, q_1, q_2)$$

3.2. Das Gleichgewicht

Das Modell enthält als endogene Variablen U, x_1, x_2, q_1, q_2, p_1 und p_2 sowie als exogene Variablen y. Zur Ableitung des Haushaltsgleichgewichts muß die Lagrange-Funktion

$$(24)\ \max_{x_1, x_2, \lambda} L = f(x_1, x_2; q_1, q_2) + \lambda \left[y - p_1(q_1)x_1 - p_2(q_2)x_2\right]$$

nach den Gütermengen und den Qualitätsniveaus abgeleitet werden:[31)]

31) Die Ableitung nach der jeweiligen Gütermenge wird hier mit einem x, die Ableitung nach dem jeweiligen Qualitätsniveau mit einem q indiziert.

$$(25)\quad \frac{\partial L}{\partial x_1} = f_{x_1} - \lambda p_1 = 0$$

$$(26)\quad \frac{\partial L}{\partial x_2} = f_{x_2} - \lambda p_2 = 0$$

$$(27)\quad \frac{\partial L}{\partial q_1} = f_{q_1} - \lambda \frac{\partial p_1}{\partial q_1} x_1 = 0$$

$$(28)\quad \frac{\partial L}{\partial q_2} = f_{q_2} - \lambda \frac{\partial p_2}{\partial q_2} x_2 = 0$$

$$(29)\quad \frac{\partial L}{\partial \lambda} = y - p_1(q_1)\, x_1 - p_2(q_2)\, x_2 = 0$$

Aus den Gleichungen (25) bis (29) resultieren folgende Ergebnisse:

$$(30)\quad GRS_{x_1}^{x_2} = \frac{f_{x_1}}{f_{x_2}} = \frac{p_1}{p_2}$$

$$(31)\quad GRS_{q_1}^{q_2} = \frac{f_{q_1}}{f_{q_2}} = \frac{\frac{\partial p_1}{\partial q_1} x_1}{\frac{\partial p_2}{\partial q_2} x_2}$$

$$(32)\quad GRS_{x_1}^{q_1} = \frac{f_{x_1}}{f_{q_1}} = \frac{p_1}{\frac{\partial p_1}{\partial q_1} x_1}$$

$$(33)\quad GRS_{x_2}^{q_2} = \frac{f_{x_2}}{f_{q_2}} = \frac{p_2}{\frac{\partial p_2}{\partial q_2} x_2}$$

$$(34)\quad GRS_{x_1}^{q_2} = \frac{f_{x_1}}{f_{q_2}} = \frac{p_1}{\frac{\partial p_2}{\partial q_2} x_2}$$

$$(35)\quad GRS_{x_2}^{q_1} = \frac{f_{x_2}}{f_{q_1}} = \frac{p_2}{\frac{\partial p_1}{\partial q_1} x_1}$$

Die Gleichung (30) entspricht der aus dem traditionellen Haushaltsmodell bekannten Gleichgewichtsbedingung für die Gütermengen. Auf der linken Seite der Gleichung (31) steht die Grenzrate der Substitution für die Produktqualitäten. Diese gibt an, auf wie viele Qualitätseinheiten von Q_2 der Haushalt für eine zusätzliche Qualitätseinheit von Q_1 zu verzichten bereit ist, ohne daß sich sein Nutzenniveau verändert. Die partielle Ableitung im Zähler auf der rechten Seite der Gleichung (31) stellt die Zunahme des Preises des Gutes X_1 dar, wenn die Qualität des Gutes X_1 um eine Qualitätseinheit ausgedehnt wird. Bei gegebener Menge des Gutes X_1 resultiert der Zuwachs der Ausgaben für die höhere Qualität aus dem Produkt von Preissteigerung und Menge des Gutes. Erhöht sich z.B. der Preis für eine höhere Qualität um fünf Geldeinheiten, und der Haushalt konsumiert 20 Einheiten des Gutes, dann steigen die Ausgaben um 100 Geldeinheiten. Der Zähler auf der rechten Seite der Gleichung (31) stellt daher die Ausgabensteigerung für eine Erhöhung der Qualität des Gutes X_1 dar. Analog entspricht der Nenner auf der rechten Seite dem Ausgabenanstieg für eine höhere Qualität des Gutes X_2. Das Verhältnis der beiden Ausgabensteigerungen gibt, analog zum Verhältnis der Güterpreise, an, auf wieviel Qualitätseinheiten des Gutes X_2 der Haushalt für eine zusätzliche Qualitätseinheit des Gutes X_1 bei gegebenen Gütermengen verzichten muß. Im Haushaltsgleichgewicht, und dies verlangt die Gleichung (31), muß die Grenzrate der Substitution der Produktqualität Q_1, gemessen in Einheiten der Produktqualität Q_2, den relativen Ausgabensteigerungen der Produktqualität Q_1 entsprechen.

Betrachten wir nun die Gleichung (32). Auf der linken Seite steht die subjektive Wertschätzung der Menge des Gutes X_1, ausgedrückt in Qualitätseinheiten des Gutes X_1. Diese Grenzrate der Substitution gibt an, auf wieviel Qualitätseinheiten des Gutes X_1 der Haushalt zu verzichten bereit ist, wenn die Menge des Gutes X_1 um eine Einheit ausgedehnt werden soll, ohne daß sich sein Nutzenniveau verändert. Auf der rechten Seite steht das Verhältnis zwischen dem Preis der Menge des Gutes X_1 und der Ausgabensteigerung für eine Qualitätserhöhung des Gutes X_1. Dies ist der relative Preis der Menge des Gutes X_1, ausgedrückt in Qualitätseinheiten des Gutes X_1. Im Gleichgewicht muß die beschriebene subjektive Wertschätzung dem relativen Preis entsprechen.

Die Gleichung (33) ist analog zu interpretieren. Die Gleichung (34) besagt, daß die subjektive Wertschätzung der Mengen des Gutes X_1, ausgedrückt durch Qualitätseinheiten des Gutes X_2, im Gleichgewicht dem Verhältnis aus Preis der Menge des Gutes X_1 und der Ausgabensteigerung für eine Qualitätserhöhung des Gutes X_2 entsprechen muß. Die Gleichung (35) ist analog zu interpretieren.

3.3. Einkommensänderungen

Betrachten wir nun die Auswirkungen einer Einkommenserhöhung. Zur Vereinfachung werden Menge und Qualität des Gutes X_2 konstant gehalten. Die Veränderung der Menge und der Qualität des Gutes X_1 hängt von der superioren bzw. inferioren Bewertung durch den Haushalt ab. Die Menge wird bei einer superioren Bewertung ausgedehnt, bei inferiorer Bewertung eingeschränkt. Eine mögliche Reaktion stellt eine bei unveränderter Menge gestiegene Qualität dar. Eine solche Reaktion finden wir bei sogenannten quantitativen Sättigungserscheinungen. So ist z.B. die quantitative Nachfrage des Haushalts bei Nahrungsmitteln begrenzt. Eine Erhöhung des Einkommens führt bei Erreichung dieser Grenze nicht zu einer Ausdehnung der Menge, sondern eher zu einer verbesserten Qualität. Ein anderes Beispiel hierfür bildet das Nachfrageverhalten nach Fernsehern. So fragen die Konsumenten bei steigenden Einkommen nicht einen vierten oder fünften Schwarzweißfernseher nach, sondern Fernseher mit besserer Ausstattung, z.B. Farbe, Fernbedienung, Bildschirmtext, Stereoempfang usw.

3.4. Modifikationen

In diesem Abschnitt sind wir bis jetzt stillschweigend von vollständigen Informationen der Haushalte über die Produktqualität ausgegangen. Diese vollständigen Informationen sind jedoch nur für wenige Produkte gegeben. So besteht z.B. beim Kauf eines Fernsehers Unsicherheit über die Haltbarkeit des Gerätes. Ist der Zusammenhang zwischen Preis und Qualität eines Gutes deterministisch, dann kann der Konsument an dem Preis direkt die Qualität ablesen, so daß sich weitere Informationen erübrigen. Mit dem Aspekt der unvollständigen Information über die Produktqualität haben sich eine Reihe von Autoren beschäftigt, wobei die vorliegenden Veröffentlichungen wie folgt eingeteilt werden können:[32)]

Zeitpunkt **Informationen über die Qualität des Produkts sind erhältlich**	**vor Kauf**	**nach Kauf**
Ja	Suchgüter	Erfahrungsgüter
Nein	Vertrauensgüter	

Übersicht 2: Einteilung der Güter anhand des Kriteriums der Qualitätssicherheit

(1) Analyse von Erfahrungsgütern

Erfahrungsgüter sind solche Güter, deren Qualität erst nach Gebrauch oder Konsum festgestellt werden kann, z.B. die Wirksamkeit von Medikamenten. Durch den Konsum ergeben sich sogenannte Lerneffekte, die das Nachfrageverhalten in zukünftigen Perioden beeinflussen.[33)]

(2) Analyse von Suchgütern

Suchgüter sind Güter, bei denen Kenntnisse über die Qualität vor Kauf des Gutes durch Sammlung von Informationen möglich sind. So kann man sich z.B. über den Frequenzbereich eines Cassetten-Recorders informieren. Die Verbesserung des Informationsstandes setzt sowohl monetäre Ausgaben, z.B. Ausgaben für eine Testzeitschrift, als auch Informationszeit, z.B. das Lesen einer Testzeitschrift, voraus. Die aus Sicht des Haushalts optimale Informationszeit wird erreicht, wenn der erwartete Ertrag aus der Informationszeit den Grenzkosten der

32) vgl. hierzu Schulenburg (1987) S. 699 ff. und die dort angegebenen Literaturquellen.

33) vgl. hierzu z.B. Simon (1977) S. 93 ff.

Informationszeit entspricht. Der Aspekt der Informationszeit wird in Abschnitt VI.C.4 aufgegriffen. Dort wird der Zusammenhang zwischen Güterpreisen, Lohnsätzen und Informationszeit analysiert.

(3) Analyse von Vertrauensgütern

Vertrauensgüter sind Güter, deren Qualität man auch *nach* dem Kauf *nicht* immer eindeutig feststellen kann. So stellt sich z.B. die Qualität des Militärs erst im Kriegsfall[34)] oder die Qualität einer Versicherung erst nach Schadenseintritt heraus.

4. Objektive Gütereigenschaften und subjektive Bewertung: Das Lancaster-Modell

4.1. Einführung

In den bisherigen Modellen wurde durch die Aufnahme der Gütermengen in die Nutzenfunktion stets implizit unterstellt, daß die Güter, die der Haushalt konsumiert, direkt Nutzen stiften. Gegenüber diesen Ansätzen kann der Einwand erhoben werden, daß die Güter nicht um ihrer selbst Willen gekauft werden, sondern daß diese spezielle Eigenschaften bzw. Attribute haben und diese Eigenschaften auf das Nutzenniveau eines Individuums wirken. Der Konsument fragt demnach Güter nach, weil er an den enthaltenen Eigenschaften interessiert ist. So haben z.B. Pkw's unterschiedlich ausgeprägte Eigenschaften bezüglich der Haltbarkeit, des Verbrauchs, des Komforts usw. oder Nahrungsmittel bezüglich des Geschmacks und des Kalorien- oder Alkoholgehaltes. Der individuelle Nutzen ist daher nur mittelbar von den konsumierten Gütermengen und unmittelbar von den Gütereigenschaften abhängig. Im Unterschied zu den bisher vorgestellten Modellen werden daher die gekauften Gütermengen nicht mehr explizit in der Nutzenfunktion berücksichtigt. Verfügen alle Marktgüter nur über eine Gütereigenschaft, dann stimmt dieser Ansatz mit dem traditionellen Haushaltsmodell überein. Sind in einem Gut jedoch mehrere Eigenschaften enthalten, so muß dies bei einer Analyse des Güternachfrageverhaltens berücksichtigt werden.

Die Auswirkungen dieser Modifikation der Präferenzfunktion auf das Nachfrageverhalten wurden von Lancaster[35)] untersucht, der mit seinem Modell u.a. auf folgende, in der Realität beobachtbare Verhaltensweisen eine Antwort zu geben sucht:

(1) Unvollständige Nachfragereaktionen

Datenänderungen, z.B. Preisstrukturänderungen, führen zu Umstrukturierungen des gekauften Güterbündels, an denen nur einige Güter beteiligt sind.

(2) Unvollständige Nachfrage

Die Haushalte fragen einige Güter niemals nach.

---

34) vgl. hierzu auch Borner, Aschinger (1980) S. 48 ff.

35) vgl. Lancaster (1966) S. 132 ff. und (1971)

4.2. Annahmen

Die Modellannahmen können wiederum in Annahmen bezüglich der Restriktionen und der Präferenzfunktion eingeteilt werden. Betrachten wir zunächst die Präferenzfunktion. In diesem Ansatz wird, wie einleitend ausgeführt, davon ausgegangen, daß das Nutzenniveau des Haushalts von dem Niveau der Gütereigenschaften beeinflußt wird. Die Nutzenfunktion kann daher durch

$$(36)\quad U = f(z_A, z_B, \dots z_N) \qquad z_i\text{: Niveau der Eigenschaft } Z_i$$

erfaßt werden. Außerdem werden wiederum die in Abschnitt II.E formulierten Annahmen als erfüllt angesehen.

Wenden wir uns nun den Annahmen bezüglich der Restriktionen zu.[36] Dabei gehen wir von beliebiger Teilbarkeit der Güter aus. Für ein für Konsumzwecke gegebenes Einkommensniveau resultiert für gegebene Preise die Budgetrestriktion:

$$(37)\quad y = \sum_{j=1}^{J} p_j x_j$$

Die gekauften Güter sind homogen und besitzen objektive, quantifizierbare und lineare Eigenschaften:

$$(38)\quad z_{ij} = b_{ij}\, x_j$$

z_{ij} : Menge der Eigenschaft Z_i, die durch die Mengen des Gutes X_j erreicht werden
b_{ij} : Menge der Eigenschaft Z_i, die in einer Einheit des Gutes X_j enthalten ist.

Dies bedeutet, daß die in jeder Einheit von X_i enthaltene Menge eines Charakteristikums[37] gleich ist, z.B. der Kaloriengehalt jeder Einheit Kartoffeln oder der Alkoholgehalt jeden Glases Bier. Die objektive Meßbarkeit der Eigenschaften ist erfüllt, wenn sie unter der "Voraussetzung vollkommener Meßfähigkeit der Individuen inter-individuell konstant sind."[38] Weiterhin wird in dem Modell von der Additivität der Charakteristikmengen ausgegangen. Die Gesamtmenge eines Charakteristikums setzt sich daher als Summe der in den einzelnen konsumierten Gütern enthaltenen Charakteristikmengen zusammen:

$$(39)\quad z_i = \sum_{j=1}^{J} z_{ij} = \sum_{j=1}^{J} b_{ij} x_j \qquad J\text{: Anzahl der Güter}$$

---

36) Die folgenden Ausführungen orientieren sich an Lancaster (1971) S. 7 ff. und S. 15 ff., vgl. auch Riepe (1984) S. 19 ff. Weitere Darstellungen des Lancaster-Ansatzes findet man bei Luckenbach (1975) S. 112 ff. und (1978) S. 211 ff.

37) Die Begriffe "Eigenschaft" und "Charakteristikum" werden im folgenden als Synonym verwendet.

38) Schimmelbusch (1971) S. 51

So ergibt sich z.B. die insgesamt konsumierte Kalorienmenge aus der Summe der in den konsumierten Gütern Brot, Fleisch, Kartoffeln usw. enthaltenen Kalorienmengen.

Mit Hilfe der enthaltenen Eigenschaften können wir zwischen **Gütern** bzw. **Gütertypen** und **Güterklassen** differenzieren. Zwei Güter gehören zu einer bestimmten Güterklasse, wenn sie in den konstituierenden Eigenschaften übereinstimmen, die zur Befriedigung eines bestimmten Bedürfnisses geeignet sind. So genügen z.B. zwei unterschiedliche Automobiltypen dem Verwendungszweck Fortbewegung und gehören somit der Güterklasse Verkehrsmittel an. Stimmen die konstituierenden Eigenschaften nicht überein, dann gehören die beiden Güter unterschiedlichen Güterklassen an. Ein Beipiel hierfür sind Eier, die als Nahrungsmittel, und Autos, die als Fortbewegungsmittel dienen. Sind die Ausprägungen aller Eigenschaften gleich, so liegen zwei identische Güter vor. Die Grenzrate der Substitution ist dann konstant Eins, d.h. die Indifferenzkurven verlaufen linear und mit einer Steigung von minus Eins.[39] Hierbei sei angemerkt, daß die Zugrundelegung der konstituierenden Eigenschaften durch subjektive Kriterien erfolgt.

Die wichtigsten Annahmen sollen hier kurz zusammengefaßt werden:

(1) Die Nutzenfunktion hängt von den realisierten Charakteristikmengen ab.
(2) Jede Gütermenge eines Gutes enthält eine gleiche Menge an Eigenschaften.
(3) Die Gesamtmenge einer Eigenschaft setzt sich aus der Summe der in den konsumierten Gütern enthaltenen Eigenschaften zusammen.
(4) Die Preise sind exogen vorgegeben.
(5) Die Konsumausgaben für eine bestimmte Güterklasse sind exogen gegeben.

4.3. Das Haushaltsgleichgewicht

In diesem Abschnitt wollen wir uns mit der Herleitung des Haushaltsgleichgewichts befassen. Die Lösung kann in zwei Schritten vorgenommen werden:

(a) Bestimmung der effizienten Charakteristikmengenkombinationen (Effizienzproblem)
(b) Bestimmung des Güterbündels auf der Effizienzlinie, welches den Grad der Bedürfnisbefriedigung maximiert (Optimierungsproblem)

4.3.1. Das Effizienzproblem

Als erstes sollen die mit dem gegebenen Einkommen maximal realisierbaren Charakteristikmengen ermittelt werden. Diese möglichen Kombinationen werden als **Effizienzlinie** bezeichnet. Die Lösung des Effizienzproblems stellt die objektive Phase des Konsumverhaltens dar.[40] **Effizient** bedeutet, daß die Menge einer Eigenschaft nur erhöht

---

39) Der Umkehrschluß ist jedoch falsch: "In allen übrigen Fällen gleicher Eigenschaft mit unterschiedlichen Ausprägungen weicht die Grenzrate der Substitution von Eins ab" Schneiden die Indifferenzkurven die Achsen nicht, so findet man immer einen Punkt auf der Indifferenzkurve mit einer Grenzrate der Substitution von Eins.

40) vgl. Luckenbach (1978) S. 216

werden kann, wenn mindestens die Menge einer anderen Eigenschaft reduziert werden muß. Betrachten wir hierzu ein einfaches Beispiel. In der Mensa gibt es drei alternative Gedecke, die sich im Vitamin- und Kaloriengehalt unterscheiden. Die folgende Tabelle gibt darüber genauere Auskunft:

Gedeck j	**b_{Aj} Kalorien je Gedeck**	**b_{Bj} Vitamine je Gedeck**	**Preis**
Gedeck 1	15	45	5,--
Gedeck 2	25	30	5,--
Gedeck 3	20	4	2,--

Tabelle 1: Vitamin und Kaloriengehalt der Gedecke

Die in einer Periode eingenommenen Vitamine und Kalorien ergeben sich aus,

$$(40)\quad z_A = 15x_1 + 25x_2 + 20x_3 \qquad (41)\quad z_B = 45x_1 + 30x_2 + 4x_3$$

z_A: Menge an Kalorien z_B: Menge an Vitaminen x_1: Menge des Gedecks 1
x_2: Menge des Gedecks 2 x_3: Menge des Gedecks 3

wobei wir zur Vereinfachung von beliebig teilbaren Gedecken ausgehen. Dividieren wir die Vitamin- und Kaloriengehalte der einzelnen Gedecke durch die jeweiligen Preise, dann erhalten wir die Anzahl der Vitamine bzw. Kalorien pro Geldeinheit je Gedeck.

Gedeck j	$\frac{b_{Aj}}{p_j}$	$\frac{b_{Bj}}{p_j}$
Gedeck 1	3	9
Gedeck 2	5	6
Gedeck 3	10	2

Tabelle 2: Vitamine und Kalorien pro Geldeinheit

Der Vitamin- und Kaloriengehalt je Geldeinheit der einzelnen Gedecke können wir graphisch durch Abtragung der Charakteristikmengen an den Achsen in der Abbildung 7 llustrieren. Die für eine DM realisierbaren Charakteristikmengen werden durch die Punkte S_1, S_2, und S_3 dargestellt. Die Steigung der eingezeichneten Vektoren X_1, X_2 und X_3 entspricht dem Verhältnis der enthaltenen Gütereigenschaften. Aufgrund der Annahme der vollkommenden Teilbarkeit der Güter und der Additivität der Charakteristikmengen sind auch Linearkombinationen der entsprechenden Güter, sogenannte **gemischte Konsumaktivitäten**, realisierbar. So kann das Gedeck 1 mit dem Gedeck 2 (Strecke S_1S_2), das Gedeck 1 mit dem Gedeck 3 (Strecke S_1S_3) und das Gedeck 2 mit dem Gedeck 3 (Strecke S_2S_3) kombiniert werden.[41] Dem Haushalt sind die Wahlmöglichkeiten durch die genannten Strecken vorgegeben. Sind aber alle Möglichkeiten effizient? Ein Gut ist gegenüber einem anderen Gut **ineffizient**, wenn es von allen Eigenschaften weniger Mengen, bezogen auf eine Geldeinheit, enthält als ein anderes Gut. In unserem "Mensa-Beispiel" haben wir unterstellt, daß das Gedeck 3 kalorienreicher (vitaminärmer) ist als das Gedeck 2 und daß das Gedeck 2 kalorienreicher (vitaminärmer) als das Gedeck 1 ist. Demnach wären alle drei Gedecke effizient. Nun wissen wir aber, daß sich durch Kombination der Güter die Charakteristikmengen addieren. Kombinieren wir das Gedeck 1 mit dem Gedeck 3, dann können wir Mengen der Eigenschaften erreichen, die auf der Verbindungslinie S_1S_3 liegen. Da diese Verbindungslinie oberhalb der Strecke $S_1S_2S_3$ verläuft, folgt als Ergebnis, daß mit dem gleichen Geldbetrag durch Kombination der Gedecke 1 und 3 mehr Mengen der Charakteristika erreicht werden können als durch das Gedeck 2. Das Gedeck 2 ist somit ineffizient. Die Effizienzlinie entspricht unter den angeführten Bedingungen der Strecke S_1S_3. **Ein Gut kann demnach auch dann ineffizient sein, wenn es von einer Eigenschaft bezogen auf eine Geldeinheit mehr und von einer anderen Eigenschaft weniger Einheiten gegenüber anderen Gütern aufweist.**

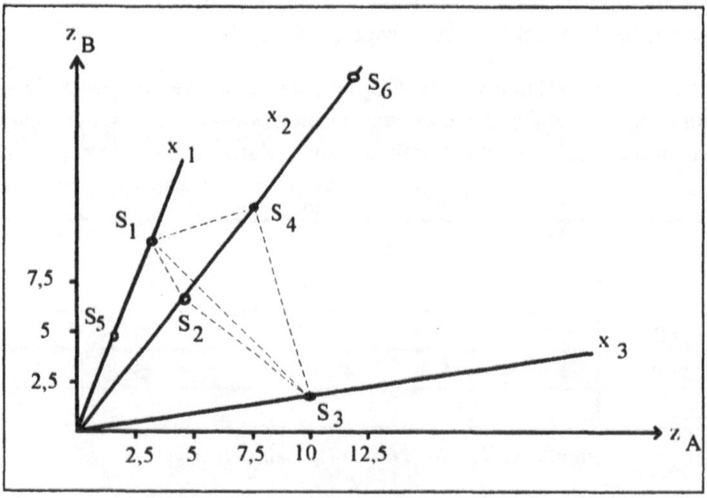

Abbildung 7: Charakteristikmengen der Gerichte

Die Ineffizienz eines Marktgutes ist abhängig von den Preisen der Gedecke. Nehmen wir einmal an, der Preis des Gedecks 2 sinkt. Mit einer Geldeinheit kann jetzt die Kombination S_4 erreicht werden. Da dieser oberhalb der Verbindungslinie von S_1S_3 liegt,

41) Die formale Herleitung des Anstiegs der Effizienzlinie findet der interessierte Leser bei Riepe (1984) S. 316 ff.

ist das Gedeck 2 jetzt effizient. Steigt zum anderen der Preis des Gedecks 1, so daß mit einer Geldeinheit für die Ausgabe für das Gedeck 1 nur noch Charakteristikmengen gemäß S_5 konsumiert werden können, dann ist ebenfalls das Gedeck 2 effizient.

Andererseits kann es Konstellationen geben, in denen nur noch ein Gut effizient ist. Lancaster spricht in diesem Fall von der **totalen Dominanz**[42)] eines Gutes. Ein solcher Fall ist in der Abbildung 7 für das Gut X_2 dargestellt. Der Preis dieses Gutes ist so weit gesunken, daß mit einer Geldeinheit die Kombination S_6 realisierbar ist. In diesem Fall kann der Haushalt mit einer Geldeinheit sowohl mehr von z_1 als auch z_2 beim Kauf von X_2 erreichen als beim Kauf von X_1, X_3 oder einer Linearkombination beider Gedecke.

Da die Steigung der Effizienzlinie ausschließlich abhängig von den Koeffizienten b_{ij} und den Güterpreisen ist, führt eine Einkommenserhöhung zu einer Parallelverschiebung der Effizienzlinie und verändert damit die Effizienz bzw. die Ineffizienz eines Gutes nicht. **Die Effizienz bzw. Ineffizienz eines Gutes gilt daher unabhängig von möglichen Einkommensunterschieden für alle Haushalte**.

Mit Hilfe des Lancaster-Ansatzes kann daher gegenüber dem traditionellen Ansatz genauer erklärt werden, warum ein Haushalt bestimmte Güter nicht nachfragt. Güter, die in gleicher Weise wie andere Güter zur Befriedigung geeignet sind, können ineffizient sein und werden somit nicht nachgefragt. Langfristig verschwinden diese Güter vom Markt. Diese unvollständige Nachfrage konnte im traditionellen Ansatz nur mit Hilfe von Indifferenzkurven, die die Achsen schneiden, nachgewiesen werden.[43)] **Als wichtiges Ergebnis dieser Überlegungen können wir festhalten, daß es Güter gibt, die der Haushalt unabhängig von seiner Präferenzstruktur und unabhängig vom Einkommen aus Effizienzgründen nicht nachfragt.**

Es sei noch darauf hingewiesen, daß ein Gut nicht ineffizient sein kann, wenn es über eine Eigenschaft verfügt, die in keinem weiteren Gut enthalten ist.

4.3.2. Das Optimierungsproblem

Die Herleitung der Effizienzlinie erfolgte unabhängig vom Präferenzsystem. Welche Kombination auf der Effizienzlinie gewählt wird, ist abhängig vom Präferenzsystem, so daß man hier von **der subjektiven Phase des Optimierungsproblems** sprechen kann.[44)] **Im Gleichgewicht muß die Grenzrate der Substitution der bewerteten Eigenschaft ihren Grenzopportunitätskosten, ausgedrückt durch die Steigung der Effizienzlinie, entsprechen.** Die möglichen Gleichgewichte bei zwei Gütereigenschaften können mit Hilfe der folgenden Abbildung 8 illustriert werden. Es sind folgende Lösungen möglich:

(a) Es wird ausschließlich, wie in den Punkten S_1, S_2 und S_3, nur ein Gut konsu-

---

42) vgl. Lancaster (1971) S. 56

43) vgl. Abschnitt III.D.7.1

44) vgl. Luckenbach (1978) S. 217

miert (**reine Konsumaktivität**).

(b) Es wird eine Kombination von Gütern, z.B. S_4 oder S_5, gewählt (**gemischte Konsumaktivität**).

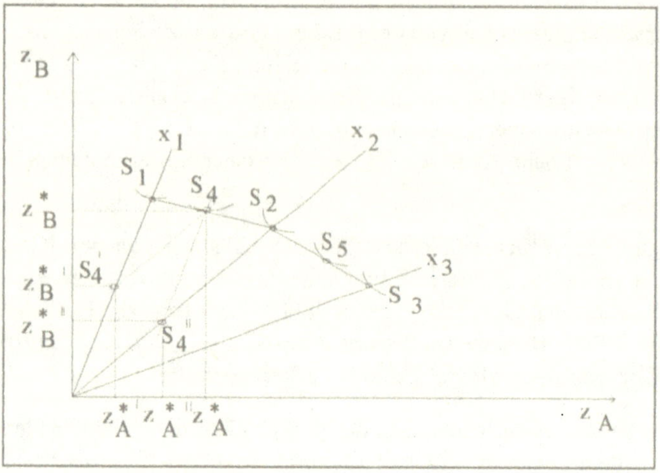

Abbildung 8: Haushaltsgleichgewichte

Zur Ermittlung der nachgefragten Mengen im Gleichgewicht betrachten wir beispielhaft S_4. Die korrespondierenden Charakteristikmengen betragen z_A^* und z_B^*. Wir ziehen ausgehend von S_4 eine Parallele zum Vektor X_2 und eine Parallele zum Vektor X_1 und erhalten die Punkte S_4' und S_4''. Aus dem gesamten Konsum der Mengen des Gutes X_1 resultieren dann Charakteristikmengen in Höhe von $z_A^{*'}$ und $z_B^{*'}$ sowie aus dem Konsum der Mengen des Gutes X_2 Charakteristikmengen in Höhe von $z_A^{*''}$ und $z_B^{*''}$. Die nachgefragten Mengen der einzelnen Güter ergeben sich formal aus der Division der Charakteristikmengen und den in den Gütern enthaltenen Mengen der Eigenschaften:[45)]

$$(42)\quad x_1^* = \frac{z_A^{*'}}{b_{A1}} = \frac{z_B^{*'}}{b_{B1}} \qquad (43)\quad x_2^* = \frac{z_A^{*''}}{b_{A2}} = \frac{z_B^{*''}}{b_{B2}}$$

Das hier abgeleitete Haushaltsgleichgewicht wurde durch Einbeziehung der Präferenzordnung, d.h. mittels subjektiver Kriterien, gewonnen. Daher differiert die Lösung des Optimierungsproblems im Unterschied zur Lösung des Effizienzproblems für unterschiedliche Haushalte.

Mit Hilfe des Lancaster-Ansatzes kann auf zwei Stufen der Ausschluß des Konsums von Gütern erklärt werden: **Zum einen aufgrund der objektiven Ineffizienz, zum**

---

45) Die Gleichungen (42) und (43) resultieren aus der Umformung der Gleichung (38).

anderen aufgrund der subjektiven Wertschätzung. In unserem vereinfachten Fall, in dem jedes Gut nur zwei Eigenschaften aufweist, werden werden zur Befriedigung eines Bedürfnisses maximal zwei Güter konsumiert. Der Haushalt verzichtet auf den Konsum des Gutes X_3, welches ihm die Gütereigenschaften im Vergleich zu den Kombinationsmöglichkeiten zwischen den Mengen der beiden anderen Güter nicht in den gewünschten Mengenverhältnissen zur Verfügung stellen kann. Diese Einschränkung wird bei der Betrachtung von n Eigenschaften aufgehoben. In diesem Fall werden maximal n Güter konsumiert. Dies ist eine Hypothese, die wir empirisch überprüfen können. **Stellen wir fest, daß ein Haushalt bei einer Gütergruppe, die n Eigenschaften enthält, mehr als n Güter nachfragt, dann ist der Lancaster-Ansatz falsifiziert.**

4.4. Nachfragefunktionen

In diesem Abschnitt werden wir die Auswirkungen exogener Datenänderungen untersuchen. Dabei betrachten wir

- Einkommensänderungen,
- Preisänderungen,
- Veränderungen des Eigenschaftgehaltes.

4.4.1. Einkommensänderungen

Die Auswirkungen einer Einkommensänderung können anhand der Abbildung 9 illustriert werden. Den Ausgangspunkt stellt das Gleichgewicht $S_0{}^*$ auf der Effizienzlinie $S_{10}S_{20}S_{30}$ dar. Die korrespondierenden Gütermengen erhält man auf die in Abschnitt 4.3.2 beschriebene Weise. Wir zeichnen erneut ausgehend von $S_0{}^*$ Parallelen zu den Vektoren X_2 und X_3 und erhalten so die Hilfspunkte $S_0{}'$ und $S_0{}''$, aus denen sich die Güternachfragemengen berechnen lassen.

Eine Einkommenserhöhung verschiebt die Effizienzlinie parallel nach $S_{11}S_{21}S_{31}$. Die Lage des neuen Gleichgewichts hängt von der subjektiven Wertschätzung der Eigenschaften ab. In der Abbildung 9 wurde eine superiore Bewertung der Charakteristikeigenschaften unterstellt, so daß beide Charakteristikmengen zunehmen. Es sind folgende Konstellationen denkbar:

(a) Die nachgefragten Mengen der Güter X_2 und X_3 steigen ($S_{A1}{}^*$), da die zum Gleichgewicht $S_{A1}{}^*$ korrespondierenden Punkte $S_{A1}{}'$ und $S_{A1}{}''$ weiter vom Ursprung entfernt liegen als die Punkte $S_0{}'$ und $S_0{}''$.

(b) Die Menge eines Gutes steigt, die Menge des anderen Gutes sinkt ($S_{B1}{}^*$). Den Rückgang des Konsums von X_3 erkennt man daran, daß $S_{B1}{}''$ näher zum Ursprung liegt als $S_0{}''$.

(c) Die Menge eines Gutes steigt, ein bisher nachgefragtes Gut wird nicht mehr konsumiert, dafür ein anderes Gut ($S_{C1}{}^*$).

Die Fälle (b) und (c) bilden Konstellationen, in denen vom Gut X_3 weniger nachgefragt wird. **Obwohl alle Eigenschaften als superior bewertet werden**, in $S_{C1}{}^*$ und $S_{B1}{}^*$

sind die Charakteristikmengen gestiegen, **geht der Konsum des Gutes X_3 zurück**.[46]) Der Grund liegt darin, daß in dem Gut X_3 relativ viel von der Eigenschaft Z_A enthalten ist, deren Wertschätzung bei zunehmendem Einkommen relativ geringer steigt als die Wertschätzung der Eigenschaft Z_B.

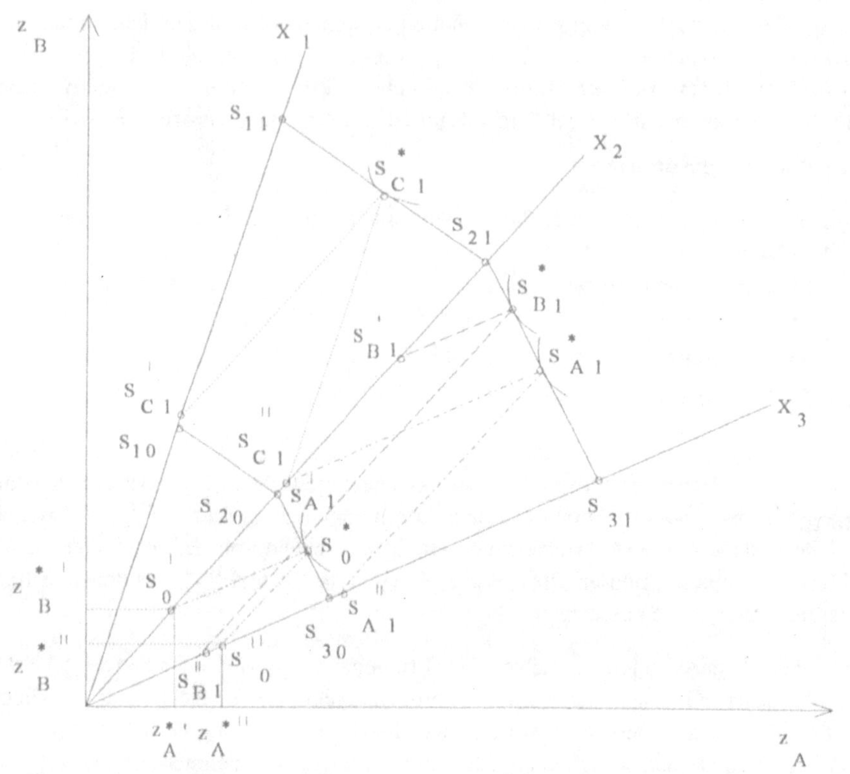

Abbildung 9: Einkommensänderung

Aber auch die Charakteristikeigenschaften selbst können inferior bewertet werden, was zu einem Rückgang der Nachfrage bei Einkommenserhöhungen nach den Gütern führt, bei denen die als inferior bewerteten Eigenschaften einen relativ hohen Anteil aufweisen. Diese Verhaltensweise soll anhand von Beispielen illustriert werden. Bei steigendem Einkommen stellt man z.B. fest, daß der Konsum von Kartoffeln eingeschränkt und der Verbrauch von Fleisch ausgedehnt wird.[47])

Kartoffeln und Fleisch haben gemeinsame, jedoch unterschiedlich ausgeprägte Eigen-

46) Auf diese Aspekt haben Lipsey, Rosenbluth (1971) S. 131 ff. hingewiesen.

47) vgl. zu den weiteren Ausführungen Neumann (1987) S. 154 f.

schaften. Beide sind geeignet, den Hunger eines Menschen zu stillen. Die Güter unterscheiden sich jedoch im Kaloriengehalt und im Geschmack sowie im Eiweißgehalt. So sind Kartoffeln gegenüber Fleisch kalorienreicher, aber Fleisch enthält von anderen Eigenschaften mehr als Kartoffeln, z.B. einen besseren Geschmack. Bei geringem Einkommensniveau stehen die lebensnotwendigen Eigenschaften im Vordergrund, z.B. die Deckung des lebensnotwendigen Kalorienbedarfs. Bei steigendem Einkommen tritt der Kalorienaspekt in den Hintergrund und andere Eigenschaften, wie z.B. der Geschmack, in den Vordergrund. Ist es nun aufgrund der Einkommenssituation möglich, durch Kombination von Fleisch und Kartoffeln den notwendigen Kalorienbedarf zu decken, so wird der Kartoffelverbrauch bei einer Einkommenserhöhung sinken.

Auch die Entwicklung des Nachfrageverhaltens bei Automobilen kann mit Hilfe des Lancaster-Ansatzes erklärt werden. Nehmen wir z.B. den VW-Käfer. Dieses Fahrzeug erfüllte primär die Eigenschaft des Transportmittels. Bei steigendem Einkommen wurden andere Eigenschaften, wie z.B. Geschwindigkeit oder Bequemlichkeit, höher bewertet, so daß die Konsumenten auf andere Fahrzeugtypen umstiegen.

Mit Hilfe des Lancaster-Ansatzes können somit Rückgänge der Nachfrage bei steigendem Einkommensniveau auf die unterschiedliche Bewertung der enthaltenden Gütereigenschaften zurückgeführt werden. **Wichtig ist, daß nicht bestimmte Güterklassen inferior sind, sondern bestimmte Gütertypen!** So sind Autos generell nicht inferior, wohl aber bestimmte Autotypen, weil in ihnen eine bestimmte Eigenschaft dominiert, deren Wertschätzung bei höherem Einkommen relativ geringer wird. Dies ist besonders für die Interpretation ökonometrischer Schätzungen wichtig, in denen der Inferioritätsfall selten festgestellt wird. Dies liegt aber zum Teil an der hohen Aggregation der Güter! So wird stets die Nachfrage nach Autos allgemein und nicht die Nachfrage nach einem bestimmten Autotyp oder häufig die Nachfrage nach Fernsehern, nicht die nach Schwarz-Weiß-Geräten geschätzt.

4.4.2. Güterpreisänderungen

Als nächstes untersuchen wir die Auswirkungen einer Preisänderung. Es können in diesem Modell drei Effekte unterschieden werden:

- der technische Substitutionseffekt (Effizienzsubstitution)
- der persönliche Substitutionseffekt
- der Einkommenseffekt

Der technische Substitutionseffekt

Die Veränderungen des Preises eines Gutes haben, wie in 4.3.1 bereits erläutert, Auswirkungen auf den Verlauf der Effizienzlinie. Preiserhöhungen bzw. Preissenkungen können dazu führen, daß ein Gut ineffizient bzw. effizient wird. Den Ausgangspunkt in der Abbildung 10 bildet die Kombination S_{20}. Bei dieser Preiskonstellation ist das Gut X_2 ineffizient. Die Effizienzlinie entspricht der Strecke S_1S_3. Sinkt nun das Preisniveau für X_2 und kann durch den ausschließlichen Konsum des Gutes X_2 die Charakteristikmengenkombination S_{21} realisiert werden, dann ist das Gut X_2 effizient und die Effizienzlinie entspricht der Strecke $S_1S_{21}S_3$. Sinkt der Preis für X_2 weiter, dann kann der Fall eintreten, daß ausschließlich X_2, wie in S_{22}, effizient wird. In S_{22} liefert das Gut X_2 im Vergleich zu den anderen Gütern mehr Mengen von jeder Eigenschaft pro Geldeinheit; d.h. X_2 wird total dominant.

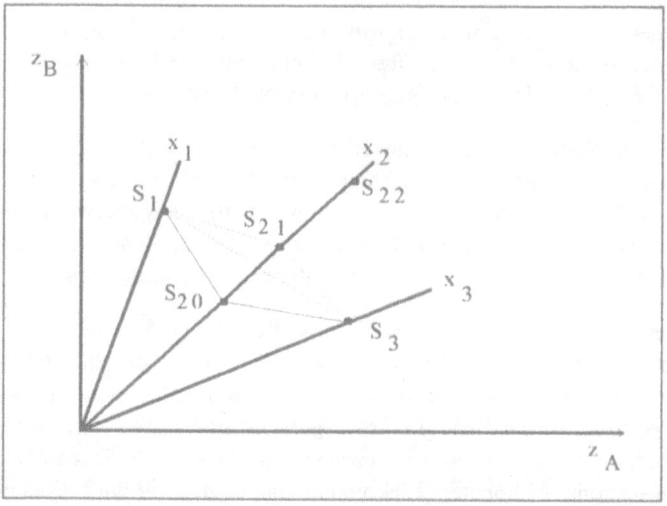

Abbildung 10: Auswirkungen einer Preisänderung auf den Verlauf der Effizienzlinie

Die Veränderung der Effizienzlinie wirkt auf den Konsum des Gutes X_2. Gilt die Konstellation S_{20}, dann wird X_2 nicht, gilt S_{22}, dann wird X_2 ausschließlich konsumiert. Im Fall S_{21} kann X_2 nachgefragt werden, muß aber nicht. Dies bedeutet, daß die durch eine Preisänderung induzierte Änderung der Effizienz des Gutes X_2 einen Einfluß auf den Konsum hat, der ausschließlich auf den technischen Möglichkeiten basiert und unabhängig vom Präferenzsystem ist. Dieser Effekt, daß eine bisher effiziente (ineffiziente) Konsumaktivität aufgrund einer Preisänderung ineffizient (effizient) oder total dominant wird und dies unabhängig vom Präferenzsystem geschieht, wird als **technischer Substitutionseffekt** oder als **Effizienzsubstitutionseffekt** bezeichnet.

Der persönliche Substitutionseffekt und der Einkommenseffekt

Auch in diesem Modell lassen sich, wie im traditionellen Haushaltsmodell, die bei einer Preisänderung auftretenden Effekte in einen Substitutions- und einen Einkommenseffekt zerlegen. Zur Unterscheidung von dem im vorausgegangenen Abschnitt beschriebenen technischen Substitutionseffekt wird dieser Substitutionseffekt als **persönlicher Substitutionseffekt** bezeichnet. Das Ausmaß der Effekte ist von dem ursprünglichen Gleichgewicht und der Art der Preisänderung abhängig. Betrachten wir zunächst in der Abbildung 11 den Fall einer reinen Konsumaktivität.

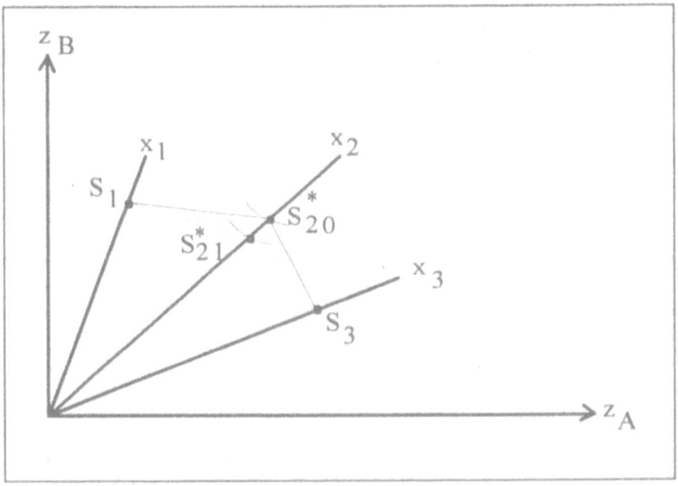

Abbildung 11: Substitutions- und Einkommenseffekt bei einer reinen Konsumstruktur

Das Gleichgewicht wird ursprünglich in Punkt S_{20}^* erreicht. In diesem Fall haben geringfügige Preisänderungen aller anderen Güter keinen Einfluß auf die Nachfragestruktur, die Kreuzpreiselastizitäten sind Null. Steigt der Preis des Gutes X_2 geringfügig, dann geht der Konsum des Gutes X_2 aufgrund der Realeinkommensreduktion zurück. Es wird jedoch weiter ausschließlich das Gut X_2 konsumiert, so daß kein persönlicher Substitutionseffekt vorliegt. Die direkte Preisnachfrageelastizität ist daher negativ. Betrachten wir alternativ die Auswirkungen einer gemischten Konsumstruktur anhand der Abbildung 12. Ausgehend vom Haushaltsgleichgewicht S_0^* haben geringfügige Veränderungen des Preises für X_3 keinerlei, Veränderungen der Preise von X_1 und X_2 haben dagegen Auswirkungen auf das Gleichgewicht. Steigt dagegen der Preis von X_2, dann verläuft die Effizienzlinie steiler und unterhalb der ursprünglichen Effizienzlinie. In der Abbildung 12 wird S_1^* als neues Gleichgewicht unterstellt.

In S_1^* ist der Konsum der Güter X_1 und X_2 gesunken. Dies erkennt man daran, daß S_1' und S_1'' näher zum Ursprung liegen als S_0' und S_0''. Bei dieser Datenänderung kann sich als Ergebnis auch eine gestiegene Nachfrage für X_1 und eine gesunkene für X_2 bzw. eine gesunkene für X_1 und eine gestiegene für X_2 einstellen. Das jeweilige Ergebnis hängt, wie im traditionellen Haushaltsmodell ausführlich beschrieben, von den Einkommens- und den Substitutionseffekten ab. Den Substitutionseffekt einer Preiserhöhung können wir wiederum durch Verschiebung der neuen Effizienzlinie zur ursprünglichen Indifferenzkurve illustrieren. Wir erhalten das Güterbündel S_S. Die Strecke $S_0^*S_S$ zeigt die Wirkung des Substitutionseffektes. Aus der Abbildung 12 können wir ablesen, daß die Nachfrage nach dem relativ teurer gewordenen Gut sinkt, die Nachfrage nach dem relativ billiger gewordenen Gut steigt. Der Punkt S_S' liegt oberhalb von S_0', der Punkt S_S'' unterhalb von S_0''. Diese Ergebnisse sind allgemein gültig. **Der Substitutionseffekt ist, wie im traditionellen Modell, immer negativ,** der Kreuzsubstitutionseffekt ist immer positiv.[48] Als Resultat bleibt festzuhalten, daß die Auswirkungen einer Preisänderung auf die Nachfragemengen abhängig sind

(a) von der Art des Haushaltsgleichgewichts (gemischte oder reine Konsumaktivität),
(b) von der Veränderung des relevanten Bereichs der Effizienzlinie,
(c) von den Präferenzen.

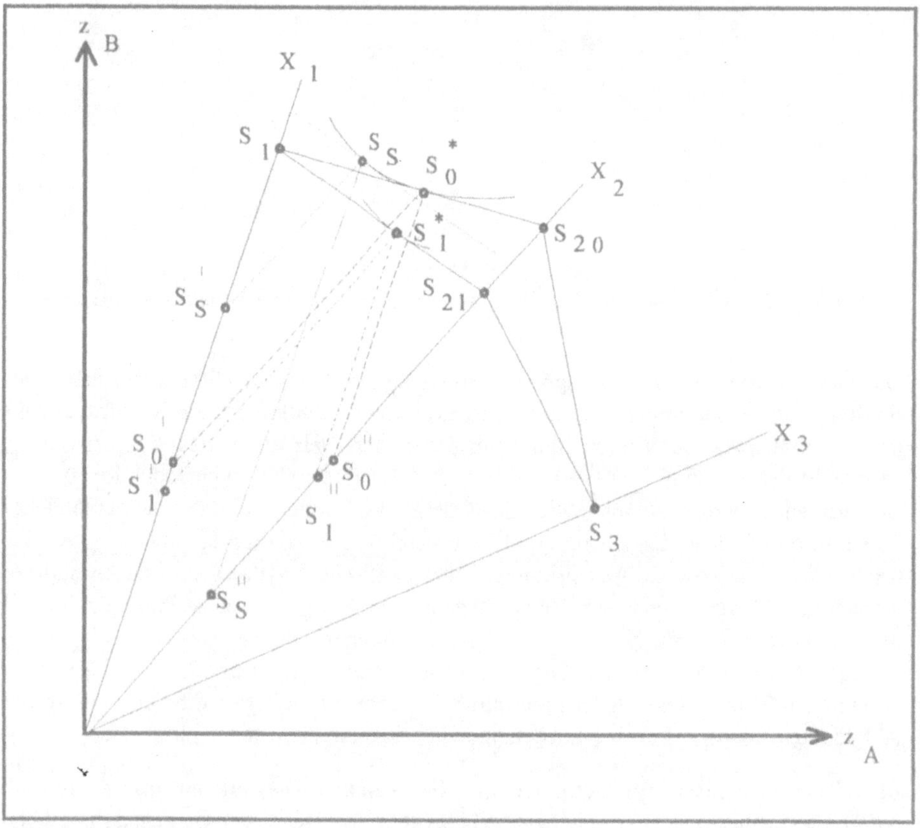

Abbildung 12: Substitutions- und Einkommenseffekt bei einer gemischten Konsumstruktur

4.4.3. Die Veränderung der enthaltenen Charakteristikmengen eines Gutes

Im Rahmen dieses Modells können auch Veränderungen der qualitativen Eigenschaften eines Gutes untersucht werden. Eine Erhöhung der in einer Einheit eines Gutes enthal-

48) Dies gilt unter der Annahme, daß die Güter lediglich zwei Eigenschaften enthalten.

tenen Menge einer Eigenschaft erhöht bei unveränderten Preisen die mit einer Geldeinheit beim Kauf des betreffenden Gutes realisierbare Charakteristikmenge. Die Auswirkungen der qualitativen Gutsänderungen ähneln denen der Preisänderung und müssen daher nicht explizit erläutert werden. Wir beschränken uns daher auf die Implikationen. Stellt eine Unternehmung z.B. fest, daß die Nachfrage nach ihrem Produkt zurückgegangen ist, so kann sie die Attraktivität des Produktes durch eine Erhöhung der Mengen der enthaltenen Eigenschaften oder durch Einführung einer neuen Eigenschaft verbessern, die von den Konsumenten besonders geschätzt wird, z.B. durch den Einbau eines schnelleren Motors, besserer Sitze usw. Bei dieser Verbesserung der Qualität müssen selbstverständlich die induzierten Kosten- und Preiserhöhungen einkalkuliert werden. Ist es nicht möglich, das Produkt innerhalb eines bestimmten Preisintervalls zu modifizieren, so muß das Produkt vom Markt genommen und ein neuer Typ entwickelt werden. Als Beispiel dient hier die Einstellung der Produktion des VW-Käfers und die Aufnahme der Produktion des Polos. Gelingt hingegen eine Qualitätssteigerung bei angemessenen Preisen, dann kann die Produktion des Typs aufrechterhalten werden.

4.5. Negativ bewertete Eigenschaften

Wir haben bisher immer den Fall betrachtet, daß der Haushalt sich die in dem Gut enthaltenen Eigenschaften auch wünscht. In diesem Abschnitt soll nun der Fall betrachtet werden, in dem die Güter sowohl Mengen einer Eigenschaft enthalten, die sich das Individuum wünscht als auch Mengen einer Eigenschaft, die sich das Individuum nicht wünscht. So wird z.B. der Geschmack von Zigaretten bei Rauchern positiv und der Nikotingehalt wegen der damit verbundenen Krebsgefahr negativ eingeschätzt. Wir betrachten zwei Güter, die die Mengen der beiden Eigenschaften Z_A und Z_B enthalten, wobei die Eigenschaft Z_A negativ und die Eigenschaft Z_B positiv bewertet wird. Die Indifferenzkurven verlaufen in diesem Fall steigend. Die **Grenzrate der Substitution** gibt jetzt an, wieviel Mengen der Haushalt an der positiv bewerteten Eigenschaft Z_B mehr wünscht bei einer Erhöhung der Menge der negativ bewerteten Eigenschaft um eine Einheit und konstantem Nutzenniveau. Je höher das bereits erreichte Niveau der negativ bewerteten Eigenschaft ist, um so mehr Mengen der positiv bewerteten Eigenschaft wünscht der Haushalt bei unverändertem Nutzenniveau. Die Indifferenzkurven verlaufen daher konvex. Da der Nutzenindex bei partieller Erhöhung der Eigenschaft Z_B zunimmt und bei einer partiellen Erhöhung von Z_A abnimmt, weisen die Indifferenzkurven einen um so höheren Nutzenindex auf, je weiter sie links oben verlaufen. In der Abbildung 13a) wird unterstellt, daß das Gut X_1 mehr von der positiv bewerteten Eigenschaft Z_B und weniger im Vergleich zu dem anderen Gut X_2 von der negativ bewerteten Eigenschaft Z_A bezogen auf eine Geldeinheit enthält. Die Strecke S_1S_2 stellt die für eine vorgegebene Geldeinheit realisierbaren Kombinationen der Eigenschaften dar. Unter den getroffenen Annahmen erreicht der Haushalt sein maximal mögliches Nutzenniveau in S_1. Es wird ausschließlich das Gut X_1 gekauft. Dieses Ergebnis tritt unabhängig von der Präferenzordnung ein.

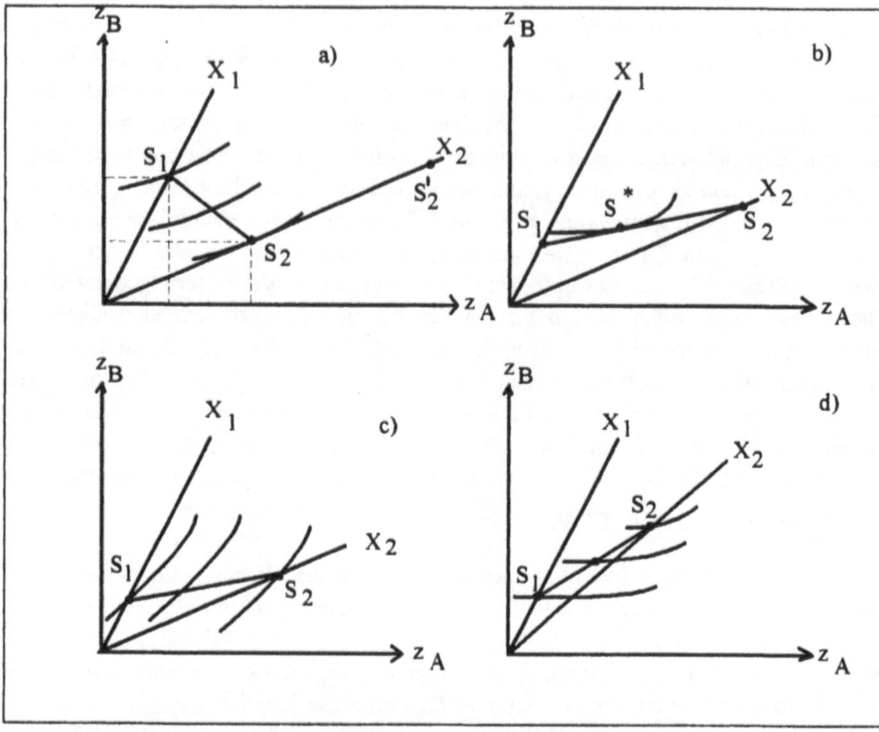

Abbildung 13: Gleichgewicht bei negativ bewerteter Eigenschaft

In den Abbildungen 13b), 13c) und 13d) wird davon ausgegangen, daß in X_2 sowohl mehr von Z_A als auch mehr von Z_B bezogen auf eine Geldeinheit enthalten ist als in X_1.[49)] Dies erkennt man daran, daß S_2 rechts oberhalb von S_1 liegt. In dieser Konstellation hängt das Gleichgewicht von der subjektiven Wertschätzung der Eigenschaften ab. Auch hier kann wieder zwischen einer reinen als auch einer gemischten Konsumaktivität unterschieden werden. Eine gemischte Konsumaktivität setzt voraus, daß entlang der Effizienzlinie eine Kombination existiert, in der die Grenzrate der Substitution der Steigung der Effizienzlinie entspricht. Diese Möglichkeit stellt die Abbildung 13b) dar. Die Abbildungen 13c) und 13d) zeigen Fälle der Wahl einer reinen Konsumaktivität. Die Abbildung 13c) zeigt den Fall, in dem die Grenzrate der Substitution für Z_A entlang der gesamten Effizienzlinie größer ist als die Steigung der Effizienzlinie, d.h. der Haushalt verlangt mehr Einheiten der positiv bewerteten Eigenschaft für eine weitere Menge der negativ bewerteten Eigenschaft als durch die Effizienzlinie vorgegeben wird. Er kauft ausschließlich das Gut X_1, welches auf eine Geldeinheit bezogen weniger von der positiv als auch negativ bewerteten Eigenschaft enthält. Ist, wie in der Abbildung 13d) dargestellt, entlang der Effizienzlinie die Grenzrate der Substitution immer

49) Die Konstellation, daß in X_1 sowohl mehr von Z_A als auch von Z_B enthalten sind, führt zu analogen Ergebnissen und wird hier nicht weiter betrachtet.

kleiner als die Steigung der Effizienzlinie, d.h. der Haushalt verlangt weniger an zusätzlichen Einheiten von Z_B für eine weitere Einheit von Z_A bei konstantem Nutzenniveau als durch die Steigung der Effizienzlinie vorgegeben wird, dann wird ausschließlich das Gut X_2 konsumiert.

Ergänzend sei noch bemerkt, daß das Vorzeichen der Steigung der Effizienzlinie, wie auch bei ausschließlich positiv bewerteten Eigenschaften, von den Preisen der Güter abhängt. Sinkt z.B. der Preis für das Gut X_2, dann können pro Geldeinheit nur noch die Charakteristikmengen gemäß S_2' in der Abbildung 13a) konsumiert werden. Die neue Effizienzlinie hat dann eine positive Steigung.

4.6. Die Bedeutung des Ansatzes

Der Unterschied zwischen dem Lancaster-Ansatz und dem traditionellen Haushaltsmodell besteht darin, daß im Lancaster-Ansatz die Eigenschaften der Güter und nicht die Güter selbst das Nutzenniveau eines Individuums beeinflussen. Aufgrund dieser Annahme kann eine unvollständige Nachfrage bzw. eine unvollständige Gütermengensubstitution durch den Verlauf der Effizienzlinie erklärt werden. Die Preisänderung berührt lediglich die Kaufentscheidungen bei einigen wenigen Gütern. Im traditionellen Haushaltsmodell bedarf es hierfür der Annahme, daß die Indifferenzkurven die Achsen schneiden. Auch wird die Erklärung eines möglichen Rückgangs der Nachfrage bei Einkommenserhöhungen zufriedenstellender erklärt. Bei den Ausführungen im traditionellen Haushaltsmodell wurde zur Erklärung inferiorer Güter auf Qualitätsunterschiede zurückgegriffen. Dabei wurde nicht definiert, was unter qualitativ minderwertig zu verstehen ist. Diese Schwäche wird im Modell von Lancaster beseitigt. Ein wesentlicher Vorteil dieses Ansatzes ist auch darin zu sehen, daß Qualitätsveränderungen explizit untersucht werden können und der Einfluß einer Neuentwicklung eines Gutes auf die Nachfrage ermöglicht wird, ohne daß dazu eine Modifizierung der Präferenzfunktion notwendig ist. Für die Markteinführung eines neuen Gutes existieren für die Unternehmung zwei Möglichkeiten:

(a) Das neue Gut unterscheidet sich bezüglich der enthaltenen Charakteristikmengen von den am Markt angebotenen Gütern.

(b) Das neue Gut enthält mindestens eine völlig neue Charakteristik.

Das Modell von Lancaster kann demnach von Marktforschungsinstituten verwendet werden, um die Präferenzen der Konsumenten für bestimmte Gütereigenschaften herauszufinden und die Produkte dahingehend zu modifizieren. Auch für den Untersuchungsgegenstand der Preistheorie liefert dieses Modell neue Grundlagen.[50] So wird im Rahmen der monopolistischen Konkurrenz von einem bestimmten Preisintervall ausgegangen, in dem der Anbieter seinen Preis variieren kann, ohne daß Nachfrager zu Konkurrenten abwandern. Wie im Abschnitt 4.4.2. gezeigt wurde, verliert eine Unternehmung, ausgehend von einer reinen Konsumstruktur, bei einer Preiserhöhung in gewissen Bandbreiten keine Konsumenten. Die Haushaltstheorie liefert daher einen An-

50) vgl. Bechler (1976) S. 464 f.

haltspunkt für das Niveau des monopolistischen Bereiches bzw. des "akquisitorischen Potentials"[51] einer Unternehmung.

Gegenüber diesem Ansatz wird häufig als Kritik die empirisch nicht mögliche Trennung von Effizienz- und Optimierungsaspekten angeführt. Werden die in den Marktgütern enthaltenen Charakteristiken individuell unterschiedlich wahrgenommen, dann ist das Effizienzproblem vom Optimierungsproblem, wie wir im vorausgegangenen Abschnitt erläutert haben, nicht mehr trennbar.[52] Dies betrifft alle Eigenschaften, die nicht als interindividuell gegeben festgestellt werden können, z.B. Schönheit.[53] Weiterhin gibt es Probleme bei der quantitativen Messung der technischen Eigenschaften. So stellt sich z.B. die Frage nach der quantitativen Bewertung des Designs eines Autos oder des Geschmacks einer Limonade. Außerdem ist die Additivität der Charakteristikeigenschaften nicht bei allen Produkten gegeben. Kauft man z.B. zwei Zeitungen mit ähnlichen Wirtschafts- und Sportteilen, dann können die resultierenden Gesamtinformationen nicht aus der Addition der Teilinformationen gebildet werden. Ferner wird unterstellt, daß der Grad der Bedürfnisbefriedigung unabhängig von der Verteilung der Charakteristika der einzelnen Güter ist, z.B. ob sich ein bestimmter Salzgehalt in der Suppe oder im Nachtisch befindet oder ob zwei Äpfel mit dem Geschmack "mittelsüß" oder ein "süßer" Apfel und ein "saurer" Apfel gemessen wird.[54] Die Anwendung dieses Ansatzes für konkrete Kaufentscheidungen eines Haushalts ist daher begrenzt.[55]

Bezüglich des letztgenannten Kritikpunkts muß jedoch die Frage eingebracht werden, ob die Aufgabe der mikroökonomischen Haushaltstheorie überhaupt darin besteht, den einzelnen Haushalten konkrete Entscheidungshilfen zu geben. Da die mikroökonomische Haushaltstheorie sich primär mit dem Versuch der Ableitung überprüfbarer Hypothesen und der Ableitung bestimmter Reaktionsmuster beschäftigt, sind die an den Annahmen vorgetragenen Kritikpunkte wiederum mit Vorsicht zu genießen. Es muß vielmehr gefragt werden, ob mit dem Modell real existierende Vorgänge beschrieben werden können. Wie wir gesehen haben, eignet sich das Modell zur Erklärung der Veränderung der Güternachfragestruktur expandierender Volkswirtschaften.

In einer Vielzahl von Modifikationen des Lancaster-Modells ist versucht worden, die hier aufgeführten Schwächen auszuräumen. Im Rahmen dieses Lehrbuches kann aber darauf nicht weiter eingegangen werden.[56]

---

51) vgl. Gutenberg (1979) S. 238 f.

52) vgl. auch E. Streissler (1978) S. 239

53) vgl. Schimmelbusch (1971) S. 54

54) vgl. Riepe (1984) S. 69

55) Zur weiteren kritischen Diskussion siehe Hendler (1975) S. 194 ff. und Zimmermann (1985) S. 85 ff.

56) Dem interessierten Leser werden die Darstellungen bei Riepe (1984) S. 88 ff; S. 97 ff. und S. 226 f. empfohlen.

5. Zusammenfassung

(1) Wird unterstellt, daß mit dem Preis bestimmte Vorstellungen bezüglich der Qualität eines Gutes assoziiert werden, dann resultieren folgende Ergebnisse:

(a) Die Struktur des Haushaltsgleichgewichts bleibt von dieser Modifikation unberührt.

(b) Bei einer Preiserhöhung tritt neben den bekannten Substitutions- und Einkommenseffekten ein Qualitätseffekt auf. Da dieser positiv ist, kann eine Preiserhöhung eines Gutes trotz superiorer Bewertung zu einer Steigerung der nachgefragten Menge und zu einer steigenden direkten Nachfragefunktion führen.

(c) Treten proportionale Preis- und Einkommensänderungen auf, dann kann sich die Nachfrage verändern. Die Haushalte sind nicht mehr frei von Geldillusion.

(2) Können die Haushalte zwischen verschiedenen Qualitäten mit unterschiedlichen Preisen wählen, dann resultieren folgende Ergebnisse:

(a) Im Gleichgewicht entsprechen die Grenzraten der Substitution der Güter bzw. der Qualitäten, ausgedrückt in Gütermengeneinheiten bzw. Qualitätseinheiten, den jeweiligen Preisverhältnissen der Güter bzw. der Qualitäten.

(b) Einkommenserhöhungen können dazu führen, daß bei bestimmten Gütern nur die Qualität nicht aber die Menge zunimmt. Damit können niedrige Einkommenselastizitäten für bestimmte Produkte z.B. für landwirtschaftliche Erzeugnisse modellmäßig erklärt werden.

(3) Bezüglich des Lancaster Modells kann festgehalten werden:

(a) Güter, die gegenüber einem anderen Gut oder gegenüber einer Kombination von Gütern pro Geldeinheit von allen Eigenschaften weniger Mengen enthalten, sind ineffizient und werden nicht nachgefragt.

(b) Je nach Verlauf der Effizienzlinie und je nach Gestalt der Präferenzordnung wird entweder eine reine oder eine gemischte Konsumaktivität gewählt. Bei einer gemischten Konsumaktivität entspricht die Steigung der Effizienzlinie der Grenzrate der Substitution der Gütereigenschaften.

(c) Der Ausschluß des Konsums eines Gutes kann entweder aufgrund der objektiven Ineffizienz des Gutes oder aufgrund der im Vergleich zum relativen Preis zu geringen subjektiven Wertschätzung begründet werden.

(d) Einkommenserhöhungen können selbst dann, wenn alle Eigenschaften als superior bewertet werden, zu einem Rückgang der Nachfrage für ein Gut führen.

(e) Bei einer Preiserhöhung treten drei Effekte, der technische und der persönliche Substitutionseffekt sowie der Einkommenseffekt auf.

(f) Wird eine der in den Gütern enthaltenen Eigenschaften negativ bewertet und verläuft die Effizienzlinie mit negativer Steigung, dann wird das Gut gekauft, welches bezogen auf eine Geldeinheit mehr von der positiv und weniger von der negativ bewerteten Eigenschaft enthält. Bei positiver Steigung der Effizienzlinie wird die Kombination konsumiert, bei der die Grenzrate der Substitution der Steigung der Effizienzlinie entspricht. Ist die Grenzrate der Substitution entlang der Effizienzlinie immer größer (kleiner) als die Steigung der Effizienzlinie, dann kauft der Haushalt das Gut, welches pro Geldeinheit weniger (mehr) von der als schädlich befundenen Eigenschaft pro Geldeinheit enthält.[57)]

D. Alternative Erklärungen einer positiv geneigten Nachfragekurve

1. Einführung

Im vorausgegangenen III. Kapitel sowie im vorliegenden IV. Kapitel wurden alternative Modelle zur Herleitung von Nachfragefunktionen vorgestellt. In diesem Abschnitt werden anhand dieser Modelle alternative Erklärungen für eine positive Steigung der direkten Preisnachfragefunktion analysiert. In diesem Zusammenhang spricht man häufig von **anomalen Nachfrageverläufen** bzw. vom **Giffen-Fall**.

Das Vorzeichen der Steigung der Nachfragefunktion spielt insbesondere in der Stabilitätsanalyse eine wichtige Rolle. Innerhalb der Stabilitätsanalyse werden Bedingungen hergeleitet, unter denen ein Gleichgewicht stabil bzw. instabil ist, wobei ein Gleichgewicht dann stabil ist, wenn nach einer Störung Anpassungen ausgelöst werden, die zum Gleichgewicht hinführen. Im Rahmen der **Stabilitätsanalyse** kann gezeigt werden, daß bei steigenden Nachfragefunktionen instabile Gleichgewichte resultieren können.[58)]

2. Historische Entwicklung

Ein Beispiel für eine anomale Nachfragereaktion findet man in den Ausführungen bei Alfred Marshall, der die Auswirkungen einer Brotpreiserhöhung auf die Brotnachfrage im vorigen Jahrhundert beschreibt und sich bei seinen Erläuterungen auf die Unterlagen von R. Giffen stützt:

"For instance, as Sir R. Giffen has pointed out, a rise in the price of bread makes so large a drain on the resources of the poorer labouring families and raises so much the marginal utility of money to them that they are forced to curtail their consumption of meat and the more expensive farinaceous foods: bread being still the cheapest food which they can get and will take, they consume more, and not less of it"[59)]

Eine steigende direkte Nachfragefunktion für Brot läßt sich also dadurch erklären, daß bei gestiegenen Brotpreisen auf kalorienärmere (höherwertige) Nahrungsmittel, z.B. Fleisch, verzichtet werden mußte, um die existenznotwendige Menge des kalorienrei-

---

57) Dies gilt unter der Annahme, daß die als positiv bewertete Eigenschaft an der Ordinate abgetragen wird.

58) Zur Stabilitätsanalyse siehe z.B. Gandolfo (1980); Henderson, Quandt (1983) S. 164 ff.

59) Marshall (1895) S. 208

chen Brotes kaufen zu können. Die durch die Einschränkung der Nachfrage nach höherwertigen Nahrungsmitteln entstandene "Versorgungslücke" mußte durch eine zusätzliche Nachfrage nach Brot geschlossen werden. Die Erklärung des Giffen-Falls impliziert somit, daß das Kalorienproblem ein Kriterium für die subjektive Wertschätzung eines Gutes darstellt bzw. in den Restriktionen Berücksichtigung findet.

Die Ausführungen von Marshall haben bezüglich der Evidenz der Beobachtungen von Giffen zu einer Kontroverse in der Literatur geführt, da diese Ausführungen erst in einer späten Auflage des Werkes von Marshall ohne Quellennachweis und in den Originalschriften von Giffen diese Beobachtungen nicht zu finden sind.[60)]

Andere Autoren weisen darauf hin, daß man bereits bei Gray den Fall einer steigenden Güternachfragefunktion findet und sprechen daher statt von "Giffen-Gütern" von **"Gray-Gütern"**.[61)] Stackelberg[62)] erwähnt, daß der Versuch einer steigenden Nachfragefunktion auch bei Umberto Ricci (1904) zu finden ist.

Weitere Autoren wenden den Giffen-Fall auch auf Kartoffeln an, die zwar relativ kalorienreich, aber mit einer minderen Qualität als andere Nahrungsmittel ausgestattet sind, so daß bei steigenden Kartoffelpreisen Mengen anderer Grundnahrungsmittel durch Mengen von Kartoffeln substituiert werden. Als empirisches Beispiel wird hierzu die angeblich beobachtete Erhöhung der Nachfrage nach Kartoffeln bei einer Erhöhung des Kartoffelpreises aufgrund einer Mißernte im vorigen Jahrhundert in Irland angeführt.

Dieser empirische Fall wird dagegen von Dwyer und Lindsay[63)] zurückgewiesen, da dieser ihrer Meinung nach von Giffen nie gebraucht wurde und der Kartoffelpreis während der Hungersnot in Irland nach ihren Ermittlungen nicht anstieg.

3. Erklärung des Giffen-Falls und Evidenz

Zur Erklärung eines anomalen Nachfrageverhaltens existieren unterschiedliche Ansätze. Im **traditionellen Haushaltsmodell** tritt eine Erhöhung der nachgefragten Menge bei einer Preiserhöhung dann ein, wenn das betrachtete Gut als inferior bewertet wird und der resultierende Einkommenseffekt absolut größer ist als der Substitutionseffekt. Dabei werden inferiore Güter stets mit "qualitativ minderwertigen" Gütern in Einklang gebracht, ohne daß dabei der Begriff "qualitativ minderwertig" eingehender erklärt wird. Dieses Problem wird im **Lancaster-Modell** durch die explizite Einführung der Eigenschaften eines Produktes umgangen. Inferiorität der Güter kann in diesem Modell durch eine bei alternativen Einkommensniveaus unterschiedliche Bewertung der in den Gütern enthaltenen Eigenschaften erfaßt werden. Wie bei der Analyse des Modells gezeigt worden ist, können inferiore Güter auch bei superiorer Bewertung aller Eigen-

60) vgl. Schnabl (1987) S. 564 Eine ausführliche Diskussion bietet auch Mason (1989)

61) vgl. Stigler (1947) S. 154, Masuda, Newman (1981) S. 1011 ff.

62) vgl. Stackelberg (1938) S. 73

63) vgl. Dwyer, Lindsay (1984) S. 188 ff.

schaften auftreten.[64]

Mit Hilfe des in Abschnitt IV.B.4 vorgestellten **Prestige-Modells** und des in Abschnitt IV.C.2 dargestellten **Preis-Qualitäts-Modells** kann ebenfalls gezeigt werden, daß eine steigende Marktnachfragefunktion nicht zwingend eine inferiore Bewertung der Güter voraussetzt.[65] Im zuerst genannten Modell kann der durch eine Veränderung des bei den Nicht-Konsumenten erwarteten Preises hervorgerufene positive Effekt die Summe aus dem negativen Substitutions- und dem negativen Einkommenseffekt überkompensieren; im zweiten Fall kann der durch die Preiserhöhung induzierte Qualitätseffekt zu einer Erhöhung der nachgefragten Menge führen.

Die bisher vorgestellten Erklärungen basieren auf bestimmten Eigenschaften des Präferenzsystems. Insbesondere wird in diesen Ansätzen das anomale Nachfrageverhalten bei Konsumenten, die am Existenzminimum liegen, nicht explizit hergeleitet. Die Integration des Existenzminimums gelingt durch eine Modifikation des Restriktionensystems, in dem das Kalorienproblem als Restriktion in das Modell explizit eingeführt wird.[66]

(44) $k_F F + k_K K \geq N$ Mindestkalorienrestriktion

k_F: Kalorien je Fleischeinheit
k_K: Kalorien je Kartoffeleinheit
F: Menge an Fleisch
K: Menge an Kartoffeln
N: Mindestkalorien zum Überleben

Die Ungleichung (44) stellt die **Mindestkalorienrestriktion** dar, die das physikalische Existenzminimum absichert. Für die Ausgangssituation wird unterstellt, daß das Einkommen nicht ausreicht, um sich ausschließlich von Fleisch ernähren.

(45) $\frac{y}{p_F} k_F < N$

Dies ist hingegen beim ausschließlichen Konsum von Kartoffeln möglich:

(46) $\frac{y}{p_K} k_K > N$

Fleisch ist demnach relativ preisintensiv; Kartoffeln sind relativ kalorienintensiv.

64) vgl. hierzu insbesondere Lipsey, Rosenbluth (1971) S. 131 ff.

65) Im Gegensatz hierzu ist, wie erläutert, eine steigende individuelle Nachfragefunktion bei einigen Haushalten, aber keine steigende Marktnachfragefunktion möglich.

66) vgl. hierzu Kleinhückelskoten (1982) S. 1 ff. sowie Gilley, Karels (1991) S. 183 ff.

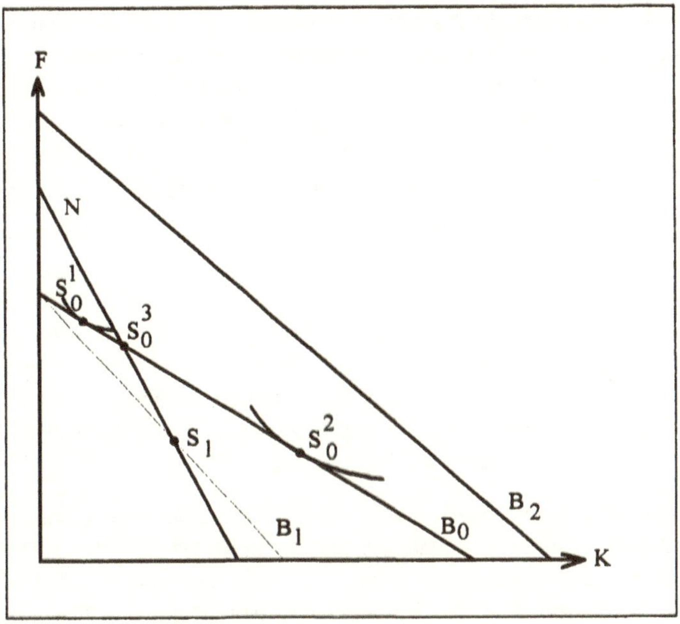

Abbildung 14: Die Kalorienrestriktion und die Einkommensrestriktion

Wird die Menge an Fleisch an der Ordinate, die Menge an Kartoffeln an der Abzisse abgetragen, dann verläuft die Mindestkalorienrestriktion steiler als die Einkommensrestriktion.

$$(47)\quad \frac{k_K}{k_F} > \frac{p_K}{p_F}$$

Auf der linken Seite der Gleichung (47) steht die Steigung der Kalorienrestriktion; auf der rechten Seite die Steigung der Einkommensrestriktion. Nach Umformung sehen wir, daß die Kalorienrestriktion steiler als die Einkommensrestriktion verläuft, wenn bezogen auf eine Geldeinheit Kartoffeln mehr Kalorien als Fleisch enthalten, d.h. Kartoffeln kalorienintensiv sind:

$$(48)\quad \frac{k_K}{p_K} > \frac{k_F}{p_F}$$

In der Ausgangssituation der Abbildung gilt die Einkommensrestriktion B_0. In dieser Situation sind zwei Konstellationen möglich. Würde der Haushalt das Güterbündel $S_0{}^2$ präferieren, dann ist die Kalorienrestriktion redundant. Eine Preiserhöhung für Kartoffeln würde in dieser Konstellation die im traditionellen Haushaltsmodell beschriebenen Einkommens- und Substitutionseffekte auslösen.

Würde der Haushalt dagegen das Sortiment $S_0{}^1$ präferieren, dann greift die Kalorienrestriktion. Dieses aufgrund der Präferenzen bei gegebener Budgetrestriktion präferierte Güterbündel reicht zur Deckung des lebensnotwendigen Kalorienbedarfs nicht aus. Das unter Beachtung der Kalorienrestriktion nutzenmaximale Sortiment liegt in $S_0{}^3$. Steigt in einer solchen Situtation der Preis für Kartoffeln, dann liegt das neue Gleichgewicht im Schnittpunkt der neuen Einkommensrestriktion (B_1) mit der Kalorienrestriktion in S_1. Die nachgefragte Menge an Kartoffeln hat bei gestiegenem Preis zugenommen. **Dieses Nachfrageverhalten ist, unabhängig vom Präferenzsystem, ausschließlich durch die Restriktionen abgeleitet worden.**

Eine steigende direkte Nachfragefunktion für Brot läßt sich also dadurch erklären, daß bei steigenden Brotpreisen auf kalorienärmere (höherwertige) Nahrungsmittel, z.B. Fleisch, verzichtet werden muß, um die existenznotwendige Menge des kalorienreichen Brotes kaufen zu können. Die durch die Einschränkung der Nachfrage nach höherwertigen Nahrungsmitteln entstandene "Versorgungslücke" muß durch eine zusätzliche Nachfrage nach Brot geschlossen werden.

Der hier vorgestellte Erklärungsansatz hat seine Relevanz für Volkswirtschaften, deren Sozialprodukt nahe am Existenzminimum liegt. In entwickelten Volkswirtschaften wird die Einkommensrestriktion für einen großen Teil der Haushalte, z.B. B_2, oberhalb der Kalorienrestriktion verlaufen. Die Kalorienrestriktion ist für das Nachfrageverhalten redundant, so daß steigende Nachfrageverläufe in entwickelten Volkswirtschaften mit diesem Modell kaum erklärt werden können.[67)]

Letztendlich besteht noch eine weitere Erklärungsmöglichkeit für steigende direkte Nachfragefunktionen. Hierzu verlassen wir an dieser Stelle die statische Analyse. Im Rahmen einer dynamischen Analyse sind Erwartungen über zukünftige Preisentwicklungen mit einzubeziehen. Löst eine Preissteigerung die Erwartung aus, daß die Preise in Zukunft steigen, dann kann die nachgefragte Menge aus zwei Gründen zunehmen: Zum einen werden in der Zukunft geplante Käufe in die Gegenwart verlegt, und zum anderen werden Spekulationskäufe in der Hoffnung getätigt, daß der Preis in den zukünftigen Perioden weiter ansteigt und daher die Produkte zu einem höheren Preis verkauft werden können und somit Spekulationsgewinne erzielt werden.

Kehren wir zu der Frage nach der Evidenz des Giffen-Falls zurück.[68)] Lange Zeit wurde das Giffen-Paradoxon zwar als eine theoretische Möglichkeit angesehen, welche in der Praxis aber nicht eintreten wird.[69)] Boland[70)] hat daher auf die Inkonsistenz der mikroökonomischen Haushaltsmodelle hingewiesen, den Giffen-Fall theoretisch nicht

67) Man könnte sogar alternativ formulieren, daß aufgrund von "Gewichtsproblemen" in entwickelten Volkswirtschaften eine Kalorienrestriktion besteht, die den Konsum nach "oben" bei Nahrungsmittel begrenzt.

68) Die folgenden Ausführungen orientieren sich im wesentlichen an den Ausführungen von Gilley, Karels (1991) S. 182 ff.

69) vgl. Hicks (1956) S. 67; Stigler (1947) S. 374 ff.

70) vgl. Boland (1977) S. 72 ff.

ausschließen zu können.[71] Einen theoretischen Grund für die Nichtbeobachtung des Giffen-Falls haben Dougan[72] und Boland[73] geliefert: Nachfragefunktionen können nur aus den beobachteten Marktgleichgewichten ermittelt werden. Die Nachfragekurven werden durch Verschiebungen der Angebotskurven geschätzt. Die Nachfragefunktionen müssen, damit das Stabilitätskriterium für ein Marktgleichgewicht nach Walras hinreichend erfüllt ist, fallend verlaufen. Da nur stabile Marktgleichgewichte beobachtet werden, könnten steigende Marktnachfragefunktionen nicht ermittelt werden.

In neueren empirischen Studien wurden jedoch empirische Nachweise für die Existenz von Giffen-Gütern erbracht. Im Abschnitt III.F haben wir gesehen, daß Rau in seiner Schätzung für Automobile eine positive Preiselastizität und somit eine steigende Marktnachfragefunktion für Pkw's ermittelt hat.[74] Desweiteren hat Sagmeister eine positive Steigung der Marktnachfragefunktion für Zucker in der Bundesrepublik Deutschland ermittelt. Die Einkommenselastizität wurde mit -0,36 und die direkte Preiselastizität mit 0,16 geschätzt.[75]

Schließlich ist wiederholt anzumerken, daß die für einen steigenden Verlauf der direkten Preisnachfragefunktion im traditionellen Haushaltsmodell notwendige Inferiorität durch einen zu hohen Aggregationsgrad ausgeschlossen werden kann.[76].

---

71) Steigende direkte Nachfragefunktionen werden allerdings in der kardinalen Nutzentheorie durch abnehmende Grenznutzen und Kreuzableitungen von Null ausgeschlossen. Die kardinale Nutzentheorie ist aber, wie in Abschnitt II.D. diskutiert wurde, wissenschaftstheoretisch unbefriedigend.

72) vgl. Dougan (1982) S. 809 ff.

73) vgl. Boland (1977) S. 74 ff.

74) Es sei hier noch einmal auf die kritischen Bemerkungen von Rau (1975) S. 40 diesbezüglich hingewiesen.

75) vgl. Sagmeister (1979) S. 24 f.
Zu weiteren empirischen Nachweisen vgl. Gilley, Karels (1991) S. 182 f.

76) vgl. hierzu die Bemerkungen in IV. C.4.4.1.
Weitere Ausführungen zur Analyse des Giffen-Paradoxons findet der interessierte Leser bei Silberberg, Walker (1984) S. 687 ff.

V. Partielle Arbeitsangebotstheorie

V. Partielle Arbeitsangebotstheorie

A. Einführung

Mit Hilfe der in den Kapiteln III und IV analysierten Modelle wurde das Nachfrageverhalten bei gegebenen Preisen und gegebenem Einkommen untersucht. Dabei wurde das Problem der Einkommensentstehung nicht betrachtet. Dieser Aspekt wird in den folgenden Modellen aufgenommen. Wir werden bezüglich der Untersuchung des Arbeitsangebotsverhaltens zwei Modelle vorstellen.[1] Im ersten Modell fragen wir nach dem Niveau der optimalen Arbeitszeit, wenn der Haushalt die Möglichkeit hat, für eine bestimmte Arbeit seine Arbeitskraft bei einem gegebenen Lohnsatz in beliebigem Stundenumfang anzubieten. Im zweiten Modell fragen wir, wieviel Stunden der Haushalt für alternative Tätigkeiten anbietet, wenn er zwischen alternativen Arbeitsarten bei gegebenen Lohnsätzen auswählen kann und die gesamte Arbeitszeit bereits in einem anderen Entscheidungsprozeß festgelegt worden ist. Der erste Ansatz erklärt somit das **Arbeitsniveau**, der zweite Ansatz die **Arbeitsstruktur.** In beiden Ansätzen wird der Frage nach der Verwendung des Arbeitseinkommens nicht weiter nachgegangen. Es handelt sich also hier um eine **partielle Analyse** des Arbeitsangebotes.

B. Der empirische Befund

Bevor alternative Modelle zur Analyse des Arbeitsangebotsverhaltens privater Haushalte dargestellt werden, soll in diesem Abschnitt ein Überblick über die empirische Entwicklung der für die Zeitallokation wichtigen Daten gegeben werden. Die Entwicklung des prozentualen Anteils der Erwerbspersonen an der Wohnbevölkerung in der Bundesrepublik Deutschland, die **Erwerbsquoten**, ist der Tabelle 1 zu entnehmen:

	Jahr	15-20	20-25	55-60	60-65	15-65
Männer	**1970**	54,7	82,9	89,1	74,7	88,2
	1980	48,5	82,0	82,3	44,2	84,4
	1990	43,2	79,8	81,0	35,0	82,7
Frauen	**1970**	53,6	69,8	37,2	22,5	46,2
	1980	41,4	71,1	38,7	10,9	52,7
	1990	37,3	75,7	43,8	12,5	58,5

Tabelle 1: Erwerbsquoten[2]

1) Die Arbeitszeit bietet nicht die einzige Quelle der Einkommenserzielung. Andere Quellen, wie z.B. Erträge aus Wertpapieren, werden hier unter dem Besitzeinkommen subsumiert.

2) Quelle : Institut der Deutschen Wirtschaft (1992) Tabelle 17.

Daraus geht hervor, daß die Erwerbsquote der Männer im Zeitraum 1970 bis 1990 von 88,2% auf 82,7% zurückgegangen ist, wobei dieser Rückgang in erster Linie auf die Altersgruppen 15-20 Jahre und 55-65 Jahre zurückzuführen ist. Im gleichen Zeitraum ist dagegen die Erwerbsquote bei den Frauen von 46,2% auf 58,5% gestiegen. Eine Aufgabe der mikroökonomischen Haushaltstheorie besteht in der Erklärung dieser unterschiedlichen Entwicklungen.

Die Entwicklung der Aufteilung der Zeit auf die verschiedenen Zeitkomponenten in der Bundesrepublik Deutschland veranschaulicht die folgende Abbildung:

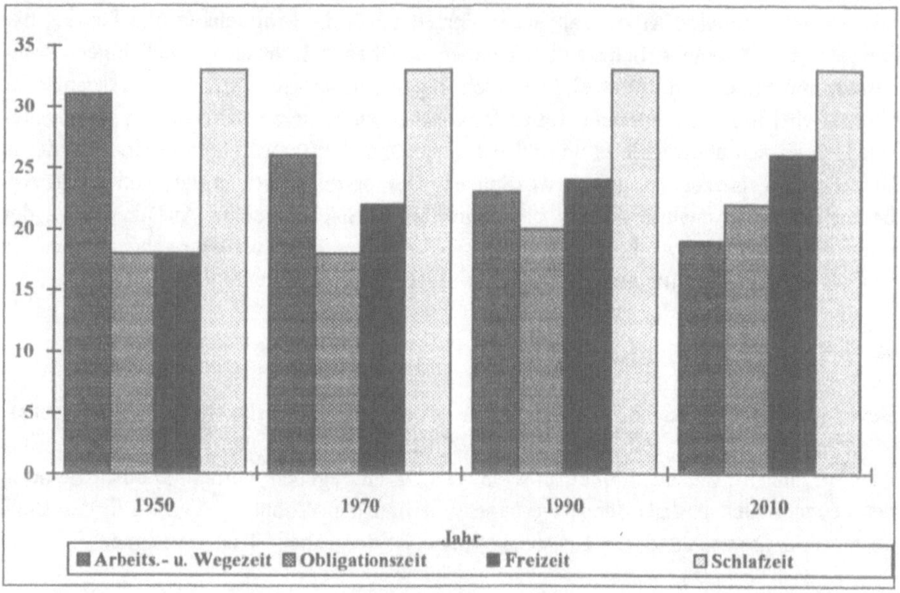

Abbildung 1: Die Verteilung der Jahresarbeitszeit[3)]

Aus der Abbildung geht hervor, daß die Arbeitszeit seit 1950 kontinuierlich gesunken ist. Während der Anteil der Schlafzeit mit ca. 33% der Gesamtzeit konstant geblieben ist, stieg die Obligationszeit[4)] von 18% im Jahre 1950 auf 20% im Jahre 1990. Die Freizeit, zu der in dieser Untersuchung die verbleibenden Zeitkategorien zusammengefaßt worden sind, erreichte 1990 einen prozentualen Anteil von 24% und liegt damit oberhalb von Arbeitszeit und Wegezeit. Für die Zukunft wird ein weiter steigender Anteil der Freizeit bei sinkendem Anteil der Arbeitszeit prognostiziert.

Die Abbildung 2 gewährt einen Überblick über die Entwicklung der Arbeitszeit einer

3) Quelle: Rapin (1990) S. 230.

4) Zur Obligationszeit zählt die Zeit für Hygiene und Gesunderhaltung, Essen, Einkäufe und soziale Verpflichtungen.

Erwerbsperson.

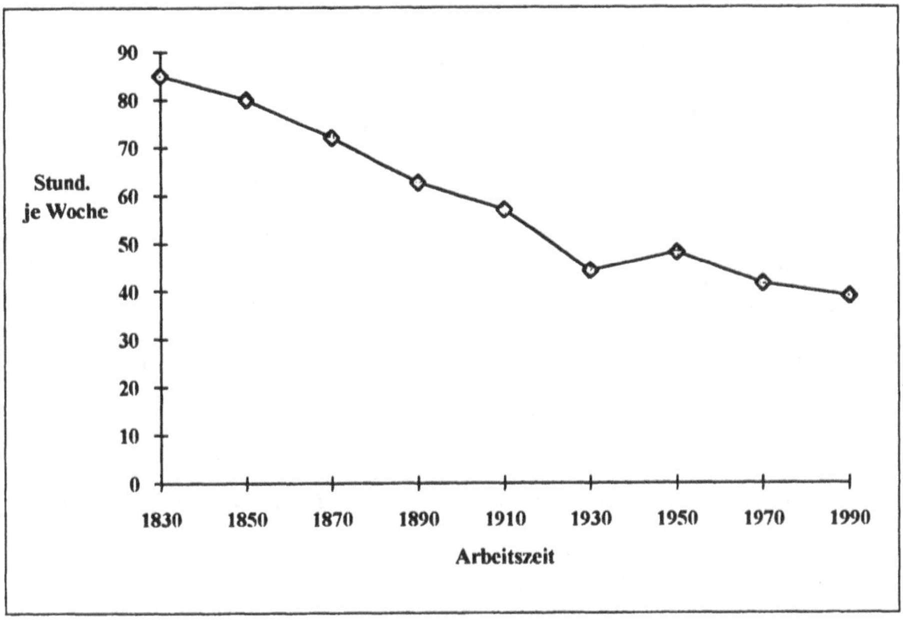

Abbildung 2 Entwicklung der externen Arbeitszeit[5)]

Der Abbildung ist zu entnehmen, daß die Arbeitszeit von über 80 Wochenstunden im Jahre 1830 auf unter 40 Wochenstunden im Jahr 1990 reduziert worden ist. Dabei erfolgte die Reduktion der Arbeitszeit, abgesehen von der kriegsbedingten Erhöhung in der Periode 1930-1940, kontinuierlich. Durch welche Komponenten diese Reduktion erfolgte, zeigt die Tabelle 2:

Jahr	Urlaubstage	Überstunden im Jahr	Wochenarbeitsstunden	effektive Jahresarbeitszeit	effektive Wochenarbeitszeit
1960	15,5	95	44,6	2080,8	40
1970	21,2	157,3	41,5	1885,0	36,3
1980	27,3	80,2	40,1	1688,3	32,5
1985	30,1	66,5	39,8	1639,3	31,5
1991	30,7	69,9	38,3	1557,3	29,9

Tabelle 2: Komponenten der Jahresarbeitszeit je Arbeitnehmer[6)]

5) Institut der Deutschen Wirtschaft (1990) Tabelle 15; Külp (1973) S. 11.

Aus dieser geht hervor, daß die effektive Jahresarbeitszeit sowie die effektive Wochenarbeitszeit bis auf wenige Ausnahmen tendenziell gesunken ist. Diese Reduktion ist in erster Linie auf die gestiegenen tariflichen Jahresurlaubstage, die gesunkene tarifliche Wochenarbeitszeit und den Abbau der Überstunden zurückzuführen.

An diese Erörterungen schließen sich die Fragen an:

(1) Welche Gründe sind für den Rückgang der Arbeitszeit verantwortlich?

(2) Welche Konsequenzen ergeben sich daraus für die anderen Zeitkomponenten?

Werfen wir abschließend einen Blick auf die Entwicklung der Reallöhne. Legt man den durchschnittlichen Stundenlohn eines Industriearbeiters zugrunde, so ergibt sich eine Erhöhung des Stundenlohns in der Periode 1958-1989 von 2,32 DM auf 19,16 DM.[7)] Im gleichen Zeitraum stieg der Preisindex eines 4-Personen-Arbeitnehmerhaushalts mit mittlerem Einkommen von 36,3 auf 103,9 DM.[8)] Während sich der Nominalstundenlohn auf ca. das 8-fache erhöht hat, verdreifachten sich die Preise, so daß sich eine Reallohnsteigerung um ca. das 5-fache ergibt.

C. Ein mikroökonomisches Modell zur partiellen Untersuchung des Arbeitsangebot-Niveaus: Der Einkommens-Freizeit-Ansatz

1. Einführung

Die Ökonomen haben seit jeher unterschiedliche Auffassungen über die Wirkung einer realen Lohnsatzänderung auf das Arbeitsangebot vertreten.[9)] Adam Smith[10)] und Alfred Marshall[11)] gingen von steigenden Arbeitsangebotsfunktionen aus, während Knight[12)] und Pigou[13)] aus der Annahme eines abnehmenden Grenznutzens des Geldes einen fallenden Verlauf der Arbeitsangebotsfunktion ableiteten. Daraus schloß z.B. Pigou, daß die Auferlegung einer Steuer die Arbeitnehmer zu einer Ausdehnung ihrer Arbeitszeiten veranlassen würde.[14)] Erst Robbins machte deutlich, daß die Wirkung einer Lohnsatzänderung auf das Arbeitsangebot unbestimmt ist. Robbins argumentierte, daß es von der Nachfrageelastizität des Einkommens abhängt, ob die Arbeitszeit bei

---

6) Quelle: Institut der Deutschen Wirtschaft (1992) Tabelle 28.

7) vgl. Institut der Deutschen Wirtschaft (1990) Tab. 35.

8) vgl. Institut der Deutschen Wirtschaft (1990) Tab. 36.

9) Zu den historischen Entwicklungen siehe Gilbert, Pfouts (1958) S. 116 ff.; Owen (1969) S. 16 ff.; Holt (1976) S. 5 ff.

10) vgl. Smith (1937) S. 81

11) vgl. Marshall (1920) S. 527 ff.

12) vgl. Knight (1921) S. 117 f.

13) vgl. Pigou (1920) S. 593 und (1928) S. 83 f.

14) vgl. Pigou (1920) S. 593 und (1928) S. 83 ff. sowie Knight (1921) S. 117.

steigendem Lohnsatz ausgedehnt wird. Ist diese kleiner als Eins, dann sinkt das Arbeitsangebot, im anderen Fall steigt das Arbeitsangebot.[15] Die komparativ statische Untersuchung der Arbeitsangebotsfunktion lieferten Gilbert und Pfouts.[16]

Nach diesem kurzen historischen Rückblick wollen wir nun die Frage beantworten, wie ein Haushalt seine ihm zur Verfügung stehende Zeit in Freizeit und Arbeitszeit aufteilt und welche Determinanten diese Entscheidung beeinflussen. Dazu werden zunächst Annahmen bezüglich der Restriktionen formuliert. Anschließend wird das Präferenzsystem eines Haushalts vorgestellt. Die Zusammenführung von Restriktionen und Präferenzen ermöglicht die Ableitung der nutzenoptimalen Arbeitszeit bzw. Freizeit bei gegebenen Lohnsatz und Besitzeinkommen. Mit der Wahl der Arbeitszeit ist gleichzeitig das Einkommen bestimmt. Im Anschluß werden Besitzeinkommens- und Lohnsatzänderungen sowie Veränderungen der insgesamt zur Verfügung stehenden Zeit untersucht. Aus den Reaktionen auf Lohnsatzänderungen können Aussagen über die Steigung der Arbeitsangebotsfunktion abgeleitet werden. Diese gibt die Reaktion der angebotenen Arbeitszeit bei einer Veränderung des Lohnniveaus an. Veränderungen des Besitzeinkommens verschieben die Arbeitsangebotsfunktion.

Die Eigenschaften der Arbeitsangebotsfunktion sind für makroökonomische Analysen des Arbeitsmarktes, insbesondere für die Stabilität des Arbeitsmarktgleichgewichtes, von entscheidender Bedeutung. Verläuft die Angebotsfunktion mit negativer Steigung, dann besteht die Möglichkeit der Instabilität des Arbeitsmarktes mit der Gefahr der Entstehung von Arbeitslosigkeit. Die mikroökonomische Analyse liefert hier das Fundament für die makroökonomische Analyse des Arbeitsmarktes. Durch die Bestimmung der Arbeitszeit ist über die Zeitrestriktion gleichzeitig die Freizeit festgelegt, d.h. aus dem Verlauf der Arbeitsangebotsfunktion kann gleichzeitig auf die Entwicklung der Freizeit bei steigenden Lohnsätzen geschlossen werden, was insbesondere für die Freizeitindustrie von Interesse ist. Weiterhin wird mit Hilfe des Einkommens-Freizeit-Ansatzes versucht, die Bestimmungsgründe für die empirisch beobachtbare, sinkende durchschnittliche Arbeitszeit herauszuarbeiten. Nach der Diskussion des Verlaufs der Arbeitsangebotsfunktion werden exemplarisch einige Anwendungsmöglichkeiten des Ansatzes wie die Wirkung und Beurteilung der Effizienz alternativer Besteuerungsmöglichkeiten des Einkommens oder die Auswirkungen des Arbeitslosengeldes auf das Arbeitsangebot vorgestellt. Weiterhin werden die Implikationen der Berücksichtigung der Fahrzeit auf das Haushaltsgleichgewicht analysiert. Nachdem wir einen Einblick in einige empirische Ergebnisse zum Angebotsverhalten geliefert haben, setzen wir uns mit der Modellkritik auseinander.

15) vgl. Robbins (1930) S. 123 ff. Eine ähnliche Ansicht vertritt Paish (1941) S. 239 ff., der im Unterschied zu Robbins über die Nachfrage nach Freizeit argumentiert.

16) vgl. Gilbert, Pfouts (1958) S. 117 ff. Eine formale Lösung des Problems des Arbeitsangebotsverhaltens wurde bereits von Launhardt (1885) S. 88 ff. ausgearbeitet.

2. Annahmen bezüglich der Restriktionen

Zur Analyse des Arbeitsangebotsverhaltens müssen Annahmen bezüglich der Restriktionen getroffen werden. Im Einkommens-Freizeit-Ansatz werden zwei Restriktionen, die Zeit- und die Einkommensrestriktion berücksichtigt. Aus diesen beiden Restriktionen läßt sich die Einkommens-Freizeit-Restriktion entwickeln.

2.1. Die Zeitrestriktion

Betrachten wir zunächst die **Zeitrestriktion**. Diese gibt an, über welche Möglichkeiten der Verwendung der Zeit der Haushalt verfügt. In dem vorliegenden Modell wird zwischen drei Zeitkategorien differenziert:

(1) die **gesamte zur Disposition stehende Zeit** (T), welche sich auf die Stunden eines Tages, einer Woche oder eines Monats beziehen kann.
(2) die Zeit, für die der Haushalt ein Entgelt bekommt, die **Arbeitszeit** (A)
(3) die verbleibende Zeit, die **Freizeit** (F).

Für die Zeitrestriktion erhalten wir die Gleichung

(1) $T = A + F$ T: Zur Verfügung stehende Zeit A: Arbeitszeit F : Freizeit

2.2. Die Einkommensrestriktion

Betrachten wir nun die **Einkommensrestriktion**. Wir unterstellen, daß jede beliebige vom Haushalt angebotene Arbeitszeit zu einem konstanten Lohnsatz nachgefragt wird und der Haushalt über ein vom Arbeitsniveau unabhängiges, gegebenes Besitzeinkommen verfügt:

(2) $y = wA + B$ mit y: Realeinkommen
A: Arbeitszeit
w: Reallohnsatz
B: reale Besitzeinkommen

Das **Besitzeinkommen** resultiert u.a. aus dem anderen Personen bzw. Unternehmen zur Verfügung gestellten Kapital und den daraus fließenden Zinsen oder Dividenden. Es wird angenommen, daß das Lohneinkommen in Verbindung mit dem Besitzeinkommen ein Niveau erreicht, welches das Existenzminimum des Haushalts garantiert.[17)]

2.3. Die Einkommens-Freizeit-Restriktion

In den beiden Gleichungen (1) und (2) sind die Arbeitszeit, die Freizeit und das Einkommen endogen. Für die spätere graphische Analyse des Haushaltsgleichgewichts er-

---

17) Wird das Existenzminimum nicht gewährleistet, dann wird der Haushalt nicht arbeiten und versuchen, seine Existenz durch andere Tätigkeiten, z.B. betteln oder stehlen, zu sichern. vgl. auch die Anmerkungen bei Stackelberg (1938) S. 75, Launhardt (1885) S. 94, Kleinhückelskoten (1984) S. 147 f.

weist sich die Reduktion des Systems auf zwei endogene Variablen als zweckmäßig. Lösen wir die Gleichung (1) nach A auf und substituieren den für A entwickelten Ausdruck in der Gleichung (2), dann erhalten wir die **Einkommens-Freizeit-Restriktion**, die alle realisierbaren Kombinationen von Einkommen und Freizeit bei gegebenem realen Lohnsatz, gegebenem realen Besitzeinkommen und gegebener zur Verfügung stehender Zeit angibt:

(3) $y = wT - wF + B$ für $F \leq T$

Einkommens-Freizeit-Restriktion (E/F-Restriktion)

Bei Verwendung der gesamten zur Verfügung stehenden Zeit für die Erwerbstätigkeit erzielt der Haushalt ein Gesamteinkommen in Höhe von:

(4) $y^F = wT + B$ y^F: full-income

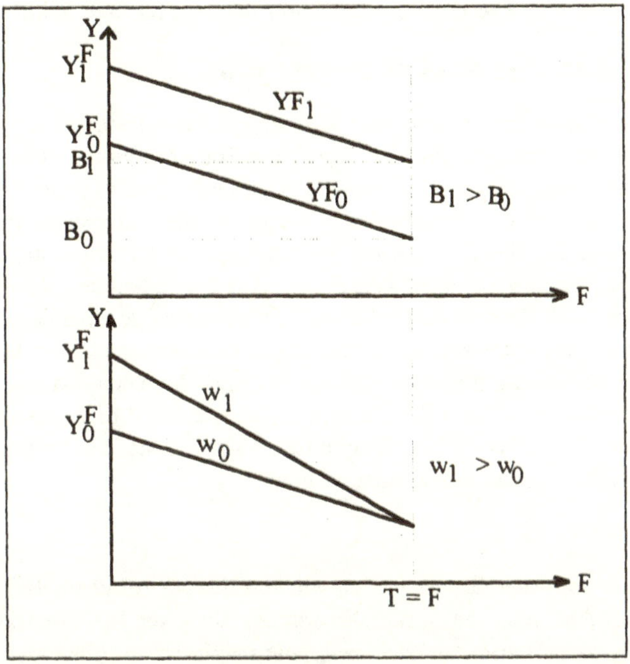

Abbildung 3: Die Einkommens-Freizeit-Restriktion

Das maximal mögliche Einkommen y^F wird als **full-income** bezeichnet. Nutzt der Haushalt seine gesamte verfügbare Zeit als Freizeit, so erhält er ein Einkommen in Höhe seines Besitzeinkommens. Verwendet der Haushalt einen Teil seiner Zeit als Freizeit, so verzichtet er auf das in dieser Zeit erzielbare Arbeitseinkommen. Auf wieviel Einheiten Einkommen der Haushalt bei einer Erhöhung der Freizeit um eine Stunde verzichten muß, gibt die **Steigung der Einkommens-Freizeit-Restriktion** an, wobei der Absolutbetrag der Steigung als **Grenzopportunitätskosten der Freizeit** definiert wird:

$$(5) \quad \frac{dy}{dF} = -w \left[\frac{DM}{Zeit}\right]$$

$$(6) \quad GOK_F^Y = \left|\frac{dy}{dF}\right| = w$$

Die Steigung der Einkommens-Freizeit-Restriktion entspricht dem negativen Lohnsatz. Da der Lohnsatz als konstant angenommen wird, verläuft die Einkommens-Freizeit-Restriktion linear.

Der Definitionsbereich der Funktion ist wegen der vorgegebenen Gesamtzeit auf das Intervall $0 \leq F \leq T$ beschränkt. Besitzeinkommenserhöhungen, z.B. von B_0 auf B_1, verschieben die Funktion nach rechts oben. Lohnsatzerhöhungen führen zu steileren Verläufen der Einkommens-Freizeit-Restriktion und zu einem höheren full-income.

3. Annahmen über das Präferenzsystem

Wir müssen wiederum die Fragen nach den Argumenten in der Nutzenfunktion und nach den Annahmen über die formale Gestalt der Präferenzfunktion beantworten. Betrachten wir die erste Frage. Als mögliche Argumente kommen die Arbeitszeit, die Freizeit, die Güter und das Einkommen in Frage. Da die Güternachfragestruktur hier nicht erklärt wird und das Einkommen den Konsum von Gütern ermöglicht, nehmen wir das Einkommen in die Nutzenfunktion auf. Aus der Einkommens-Freizeit-Restriktion geht hervor, daß Einkommen und Freizeit ökonomisch gesehen keine Alternativen sind, sondern erst der Einbezug der Arbeitszeit diese Beziehung liefert. Eine Erhöhung der Arbeitszeit reduziert die Freizeit und erhöht das Einkommen. Da eine gleichzeitige Erhöhung von Einkommen und Freizeit nicht möglich ist, sind Einkommen und Freizeit konkurrierende Ziele. Aus diesem Grunde ist es ausreichend, die Freizeit neben dem Einkommen in die Nutzenfunktion aufzunehmen:

$$(7) \quad U = g(y, F)$$

Hinsichtlich der formalen Gestalt wollen wir von den im Abschnitt II.E. getroffenen Annahmen ausgehen, d.h. von einem fallenden und konvexen Indifferenzkurvenverlauf. Im Unterschied zum Haushaltsmodell stellt eine Indifferenzkurve hier unterschiedliche Kombinationen von Einkommen und Freizeit dar, die zu dem gleichen Nutzenindex führen.

4. Das Gleichgewicht

Unser betrachtetes Modell besteht aus dem Gleichungssystem:

(1) $T = A + F$		endogen: U, F, y, A
(2) $y = wA + B$	bzw. (3) $y = wT - wF + B$	exogen: T, w, B
(7) $U = g(y, F)$		mit $A, F, y \geq 0$

Die exogenen Größen sind T, w, und B. Die zu bestimmenden endogenen Variablen sind U, A, F und y. Das Gleichungssystem besteht daher aus vier endogenen Variablen und drei Gleichungen. Um diese Variablen eindeutig zu bestimmen, unterstellen wir, daß der Haushalt bestrebt ist, ein möglichst hohes Niveau an Bedürfnisbefriedigung zu erreichen. Das Maximierungsproblem lautet:

$$(8)\quad \begin{aligned} &\max\ U = g(y, F) \\ &\text{u.d.R.}\ \ y = wA + B \\ &\qquad\quad\ T = A + F \end{aligned}$$

Die beiden Restriktionen können wir zur Einkommmens-Freizeit-Restriktion zusammenfassen. Das Maximierungsproblem reduziert sich dann zu:

$$(9)\quad \begin{aligned} &\max\ U = g(y, F) \\ &\text{u.d.R.}\ \ y = wT - wF + B \end{aligned}$$

Zur Lösung des Maximierungsproblems bilden wir die Lagrange-Funktion:

$$(10)\quad \max_{F, y, \lambda} L = g(y, F) + \lambda (y - wT + wF - B)$$

Die notwendigen Bedingungen lauten:

$$(11)\quad \frac{\partial L}{\partial F} = g_F + \lambda w = 0$$

$$(12)\quad \frac{\partial L}{\partial y} = g_y + \lambda = 0$$

$$(13)\quad \frac{\partial L}{\partial \lambda} = y - wT + wF - B = 0$$

Die Gleichungen (11) und (12) können zusammengefaßt werden zu:

$$(14)\quad \frac{g_F}{g_y} = w$$

Da das Verhältnis der partiellen Grenznutzen der Grenzrate der Substitution entspricht[18], folgt:

$$(15)\quad GRS_F^y = w$$

Im Gleichgewicht entspricht die Grenzrate der Substitution dem Lohnsatz. Aus den Gleichungen (13) und (15) können die nutzenoptimale Einkommenshöhe und die nutzenoptimale Freizeit berechnet werden, wobei mit der Entscheidung über die Freizeithöhe gleichzeitig wegen der Zeitrestriktion (1) die Entscheidung über die nutzenoptimale Arbeitszeit gefallen ist. Die hinreichende Bedingung ist erfüllt, wenn die De-

18) Die Herleitung, der Grenzrate der Substitution entspricht, erfolgt analog zur Herleitung der Gleichung (13) im Kapitel II. Auf eine explizite Darstellung der Herleitung kann daher an dieser Stelle verzichtet werden.

terminante der geränderten Hesse-Matrix ein positives Vorzeichen aufweist:

$$(16)\quad |H| = \begin{vmatrix} g_{FF} & g_{Fy} & w \\ g_{yF} & g_{yy} & 1 \\ w & 1 & 0 \end{vmatrix} > 0$$

Die Determinante kann wie folgt umgeformt werden: Aus (11) wird für den Lohnsatz

$$(17)\quad w = - \frac{g_F}{\lambda}$$

substituiert. Danach werden die dritte Spalte und die dritte Zeile mit (- λ) multipliziert. Aus (12) wird für λ

$$(18)\quad - g_y = \lambda$$

eingesetzt. Nach anschließender Multiplikation der dritten Zeile und der dritten Spalte mit minus Eins folgt:

$$(19)\quad |H| = \begin{vmatrix} g_{FF} & g_{Fy} & g_F \\ g_{yF} & g_{yy} & g_y \\ g_F & g_y & 0 \end{vmatrix} \frac{1}{\lambda^2} > 0$$

Die hinreichende Bedingung ist erfüllt, wenn die Determinante auf der rechten Seite größer als Null ist. Diese Bedingung wird von quasi-konkaven Nutzenfunktionen erfüllt, was nichts anderes bedeutet, als daß die Indifferenzkurven, wie wir im 4. Postulat angenommen haben, konvex verlaufen müssen.[19)]

Die formal abgeleiteten Ergebnisse wollen wir anhand einer Abbildung verdeutlichen. Wir betrachten die in der Abbildung 4 dargestellte Präferenzstruktur und Einkommens-Freizeit-Restriktion des Haushalts. Den Ausgangspunkt bildet S_0. In S_0 sind die Grenzopportunitätskosten der Freizeit geringer als die subjektive Wertschätzung für Freizeit. Der Haushalt kann daher durch Substitution von Arbeitszeit durch Freizeit zu einer Indifferenzkurve mit einem höheren Nutzenniveau gelangen. Der Haushalt wird solange bereit sein, Arbeitszeit und damit Einkommen gegen Freizeit zu substituieren, bis die Grenzopportunitätskosten der Freizeit gleich der subjektiven Wertschätzung der Freizeit sind. Dies ist in S^* der Fall. Die im Gleichgewicht angebotene Arbeitszeit A^* erhalten wir durch Substitution der Freizeit in die Zeitrestriktion.

19) vgl. hierzu die Ausführungen im Abschnitt II.E.3

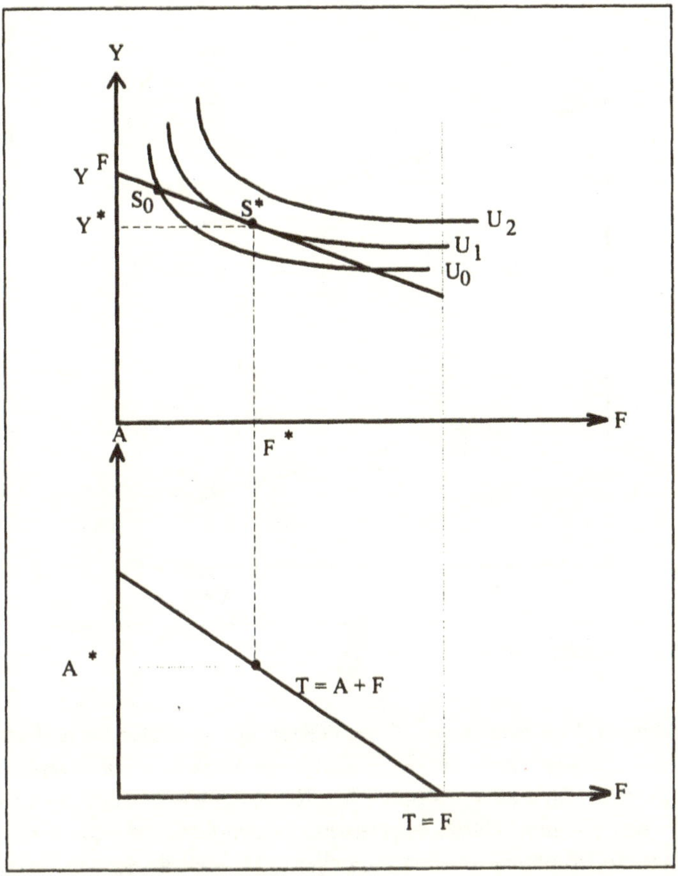

Abbildung 4: Die nutzenoptimale Aufteilung von Einkommen, Arbeitszeit und Freizeit

Wir haben bei der Herleitung des Gleichgewichts implizit unterstellt, daß im Gleichgewicht gearbeitet wird und die Arbeitszeit kleiner als die Gesamtzeit ausfällt. In der Abbildung 5 sind mögliche Randlösungen dargestellt.[20] In der Abbildung 5a) ist in S_0^* die Grenzrate der Substitution für Freizeit kleiner als der Lohnsatz. Der Haushalt schätzt demnach die Freizeit geringer als die Kosten der Erhöhung der Freizeit ein. Liegt eine solche Bewertung bei einer Freizeit von Null vor, so wird der Haushalt die gesamte verfügbare Zeit arbeiten.

20) Zur formalen Herleitung von Randlösungen benötigt man die sogenannten Kuhn-Tucker-Bedingungen. Vgl. hierzu Chiang (1984) S. 722 ff.

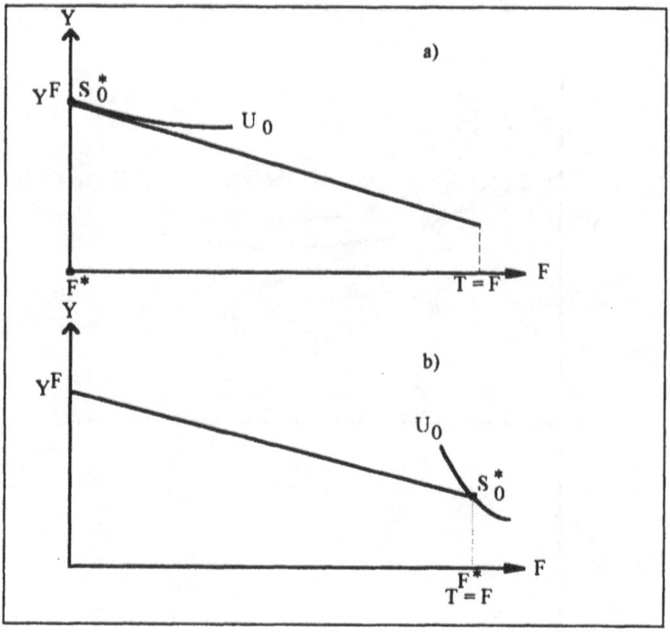

Abbildung 5: Randlösungen

In der Abbildung 5b) entspricht in S_0^* die Freizeit der gesamten verfügbaren Zeit. Es ist eine Situation dargestellt, in der der Haushalt die Freizeit bei Verwendung der Gesamtzeit als Freizeit höher als die zusätzlichen Kosten einer Freizeiteinheit bewertet. In einer solchen Konstellation würde der Haushalt seinen Grad an Bedürfnisbefriedigung durch eine weitere Erhöhung der Freizeit steigern. Da aber die gesamte Zeit schon als Freizeit genutzt wird, ist dies nicht möglich. Der Haushalt wird nicht arbeiten. Sein Einkommen entspricht dem Besitzeinkommen.

5. Die Herleitung der Arbeitsangebotsfunktion

Wir wollen in diesem Abschnitt die individuelle Arbeitsangebotsfunktion herleiten. Die **Arbeitsangebotsfunktion** eines Haushalts gibt an, wieviel Arbeitszeit ein Haushalt bei alternativen Lohnsätzen, gegebenem Besitzeinkommen und gegebener zur Verfügung stehender Zeit anzubieten bereit ist.

(20) $A^* = A(w;B,T)$

Dabei interessiert insbesondere die Frage nach der Steigung der Arbeitsangebotsfunktion, d.h. die Reaktion auf Lohnsatzänderungen. Veränderungen des Besitzeinkommens und der zur Verfügung stehenden Zeit äußern sich in Verschiebungen der Angebotsfunktion. Wie bei den Güternachfragefunktionen müssen wir hier zwischen Veränderungen der **angebotenen Menge** und **Veränderungen des Angebots** unterscheiden. Mit der Veränderung der angebotenen Menge ist immer eine Bewegung entlang der

Angebotsfunktion als eine Reaktion auf eine Lohnsatzänderung gemeint, während eine Veränderung des Angebotes immer eine Verschiebung der Angebotsfunktion darstellt.[21)]

Zur Herleitung der Angebotsfunktion steht uns folgendes Gleichgewichtssystem zur Verfügung:

$$(15)\quad GRS^{y}_{F} = w$$

$$(2)\quad y = wA + B$$

$$(1)\quad T = A + F$$

Dieses Gleichungssystem besteht aus drei Gleichungen und den drei endogenen Größen A, F und y. Durch Eliminierung der endogenen Variablen F und y kann die Arbeitsangebotsfunktion (20) bei bekannter Präferenzordnung entwickelt werden. Dies soll anhand folgender Nutzenfunktion beispielhaft gezeigt werden:

$$(21)\quad U = (a + y)\ (b + F) \qquad a, b\text{: Parameter} \quad a, b > 0$$

Für die Grenzrate der Substitution resultiert:

$$(22)\quad GRS^{y}_{F} = \frac{g_F}{g_y} = \frac{a + y}{b + F}$$

Nach Gleichsetzung der Grenzrate der Substitution mit dem Lohnsatz und Auflösung nach y folgt:

$$y = bw + wF - a$$

Substituieren wir für das Einkommen die Gleichung (2) und für die Freizeit die Gleichung (1), dann resultiert nach Umformung die Arbeitsangebotsfunktion:[22)]

$$(23)\quad A = \frac{b + T}{2} - \frac{a + B}{2w} \qquad \text{für} \quad \frac{a + B}{T + b} \leq w \leq \frac{a + B}{T - b}$$

$$(23)'\quad w = \frac{a + B}{b + T - 2A} \qquad \text{für} \quad 0 \leq A \leq T$$

---

21) Dies wird in der Gleichung (20) dadurch angedeutet, daß vor dem Semikolon der die Steigung der Angebotsfunktion beeinflussende Lohnsatz und daß hinter dem Semikolon das Besitzeinkommen sowie die gesamte zur Disposition vorhandene Zeit stehen, welche die Lage der Angebotsfunktion festlegen.

22) Diese Funktion gilt nur für das vorgegebene Lohnsatzintervall. Überschreitet der Lohnsatz dieses Intervall, dann entspricht die Arbeitszeit der gesamten zur Verfügung stehenden Zeit, unterschreitet der Lohnsatz das Intervall, dann wird nicht gearbeitet.

Die zur Gleichung (23)' korrespondierende Arbeitsangebotsfunktion ist in der Abbildung 6 dargestellt. Bei einem Lohnsatz der kleiner als (a+B/b+T) ist, wird der Haushalt keine Arbeitszeit anbieten, übersteigt bzw. erreicht der Lohnsatz den Wert (a+B/b-T), dann wird der Haushalt in seiner gesamten zur Verfügung stehenden Zeit arbeiten. Das Arbeitsangebot (23) nimmt bei steigendem Lohnsatz zu, d.h. die Arbeitsangebotsfunktion verläuft mit positiver Steigung. Da der Haushalt bei einer Erhöhung des Besitzeinkommens mehr Arbeitsstunden anbietet, verschiebt sich die Arbeitsangebotsfunktion nach rechts.

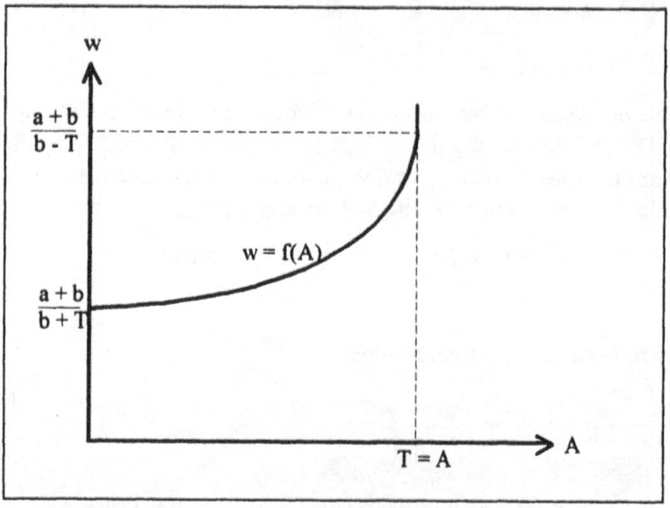

Abbildung 6: Die Arbeitsangebotsfunktion der Nutzenfunktion U = (a+y) (b+F)

Welche der aus der Nutzenfunktion (21) abgeleiteten Ergebnisse sind allgemeingültig? Zur Beantwortung dieser Frage bedienen wir uns wieder der komparativ-statischen Analyse.

6. Komparative Statik

6.1. Das fundamentale Gleichungssystem

Den Ausgangspunkt der komparativen Statik liefert das Gleichungssystem:

(15) $GRS_F^y = w$

(3) $y = wT - wF + B$

Um die Einflüsse von Veränderungen des Lohnsatzes und des Besitzeinkommens auf die Freizeit, die Arbeitszeit sowie auf das Einkommen analysieren zu können, werden die Geichungen (15) und (3) total differenziert. Wir erhalten:[23)]

$$(24) \quad \underbrace{\begin{bmatrix} \dfrac{\partial\, GRS^{y}_{F}}{\partial\, y} & \dfrac{\partial\, GRS^{y}_{F}}{\partial\, F} \\ 1 & w \end{bmatrix}}_{[H]} \begin{bmatrix} dy \\ dF \end{bmatrix} = \begin{bmatrix} dw \\ dB + (T - F)dw \end{bmatrix}$$

Das Gleichungssystem (24) bezeichnen wir als **fundamentales Gleichungssystem**. Für die Interpretation der Ergebnisse der folgenden komparativ-statischen Analyse benötigen wir wiederum das Vorzeichen der Determinante der Systemmatrix H:

$$(25) \quad |H| = + \frac{\partial\, GRS^{y}_{F}}{\partial\, y} w - \frac{\partial\, GRS^{y}_{F}}{\partial\, F}$$

Im Gleichgewicht entspricht der Lohnsatz der Grenzrate der Substitution. Da diese dem negativen Betrag der Steigung der Indifferenzkurve entspricht, resultiert:

$$(26) \quad |H| = - \left[\frac{\partial\, GRS^{y}_{F}}{\partial\, F} + \frac{\partial\, GRS^{y}_{F}}{\partial\, y} \left.\frac{dy}{dF}\right|_{dU=0} \right]$$

Der Klammerausdruck ist wie folgt zu interpretieren: Der erste Ausdruck beschreibt die Veränderung der Grenzrate der Substitution bei einer partiellen Veränderung der Freizeit. Im zweiten Ausdruck werden die erforderliche Einkommensänderung, wenn das ursprüngliche Nutzenniveau beibehalten werden soll, und die Wirkung dieser Einkommensänderung auf die Grenzrate der Substitution erfaßt. Insgesamt steht in dem Klammerausdruck daher die Veränderung der Grenzrate der Substitution entlang der Indifferenzkurve. **Da eine abnehmende Grenzrate der Substitution angenommen worden ist, folgt für die Determinante von H ein positives Vorzeichen**:

$$(27) \quad |H| = - \left.\frac{dGRS^{y}_{F}}{dF}\right|_{dU=0} > 0$$

6.2. Veränderungen des Besitzeinkommens

Betrachten wir zunächst die Auswirkungen von Besitzeinkommensveränderungen auf die Freizeit. Da aufgrund der Zeitrestriktion Veränderungen der Freizeit bei gegebener Gesamtzeit immer Veränderungen der Arbeitszeit mit umgekehrten Vorzeichen entsprechen müssen, erhalten wir gleichzeitig Aussagen über das Arbeitsangebot. Nach

23) Die Gesamtzeit wird dabei als konstant (dT=0) angesehen.

Anwendung der Cramer'schen Regel auf das Gleichungssystem (24) folgt:[24)]

$$(28) \quad \frac{dF}{dB} = \frac{\begin{vmatrix} \frac{\partial\, GRS_F^y}{\partial\, y} & 0 \\ 1 & 1 \end{vmatrix}}{|H|} = \frac{\frac{\partial\, GRS_F^y}{\partial\, y}}{|H|}.$$

Da die Determinante von H positiv ist, entscheidet der Zähler über das Vorzeichen der Freizeitänderung. Wie auch bei der Erklärung des Nachfrageverhaltens können wir hier zwischen inferiorer und superiorer Bewertung der Freizeit unterscheiden. Die Freizeit wird **superior (inferior)** bewertet, wenn bei zunehmendem Einkommen die Grenzrate der Substitution der Freizeit, ausgedrückt in Einkommenseinheiten, steigt (sinkt). Wir erhalten daher aus der Gleichung (28):

$$(29) \quad \frac{dF}{dB} \begin{cases} > 0 & \rightarrow \text{ bei superiorer Bewertung der Freizeit} \\ < 0 & \rightarrow \text{ bei inferiorer Bewertung der Freizeit} \end{cases}$$

$$(29)' \quad \frac{dA}{dB} \begin{cases} < 0 & \rightarrow \text{ bei superiorer Bewertung der Freizeit} \\ > 0 & \rightarrow \text{ bei inferiorer Bewertung der Freizeit} \end{cases}$$

Die Freizeit wird dann zunehmen (abnehmen), wenn sie als superior (inferior) bewertet wird. Verdeutlichen wir dies anhand einer Graphik.

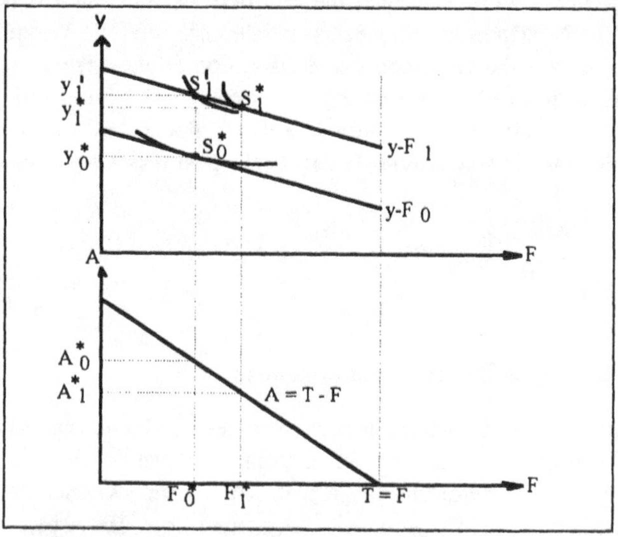

Abbildung 7: Besitzeinkommensänderungen

24) Die Veränderung des Lohnsatzes wurde gleich Null gesetzt.

Als Ausgangspunkt wählen wir die Einkommens-Freizeit-Restriktion y-F_0. Das Haushaltsgleichgewicht liegt bei S_0^*. Eine Erhöhung des Besitzeinkommens verschiebt die y-F Restriktion nach rechts oben. Unterstellen wir, daß der Haushalt aufgrund eines Arbeitsvertrages seine Arbeitszeit und damit seine Freizeit nicht verändern kann, dann erzielt er ein Einkommen in Höhe von y_1'. Die Einkommenserhöhung entspricht der Erhöhung des Besitzeinkommens:

$$(30)\quad dy = dB$$

Wir heben nun die Annahme eines gegebenen Arbeitsvertrages auf. Befindet sich der Haushalt bei S_1' im Gleichgewicht? Dies ist nur dann der Fall, wenn sich die Grenzrate der Substitution von S_0^* nach S_1' nicht verändert. In der Abbildung 7 wurde eine superiore Bewertung der Freizeit unterstellt. Die Grenzrate der Substitution nimmt daher von S_0^* nach S_1' zu. In S_1' ist die Wertschätzung für Freizeit somit größer als der entstehende Einkommensverzicht für eine zusätzliche Freizeiteinheit. Das neue Gleichgewicht wird in S_1^* erreicht. Die Freizeit ist bei gesunkener Arbeitszeit gestiegen. Bei einer inferioren Bewertung der Freizeit hätten wir eine zunehmende Arbeitszeit als Ergebnis erhalten.

Für die Veränderung des Einkommens resultiert nach Differenzierung der Gleichung (2) nach B:[25)]

$$(31)\quad \frac{dy}{dB} = w\,\frac{dA}{dB} + 1 = \varepsilon(A,B)\,\frac{L}{B} + 1$$

mit $L = w\,A$ Lohneinkommen

$$\varepsilon(A,B) = \frac{dA}{dB}\,\frac{B}{A} \quad \text{Besitzeinkommenselastizität}$$

Nimmt das Arbeitsangebot zu, wird in jedem Fall das Einkommen des Haushalts steigen. Sinkt jedoch die Arbeitszeit, dann wirken zwei entgegengesetzte Effekte auf das Einkommen. Durch das erhöhte Besitzeinkommen steigt bei unveränderter Arbeitszeit das Einkommen; durch die verminderte Arbeitszeit wird das Einkommen reduziert. Eindeutige Aussagen über die Einkommensänderung sind daher nicht möglich.

6.3. Veränderung des Lohnsatzes

6.3.1. Substitutions- und Niveaueffekte

Für eine Variation des Lohnsatzes erhält man aus dem Gleichungssystem (24):

25) Die Umformung erfolgt durch Erweiterung mit A/A und B/B

$$(32) \quad \frac{dF}{dw} = \frac{\begin{vmatrix} \frac{\partial GRS^y_F}{\partial y} & 1 \\ 1 & T-F \end{vmatrix}}{|H|} \qquad \text{bzw.}$$

$$(33) \quad \frac{dF}{dw} = -\frac{1}{|H|} + (T-F)\,\frac{\frac{\partial GRS^y_F}{\partial y}}{|H|}.$$

In Verbindung mit der Reaktion auf eine Besitzeinkommensänderung und der Zeitrestriktion (1) resultiert:

$$(34) \quad \frac{dF}{dw} = -\frac{1}{|H|} + A^* \frac{dF}{dB}.$$

Wie sind die beiden Ausdrücke auf der rechten Seite zu interpretieren? Eine Erhöhung des Lohnsatzes führt einerseits zu einer Erhöhung der Grenzopportunitätskosten der Freizeit. Andererseits führt die Erhöhung des Lohnsatzes bei unverändertem Einkommen zu einer höheren Freizeit, da mit weniger Arbeitszeit das gleiche Einkommen erzielt werden kann. Wir können also nach der Reaktion auf eine Erhöhung der Grenzopportunitätskosten der Freizeit bei gegebenem Nutzenniveau (**Substitutionseffekt**) und nach der Reaktion bei gegebenem Lohnsatz auf die gestiegenen Alternativen zwischen Einkommen und Freizeit fragen (**Niveaueffekt**).[26] Zur Illustration betrachten wir die folgende Abbildung 8.

In der Abbildung 8 wählt der Haushalt bei einem Lohnsatz von w_0 die Kombination S_0^* und bei einem Lohnsatz von w_1 die Kombination S_1^*. Zur Identifizierung des Substitutionseffektes erfährt der Haushalt eine Besitzeinkommensverringerung, die so bemessen ist, daß er sein ursprüngliches Nutzenniveau wieder erreicht.[27] Die Strecke $S_0^*S_1'$ beschreibt die Reaktion des Haushalts auf eine Lohnsatzsteigerung bei konstantem Nutzenniveau. Dies ist der Substitutionseffekt:

$$(35) \quad SE = \left.\frac{dF}{dw}\right|_{dU=0} \qquad \text{SE: Substitutionseffekt}$$

26) Auf die Möglichkeit der Zerlegung des Gesamteffektes einer Lohnsatzänderung in einen Niveau- und einen Substitutionseffekt hat Paish (1941) S. 239 f. hingewiesen.

Im Unterschied zum traditionellen Haushaltsmodell, wo eine Güterpreiserhöhung eine Realeinkommenssenkung induziert, erhöht sich das Realeinkommen durch die Lohnsatzerhöhung bei gegebenen Preisen.

27) Bei der graphischen Analyse der Effekte beschränken wir uns auf die compensating-income-method.

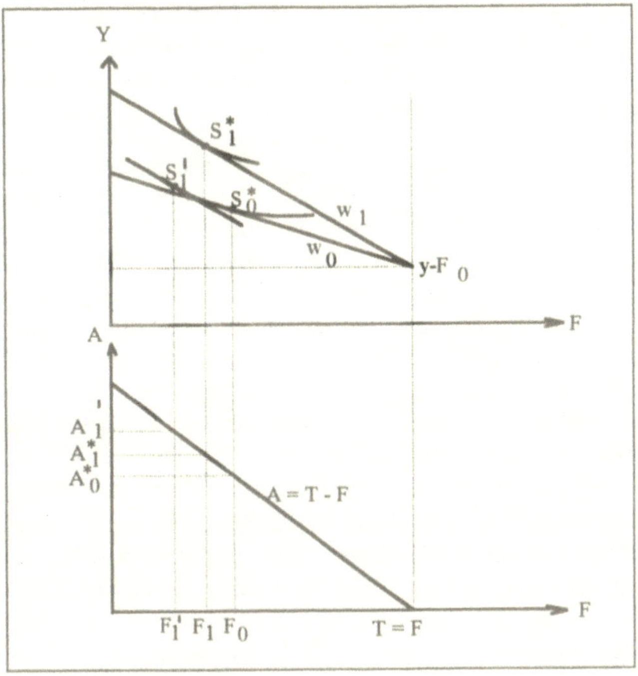

Abbildung 8: Lohnsatzänderungen

Er entspricht dem ersten Ausdruck auf der rechten Seite der Gleichung (34):

$$(36)\quad SE = -\frac{1}{|H|}$$

Da die Freizeit bei gestiegenem Lohnsatz abnimmt, ist der Substitutionseffekt für die Freizeit negativ; für die Arbeitszeit positiv.

Den Niveaueffekt erhalten wir durch Rücknahme der hypothetischen Besitzeinkommensreduzierung. Das Niveau der Verschiebung nach oben ist abhängig von dem Niveau der Arbeitszeit im Ausgangsgleichgewicht und **das Vorzeichen des Niveaueffektes von der Veränderung der subjektiven Wertschätzung der Freizeit bei partieller Variation des Einkommens**. Der Niveaueffekt für die Freizeit entspricht somit:[28)]

$$(37)\quad NE = A\,\frac{dF}{dB}\begin{cases} > 0 \rightarrow & \text{bei superiorer Bewertung der Freizeit} \\ < 0 \rightarrow & \text{bei inferiorer Bewertung der Freizeit} \end{cases}$$

In der Abbildung 8 wurde eine superiore Bewertung der Freizeit unterstellt, so daß der

28) Paish (1941) S. 239 ist von einem positiven Niveaueffekt ausgegangen: "Since leisure is normally complementary to other goods, it is highly probable that the income elasticity of demand for it is positive."

Niveaueffekt für die Freizeit in diesem Fall positiv, für die Arbeitszeit negativ ist. Die in der Abbildung 8 dargestellten Substitutions- und Niveaueffekte sind also gegenläufig. Insgesamt überwiegt der Niveaueffekt den Substitutionseffekt, so daß die Freizeit zunimmt und dementsprechend die Arbeitszeit sinkt.

Die in der Abbildung 8 dargestellte Erhöhung der Freizeit ist aber keine zwingende Reaktion. Da bei superiorer Bewertung der Freizeit Substitutions- und Niveaueffekte unterschiedliche Vorzeichen haben, ist die Wirkung einer Lohnsatzänderung auf die Arbeitszeit unklar. Bei inferiorer Bewertung der Freizeit sind dagegen beide Effekte bezüglich der Freizeit negativ. Die Freizeit sinkt, und die Arbeitszeit steigt in gleichem Umfang. Für die Steigung der Arbeitsangebotsfunktion erhalten wir die in der Übersicht 1 festgehaltenen Ergebnisse. Die Arbeitsangebotsfunktion kann daher sowohl steigend, fallend oder senkrecht verlaufen. Sie verläuft immer fallend, wenn die Freizeit als inferior bewertet wird. Dieses Ergebnis erscheint auf den ersten Blick unbefriedigend. Wir müssen jedoch beachten, daß in der Realität die Wirtschaftssubjekte durchaus unterschiedlich auf Lohnsatzänderungen reagieren. Hierzu zwei Beispiele.[29]

(a) Ehefrauen schätzen nach Abschluß der Kindererziehung die Freizeit geringer ein als ihre "streßgeplagten" Ehemänner. Daher ist der Niveaueffekt einer Lohnsatzerhöhung bei den Ehefrauen größer als bei den Ehemännern, so daß Ehefrauen eher mit einer Erhöhung der angebotenen Arbeitszeit und die Ehemänner mit einer Reduktion der angebotenen Arbeitszeit reagieren.

(b) Yuppies schätzen die Freizeit geringer ein und reagieren bei einer Lohnsatzerhöhung mit zunehmender Arbeitszeit. Demgegenüber werden Mittfünfziger nach Ablauf ihrer Midlife-Crisis gelassener, d.h. mit einer Reduktion der Arbeitszeit reagieren.

<table>
<tr><th>SE</th><th>NE</th><th>$\frac{dF}{dw}$</th><th>$\frac{dA}{dw}$</th></tr>
<tr><td rowspan="4">< 0</td><td rowspan="3">F ist superior
> 0</td><td>$|NE| > |SE|$
> 0</td><td>< 0</td></tr>
<tr><td>$|NE| = |SE|$
$= 0$</td><td>0</td></tr>
<tr><td>$|NE| < |SE|$
< 0</td><td rowspan="2">> 0</td></tr>
<tr><td>F ist inferior
< 0</td><td>< 0</td></tr>
</table>

Übersicht 1:Die Steigung der Arbeitsangebotsfunktion

29) vgl. Franz (1991) S. 43

6.3.2. Erfassung der Modellergebnisse mit Hilfe von Elastizitäten

Auch hier erweist es sich, wie im traditionellen Nachfragemodell, als sinnvoll, die Modellergebnisse mit Hilfe von Elastizitäten auszudrücken. Unter Berücksichtigung der Gleichungen (35) und (37) folgt für den Gesamteffekt der Freizeit und den der Arbeitszeit:

$$(34)' \quad \frac{dF}{dw} = \left.\frac{dF}{dw}\right|_{dU=0} + A^* \frac{dF}{dB}$$

$$(34)'' \quad \frac{dA}{dw} = \left.\frac{dA}{dw}\right|_{dU=0} + A^* \frac{dA}{dB}$$

Die in der Gleichung (34)" auftretenden Effekte haben wegen der Zeitrestriktion umgekehrte Vorzeichen wie die entsprechenden Effekte in der Gleichung (34)'. Wir multiplizieren nun die Gleichung (34)" mit w/A und erweitern den zweiten Ausdruck auf der rechten Seite mit B/B:

$$(34)''' \quad \frac{dA}{dw}\frac{w}{A} = \left.\frac{dA}{dw}\frac{w}{A}\right|_{dU=0} + \frac{wA}{B}\frac{dA}{dB}\frac{B}{A} \quad \text{bzw.}$$

$$(34)^{IV} \quad \varepsilon(A,w) = \varepsilon(SE) + \frac{wA}{B}\varepsilon(A,B) \quad \text{mit:}$$

$$\varepsilon(A,w) = \frac{dA}{dw}\frac{w}{A} \qquad \varepsilon(SE) = \left.\frac{dA}{dw}\frac{w}{A}\right|_{dU=0} \qquad \varepsilon(A,B) = \frac{dA}{dB}\frac{B}{A}$$

Lohnelastizität — Elastizität des Substitutionseffektes — Besitzeinkommenselastizität

Die Lohnsatzelastizität ε (A,w) entspricht der Summe aus der Elastizität des Substitutionseffektes ε (SE) und der mit dem Verhältnis von Lohn- zu Besitzeinkommen gewichteten Besitzeinkommenselastizität ε (A,B). Die Lohnsatzelastizität ist immer positiv, wenn die Besitzeinkommenselastizität positiv ist. Bei negativer Besitzeinkommenselastizität hängt das Vorzeichen der Lohnsatzelastizität vom Niveau der Substitution- und der Besitzeinkommenselastizität ab. Die Gleichung $(34)^{IV}$ kann entweder zur empirischen Überprüfung des Modells oder als Grundlage für empirische Schätzungen verwendet werden.[30)]

6.3.3. Die Interpretation des Verlaufs der Arbeitsangebotsfunktion in der Literatur

Eine generelle Aussage über den Verlauf der Arbeitsangebotsfunktion ist nicht möglich. In der Literatur versucht man dieses Problem durch Zuhilfenahme von plausiblen Hy-

30) vgl. hierzu den Abschnitt V. 6.8.

pothesen zu lösen.[31] Dies soll anhand der Abbildung 9 illustriert werden.

Der das Existenzminimum bei physisch maximal möglicher Arbeitszeit gewährleistende Lohnsatz sei w_{min}. Der einzelne Arbeitnehmer kann sein Existenzminimum nur erreichen, wenn er seine gesamte zur Verfügung stehende Zeit arbeitet. Steigt der Lohnsatz, dann wird die Arbeitszeit zur Reduktion der physischen Belastung verringert. Ab einem bestimmten Lohnsatz w_1 wird die Arbeitszeit wieder ausgedehnt, um materielle Bedürfnisse verstärkt befriedigen zu können. Steigt der Lohnsatz über w_2, dann nimmt die Wertschätzung der Freizeit ein derartig hohes Niveau an, daß der Niveaueffekt den negativen Substitutionseffekt überkompensiert und die Angebotsfunktion fallend verläuft. Aufgrund dieser postulierten Verhaltenshypothesen resultiert eine doppelt umbiegende Angebotsfunktion. Das "Obskure" an dieser Herleitung der Angebotsfunktion ist darin zu sehen, daß plausible Hypothesen und der Einkommens-Freizeit-Ansatz unverbunden nebeneinander stehen.[32]

Insbesondere die Konstatierung der Superiorität der Freizeit ist keine echte theoretische Erklärung![33] Man kann jedoch, wie Kleinhückelskoten es vorschlägt,[34] durch geeignete Beschreibung der Präferenzfunktion, basierend auf diesen plausiblen Hypothesen, eindeutige Aussagen bezüglich der Wendepunkte der Arbeitsangebotskurve ableiten.

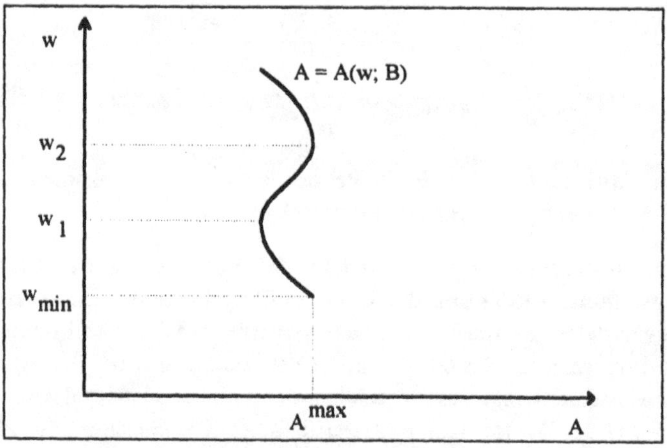

Abbildung 9: Verlauf der Arbeitsangebotsfunktion aufgrund postulierter Verhaltenshypothesen

---

31) vgl. z.B. Horn (1984) S. 47 ff; Brinkmann (1981) S. 49; Külp (1983) S. 16 ff., Bartling, Luzius (1986) S. 145 ff.

32) vgl. Kleinhückelskoten (1984) S. 146

33) vgl. Külp (1983) S. 26

34) vgl. Kleinhückelskoten (1984) S. 147 ff.

6.3.4. Lohnsatzänderung und Einkommensentwicklung

Die Auswirkungen einer Lohnsatzänderung auf das Einkommen können anhand der Einkommensdefinition

$$(38) \quad y = wA(w) + B$$

durch Differentiation nach dem Lohnsatz abgeleitet werden:

$$(39) \quad \frac{dy}{dw} = A + w\frac{dA}{dw}$$

Der erste Term auf der rechten Seite der Gleichung (39) beschreibt die Erhöhung des Einkommens bei gleicher Arbeitszeit; der zweite Term die durch die lohnsatzinduzierte Arbeitszeitveränderung ausgelöste Wirkung auf das Einkommen. Bei steigender Arbeitsangebotsfunktion nimmt das Einkommen stets zu. Unklar ist die Einkommensänderung bei einer fallenden Arbeitsangebotsfunktion, da dann die beiden Terme auf der rechten Seite unterschiedliche Vorzeichen aufweisen. Um eine differenzierte Aussage treffen zu können, wann das Einkommen sinkt, wird die Ungleichung (40)

$$(40) \quad \frac{dy}{dw} = A + w\frac{dA}{dw} < 0$$

umgeformt zu:

$$(41) \quad w\frac{dA}{dw} = -A \quad \text{bzw.}$$

$$(42) \quad \frac{dA}{dw}\frac{w}{A} = \varepsilon(A,w) < -1$$

Das Einkommen nimmt bei negativer Steigung der Arbeitsangebotsfunktion ab, wenn das Arbeitsangebot auf eine Lohnsatzerhöhung elastisch reagiert. In diesem Fall ist der einkommenserhöhende Effekt des Lohnsatzanstieges geringer als der einkommensmindernde Effekt der Reduzierung der Arbeitszeit.

Im einführenden Kapitel I wurde auf die Möglichkeit der empirischen Falsifizierbarkeit theoretischer Modelle hingewiesen. Welche falsifizierbare Aussage können wir aus dem Modell ableiten? Wie im traditionellen Haushaltsmodell stehen wir hier vor dem Problem, daß sowohl die Auswirkungen einer Besitzeinkommensänderung als auch die einer Lohnsatzänderung auf die Arbeitszeit unklar sind. Die Lösung aus diesem Dilemma besteht in der Verknüpfung der Ergebnisse beider Datenänderungen. Aus der komparativ statischen Analyse haben wir einerseits abgeleitet, daß die Arbeitszeit bei einer Besitzeinkommenserhöhung immer dann zunimmt, wenn die Freizeit als inferior bewertet wird. Andererseits nimmt die Arbeitszeit bei einer inferioren Bewertung der Freizeit bei einer Lohnsatzerhöhung ebenfalls immer zu. Aus der Kombination beider Ergebnisse, erhalten wir die Hypothese: **Steigt bei einer Besitzeinkommenserhöhung die Arbeitszeit, dann nimmt sie auch bei steigenden Lohnsätzen zu.**

6.4. Ein Anwendungsbeispiel: Der Einfluß verschiedener Steuerarten

Im Rahmen des Einkommens-Freizeit-Ansatzes soll nun die Bedeutung verschiedener Steuerarten auf das Arbeitsangebot des Haushalts untersucht werden, wobei sich die Analyse sich auf zwei Arten der Besteuerung beschränkt.

6.4.1. Der Einfluß lohnunabhängiger Steuern

Zunächst wird eine lohnunabhängige direkte Steuer, z.B. eine Kopfsteuer oder eine Kapitalertragsteuer, betrachtet. Das Nettoeinkommen des Haushalts beträgt:

(43) $y^n = wA + B - T_u$ T_u: lohnunabhängige Steuer
y^n: Nettoeinkommen

Aus der Gleichung (43) ist ersichtlich, daß eine Änderung der lohnunabhängigen Steuer umgekehrt wie eine Besitzeinkommensänderung auf das Nettoeinkommen des Haushalts wirkt. Die Ergebnisse der Analyse einer Besitzeinkommensänderung können daher übertragen werden: **Das Arbeitsangebot nimmt bei einer Erhöhung der lohnsatzunabhängigen Steuer dann zu, wenn die Freizeit als superior, das Arbeitsangebot nimmt ab, wenn die Freizeit als inferior bewertet wird.**

Aus diesen Überlegungen können wir eine weitere falsifizierbare Aussage ableiten: **Reagiert der Haushalt bei einer Besitzeinkommenserhöhung mit einer Erhöhung der Arbeitszeit, dann wird er die Arbeitszeit bei einer Erhöhung einer lohnsatzunabhängigen Steuer reduzieren.**

6.4.2. Der Einfluß des Lohnsteuersatzes

Betrachten wir als nächstes die Wirkungen einer Änderung des Lohnsteuersatzes. Zur Vereinfachung gehen wir von einer linearen Lohnsteuer aus, so daß die Einkommensdefinition gegeben wird durch:[35)]

(44) $y^n = (1 - t)\, wA + B \qquad 0 < t < 1$ t: Steuersatz

In der Gleichung (44) entspricht w dem Lohnsatz vor Steuern und (1-t) w dem Lohnsatz nach Steuern, so daß eine Erhöhung des Steuersatzes qualitativ mit einer Reduktion des Lohnsatzes vor Steuern gleichzusetzen ist. Wir können daher die aus der Untersuchung des Lohnsatzes w abgeleiteten Ergebnisse mit umgekehrten Vorzeichen übernehmen. Wird die Freizeit als inferior bewertet, dann sinkt die Arbeitszeit bei einer Erhöhung des Steuersatzes, während bei einer superioren Bewertung der Freizeit die Wirkungsrichtung offen ist. Überwiegt der Niveaueffekt, dann steigt das Arbeitsangebot.

Da bei einer inferioren Bewertung der Freizeit die Reaktionen eindeutig sind, können

---

35) Bei einer progressiven Einkommensteuer verläuft die Einkommen-Freizeit-Restriktion konkav, da für eine zusätzliche Freizeiteinheit immer weniger Einkommenseinheiten aufgegeben werden müssen .

folgende falsifizierbare Hypothesen aufgestellt werden: **Die Arbeitszeit wird bei einer Erhöhung des Steuersatzes immer sinken, wenn sie**

a) bei einer Besitzeinkommenserhöhung steigt,

b) bei einer Erhöhung der pauschalen Steuer sinkt.

6.4.3. Variable Steuersätze und variable Lohnsätze

Eine andere Anwendbarkeit des Ansatzes besteht in der Berücksichtigung einkommensabhängiger Steuersätze. Der einfachste Fall wird in der folgenden Abbildung dargestellt:

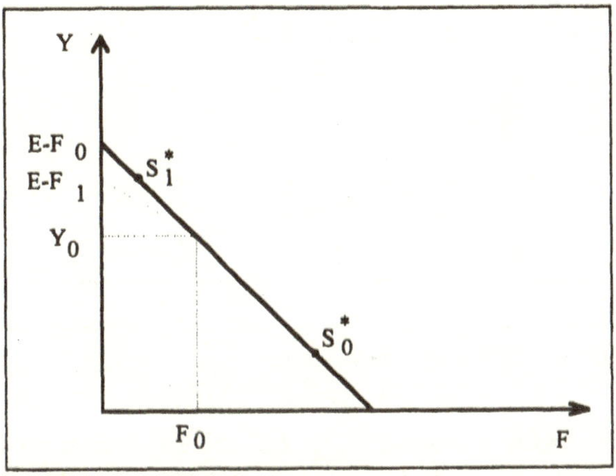

Abbildung 10 : Einkommensabhängige Steuersätze

In der Ausgangssituation wird keine Einkommensteuer erhoben. Die Wahlmöglichkeiten werden durch E-F_0 beschrieben. In der neuen Situation wird bei Überschreitung der tariflichen Arbeitszeit, d.h. wenn die Freizeit kleiner als F_0 ist, eine konstante prozentuale Einkommensteuer erhoben. Die neue Restriktion verläuft bis F_0 unterhalb und flacher als die ursprüngliche Restriktion; ab F_0 ist sie mit der ursprünglichen identisch. Die neue E-F Restriktion hat bei F_0 einen Knick. Die Auswirkungen auf das Arbeitsangebot hängen vom Ausgangsgleichgewicht ab. Liegt dieses in S_0^*, dann werden sich keine Änderungen ergeben. Liegt das ursprüngliche Gleichgewicht jedoch in S_1^*, dann werden Reaktionen stattfinden. Durch die Erhebung des Steuersatzes treten hier wieder die beschriebenen Substitutions- und Niveaueffekte auf,[36] so daß bei superiorer Bewertung der Freizeit keine eindeutigen Aussagen möglich sind. Der hier vorgestellte Fall beschreibt eine Situation, in der Überstunden zusätzlich besteuert werden, z.B. unter der Zielsetzung des Abbaus von Überstunden, um die Einstellung zusätzlicher Arbeitnehmer zu fördern. Ob dieses Ziel durch eine solche Maßnahme aber tatsächlich erreicht wird, ist a priori nicht vorhersagbar.

---

36) vgl. Abschnitt V.B.6.3.1

Interessant ist auch der Fall, in dem die Unternehmen den Arbeitnehmern ab einer bestimmten Arbeitszeit höhere Löhne zahlen. Die daraus resultierende E-F Restriktion ist in der folgenden Abbildung dargestellt:

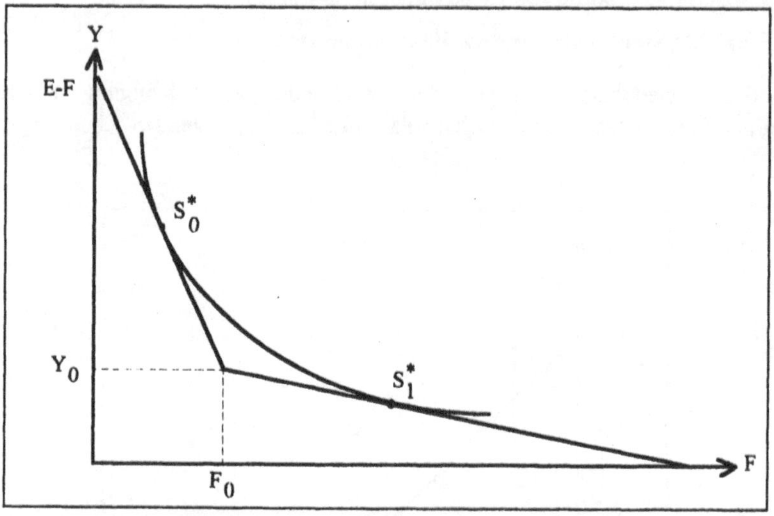

Abbildung 11: Höhere Löhne bei Überstunden

Die E-F Restriktion weist wieder bei F_0 einen Knick auf. Jedoch kann jetzt die Situation eintreten, daß das Haushaltsgleichgewicht nicht eindeutig bestimmt ist. Die Indifferenzkurve tangiert die E-F Restriktion in S_0^* und in S_1^*, so daß keine Aussagen über die Höhe der Arbeitszeit möglich sind.

6.4.4. Beurteilung der Effizienz von Einkommens- und Kopfsteuern

Wir wollen als nächstes anhand des Einkommens-Freizeit-Ansatzes die Effizienz von Lohnsteuern und pauschalen Steuern beurteilen. Eine Steuerart ist gegenüber einer anderen Steuerart **effizient**, wenn die gleichen Steuereinnahmen mit geringeren Wohlfahrtseinbußen bei den Haushalten verbunden sind. Betrachten wir die folgende Graphik 12. Im Ausgangspunkt gilt die Einkommens-Freizeit-Restriktion E-F_0. Das Haushaltsgleichgewicht wird in S_0^* erreicht. Nach einer Erhöhung der Lohnsteuer sind lediglich Kombinationen gemäß der Einkommens-Freizeit-Restriktion E-F_1 realisierbar, wobei das Haushaltsgleichgewicht in S_1^* erreicht wird. Die Steuereinnahmen betragen S_1^*P. Steuereinnahmen in der gleichen Höhe können alternativ durch eine pauschale Steuer in Höhe von S_1^*P erzielt werden. Die betreffende Einkommens-Freizeit-Restriktion verläuft durch S_1^* parallel zur E-F_0-Restriktion. Das neue Haushaltsgleichgewicht in S_2^* liegt auf einer höheren Indifferenzkurve als das Haushaltsgleichgewicht S_1^*. **Eine pauschale Steuer ist gegenüber einer Lohnsteuer effizienter, da das gleiche Steueraufkommen mit geringeren Wohlfahrtseinbußen bei den Konsu-**

menten erzielt werden kann. Der Grund liegt, wie auch schon bei der Abwägung einer speziellen gegenüber einer allgemeinen Verbrauchssteuer,[37] darin, daß bei der pauschalen Steuer lediglich der Niveaueffekt wirkt ($S_0^*S_1^*$), während bei der Lohnsteuer zusätzlich ein nutzenmindernder Substitutionseffekt ($S_1^*S_2^*$) hinzutritt.[38]

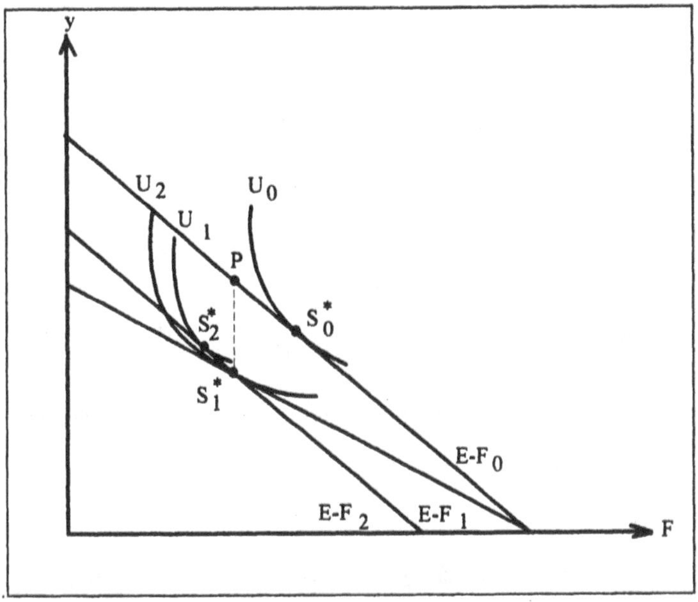

Abbildung 12: Lohnsteuer versus pauschale Steuer

Es soll darauf hingewiesen werden, daß die Beurteilung der Steuern hier ausschließlich unter allokativen Aspekten durchgeführt worden ist. Unter verteilungspolitischen Aspekten kann dagegen eine Lohnsteuer wünschenswertere Ergebnisse bringen als eine Kopfsteuer.[39]

6.4.5. Auswirkung des Steuersatzes auf die Steuereinnahmen

Steuern werden zur Beschaffung von finanziellen Mitteln sowie aus sozialpolitischen, konjunkturpolitischen und allokationspolitischen Aspekten erhoben. Wir wollen uns an dieser Stelle mit dem Ziel der Mittelbeschaffung beschäftigen. Zur Finanzierung von höheren Staatsausgaben erhöht der Staat häufig die Steuern. Diese Steuererhöhung muß aber nicht zwangsläufig zu einer Erhöhung des Steueraufkommens führen. So hat bereits 1728 Swift festgestellt, daß höhere Zölle auf importierte Seide und Wein zu ei-

37) vgl. die Ausführungen zur Effizienz der Beteuerung des Konsums in Abschnitt III.E.2

38) Zu weiteren allokativen Nachteilen einer Einkommenssteuer siehe Brümmerhoff (1990) S. 270 ff.

39) vgl. hierzu Stiglitz, Schönfelder (1989) S. 475 ff.

ner Verringerung des Steueraufkommens führten, da weniger importiert und mehr geschmuggelt wurde.[40] In diesem Abschnitt wollen wir die Möglichkeit einer Verringerung des Steueraufkommens bei einer Erhöhung der Besteuerung der Lohnsätze diskutieren. Die Steuereinnahmen sind definiert als Produkt von Steuersatz und Lohneinkommen:

$$(45)\quad \Omega = t\, w\, A(t) \qquad \Omega\text{: Steuereinnahmen}$$

Für die Auswirkung einer Veränderung des Steuersatzes auf das Steueraufkommen folgt:

$$(46)\quad \frac{d\Omega}{dt} = \left(A + t\frac{dA}{dt}\right) w$$

Nach Ausklammerung von A resultiert:

$$(47)\quad \frac{d\Omega}{dt} = A\left(1 + \frac{dA}{dt}\frac{t}{A}\right) w = \left[A\,(1 + \varepsilon\,(A,t))\right] w$$

Die Steuereinnahmen nehmen zu, wenn das Arbeitsangebot unelastisch reagiert[41]:

$$(48)\quad \varepsilon\,(A,t) > -1 \quad \text{bzw.}$$

$$(48)'\quad |\varepsilon\,(A,t)| < 1$$

In diesem Fall ist der Effekt der Steuerminderung durch die Reduktion der Arbeitszeit geringer als der positive Effekt der Steuersatzerhöhung. In der Abbildung 13 ist der Zusammenhang zwischen Steuersatz und Steueraufkommen dargestellt. Die Kurve bezeichnet man als **Laffer-Kurve**.[42] Ist der Steuersatz Null, dann erzielt der Staat keine Steuereinnahmen. Erhebt der Staat einen Steuersatz von 100%, so wird niemand mehr arbeiten, und die Steuereinnahmen sind ebenfalls Null. Da die Steuereinnahmen aber bei einem Steuersatz zwischen Null und 100% positiv sind, müssen die Steuereinnahmen zuerst ansteigen und dann fallen. Mit Hilfe der Gleichung (48)' können wir den steigenden und den fallenden Bereich eingrenzen. Im unelastischen Bereich geht die Besteuerungsgrundlage relativ geringer zurück als im Vergleich die relative Erhöhung des Steuersatzes ausfällt, so daß die Steuereinnahmen steigen. Wird der Steuersatz t^* überschritten, dann sind die leistungshemmenden Wirkungen der Steuersatzerhöhung so

---

40) vgl. Petersen (1990) S. 278; Schmölders, Hansmeyer (1980) S. 100.

41) Dies gilt nur unter der Annahme einer negativen Reaktion der Arbeitszeit auf eine Steuersatzerhöhung. Bei einer positiven Reaktion nehmen die Steuereinnahmen immer zu, da die Erhöhung des Steuersatzes und die gestiegene Arbeitszeit zu einem Zuwachs der Steuereinnahmen führen.

42) Diese Kurve ist nach Laffer benannt, der diese "in einem Augenblick der Inspiration auf eine Serviette malte, als er 1974 in einem Washingtoner Restaurant saß". (Gordon (1989) S. 542); vgl. auch die Bemerkungen bei Mühlfenzl (1984) S. 20 f.

groß, daß das Steueraufkommen sinkt.[43]

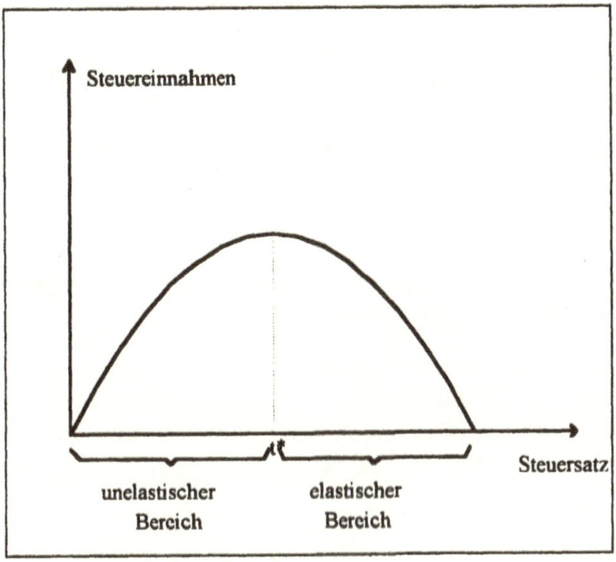

Abbildung 13: Die Laffer-Kurve

Die Möglichkeit abnehmender Steuereinnahmen bei einer Erhöhung des Steuersatzes ist besonders unter fiskalpolitischen Aspekten von Bedeutung. So gehen insbesondere **angebotsorientierte Ökonomen** davon aus, daß sowohl in den USA als auch in den westeuropäischen Ländern die Steuersätze ein Niveau erreicht haben, bei dem Erhöhungen der Steuersätze die Steuereinnahmen verringern. Daraus leiten die **supply-side Ökonomen** die Forderung nach einer Reduktion der Steuersätze ab.[44] Die Empfehlung der angebotsorientierten Wirtschaftspolitik bildete u.a. die Grundlage der Wirtschaftspolitik der Reagan-Administration.[45] Diese ging davon aus, daß die hohen Steuersätze die individuelle Initiative und die Ersparnisse ersticken und daß eine Senkung der Einkommensteuer zu einem höheren Arbeitseinsatz veranlaßt, so daß der steuermindernde Effekt einer Steuersenkung überkompensiert wird, und die Staatseinnahmen steigen. Aufgrund dieser Empfehlungen wurden die Steuersätze in den USA 1981 reduziert. Die Erwartungen erfüllten sich jedoch nicht. Tatsächlich blieb die Gesamtarbeitszeit von 1981 bis 1985 in etwa konstant,[46] und die Steuereinnahmen als Prozentsatz vom Bruttosozialprodukt fielen von 20,9% im Jahre 1981 auf 19% im

43) Zur Weiterentwicklung der Laffer-Kurve siehe Petersen (1990) S. 279 ff.

44) Zu weiterführenden Aspekten siehe z.B. Pätzold (1991) S. 299 ff.

45) In diesem Zusammenhang spricht man auch von Reagonomics. Zu den Einzelheiten siehe z.B. Kromphardt (1987) S. 193 ff.

46) vgl. Gordon (1989) S. 541

Jahre 1983.[47]

6.5. Der Einfluß der Fahrzeit zum Arbeitsplatz

Als nächstes wollen wir die Auswirkungen einer Veränderung der Fahrzeit zum Arbeitsplatz untersuchen. Die Fahrzeit zum Arbeitsplatz kann sich z.B. durch die Inbetriebnahme eines neuen Autobahnabschnittes verringern oder durch die Verlegung der Betriebsstätte an einen anderen Ort sowie eine Ausdehnung des Verkehrsaufkommens erhöhen. Für die Implementierung dieser Fragestellung in das Modell existieren zwei Wege:

(a) Die Fahrzeit wird als Freizeit definiert.

(b) Die Fahrzeit wird als eine dritte Zeitgröße in das Modell aufgenommen und beeinflußt die zur Verfügung stehende Zeit.

In der Modellvariante a) findet durch die Variation der Fahrzeit lediglich eine Umstrukturierung innerhalb der Freizeit statt, die in dem Modell aber nicht weiter untersucht wird. Die Arbeitszeit bleibt also unverändert. In der Modellvariante (b) müssen die Verwendungsmöglichkeiten der zur Verfügung stehenden Zeit neu definiert werden:

(49) $T = A + F + M$ bzw.

(50) $F = T - M - A$ M: Fahrzeit

Da davon ausgegangen wird, daß der betrachtete Haushalt die Fahrzeit nicht beeinflussen kann, ist diese eine modellexogene Größe. Die um die Fahrzeit verminderte zur Verfügung stehende Zeit ist das Zeitvolumen, welches zur Aufteilung auf Arbeits- und Freizeit zur Verfügung steht. Die modifizierte Einkommens-Freizeit-Restriktion lautet dann:

(51) $y = w(T - M) - wF + B$

Eine Erhöhung der Fahrzeit verschiebt somit die Einkommens-Freizeit-Restriktion parallel nach links unten und, im Unterschied zu einer Besitzeinkommensveränderung, die Zeitrestriktion ebenfalls nach links unten, wobei die Verschiebung der Zeitrestriktion dem Betrag der Erhöhung der Fahrzeit entspricht.

Wir unterstellen in der Abbildung 14 eine superiore Bewertung der Freizeit. In diesem Fall sinkt die Freizeit bei einer Erhöhung der Fahrzeit, da die Wertschätzung der Freizeit bei einer partiellen Reduktion des Einkommens sinkt. Welche Auswirkungen ergeben sich bezüglich der Arbeitszeit? Betrachten wir hierzu die Gleichung (52):

(52) $A = T - M - F(M)$

Die Funktion F(M) stellt die Beziehung zwischen nutzenoptimaler Freizeit bei alternati-

47) vgl. Dornbusch, Fischer (1985) S. 549. Zur Diskussion der Wirkungen der Wirtschaftspolitik der Reagan-Administration siehe z.B. Gordon (1989) S. 540 ff.

ven Fahrzeiten dar.

Die Arbeitszeit nimmt zu, wenn gilt:

(53) $$\frac{dA}{dM} = -1 - \frac{dF}{dM} > 0$$

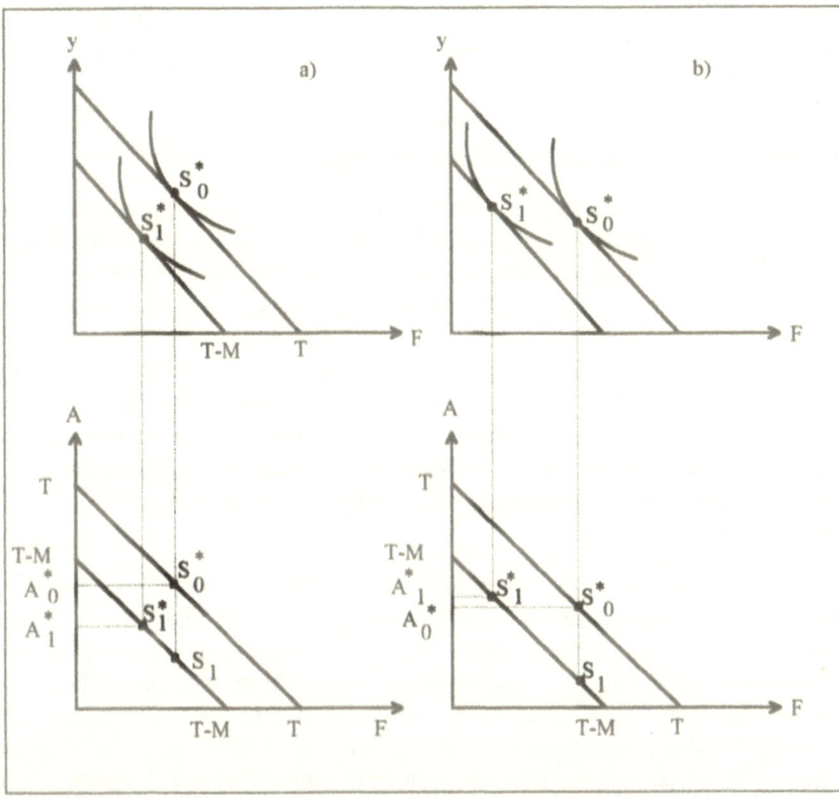

Abbildung 14: Auswirkungen einer Veränderung der Fahrzeit

Der erste Ausdruck auf der rechten Seite gibt die Reduktion der Arbeitszeit bei einer Erhöhung der Fahrzeit bei unveränderter Freizeit an. Die Verringerung der Arbeitszeit muß gleich der Erhöhung der Fahrzeit sein. Dies entspricht der Bewegung von S_0^* nach S_1 im unteren Teil der Abbildung 14a). Da wir eine superiore Bewertung der Freizeit angenommen haben, nimmt die Freizeit aufgrund der zunehmenden Fahrzeit ab. In gleichem Maße, wie die Freizeit abnimmt, kann die Arbeitszeit bei nun wieder gegebener Fahrzeit ausgedehnt werden. Dies entspricht der Bewegung von S_1 nach S_1^* im unteren Teil der Abbildung 14a) und dem zweiten Ausdruck auf der rechten Seite der Gleichung (53). Ist der Betrag der Ableitung der Freizeit nach der Fahrzeit kleiner als Eins, d.h. die Reduktion der Freizeit ist geringer als die gestiegene Fahrzeit, dann nimmt die Arbeitszeit und damit das Einkommen ab. Dieser Fall ist in der Abbildung

14a) dargestellt. In der Abbildung 14b) sinkt die Freizeit stärker als die gestiegene Fahrzeit, so daß die Arbeitszeit und das Einkommen zunehmen

Bei einer inferioren Bewertung der Freizeit nimmt die Freizeit aufgrund der Erhöhung der Fahrzeit zu, so daß infolge der Zeitrestriktion die Arbeitszeit in diesem Fall immer sinkt.

Auch hier können wir Zusammenhänge zu Reaktionen mit anderen Datenänderungen herleiten: **Das Arbeitsangebot wird bei gestiegener Fahrzeit immer dann sinken, wenn die Arbeitszeit bei**

a) einer Erhöhung des Besitzeinkommens steigt.

b) einer Erhöhung der pauschalen Steuer sinkt.

Wir haben in diesem Abschnitt zwei Alternativen zur Erfassung der Fahrzeit formuliert, die jeweils zu unterschiedlichen Ergebnissen führen. In der ersten Modellvariante wird die Fahrzeit der Freizeit zugeordnet und beeinflußt daher die zur Verfügung stehende Zeit nicht, während in der zweiten Modellvariante die zur Verfügung stehende Zeit durch die gestiegene Fahrzeit reduziert wird. Die Antwort auf die Frage, welche Modellvariante geeigneter für die Beschreibung der Realität ist, liefert die Konfrontation der jeweiligen theoretischen Ergebnisse mit dem empirischen Befund. **Stellen wir z.B. fest, daß eine Reduktion der Fahrzeit zu einer Änderung des Arbeitsangebots, d.h. zu einer Verschiebung der Arbeitsangebotsfunktion geführt hat, dann kann dies nur mit der Modellvariante b) erklärt werden. Die Modellvariante a) wäre damit falsifiziert**!

Kehren wir noch einmal zu der Variante b) zurück und diskutieren das Problem der Verlegung der Arbeitsstätte an einen entfernteren Ort, z.B. von einem Ort in den alten zu einem Ort in den neuen Bundesländern. Unter welchen Bedingungen wird ein Arbeiter bei gleicher Arbeitszeit der Verlegung seines Arbeitsplatzes zustimmen? Dabei wird von möglichen Präferenzen bezüglich des Arbeitsortes abgesehen. Wir haben vorher festgestellt, daß der Haushalt seine Arbeitszeit reduzieren wird, wenn der Rückgang der Freizeit kleiner als die Erhöhung der Fahrzeit ausfällt. Diesen Fall wollen wir hier betrachten. Der Haushalt wird die ursprüngliche Arbeitszeit anbieten, wenn sein Nutzenniveau nicht sinkt. Eine Erhöhung der Fahrzeit führt jedoch zu einer Verringerung des Nutzenniveaus.[48)] Das Unternehmen muß daher einen über die reinen Fahrkosten hinausgehenden Ausgleich zahlen. Wir wollen nun fragen, wie hoch diese Kompensa-

48) Dieses Ergebnis erhält man formal durch Anwendung des Envelope-Theorems auf die Lagrange-Funktion:

$$L = f(y,F) + \lambda\,[w(T - M) - wF + B]$$

Im Gleichgewicht gilt:

$$\frac{\partial L}{\partial M} = \frac{\partial U}{\partial M} = -\lambda w < 0 \qquad \text{wegen } \lambda,\ w > 0$$

tion ausfallen muß. Das Einkommen des Haushalts beträgt:

(54) $y = wA + B + C$ C: Kompensationszahlung

Substituieren wir in der Nutzenfunktion für die Freizeit die Gleichung (52) und für das Einkommen die Gleichung (54)

(55) $U = f(wA + B + C, T - M - A)$

und bilden das totale Differential unter der Bedingung, daß der Lohnsatz, die Arbeitszeit und das Besitzeinkommen konstant bleiben, dann resultiert:

(56) $dU = f_y dC - f_F dM = 0$

Daraus folgt für ein konstantes Nutzenniveau:

(57) $\frac{dC}{dM} = \frac{f_F}{f_y} = GRS_F^y$

Eine Erhöhung der Fahrzeit reduziert die Freizeit und damit das Nutzenniveau; die Zahlung der Kompensation erhöht das Einkommen und damit das Nutzenniveau. Die beiden Effekte gleichen sich aus, wenn der Haushalt genau in der Höhe, wie er die Freizeit in Einkommenseinheiten bewertet, eine Kompensationszahlung erhält.

6.6 Auswirkungen der Arbeitslosenversicherung

Von besonderem Interesse ist die Frage der Auswirkung der Arbeitslosenversicherung auf die Arbeitslosigkeit. Zur Vereinfachung wird von einem möglichen Besitzeinkommen abstrahiert.

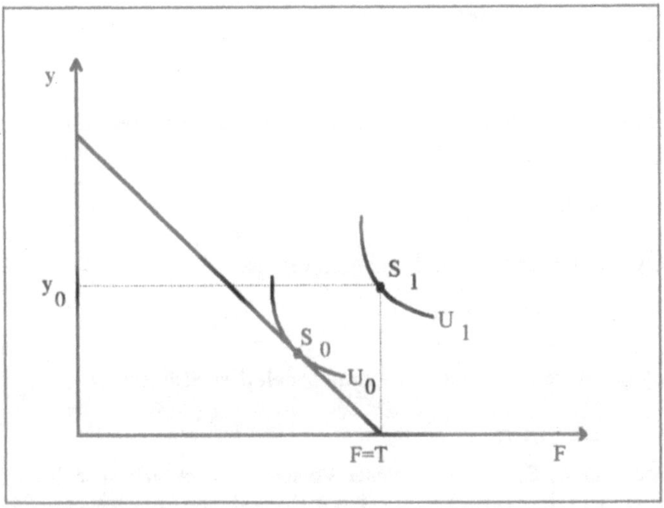

Abbildung 15: Arbeitslosenversicherung und Arbeitsangebot

Bei gegebenem Lohnsatz erhalten wir die bekannte E-F-Restriktion. Arbeitet der Haushalt, dann kann er maximal das Nutzenniveau U_0 erreichen. Der Haushalt hat jetzt zusätzlich die Möglichkeit S_1 zu wählen, bei der er keiner Erwerbstätigkeit nachgeht, die Freizeit also der Gesamtzeit entspricht und er ein Einkommen in Höhe des Arbeitslosengeldes von y_1 erhält. In der hier geschilderten Situation steht sich der Haushalt als Arbeitsloser besser als bei Erwerbstätigkeit. Die Arbeitslosigkeit ist hier freiwilliger Natur.

Das Modell unterstützt die häufig zu findende These, daß die Arbeitslosigkeit erst durch das bestehende Sozialversichungssystem geschaffen wird. Es sind hier jedoch folgende Einschränkungen gegenüber der Allgemeingültigkeit dieser These anzufügen:

(1) Das Arbeitslosengeld wird lediglich für einen bestimmten Zeitraum gezahlt. Die anschließende Arbeitslosenhilfe wird nur unter bestimmten Umständen gewährt, wenn z.B. der Ehepartner unter einem Mindesteinkommen liegt.

(2) Um Arbeitslosengeld zu erhalten, müssen vorher Einzahlungen zur Arbeitslosenversicherung getätigt worden sein. Die Arbeitslosigkeit von Schulabgängern und Studenten kann nicht erklärt werden.

(3) Schließlich sind die psychischen Probleme und die Dequalifikation durch die Arbeitslosigkeit in diesem Modell vernachlässigt worden.

6.7. Modifikationen und weitere Anwendungsmöglichkeiten des Einkommens-Freizeit-Ansatzes

Bezüglich des Einkommens-Freizeit-Ansatzes existiert eine Vielzahl von Modifikationen und Anwendungen, von denen einige in diesem Abschnitt kurz skizziert werden sollen. Eine Möglichkeit der Modifikation besteht in der Aufnahme der Arbeitszeit als zusätzliches Argument in die Nutzenfunktion.[49] Mit der Aufnahme der Arbeitszeit in die Nutzenfunktion können Motive der Selbstverwirklichung durch den Arbeitsplatz zum Ausdruck gebracht werden. Die Nutzenfunktion lautet nun:

$$(58)\quad U = f(y,F,A)$$

Nach Substitution des Einkommens durch die Einkommensdefinition (2) und der Freizeit durch die Zeitrestriktion (1) folgt:

$$(59)\quad U = f[wA, T - A, A]$$

Die notwendige Bedingung für ein Maximum fordert:

$$(60)\quad wU_y - U_F + U_A = 0$$

Die Erhöhung der Arbeitszeit hat in diesem Modell drei Effekte:

---

49) vgl. Johnson (1966) S. 137. Ein solcher Vorschlag findet sich auch bei Gilbert, Pfouts (1958) S. 117 und Oort (1969) S. 279 ff. Zur Kritik dieses Ansatzes siehe Evans (1972) S. 2 ff. Kritische Bemerkungen zur formalen Analyse findet man bei Flemming (1973) S. 65 ff.

(1) Das Einkommen steigt in Höhe des Lohnsatzes. Der Nutzenzuwachs entspricht dem Produkt aus Lohnsatz und Grenznutzen des Einkommens.

(2) Die Freizeit muß um den Betrag der Erhöhung der Arbeitszeit reduziert werden. Der Nutzen sinkt daher in Höhe des Grenznutzens der Freizeit.

(3) Schließlich wirkt die Veränderung der Arbeitszeit direkt auf das Nutzenniveau, wobei, wie aus der Gleichung (60) erkennbar ist, für die Erfüllung des Gleichgewichts kein negativer Grenznutzen der Arbeitszeit vorausgesetzt werden muß.[50]

Im Gleichgewicht müssen sich diese Effekte gemäß der Gleichung (60) kompensieren. Die Gleichung (60) läßt sich auch mit Hilfe von Grenzraten ausdrücken, so daß eine ordinale Interpretation möglich ist. Nach Umstellung und Division durch U_y folgt:

$$(61)\quad w = GRS_F^y = GRS_A^y$$

Im Gleichgewicht muß die Differenz zwischen der subjektiven Wertschätzung der Freizeit und der subjektiven Wertschätzung der Arbeitszeit, jeweils ausgedrückt durch das Einkommen, dem Lohnsatz entsprechen.

Aus (60) erkennen wir auch, daß der Einkommens-Freizeit-Ansatz einen Spezialfall der Modifikation darstellt. Für U_A=0 erhalten wir den Einkommens-Freizeit-Ansatz.

Bei einer Veränderung des Lohnsatzes tritt jetzt neben den Niveau- und Substitutionseffekten ein **Arbeitszeiteffekt** auf. Der Arbeitszeiteffekt ist positiv, wenn der Grenznutzen der Arbeitszeit positiv ist. Die Wahrscheinlichkeit eines steigenden Verlaufs der Arbeitsangebotsfunktion nimmt in diesem Fall zu, bei einem negativen Grenznutzen der Arbeitszeit dagegen ab.

Eine weitere Modifikation besteht in der Aufnahme der Interpersonalität der Entscheidungen. Im Abschnitt IV.B zur Analyse des Güternachfrageverhaltens wurde auf die Interpersonalität der Nutzenfunktionen hingewiesen. Dieses Phänomen kann auch auf Entscheidungen bezüglich der Arbeitsangebotsfunktion angewendet werden. Unterstellt man ähnlich wie im Mitläufer-Modell das Bestreben der Individuen, sich mit den eigenen Konsumausgaben an die Konsumausgaben des Bezugspersonenkreises anzupassen, dann könnten auf Lohnsatzänderungen - je nachdem, ob nur der eigene Lohnsatz oder der Lohnsatz aller Personen steigt - unterschiedliche Reaktionen abgeleitet werden. Steigen die Lohnsätze für alle Personen, wird das Individuum die Nachfrage nach Konsumgütern und damit das Arbeitsangebot erhöhen, um mit den Bezugspersonen Schritt halten zu können. Verändert sich aber nur der individuelle Lohnsatz, dann besteht kein Anlaß, aufgrund der Interdependenz den Konsum und damit das Arbeitsangebot auszudehnen.[51]

---

50) Im Gegensatz hierzu unterstellt Johnson (1966) S. 145 einen negativen Grenznutzen der Arbeitszeit.

51) vgl. hierzu auch Külp (1983) S. 30 f.

Eine andere mögliche Modifikation des Ansatzes besteht in einer direkten Aufnahme des Steuersatzes in die Nutzenfunktion. Die Erhöhung des Steuersatzes mag beim einzelnen Wirtschaftssubjekt ein "Gefühl des Ärgers" hervorrufen, wenn ein Teil des wohlverdienten Lohnes vom Staat beansprucht wird, so daß ein zusätzlicher Effekt (psychischer Effekt) zur Verringerung des Arbeitsangebotes bei steigendem Lohnsatz eintreten kann.

Scitovsky[52)] hat den Einkommens-Freizeit-Ansatz zur Ableitung des Arbeitseinsatzes von selbständigen Unternehmen angewendet. Dabei unterstellt Scitovsky, daß der Eigentümer-Unternehmer neben dem Einkommen auch an der Höhe seiner Freizeit interessiert ist.

$$(62)\quad U = U(y,F)$$

Des weiteren wird unterstellt, daß der Output der Unternehmung vom Arbeitseinsatz des Eigentümers positiv abhängt und die Grenzproduktivität der Arbeit bei steigendem Arbeitseinsatz sinkt.

$$(63)\quad x = x(A;\alpha)$$

x: produzierte Gütermenge
α: Vektor exogener Parameter

Die Erlöse des Eigentümers sind daher abhängig vom Arbeitseinsatz:

$$(64)\quad E = E(A;\alpha)$$

Die Steigerung der eigenen Arbeitszeit ist mit einer Ausdehnung des Einsatzes anderer Faktoren verbunden, so daß die Kosten bei erhöhtem Arbeitseinsatz anwachsen:

$$(65)\quad K = K(A;\beta)$$

β: Parameter

So nehmen z.B. die Opportunitätskosten des Unternehmens bei steigender Arbeitszeit zu, da ihm diese Zeit für andere Erwerbszwecke nicht mehr zur Verfügung steht. Für das Einkommen resultiert:

$$(66)\quad y = E(A;\alpha) - K(A;\beta)$$

Die einkommensoptimale Arbeitszeit wird dort erreicht, wo der Zuwachs der Erlöse einer weiteren Arbeitszeiteinheit (Grenzerlös der Arbeitszeit) dem Zuwachs der Kosten einer weiteren Arbeitszeiteinheit (Grenzkosten der Arbeitszeit) entspricht:

$$(67)\quad \frac{\partial E}{\partial A} = \frac{\partial K}{\partial A}$$

Die Entwicklung des Einkommens in Abhängigkeit der Arbeitszeit ist in der Abbildung

52) vgl. Scitovsky (1943) S. 57 ff.; ein ähnliches Modell hat Olsen (1973) S. 389 ff. vorgestellt. vgl. auch die Darstellungen in Horowitz (1970) S. 293 ff.

16a) dargestellt.

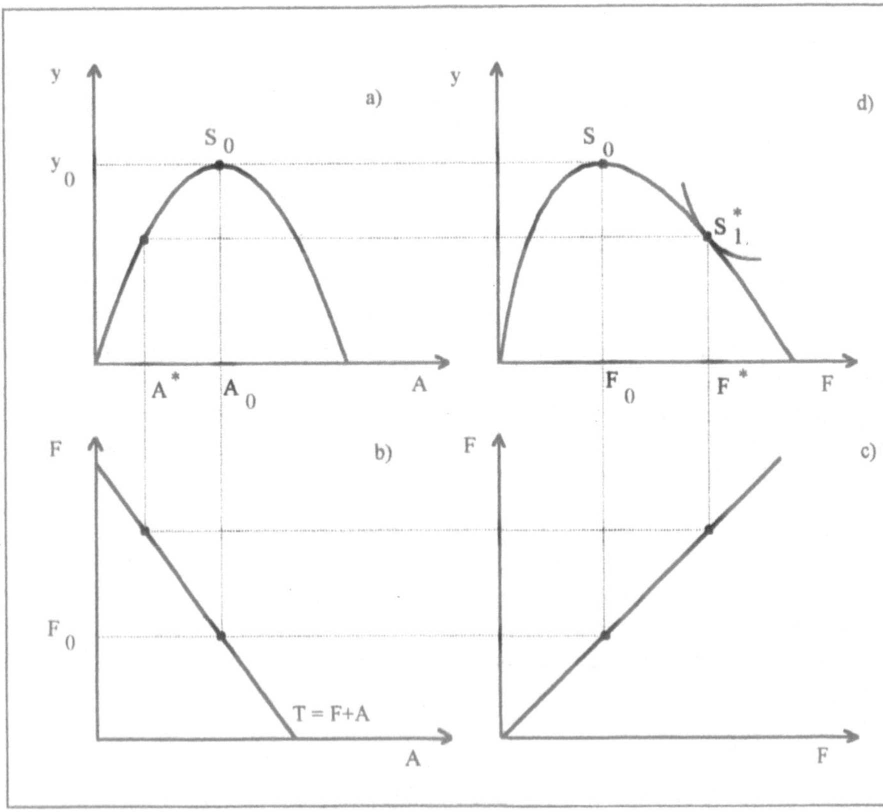

Abbildung 16: Gleichgewicht eines Unternehmens

Das Einkommen läßt sich in Abhängigkeit der Freizeit darstellen, wenn die Zeitrestriktion

(1) $T = A + F$

in (66) Berücksichtigung findet:

(66)' $y = E(T - F;\alpha) - K(T - F;\beta)$

Die Gleichung (66)' gibt an, welches Einkommen der Unternehmer bei alternativer Freizeit erzielen kann. Diese so modifizierte Einkommens-Freizeit-Restriktion ist in der Abbildung 16d) entwickelt worden. Wie man von einer bestimmten Einkommen-Arbeitszeit Kombination zur Einkommens-Freizeit Restriktion gelangt, soll anhand des Punktes S_0 in dem Teil a) erläutert werden. Aufgrund der Zeitrestriktion (Teil b) ist durch die vorgegebene Arbeitszeit A_0 die Freizeit F_0 bestimmt. Diese Freizeit F_0 wird unter Zuhilfenahme der Abbildung 16c) mit dem Einkommensniveau y_0 aus der Abbildung

16a) in die Abbildung 16d) übertragen. Auf analoge Weise erhält man die übrigen Einkommen-Freizeit Kombinationen.

Ein gewinnmaximierender Unternehmer würde die Zeit A_0 arbeiten, ein Einkommen von y_0 erzielen und F_0 als Freizeit verbringen. Im Gleichgewicht eines nutzenmaximierenden Unternehmens ist die Steigung der Grenzrate der Substitution der Steigung der Einkommens-Freizeit-Restriktion. Die korrespondierende Arbeitszeit beträgt A^*. Der nutzenmaximierende Unternehmer wird daher weniger arbeiten und damit wegen (63) weniger produzieren als ein gewinnmaximierender Unternehmer.

Für die Fiskalpolitik sind die Reaktionen auf Steueränderungen von Interesse. Da die einkommensoptimale Bedingung (67) unabhängig von Gewinnsteuern ist, hat eine Veränderung der Gewinnsteuer keinen Einfluß auf den Arbeitseinsatz und damit auf die Produktion. Bei einem nutzenmaximierenden Unternehmer hängt die Reaktion von der Präferenzordnung ab. Die Einkommens-Freizeit-Restriktion, verschiebt sich parallel nach links unten. Bewertet der Unternehmer die Freizeit als superior, dann sinkt die Freizeit bei einer Zunahme der Arbeitszeit und des Outputs. Die Beschäftigung kann also bei einer Erhöhung der Gewinnsteuer zunehmen.

Schließlich können wir mit Hilfe des Einkommens-Freizeit-Ansatzes auch erklären, warum die durchschnittliche Geschwindigkeit auf den Autobahnen größer als die verbrauchsminimale Geschwindigkeit ist, die bei etwa 90 km/h liegt. Vernachlässigen wir zur Vereinfachung den Aspekt, daß Schnellfahren für sich genommen Nutzen stiftet. Bei einer Geschwindigkeit von 90 km/h ist die subjektive Wertschätzung der Freizeit, ausgedrückt in Geldeinheiten, größer als die bei einer schnelleren Geschwindigkeit induzierten Ausgabenzuwächse. Der Haushalt ist bei Tempo 90 km/h bereit, auf mehr Geldeinheiten für eine zusätzliche Freizeiteinheit zu verzichten, als die höhere Geschwindigkeit an zusätzlichen Benzinausgaben verursacht.

7. Empirische Ergebnisse

Dieser Abschnitt soll einige Ergebnisse empirischer Studien, die sich mit den Zusammenhängen zwischen Arbeitsangebot und verschiedenen ökonomischen Größen wie Besitzeinkommen, Lohnsatz und Besteuerung beschäftigt haben, vorstellen.

Betrachten wir die beobachtbaren Verhaltensweisen von Männern und Frauen bei Lohnsatzänderungen. In Abschnitt VI.C 6.3.1 wurde bereits darauf hingewiesen, daß eine geschlechtlich unterschiedliche Reaktion auf Lohnsatzänderungen theoretisch begründet werden kann. Der empirischer Befund scheint dies zu bestätigen. Franz hat, basierend auf den Arbeiten von Pencavel[53)] sowie Killingsworth und Heckman,[54)] die Medianwerte der geschätzten Elastizitäten für die USA zusammengefaßt:

53) vgl. Pencavel (1986) Tabelle 1.19.

54) vgl. Killingsworth, Heckman (1986) Tabelle 2.26.

Personengruppe	Lohnsatzelastizität	gesamte Einkommenselastizität[55)]	Elastizität des Substitutionseffektes
Männer	- 0,11	- 0,13	0,04
Frauen	0,77	- 0,08	0,88

Tabelle 3: Lohnelastizitäten für die USA[56)]

Frauen erhöhen demnach ihr Arbeitsangebot bei zunehmenden Lohnsätzen, während Männer im Durchschnitt ihr Arbeitsangebot reduzieren. Interessant ist das unterschiedliche Niveau der **Elastizität des Substitutionseffektes**. Da die gesamte Einkommenselastizität in etwa gleich ausfällt, ist die Elastizität des Substitutionseffektes für die unterschiedliche Angebotsreaktion auf Lohnsatzänderungen verantwortlich. Die Elastizität des Substitutionseffektes gibt die relative Veränderung der Arbeitszeit bei einer relativen Veränderung des Einkommens bei gleichem Nutzenniveau an. Dieser Effekt ist absolut um so größer, je geringer die Indifferenzkurven gekrümmt sind. Der empirische Befund deutet demnach auf stärker gekrümmte Indifferenzkurven bei Männern gegenüber Frauen hin. **D.h. die Veränderung der Wertschätzung der Freizeit ausgedrückt in Einkommenseinheiten ist entlang der Indifferenzkurve bei Frauen im Vergleich zu Männern relativ gering.**

Schätzungen der Lohnelastizitäten für Frauen im deutschsprachigen Raum kamen zu folgenden Ergebnissen:Die Werte der Lohnsatzelastizitäten weisen eine sehr große Spannweite von -0,101 bis 3,303 auf. Die meisten Arbeiten schätzen positive Lohnsatzelastizitäten. Die Werte der gesamten Einkommenselastizitäten sind wieder sehr klein, so daß die Elastizität des Substitutionseffektes den Ausschlag für das Vorzeichen der Lohnsatzelastizität gibt. In den beiden Arbeiten, die eine negative Lohnsatzelastizität schätzen, ist die Substitutionselastizität der Arbeitszeit negativ. Dieser empirische Befund steht mit unseren theoretischen Ergebnissen nicht im Einklang, nach dem die Substitutionselastizität der Arbeitszeit positiv und die der Freizeit negativ ist. Von einer Falsifizierung des Modells zu sprechen, erscheint aber aufgrund der mit dem theoretischen Befund verträglichen Schätzungen der meisten anderen Ergebnisse als voreilig.[57)]

55) Die gesamte Einkommenselastizität entspricht der mit dem Verhältnis von Lohn- zu Besitzeinkommen gewichteten Besitzeinkommenselastizität.

56) vgl. Franz (1991) S. 83; da für jede Elastizität der Medianwert seperat gebildet wurde, ist die Gleichung (34)^{IV} nicht erfüllt.

57) Einen weiteren umfassenden Überblick über empirische Schätzungen des Arbeitsangebotsverhaltens liefert Killingsworth (1983) S. 67 ff.

Autor(en)	Personen-gruppen	Dimension	n(A,w)	n(A,y)	n(SE)
Franz (1985)	Verheitratete Frauen	Stunden	1.375	- 0,287	1.662
Franz und Kawasaki	Verheiratete Frauen	Stunden	1.077	- 0.206	1.283
Merz (1990	Verheiratete Frauen	Partizipati-onswahrsch.	3.303.	0.001	3.302
	Verheiratete Frauen	Stunden	- 0.101	- 0.020	- 0.082
	Unverheirate-te Frauen	Partizipation	1.632	0.0001	1.632
	Unverheirate-te Frauen	Stunden	0.077	- 0.002	- 0.075
Ström u. Wa-genhals (1991)	Verheiratete Frauen	Stunden	1.15	- 0.07	1.21
	Verheiratete Frauen	Partizipati-onswahrsch.	1.27		
Zweimüller (1987)	Frauen	Partizipati-onswahrsch.	1.20	- 0.14	1.34
	Frauen	Stunden	0.16	- 0.02	0.16
Leu und Kugler (1986)	Männer	Stunden	0,26	- 0.07	0.33
	Verheiratete Frauen	Stunden	2,85	-0,19	3,03
	ledige Frauen	Stunden	0,61	-0,27	0,88

Tabelle 4: Lohnelastizitäten im deutschsprachigen Raum[58)]

Abschließend sei noch kurz auf die empirische Untersuchung von Brown und Levin[59)] eingegangen, die 2000 Arbeitnehmer nach ihrer Reaktion auf eine Erhöhung der Besteuerung des Lohnsatzes gefragt haben. Dabei fanden sie heraus, daß 11% aller Männer weniger, 74% genau so viel und 15% mehr arbeiten würden. Bei den Frauen ergab sich, daß 6% weniger, 93% genau so viel und 2% mehr arbeiten würden. Innerhalb der Gruppe der Männer zeigte sich dabei folgender Unterschied: Während bei den unver-

---

58) Franz (1991) S. 85

59) vgl. Brown, Levin (1974) S. 833 ff.

heirateten Männern 13% weniger und 10% mehr arbeiten würden, gaben 9% der verheirateten Männer eine Reduktion und 19% eine Ausdehnung der Arbeitszeit an.[60)]

8. Modellkritik

In diesem Abschnitt soll das vorgestellte Modell kritisch beleuchtet werden. Bei der Formulierung der Annahmen wurde unterstellt, daß der Haushalt jede beliebige Zeit zu einem gegebenen Lohnsatz arbeiten kann. Dies erscheint auf den ersten Blick als kritikwürdig, da in den meisten Arbeitsverträgen die Arbeitszeit fest vorgeschrieben wird. Dem sind jedoch folgende Argumente entgegenzuhalten: Eine Reihe von Wirtschaftssubjekten kann eigenständig über das Niveau der Arbeitszeit entscheiden. Dies sind insbesondere selbständige Personen wie Rechtsanwälte, Ärzte usw. Außerdem gingen z.B. im Jahre 1984 32% der vollbeschäftigen Männer und 46% der vollbeschäftigen Frauen einer bezahlten Drittätigkeit nach[61)]. Hinzu kommt, daß zur Erklärung der Funktionsweise des Arbeitsmarktes der Verlauf der Arbeitsangebotsfunktion benötigt wird. Ob die bei einem bestimmten Lohnsatz angebotene Arbeitszeit auch tatsächlich nachgefragt wird, ist ein ganz anderes Problem. Weiterhin können die tariflich ausgehandelten Verträge nicht langfristig von den individuellen Präferenzen abweichen, da sonst Ungleichgewichte auf den Arbeitsmärkten entstehen.[62)] Schließlich ist nach der in diesem Lehrbuch vertretenen Meinung eine ausschließliche Kritik an den unterstellten Annahmen unzulässig![63)]

Kommen wir zu den fundierteren Kritikpunkten. Im Einkommens-Freizeit-Ansatz wird implizit unterstellt, daß die Arbeitszeit bezüglich ihrer Zeitkomponente als **disutility** aufgefaßt wird, d.h. eine Erhöhung der Arbeitszeit führt zu einer Verringerung des Grades der Bedürfnisbefriedigung. Dies läßt sich nachweisen, indem die Freizeit durch die Arbeitszeit aus Gleichung (1) in die Nutzenfunktion substituiert

$$(68) \quad U = f(y, T - A)$$

und nach der Arbeitszeit differenziert wird:

$$(69) \quad \frac{\partial U}{\partial A} = - \frac{\partial U}{\partial F} < 0$$

Der Grenznutzen der Arbeitszeit bezüglich der Zeitverwendung entspricht dem Grenznutzen der Freizeit mit umgekehrten Vorzeichen und ist daher immer negativ.[64)] Dieses

60) Weitere empirsche Ergebnisse zur Reaktion des Arbeitsangebots auf Steuern siehe z.B. Kaiser (1990) S. 185 ff.

61) vgl. Glatzer (1986) S. 35.

62) vgl. auch Külp (1983) S. 12.

63) Die Auswirkungen von Arbeitszeitbeschränkungen werden bei Franz (1991) S.43 ff. beschrieben.

64) Dieses Problem läßt sich aber, wie im Abschnitt 7.7 gezeigt wurde, durch eine explizite Aufnahme der Arbeitszeit in die Nutzenfunktion umgehen.

unterstellte "Arbeitsleid" steht dabei im Widerspruch zum empirischen Befund, wonach 76 % der Arbeitnehmer mehr oder weniger mit ihrer Arbeit zufrieden sind.[65)]

Außerdem bleibt die Tatsache, daß zur Konsumtion Zeit benötigt wird, unberücksichtigt. Steigt die Nachfrage nach allen Gütern, muß zur Finanzierung der erhöhten Ausgaben die Arbeitszeit steigen und damit die Nachfrage nach Freizeit sinken. Wird der Zeitverzehr des Güterkonsums mit berücksichtigt, dann werden entweder die Güter in immer kleineren Zeiteinheiten konsumiert, wobei dann die Freizeit nicht mehr als Substitut für andere Güter und damit auch für das Einkommen, wie dies im Einkommens-Freizeit-Ansatz unterstellt wird, angesehen werden kann,[66)] oder der Konsum richtet sich verstärkt auf preisintensive Güter aus. Der erste Gesichtspunkt führt zu einem Widerspruch, den zweiten kann das Modell nicht erklären. Eine Lösung bezüglich des zweiten Problems bietet der Konsumzeit-Ansatz, der im Abschnitt VI.C vorgestellt wird.

Das Modell führt aber dann zu konsistenten Ergebnissen, wenn hinter der Freizeit Konsumaktivitäten, für die nur Zeit, und hinter dem Einkommen Konsumaktivitäten, für die nur Geld benötigt wird, stehen.

Trotz der hier aufgeführten Kritik sei jedoch abschließend darauf hingewiesen, daß diese einfache Version der Analyse des Arbeitsangebotes für viele wirtschaftliche Problemstellungen, wie in Abschnitt V.C.6 an einigen Beispielen gezeigt wurde, eine hinreichende Anwendungsmöglichkeit bietet.

9. Zusammenfassung

(1) Im Einkommens-Freizeit-Ansatz wird untersucht, wie ein Haushalt eine vorgegebene Zeit auf die Zeitkategorien Freizeit und Arbeitszeit bei gegebenem Lohnsatz und Besitzeinkommen aufteilt und wie der Haushalt auf Datenänderungen reagiert. Dabei interessiert insbesondere die Reaktion der Arbeitszeit auf Lohnsatzänderungen, d.h. die Steigung der Arbeitsangebotsfunktion.

(2) Der Haushalt wählt von den durch die Einkommens-Freizeit-Restriktion beschränkten Kombinationen von Einkommen und Freizeit diejenige, bei der die Grenzrate der Substitution der Freizeit dem Lohnsatz entspricht. Die hinreichende Bedingung für ein Nutzenmaximum wird durch die Annahme der abnehmenden Grenzrate der Substitution gesichert.

(3) Eine Besitzeinkommenserhöhung führt bei einer inferioren Bewertung der Freizeit zu einer Erhöhung von Arbeitszeit und Einkommen und zu einer Reduktion der Freizeit. Bei einer superioren Bewertung der Freizeit steigt die Freizeit, und es sinkt die Arbeitszeit. Eindeutige Aussagen über die Einkommensveränderung können dann nicht formuliert werden. Die Arbeitsangebotsfunktion verschiebt sich bei einer Besitzeinkommenserhöhung nach rechts (links), wenn die Freizeit

---

65) vgl Haarland, Niessen, Schröder (1990) S. 77.

66) vgl. de Vany (1971) S. 4.

inferior (superior) bewertet wird.

(4) Bei einer Erhöhung des Lohnsatzes nimmt die Freizeit aufgrund des Substitutionseffektes ab und die Arbeitszeit zu. Der Niveaueffekt für die Freizeit (Arbeitszeit) ist bei superiorer Bewertung der Freizeit positiv (negativ) und bei inferiorer Bewertung negativ (positiv). Der Gesamteffekt für die Freizeit (Arbeitszeit) ist bei einer inferioren Bewertung der Freizeit eindeutig negativ (positiv), d.h. die Arbeitsangebotsfunktion hat eine positive Steigung. Bei superiorer Bewertung der Freizeit sind keine eindeutigen Aussagen möglich.

(5) Die Lohnelastizität des Arbeitsangebots entspricht der Summe aus Substitutionselastizität und der mit dem Verhältnis aus Lohn- und Besitzeinkommen gewichteten Besitzeinkommenselastizität der Arbeit.

(6) Steigt bei einer Erhöhung des Besitzeinkommens die Arbeitszeit, dann nimmt die Arbeitszeit auch bei einer Erhöhung des Lohnsatzes zu.

(7) Eine lohnsatzunabhängige Besteuerung des Haushaltseinkommens führt bei superiorer Bewertung der Freizeit zu einer Zunahme der Arbeitszeit und bei inferiorer Bewertung der Freizeit zu einer Abnahme der Arbeitszeit.

(8) Eine Erhöhung der Besteuerung des Lohnsatzes führt bei inferiorer Bewertung der Freizeit zu einer Abnahme der Arbeitszeit, während bei superiorer Bewertung der Freizeit die Ergebnisse unklar sind.

(9) Reagiert der Haushalt bei einer Erhöhung des Besitzeinkommens mit einer Erhöhung der Arbeitszeit, so wird er diese bei einer Anhebung einer lohnunabhängigen Steuer reduzieren et vice versa.

(10) Nimmt die Arbeitszeit bei einer Erhöhung der lohnunabhängigen Steuer ab, dann sinkt sie auch bei einer Erhöhung der Lohnsteuer.

(11) Die Steuereinnahmen nehmen bei einer Erhöhung des Lohnsteuersatzes dann zu, wenn die Arbeitszeit steigt oder bei sinkender Arbeitszeit diese unelastisch reagiert.

(12) Unter allokativen Aspekten ist eine pauschale Steuer effizienter als eine Einkommenssteuer.

(13) Wird die Fahrzeit zum Arbeitsplatz als Freizeit aufgefaßt, dann haben Veränderungen der Fahrzeit keinen Einfluß auf das Haushaltsgleichgewicht.

(14) Beeinflußt die Fahrzeit die zur Verfügung stehende Zeit in dem Sinne, daß eine Veränderung der Fahrzeit die Dispositionen zwischen Freizeit und Arbeitszeit einschränkt, dann induziert eine Erhöhung der Fahrzeit eine Reduktion der Arbeitszeit
   (a) bei einer inferioren Bewertung der Freizeit und
   (b) bei einer superioren Bewertung der Freizeit, wenn der Rückgang der Freizeit geringer ist als die gestiegene Fahrzeit.

(15) Der Haushalt ist bei gestiegener Fahrzeit bereit, die gleiche Zeit bei unverändertem Lohnsatz zu arbeiten, wenn er eine Kompensationszahlung in Höhe der Grenzrate der Substitution der Freizeit erhält.

(16) Das Arbeitsangebot nimmt bei einer gestiegenen Fahrzeit ab, wenn es bei einer Zunahme des Besitzeinkommens oder einer Reduktion der pauschalen Steuer

steigt.

(17) Trotz einiger Schwächen bietet der Einkommens-Freizeit-Ansatz die Basis für eine Vielzahl ökonomischer Anwendungen.

D. Das Strukturproblem der Arbeitszeit: Die Wahl der Arbeitsart

1. Einleitung

In diesem Abschnitt wollen wir untersuchen, wie sich ein Haushalt bei gegebener Gesamtarbeitszeit bezüglich des Arbeitsangebotes entscheidet, wenn zwischen alternativen Arbeitsmöglichkeiten mit unterschiedlichen Lohnsätzen gewählt werden kann. Zur Beantwortung dieser Frage stellen wir ein neues Modell vor. Während im Einkommens-Freizeit-Ansatz das Niveau der Gesamtarbeitszeit bestimmt wird, wird hier die Aufteilung einer gegebenen Gesamtarbeitszeit auf alternative Arbeitszeiten untersucht, wobei der Frage nach der Bestimmung des Niveaus der Gesamtarbeitszeit nicht weiter nachgegangen wird. Ist der Haushalt bezüglich der unterschiedlichen Tätigkeiten indifferent, dann wählt er die Tätigkeit mit dem höchsten Lohnsatz, wenn er zu diesem beliebig viel arbeiten kann. Bestehen jedoch Präferenzen bezüglich der jeweiligen Arbeitsarten, dann können auch mehrere Arbeitsarten bei unterschiedlichen Lohnsätzen gewählt werden. Dieses Entscheidungsverhalten des Haushalts wird in den nachfolgenden Abschnitten analysiert.

2. Annahmen

Wie eingangs erörtert wurde, wird in diesem Abschnitt unterstellt, daß der Haushalt die jeweiligen Arbeitsarten unterschiedlich bewertet, wobei die Präferenzen von der jeweiligen Kombination der Zeiten der Arbeitsarten abhängig sind. Ähnlich wie im traditionellen Nachfragemodell kann also die Aussage "eine Arbeitszeit wird einer anderen Arbeitszeit vorgezogen" nicht formuliert werden, da es sich hier um eine lokale und keine globale Bewertung handelt. Die Motive für eine derartige Präferenzordnung können in der Abwechslung, dem Interesse oder im Prestige gesehen werden. Wir müssen erneut die Frage nach den Argumenten der Nutzenfunktion beantworten. Da wir uns auf zwei Arbeitsarten beschränken, werden die beiden Arbeitsarten und das Einkommen als Argumente in die Nutzenfunktion aufgenommen.

$$(70)\quad U = f(A_1, A_2, y)$$

Bezüglich des Einkommens wird weiterhin von einem positiven Grenznutzen ausgegangen, während bezüglich der Arbeitszeiten die Grenznutzen sowohl positiv als auch negativ sein können, so daß sich folgende vier Fälle unterscheiden lassen:

f_{A2} / f_{A1}	> 0	< 0
> 0	1	2
< 0	3	4

Übersicht 2: Die möglichen Fälle[67)]

Das Einkommen des Haushalts ergibt sich als Summe der Produkte der Lohnsätze und Arbeitszeiten:

$$(71)\quad y = w_1A_1 + w_2A_2$$

Schließlich hat der Haushalt bei seiner Entscheidung noch die begrenzt zur Verfügung stehende Gesamtarbeitszeit zu berücksichtigen:

$$(72)\quad A = A_1 + A_2 \qquad \text{A: Gesamtarbeitszeit}$$

3. Das Haushaltsgleichgewicht

Das gesamte Modell besteht aus den Gleichungen:

$$(70)\quad U = f(A_1, A_2, y)$$

$$(71)\quad y = w_1A_1 + w_2A_2 \qquad \text{endogen: } A_1, A_2, y, U$$

$$(72)\quad A = A_1 + A_2 \qquad \text{exogen: } w_1, w_2, A$$

Zur Ableitung der Gleichgewichtsbedingungen werden die Gleichungen (71) und (73) in (70) eingesetzt:

$$(74)\quad U = f\left[A_1, A - A_1, (w_1 - w_2)A_1 + w_2A\right]$$

Die modifizierte Nutzenfunktion (74) hängt nur noch von der Arbeitszeit A_1 ab. Die totale Ableitung der Nutzenfunktion nach A_1 muß zur Absicherung der notwendigen Bedingungen für ein Haushaltsgleichgewicht gleich Null gesetzt werden.

$$(75)\quad \frac{dU}{dA_1} = f_{A1} - f_{A2} + f_y(w_1 - w_2) = 0$$

Die Gleichung (75) ist wie folgt zu interpretieren: Eine Erhöhung der Arbeitszeit A_1 führt zu einer direkten Veränderung des Nutzens gemäß des partiellen Grenznutzens f_{A1}. Aufgrund der Zeitrestriktion muß die Arbeitszeit A_2 verringert werden, was zu ei-

---

67) Unter f_i wird die Ableitung der Nutzenfunktion nach der Menge der Arbeitszeit A_i erstanden.

ner Veränderung des Nutzens gemäß des partiellen Grenznutzens f_{A2} führt. Aufgrund der Erhöhung von A_1 steigt das Einkommen gemäß w_1, und durch die induzierte Reduktion von A_2 sinkt das Einkommen gemäß w_2. Den Einfluß der Einkommensänderung auf das Nutzenniveau erhalten wir durch die Multiplikation der Einkommensänderung $(w_1\text{-}w_2)$ mit dem Grenznutzen des Einkommens.

Werden nun bei allen in der Übersicht 2 dargestellten Fällen beide Arbeitszeiten angeboten? Um diese Frage zu beantworten, unterstellen wir, daß der Lohnsatz w_1 größer ist als der Lohnsatz w_2. Der dritte Ausdruck auf der rechten Seite der Gleichung (75) ist daher positiv. Die Gleichgewichtsbedingung ist nur dann erfüllt, wenn die Summe der ersten beiden Ausdrücke negativ ist. Die Voraussetzung wird im Fall 2 verletzt. Ist der Grenznutzen der Arbeitszeit, deren Lohnsatz größer ist, positiv und der Grenznutzen der anderen Arbeitszeit negativ, dann wird nur die Arbeitszeit mit dem höheren Lohnsatz angeboten. Dies kann man ökonomisch wie folgt begründen: Wenn im Ausgangspunkt die Arbeitszeit mit dem niedrigeren Lohnsatz nicht angeboten wird, dann führt die Aufnahme der Arbeitszeit mit dem negativen Grenznutzen zu einer direkten Verringerung des Nutzens. Da die andere Arbeitszeit wegen der Zeitrestriktion reduziert werden muß, sinkt ebenfalls der Nutzen. Darüber hinaus verringert sich, da der Lohnsatz für die aufgenommene Tätigkeit geringer als die eingeschränkte Tätigkeit ist, das Einkommen, so daß dadurch wiederum das Nutzenniveau sinkt.

Die Gleichgewichtsbedingung (75) läßt sich auch mit Hilfe von Grenzraten darstellen, so daß die Interpretation der Modellergebnisse im Rahmen einer ordinalen Nutzentheorie möglich ist. Zu diesem Zweck dividieren wir die Gleichung (75) durch den Grenznutzen des Einkommens. Nach Umstellung folgt:[68)]

$$(76)\quad GRS^{y}_{A_2} - GRS^{y}_{A_1} = w_1 - w_2$$

Die Differenz der Wertschätzungen der Arbeitsarten, ausgedrückt durch das Einkommen, muß im Gleichgewicht der Differenz der Lohnsätze entsprechen.

4. Komparative Statik

Welche Auswirkungen ergeben sich bei Veränderungen der Lohnsätze? Wir werden hier lediglich den Fall 3 betrachten und davon ausgehen, daß der Lohnsatz w_1 größer ist als der Lohnsatz w_2. Eine Erhöhung des Lohnsatzes w_1 führt zu einer Zunahme der Grenzopportunitätskosten der Arbeitszeit A_2. Aufgrund dieses Substitutionseffektes nimmt die Arbeitszeit A_1 bei entsprechender Verringerung der Arbeitszeit A_2 zu.

Zu betrachten ist zusätzlich der Niveaueffekt. Bei unverändertem Einkommen kann nun die höher bewertete Arbeitszeit A_2 ausgedehnt werden. Ist dieser Effekt relativ groß, kann die Arbeitszeit A_1 sinken und die Arbeitszeit A_2 zunehmen. Diese Ergebnisse sind

68) Die Grenzraten der Substitutionen entsprechen wiederum den jeweiligen Verhältnissen der partiellen Ableitungen.

dann plausibel, wenn die Tätigkeit A_2 an sich hoch eingeschätzt wird, aber der Lohnsatz relativ niedrig ist, so daß das vorgegebene Einkommen allein durch die Arbeitszeit A_2 nicht gedeckt werden kann, z.B. bei künstlerischen Tätigkeiten, die im Extremfall gar kein Einkommen erbringen.[69)]

---

69) In diesem Fall wird das vorliegende Modell in dem Einkommen-Freizeit-Ansatz überführt.

VI. Simultane Lösung des Güternachfrage- und Arbeitsangebotsverhaltens

A. Überblick

Im traditionellen Haushaltsmodell wurde die Problematik der Verwendung eines gegebenen Geldbetrages zur Konsumtion von Gütern untersucht. Dabei blieb die Frage nach der Einkommensentstehung unbeachtet, und es wurde von Zeitaspekten des Konsums abstrahiert. Im Einkommens-Freizeit-Ansatz wurde geprüft, wie eine gegebene Zeit in Freizeit- und Arbeitszeitaktivitäten aufgeteilt wird. Aus der abgeleiteten Arbeitszeit sowie dem gegebenen Besitzeinkommen resultierte das Gleichgewichtseinkommen. Der Frage nach der Verwendung des Einkommens wurde nicht weiter nachgegangen. In dem vorliegenden Kapitel werden beide Fragestellungen miteinander verbunden, d.h. sowohl die Einkommensentstehung (Arbeitsangebotsverhalten) als auch die Einkommensverwendung (Güternachfrageverhalten) werden simultan untersucht. Wir werden diesbezüglich vier unterschiedliche Modelle vorstellen, die sich in erster Linie durch die Betrachtung unterschiedlicher Zeitkategorien unterscheiden. Das erste Modell, der **Güter-Freizeit-Ansatz**, stellt eine Modifikation des Einkommens-Freizeit-Ansatzes dar. Indem statt des Einkommens der Güterkonsum als Einflußgröße auf das Nutzenniveau angenommen wird, gelingt die simultane Analyse beider Entscheidungsprobleme. In diesem Modell werden ausschließlich die Zeitkategorien "**Arbeitszeit**" und "**Freizeit**" betrachtet. Der in Abschnitt C. vorgestellte **Konsumzeit-Ansatz** berücksichtigt darüber hinaus, daß der Konsum von Gütern Zeit benötigt. In Abschnitt D. wird dem Umstand, daß Marktgüter nicht in konsumreifer Form vorliegen und daß zur Transformation der Marktgüter in finale Güter Zeit benötigt wird, Rechnung getragen. Der darauf folgende Abschnitt E. nimmt den Aspekt der Eigenproduktion versus Fremdproduktion explizit in die Modellbetrachtung auf und unterscheidet zwischen der Haushaltsproduktionszeit, der Konsumzeit und der Arbeitszeit.

B. Der Güter-Freizeit-Ansatz

1. Einführung

Wir wollen zunächst den traditionellen Ansatz der simultanen Lösung des Güternachfrage- und Arbeitsangebotsproblems vorstellen. Dieser Ansatz ist sehr eng mit dem Einkommens-Freizeit-Ansatz verwandt, so daß wir uns bei der Analyse recht kurz fassen können.

2. Die Annahmen

Im Unterschied zum Einkommens-Freizeit-Ansatz wird neben der Freizeit statt des Einkommens ein **composite-commodity** als Einflußgröße in die Nutzenfunktion aufgenommen:[1])

(1) $U = U(x,F)$ x: Mengen des composite-commodity

Das betrachtete composite-commodity setzt sich aus einer vorgegebenen Menge bestimmter Güter zusammen. Es wird hier nicht weiter gefragt, wie die Ausgangsstruktur des composite-commodity entstanden ist. Vielmehr ist für die weitere Analyse entscheidend, daß die Güterstruktur sowohl von Besitzeinkommensänderungen als auch von Lohnsatzänderungen nicht beeinflußt wird. Bezüglich der Gütermengen liegt also eine homothetische Nutzenfunktion vor. Der Haushalt muß bei seinen Entscheidungen beachten, daß die Ausgaben für das composite commodity dem Einkommen entsprechen:

(2) $px = wA + B$ Einkommensrestriktion
p: Preis des composite-commodity

Mit der Zeitrestriktion

(3) $T = A + F$

ist das Modell vollständig beschrieben. Nach Auflösung der Zeitrestriktion (3) nach A und anschließender Substitution in die Budgetrestriktion erhalten wir die **Güter-Freizeit-Restriktion**:

(4) $x = \frac{w}{p} T - \frac{w}{p} F + \frac{B}{p}$ mit w_R: Reallohn

(5) $x = w_R T - w_R F + B_R$ B_R: reales Besitzeinkommen

Diese gibt an, wieviel Mengen des composite-commodity der Haushalt bei alternativen Freizeitniveaus maximal konsumieren kann. Der Verlauf der Güter-Freizeit-Restriktion ist in der Abbildung 1 skizziert. Verwendet der Haushalt die gesamte Zeit zu Arbeitszwecken, dann kann er Mengen des composite commodity in Höhe des realen Besitzeinkommens zuzüglich des Produkts aus Reallohn und Gesamtzeit kaufen. Bei ausschließlicher Disposition der Zeit zu Freizeitzwecken kann der Haushalt Mengen des composite commodity in Höhe des realen Besitzeinkommens konsumieren.

---

1) Gilbert und Pfouts (1958) S. 117 ff. nehmen statt der Freizeit die Arbeitszeit mit einem negativen Grenznutzen auf, wobei sie in ihrer Fußnote S. 117 erwähnen, daß die ersten Arbeitsstunden auch einen positiven Grenznutzen haben können. Die Nutzenfunktion ist dann abhängig von den Mengen des composite-commodity und der Arbeitszeit. Diese Modifikation hat jedoch keine qualitativen Auswirkungen bezüglich der Modellergebnisse.Weitere Modifikationen findet der interessierte Leser bei Linder (1970) S. 147 ff., Johnson (1966) S. 36 ff. und Seater (1976).

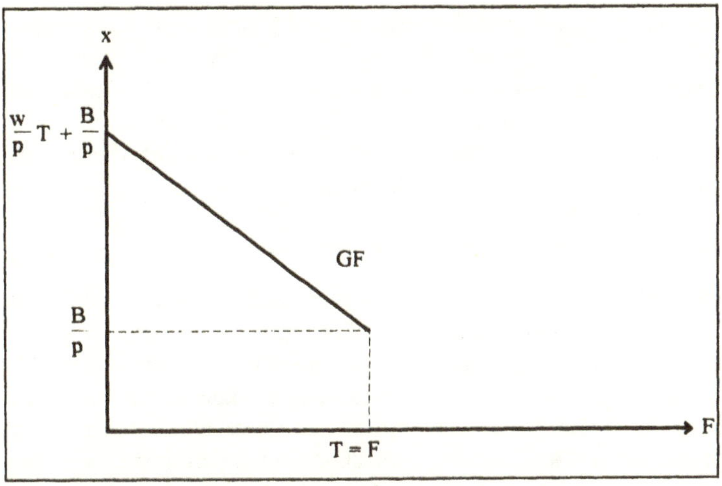

Abbildung 1: Die Güter-Freizeit-Restriktion

Die Steigung der Restriktion gibt an, auf wieviel Mengen des composite commodity ein Haushalt verzichten muß, wenn er eine zusätzliche Einheit Freizeit wünscht. Die Steigung entspricht dem Reallohn:

$$(6) \quad \frac{dx}{dF} = - w_R$$

3. Gleichgewicht und komparative Statik

Der Haushalt erreicht sein Nutzenmaximum, wenn die Grenzrate der Substitution dem Reallohn entspricht:

$$(7) \quad GRS_F^x = w_R$$

Unter Berücksichtigung der Restriktionen (2) und (3) kann man für den Haushalt simultan die Güternachfragefunktion und die Arbeitsangebotsfunktion herleiten:

$$(8) \quad x = x(w_R ; B_R , T)$$

$$(9) \quad A = A(w_R ; B_R , T)$$

Bezüglich Veränderungen des Reallohns bzw. des realen Besitzeinkommens ergeben sich die gleichen Ergebnisse, insbesondere für die Arbeitszeit, wie im Einkommens-Freizeit-Ansatz, so daß an dieser Stelle auf weitere Erklärungen verzichtet werden kann.[2] Gegenüber dem Einkommens-Freizeit-Ansatz bietet das hier vorliegende Mo-

---

2) Eine ausführliche Darstellung der komparativen Statik findet der interessierte Leser bei Franz (1991) S. 38ff.

dell den Vorteil, daß eindeutig zwischen Real- und Nominaleinkommen bzw. zwischen Real- und Nominallohn unterschieden werden kann. Eine proportionale Preis- und Lohnsatzänderung beeinflußt weder den Reallohn noch das reale Besitzeinkommen,[3)] so daß sich die Güter-Freizeit-Restriktion nicht verändert. Da die Präferenzordnung unabhängig von Preisen und Lohnsätzen ist, verändert sich das Gleichgewicht nicht. **Die Individuen sind also frei von Geldillusion.**

4. Wirkungen von Steueränderungen

Im traditionellen Haushaltsmodell haben wir die Konsequenzen einer Änderung der Umsatzsteuer auf das Güternachfrageverhalten und im Einkommens-Freizeit-Ansatz die Auswirkungen einer Änderung des Lohnsteuersatzes auf das Arbeitsangebotsverhalten analysiert. Mit Hilfe des Güter-Freizeit-Ansatzes können wir auch die Folgen einer Änderung der Umsatzsteuer auf das Arbeitsangebotsverhalten und einer Änderung der Lohnsteuer auf die Güternachfrage simultan untersuchen. In beiden Fällen führt eine Steuererhöhung zu einem flacheren Verlauf der Güter-Freizeit-Restriktion. Die Grenzopportunitätskosten der Freizeit sinken.

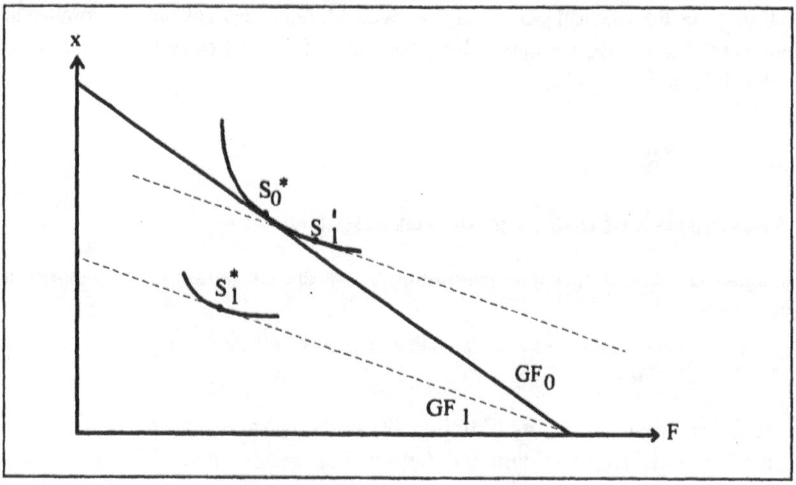

Abbildung 2: Umsatzsteuer und Lohnsteuer

In der Abbildung 2 stellt S_0^* das Gleichgewicht vor und S_1^* nach der Steuererhöhung dar. Den Gesamteffekt können wir wieder in einen Substitutions- und einen Niveaueffekt zerlegen. Der Substitutionseffekt $S_0^*S_1'$ löst eine Erhöhung der Freizeit und damit eine reduzierte Arbeitszeit und Güternachfrage aus. Das Vorzeichen des Niveaueffekts $S_1'S_1^*$ hängt von der superioren bzw. inferioren Bewertung des composite-commodity und der Freizeit ab. Bei superiorer Bewertung beider Einflußgrößen wird sowohl die

3) Es wird dabei unterstellt, daß die Nominalzinsen sich entsprechend der Preisänderung entwickeln, so daß das reale Besitzeinkommen konstant bleibt.

Freizeit als auch die Menge des composite-commodity reduziert. Bei superiorer Bewertung sinkt aufgrund des negativen Niveau- und Substitutionseffektes daher die Güternachfrage, während die Veränderung der Freizeit und damit der Arbeitszeit aufgrund der gegenläufigen Effekte unbestimmt ist.

In diesem Modell haben wir eine Indifferenz des Haushalts zwischen einer Lohnsteuer und einer Umsatzsteuer unterstellt. Dabei wurde nicht berücksichtigt, daß Lohnsteuererhöhungen als schwerwiegender empfunden werden können, da der Staat dem Haushalt einen Teil des "wohlverdienten Lohnes" direkt vorenthält. Man spricht hier von einem "Grolleffekt". Die Leistungsbereitschaft kann hierdurch reduziert werden, wodurch die Umsatzsteuer einen gewissen Vorteil gegenüber der Lohnsteuer aufweist.[4)]

5. Kritik

Gegenüber dem Güter-Freizeit-Ansatz sind prinzipiell die gleichen Kritikpunkte wie gegenüber dem Einkommens-Freizeit-Ansatz vorzutragen, so daß auf die dort angeführten Bemerkungen verwiesen werden kann. Jedoch wird hier ein Problem besonders deutlich. Steigt aufgrund einer Reallohnerhöhung die konsumierte Menge des composite-commodity und verringert sich die Freizeit, dann stellt sich die Frage, wann der zusätzliche Konsum getätigt wird. Auf dieses Problem gibt es zwei Antworten:

(1) Der Konsum der Marktgüter benötigt keine Zeit. Dann stellt sich aber das Problem nach den Inhalten der Freizeit.

(2) Der Konsum erfolgt in immer kleineren Zeiteinheiten. Diese Antwort kann aber aus dem Modell nicht abgeleitet werden. Zudem würde das bedeuten, daß z.B. die Nachfrage nach Büchern bei sinkender Freizeit steigt. Die Bücher müßten dann in immer kleineren Einheiten gelesen werden. Die in der Nutzenfunktion unterstellte Substitutionalität zwischen Gütern und Freizeit führt somit zu inkonsistenten Ergebnissen. Es erscheint unter diesem Aspekt sinnvoller, von einer komplementären Beziehung zwischen benötigter Konsumzeit und notwendigen Ausgaben je Gütereinheit auszugehen. Auf das oben angeführte Beispiel übertragen heißt das: Steigt die Nachfrage nach Büchern, dann muß auch die Zeit zum Lesen der Bücher (Freizeit) zunehmen. Im Abschnitt C werden wir ein Modell vorstellen, welches genau diesen Aspekt berücksichtigt.

6. Zusammenfassung

(1) Die Zielsetzung des Güter-Freizeit-Ansatzes besteht in der simultanen Herleitung der Güternachfrage- und der Arbeitsangebotsfunktion.

(2) Es werden folgende Annahmen getroffen:

  (a) Der Grad der Bedürfnisbefriedigung ist abhängig vom Niveau des composite-commodity und dem Niveau der Freizeit.

  (b) Der Haushalt kann jede beliebige Zeit zum gegebenen Lohnsatz arbeiten sowie jede beliebige Menge des composite-commodity zum gegebenen

---

4) vgl. Krause-Junk (1982) S. 609 f. Musgrave (1959) S. 240 f.

Preisniveau kaufen. Das Besitzeinkommen und die gesamte zur Verfügung stehende Zeit sind gegeben.

(3) Der Haushalt wählt die Güter-Freizeit-Kombination der Güter-Freizeit-Restriktion, bei der die Grenzrate der Substitution der Freizeit dem Reallohn entspricht.

(4) Die Haushalte sind frei von Geldillusion.

(5) Die Erhöhung der Lohnsteuer löst einen Substitutionseffekt aus, der die Freizeit erhöht und die Güternachfrage bei sinkender Arbeitszeit verringert. Wird sowohl die Freizeit als auch das composite-commodity superior bewertet, dann sinkt aufgrund des Niveaueffektes die Freizeit und die Menge des composite-commodity bei zunehmender Arbeitszeit. Der Gesamteffekt für die Freizeit und die Arbeitszeit ist bei superiorer Bewertung unklar, während die Güternachfrage eindeutig sinkt.

(6) Eine wesentliche Schwäche des vorgestellten Ansatzes ist in den Implikationen der Annahmen der Substitutionalität zwischen der Freizeit und des composite-commodity zu sehen.

C. Die simultane Bestimmung von Güternachfrage und Arbeitsangebot des Haushalts: Der Konsumzeit-Ansatz

1. Einleitung

Im traditionellen Haushaltsmodell wurde der Frage nach der Verwendung eines gegebenen Geldbetrages zur Konsumtion von Gütern nachgegangen. Dabei blieb die Frage nach der Einkommensentstehung unbeachtet, und es wurde von Zeitaspekten des Konsums abstrahiert. Während der Zeitaspekt in der Arbeitsangebotstheorie zwangsläufig zu berücksichtigen ist, wurde der Zeitaspekt des Güterkonsums erst recht spät in die Haushaltstheorie eingeführt.[5)] Der Güterkonsum galt als zeitloser Akt.[6)] Die Vernachlässigung des Zeitaspektes führt dazu, daß bestimmte reale Probleme nicht oder nicht zufriedenstellend erklärt werden können, z.B. stellen wir in der Realität fest, daß trotz Nulltarif für öffentliche Einrichtungen, Parks oder Museen, die Nachfrage nicht unendlich groß ist. Dieses Erscheinungsbild können wir im traditionellen Modell mit Hilfe von Sättigungserscheinungen begründen. Eine solche Erklärung erscheint aber unbefriedigend. Vielmehr ist die begrenzte Nachfrage eher auf die Zeitkosten des Konsums zurückzuführen. In einem solchen Fall liefert das traditionelle Modell keine zufriedenstellenden Erklärungen der Verhaltensweisen von Individuen. Davon abgesehen kann das traditionelle Haushaltsmodell auf Fragen nach den Auswirkungen der Arbeitszeitverkürzung auf den Konsum keine Auskunft geben. Schließlich können die bisherigen

5) vgl. Horn (1984) S. 33

6) vgl. Horn (1984) S. 65
Auf den Aspekt, daß der Konsum von Gütern Zeit erfordert, hat jedoch Sulzer bereits (1895) S. 190 ff. hingewiesen. Diese Hinweis wurde aber lange Zeit ignoriert.

Modelle nicht erklären, warum die Ausgaben für den privaten Verbrauch im Zeitverlauf gestiegen sind. Betrachten wir hierzu die Abbildung 3.

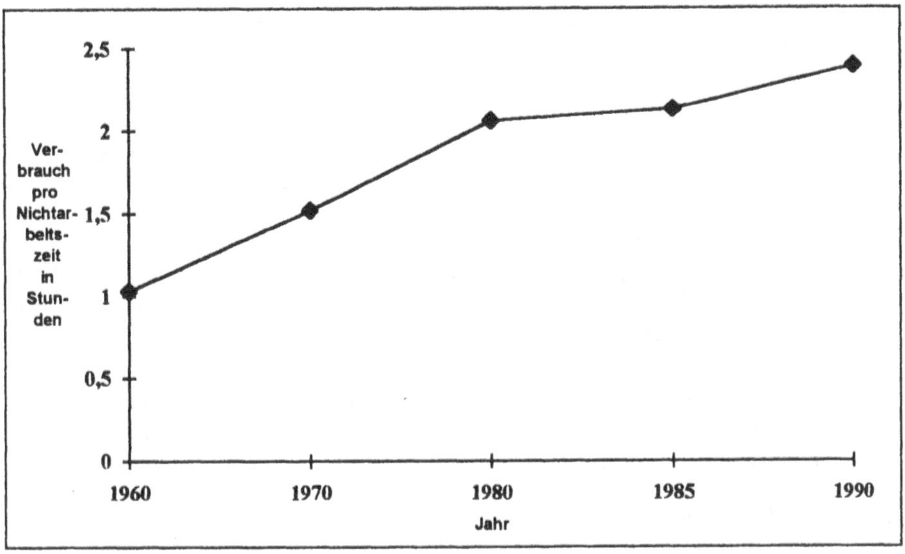

Abbildung 3: Der private Verbrauch je Stunde Nichtarbeitszeit in Preisen von 1985[7)]

Der gesamte private Konsum der Bundesrepublik wird auf die Nichtarbeitszeit bezogen, die sich aus der Differenz zwischen der Gesamtzeit der Bevölkerung und der Arbeitszeit ergibt. Mit anderen Worten verfügen Nichterwerbstätige nur über Nichtarbeitszeit, während Erwerbstätige einen Teil ihrer Zeit als Arbeitszeit verwenden. Der Arbeitszeit liegen die effektiven Arbeitsstunden zugrunde.

Die Berechnung zeigt, daß die durchschnittlichen Ausgaben pro Stunde real von 1960 bis 1990 auf das fast Zweieinhalbfache angestiegen sind. Der Konsum ist demnach im Zeitablauf immer preisintensiver geworden. Die Aufgabe der Mikroökonomie besteht in der Ermittlung der Konsequenzen für die Wirtschaftspolitik, insbesondere für den Arbeitsmarkt, die sich aus diesem Befund ergeben. Problematisch an dieser Berechnung ist die Gleichsetzung der Erhöhung der Freizeit

(a) durch eine Verkürzung der Arbeitszeit und
(b) durch Freisetzung im Arbeitsprozeß (Arbeitslosigkeit) zu sehen.

Die Berechnung liefert daher nur grobe Anhaltspunkte.

Diese aufgeworfenen Fragen können durch eine genauere Beschreibung des Begriffs

---

7) Quelle: Institut der Deutschen Wirtschaft (1992) Tabellen 10, 17, 28 und 36 sowie eigene Berechnungen

Konsumaktivität beantwortet werden. Wie eingangs im Kapitel I erläutert wurde, haben die Menschen Bedürfnisse. Die Voraussetzung für die Befriedigung eines Bedürfnisses ist die Existenz von Konsumzeit und/oder finalen Gütern, wobei **Konsumzeit** als Zeit definiert wird, die der Haushalt für den Konsum eines finalen Gutes verwendet, und **finale Güter**[8] die Eigenschaft besitzen, daß sie in konsumreifer Form vorliegen. Die Kombination von Konsumzeit und finalen Gütern bezeichnen wir als **Konsumaktivität**. Die Befriedigung von Bedürfnissen erfolgt durch die Realisierung von Konsumaktivitäten. Dabei können wir drei Arten von Konsumaktivitäten unterscheiden:[9]

(a) geldzehrende Konsumaktivitäten
Hierunter fallen alle Aktivitäten, für die in erster Linie Geld benötigt wird und keine Konsumzeit notwendig ist bzw. die Konsumzeit nur eine untergeordnete Rolle spielt. Die Ausdehnung einer solchen Konsumaktivität führt bei gegebener Konsumzeit *nicht* oder nur unwesentlich zu einer Begrenzung der zeitlichen Möglichkeiten anderer Aktivitäten. Beispiele hierfür sind das Tragen eines T-Shirts oder der Konsum von Getränken. In den Kapiteln III und IV sind daher ausschließlich solche Konsumaktivitäten untersucht worden

(b) zeitzehrende Konsumaktivitäten
Ausschließlich zeitzehrende Konsumaktivitäten sind Aktivitäten, bei denen das Geld eine zu vernachlässigende Rolle spielt. Die Erhöhung einer solchen Aktivität führt bei gegebenem Einkommen *nicht* zu einer Einschränkung der finanziellen Möglichkeiten anderer Aktivitäten. Beispiele hierfür sind der Schlaf zur Befriedigung des Bedürfnisses Regeneration oder das Unterhalten mit Freunden sowie das Ansehen des Sonnenunterganges, das Joggen im Park[10] etc.

(c) zeit- und geldzehrende Konsumaktivitäten
Für diese Konsumaktivitäten wird sowohl Zeit als auch Geld benötigt. Die Ausdehnung einer solchen Konsumaktivität führt sowohl zur Einschränkung der zeitlichen als auch finanziellen Möglichkeiten anderer Aktivitäten. So benötigt man z.B. für das Ansehen eines Kinofilms Geld für die Eintrittskarte und Zeit für die entsprechende Filmlänge und den Anreiseweg.

Während im Einkommens-Freizeit-Ansatz bzw. im Güter-Freizeit-Ansatz ein ausschließlich zeitzehrendes Gut (F) und ein ausschließlich geldzehrendes Gut (y bzw. x) betrachtet wird, untersuchen wir hier das Nachfrageverhalten nach finalen Gütern, die sowohl zeit- als auch geldzehrend sind.[11] Mit dem Nachfrageverhalten nach nicht-konsumreifen Gütern beschäftigen sich die Abschnitte D. und E. dieses Kapitels.

---

8) vgl. hierzu auch die Ausführungen in Abschnitt II.E.3

9) De Serpa (1971) S. 829 dagegen argumentiert, daß zur Konsumtion von Gütern immer ein Minimum an Zeit notwendig ist.

10) Hierbei werden die "Schuhsohlenkosten" vernachlässigt.

11) Eine ausführliche Darstellung findet der interessierte Leser auch bei de Vany (1971).

Wir werden hier zwei unterschiedliche Modellvarianten vorstellen. In Abschnitt 2 unterstellen wir eine institutionell vorgegebene Arbeitszeit. Ziel dieses Abschnittes ist es, die aus der Berücksichtigung des Zeitbedarfs des Konsums resultierenden Implikationen für das Güternachfrageverhalten herauszuarbeiten sowie die Folgerungen für wirtschaftspolitische Maßnahmen herauszustellen. In Abschnitt 3 heben wir die Annahme der institutionell vorgegebenen Arbeitszeit auf und untersuchen die resultierenden Implikationen für das Güternachfrage- und das Arbeitsangebotsverhalten simultan. Insbesondere werden Auswirkungen von Veränderungen des Besitzeinkommens, der Güterpreise und des Lohnsatzes auf das Nachfrage- und Angebotsverhalten analysiert. Desweiteren werden Weiterentwicklungen des Modells vorgestellt. Nach einigen kritischen Anmerkungen werden abschließend die wesentlichen Ergebnisse zusammengefaßt.

2. Das Konsumzeitmodell bei institutionell vorgegebener Arbeitszeit

2.1. Annahmen

Bezüglich des Präferenzsystems gehen wir von den gleichen Annahmen wie im traditionellen Modell aus. Das Nutzenniveau hängt von den Mengen der konsumierten Güter ab,

$$(10)\quad U = f(x_1, x_2)$$

und die Indifferenzkurven verlaufen fallend und konvex. Desweiteren unterstellen wir gegebene Güterpreise, einen gegebenen Lohnsatz und ein gegebenes Besitzeinkommen. Das Lohneinkommen entspricht

$$(11)\quad L = wA$$

und das gesamte Einkommen des Haushalts

$$(12)\quad y = B + wA$$

Für die Einkommensrestriktion gilt daher:

$$(13)\quad B + wA = p_1x_1 + p_2x_2 \qquad \text{bzw.}$$

$$(14)\quad x_2 = \frac{B + wA}{p_2} - \frac{p_1}{p_2}x_1 \qquad \text{Einkommensrestriktion (B)}$$

Die **Einkommensrestriktion** gibt an, welche Mengen des Gutes X_2 maximal bei gegebenen Mengen des Gutes X_1 unter Beachtung eines vorgegebenen Einkommens und vorgegebenen Güterpreisen konsumiert werden können. Die Lage der Einkommensrestriktion hängt von dem Niveau der vorgegebenen Arbeitszeit ab. Eine Erhöhung der Arbeitszeit, d.h. eine Reduzierung der Konsumzeit, führt zu einer Verschiebung der Einkommensrestriktion nach außen. Da die Einkommensrestriktion (14) die gleichen Eigenschaften wie die Einkommensrestriktion im traditionellen Modell aufweist, kann an dieser Stelle auf weitere Erläuterungen verzichtet werden.

Neben der Einkommensrestriktion muß der Haushalt jetzt noch eine weitere Restriktion beachten, die aus der Berücksichtigung des zeitzehrenden Konsums resultiert. Die Zeit, die zum Konsum zur Verfügung steht, ergibt sich aus der Gesamtzeit und der Arbeitszeit:

(15) $T = C + A$ Gesamtzeitrestriktion

C: Konsumzeit
T: Gesamtzeit
A: Arbeitszeit

Es wird angenommen, daß die Konsumzeit einer Einheit des Gutes X_i einen konstanten Betrag b_i an Zeit erfordert, die durch den Anbieter des Gutes vorgegeben wird, z.B. das Anhören einer Schallplatte bzw. die Zeit einer Flugreise.[12)] Die für den Konsum einer Gütereinheit notwendige Zeit definieren wir als **Konsumkoeffizient**. Aus Art und Anzahl der Güter bestimmt sich die Konsumzeit.

(16) $C = b_1 x_1 + b_2 x_2$ b_i: Konsumzeitkoeffizient

Nach Umformung folgt die Konsumzeitrestriktion:

(17) $x_2 = \frac{C}{b_2} - \frac{b_1}{b_2} x_1$ Konsumzeitrestriktion (C)

Die **Konsumzeitrestriktion** (C) gibt an, wieviel Mengen des Gutes X_2 maximal bei alternativen Mengen des Gutes X_1 unter Beachtung einer vorgegebenen Konsumzeit konsumiert werden können. Für jede alternative Arbeitszeit bzw. Konsumzeit kann eine Konsumzeitrestriktion abgeleitet werden. Eine Erhöhung der Konsumzeit bzw. eine Reduzierung der Arbeitszeit verschiebt die Konsumzeitrestriktion nach rechts oben. Die maximal mögliche Konsumzeitrestriktion (C_0) resultiert bei einer Arbeitszeit von Null, d.h. die gesamte zur Verfügung stehende Zeit wird als Konsumzeit genutzt. Die Steigung der Konsumzeitrestriktion

(18) $\frac{dx_2}{dx_1} = - \frac{b_1}{b_2} < 0$

gibt an, auf wieviel Einheiten von X_2 der Haushalt aufgrund der gegebenen Konsumzeit sowie der gegebenen Konsumzeitkoeffizienten verzichten muß, wenn er eine zusätzliche Einheit von X_1 konsumieren möchte.

12) Auf den Aspekt, daß der Konsum von Gütern Zeit erfordert, hat bereits Sulzer (1895) S. 190 ff. hingewiesen.

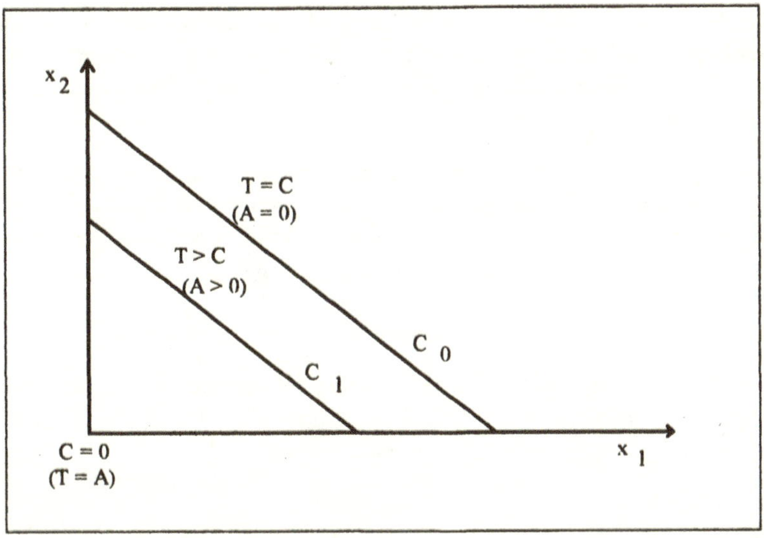

Abbildung 4: Die Konsumzeitrestriktion

In dem vorliegenden Modell können alle drei der in Abschnitt VI.C.1 angeführten Konsumaktivitäten behandelt werden. Bei einer Konsumaktivität, für die sowohl Geld als auch Zeit benötigt wird, ist der Geldpreis sowie der Konsumzeitkoeffizient größer als Null. Konsumaktivitäten, zu denen entweder nur Geld oder nur Zeit benötigt werden, können durch Nullsetzung des Zeitkoeffizienten bzw. des Geldpreises als Spezialfälle in diesem Modell analysiert werden.

Hieraus wird noch einmal deutlich, daß der Einkommens-Freizeit-Ansatz als Spezialfall des Konsumzeit-Ansatzes interpretiert werden kann. Das eine Gut ist im Einkommens-Freizeit-Ansatz ausschließlich zeitzehrend. Bei gegebenen Konsumzeitkoeffizienten hängt die konsumierte Menge dieses Gutes von der Höhe der Freizeit ab. Das andere Gut im Einkommens-Freizeit-Ansatz erfordert ausschließlich Geld. Bei gegebenem Preis hängt der Konsum ausschließlich vom Einkommen ab.

2.2. Zeit- und preisintensive Güter

Für die spätere Interpretation der Modellergebnisse ist die Einführung der Begriffe der relativen Preis- und Zeitintensität sinnvoll. Das Gut X_1 wird als **relativ zeitintensiv** zu dem Gut X_2 bezeichnet, wenn beim Konsum des Gutes X_1 pro Geldeinheit mehr Zeiteinheiten benötigt werden als beim Konsum des Gutes X_2. Dementsprechend wird das Gut X_1 als **relativ preisintensiv** zu dem Gut X_2 bezeichnet, wenn beim Konsum des Gutes X_1 pro Zeiteinheit mehr Geldeinheiten erforderlich sind als beim Konsum des

Gutes X_2.[13)] So ist z.B. die Bahnreise im Vergleich zur Flugreise zeitintensiv. Oder ein qualitativ besseres Essen ist im Vergleich zu einem qualitativ schlechteren Essen preisintensiv, wenn die Ausgaben für das qualitativ bessere Essen (bei etwa gleichem Zeitbedarf) größer sind.

Entscheidend für das Vorliegen eines preis- bzw. zeitintensiven Gutes ist nicht der *absolute* Zeit- bzw. Geldpreis, sondern die Ausgaben, bezogen auf eine Zeiteinheit bzw. die Zeit, bezogen auf eine Geldeinheit! Desweiteren kann man nicht sagen, daß ein Gut grundsätzlich zeit- bzw. preisintensiv ist, sondern daß das betrachtete Gut lediglich im Vergleich zu einem bestimmten anderen Gut preis- oder zeitintensiv ist. Daher ist es sinnvoller, von relativen preis- bzw. zeitintensiven Gütern zu sprechen.

Das Verhältnis der Steigungen der Einkommensrestriktion und der Konsumzeitrestriktion hängt von der relativen Preis- bzw. Zeitintensität ab. Verläuft die Konsumzeitrestriktion steiler als die Einkommensrestriktion, dann gilt:

$$(19) \quad \frac{b_1}{b_2} > \frac{p_1}{p_2}$$

Aus (19) folgt unmittelbar:

$$(20) \quad \frac{b_1}{p_1} > \frac{b_2}{p_2}$$

Auf der linken Seite der Gleichung (20) steht die Zeitintensität des Gutes X_1, auf der rechten Seite die Zeitintensität des Gutes X_2. Aus den Gleichungen (19) und (20) resultiert, daß **die Konsumzeitrestriktion steiler als die Einkommensrestriktion verläuft, wenn das Gut X_1 relativ zeitintensiv ist**, et vice versa.

2.3. Die Konsummöglichkeiten

Bei seiner Konsumauswahl muß der Haushalt sowohl die Zeit- als auch die Einkommensrestriktion beachten. Da hier von einer exogen vorgegebenen Arbeitszeit ausgegangen wird, existieren eine Einkommensrestriktion und eine Konsumzeitrestriktion. Die unterschiedlichen Konstellationen der beiden Restriktionen sind in der Abbildung 5 dargestellt.

Im Fall a) verläuft die Einkommensrestriktion unterhalb der Zeitrestriktion. Der Entscheidungsraum des Haushalts wird ausschließlich durch die Budgetrestriktion beschränkt. Dieser Verlauf der Restriktionen beschreibt die Situation eines Individuums in einer unterentwickelten Volkswirtschaft. Dem Individuum steht offensichtlich mehr Zeit zur Verfügung als es tatsächlich benötigt. Aber was macht das Individuum mit die-

---

13) Eine alternative Definition der Zeitintensität mit den gleichen Implikationen findet man bei Spaetling (1977) S. 391 f.: Das Gut X_1 wird als relativ zeitintensiv bezeichnet, wenn bei einem Gut der Zeitpreis einen größeren Anteil am Gesamtpreis als beim Gut X_2 ausmacht.

ser "überschüssigen" Zeit? Das Entscheidungsproblem des Haushalts scheint für diese Konstellation nicht vollständig beschrieben zu sein. Es muß hier eine zusätzliche Konsumaktivität existieren, die kein Geld kostet und das Nutzenniveau nicht beeinflußt. Eine solche Zeit könnte man als "Langeweile-Zeit" definieren.[14)]

In Teil b) der Abbildung 5 ist eine Situation dargestellt, in der sich die beiden Restriktionen schneiden. Die Zeit reicht in diesem Fall nicht aus, um bestimmte Mengen des Gutes X_2, die aufgrund des Einkommens möglich sind, zu konsumieren. Umgekehrt reicht das Einkommen für den Kauf bestimmter Mengen des Gutes X_1 nicht aus, die jedoch aufgrund der vorhandenen Zeit realisierbar wären. Der Entscheidungsbereich des Haushalts wird durch die Strecke ABC eingeschränkt.

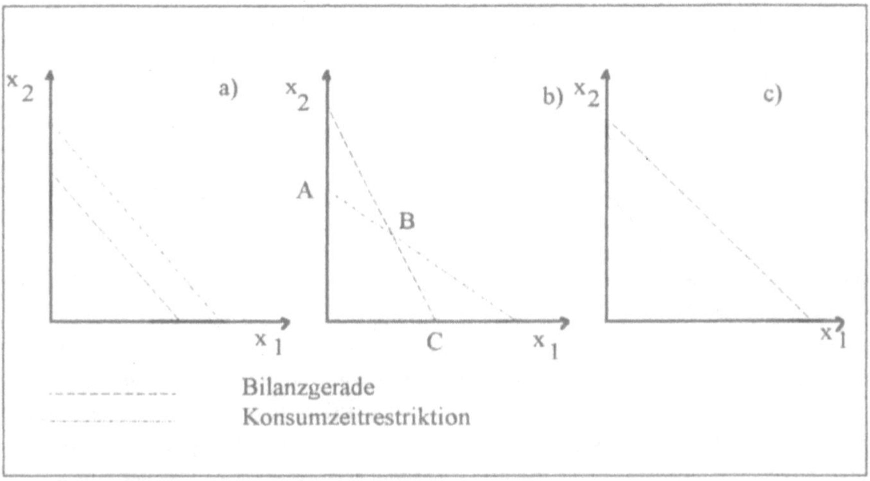

Abbildung 5: Die alternativen Konstellationen der Restriktionen

In Teil c) ist der Fall dargestellt, in dem die Zeitrestriktion unterhalb der Einkommensrestriktion verläuft. Der Entscheidungsbereich wird somit ausschließlich durch die Zeitrestriktion eingeschränkt. Der Haushalt wird in dieser Situation sparen, obwohl dies nicht seiner Zielsetzung entspricht, so daß man hier von einem "Zwangssparen" sprechen kann. Diese Situation wird häufig für Individuen in entwickelten Volkswirtschaften vermutet, deren Zeit zur Verausgabung des Einkommens nicht ausreicht. Eine sol-

14) Streng genommen müßte das Modell um ein drittes Gut, welches nur einen Zeitpreis und keinen monetären Preis hat, und keinen Einfluß auf das Nutzenniveau ausübt, erweitert werden. Das Modell hätte dann die Struktur:

$U = f(x_1, x_2)$

$y \geq p_1 x_1 + p_2 x_2$

$C = b_1 x_1 + b_2 x_2 + b_3 x_3$

che Situation wurde von Rosenstein-Rodan als "terrestrial paradise"[15] kennzeichnet, in dem die Güter in unbegrenzter Menge vorhanden sind, aber der Mensch nicht die Zeit zur Befriedigung aller Bedürfnisse hat.

2.4. Das Haushaltsgleichgewicht

Das gesamte Modell kann durch das folgende Gleichungssystem beschrieben werden:

(10) $U = f(x_1,x_2)$ Nutzenfunktion

(11) $L = wA$ Lohneinkommen

(12) $y = B + wA$ Gesamteinkommen

(13) $B + wA = p_1x_1 + p_2x_2$ Budgetrestriktion

(15) $T = C + A$ Gesamtzeitrestriktion

(16) $C = b_1x_1 + b_2x_2$ Konsumzeit

endogen: U, x_1, x_2, C, L, y
exogen: $T, b_1, b_2, w, B, p_1, p_2, A$

Aus der vorgegebenen Arbeitszeit ergeben sich aus der Gleichung (11) das Lohneinkommen, aus der Gleichung (12) das Gesamteinkommen und aus der Gleichung (16) die Konsumzeit. Bei der Ableitung der nutzenoptimalen Güterkombination muß der Haushalt die Zeit- und die Budgetrestriktion beachten, wobei die in Abschnitt 2.3. unterschiedlichen möglichen Konstellationen zu berücksichtigen sind. In der Abbildung 6 sind alternative Haushaltsgleichgewichte dargestellt. In Fall a) entspricht, wie im Haushaltsmodell ohne Berücksichtigung der Zeitdimension, die Grenzrate der Substitution dem monetären Güterpreisverhältnis. Das Gleichgewicht in Fall c) ist durch eine Übereinstimmung der Grenzrate der Substitution mit dem Verhältnis der Zeitkoeffizienten gekennzeichnet. Problematischer ist der Fall b), wo drei Unterfälle zu unterscheiden sind. Das Gleichgewicht ist in Fall b_1) durch eine Übereinstimmung von der Grenzrate der Substitution mit dem monetären Güterpreisverhältnis, im Fall b3) durch eine Übereinstimmung der Grenzrate der Substitution mit dem Verhältnis der Konsumzeitkoeffizienten gekennzeichnet. Im Fall b_2) ist die Marginalbedingung nicht erfüllt. Das Gleichgewicht wird durch den Schnittpunkt der Restriktionen bestimmt.[16]

15) Rosenstein-Rodan (1934) S. 85

16) Daß in diesem Fall keine Marginalbedingung existiert, liegt an der Beschränkung auf den Zwei-Güterfall.

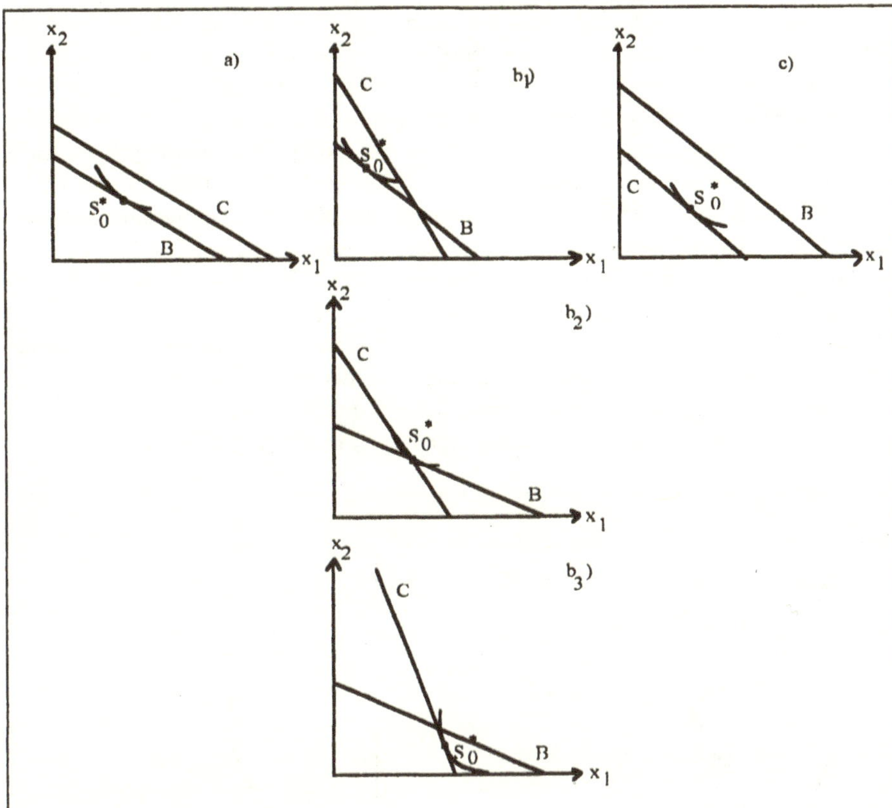

Abbildung 6: Haushaltsgleichgewichte

2.5. Komparative Statik

2.5.1. Einkommensänderungen

Wir werden in diesem Abschnitt die Auswirkungen von Änderungen des Einkommens untersuchen. Dabei wird an dieser Stelle nicht weiter zwischen einer Änderung des Besitzeinkommens und einer Änderung des Lohnsatzes differenziert, denn aus beiden Datenänderungen resultiert eine Parallelverschiebung der Einkommensrestriktion.

In der Abbildung 7 sind Einkommensrestriktionen für alternative Einkommensniveaus dargestellt, und es wird zur Vereinfachung von superioren Gütern ausgegangen.

Bei einem relativ niedrigen Einkommensniveau, dargestellt durch die Einkommensrestriktion B_0, wird der Entscheidungsraum ausschließlich durch die monetären Gegebenheiten eingeschränkt. Bei einer geringfügigen Einkommenserhöhung, wie sie durch Verschiebung der Einkommensrestriktion von B_0 zu B_1 zum Ausdruck kommt, bleibt der Entscheidungsraum durch die monetäre Restriktion begrenzt. Werden die monetären Gegebenheiten durch die Einkommensrestriktion B_2 zum Ausdruck gebracht, dann muß der Haushalt die Zeit- und die Einkommensrestriktion beachten, so daß die realisierbaren Wahlmöglichkeiten durch die Strecke FED gekennzeichnet sind. Es wird unterstellt, daß der Haushalt in einer solchen Situation das Güterbündel S_2^* wählt, so daß sich die Beschränkungen aufgrund der Zeitrestriktion noch nicht auswirken. Steigt das Einkommen weiter und gilt die Einkommensrestriktion B_3, dann würde der Haushalt ohne Berücksichtigung der Zeitrestriktion das Güterbündel S_3' wählen. Dieses ist jedoch aufgrund der Zeitrestriktion nicht realisierbar. Das Güterbündel, welches von dem realisierbaren Güterbündel zum maximalen Nutzenniveau führt, wird in S_3^* erreicht. Darüber hinausgehende Einkommenserhöhungen haben keinen Einfluß auf die Güternachfrage. Zwar vergrößert sich der Entscheidungsraum, bis maximal alle Güterbündel auf der Zeitrestriktion realisierbar sind, jedoch führt diese Änderung, da S_3^* das nutzenoptimale Güterbündel bei gegebener Zeitrestriktion darstellt, zu keiner Änderung des Nachfrageverhaltens. Die Nachfrage nimmt also bis zum Einkommensniveau von y_3 zu und bleibt bei weiteren Einkommenserhöhungen unverändert (Teil b der Abbildung 7).

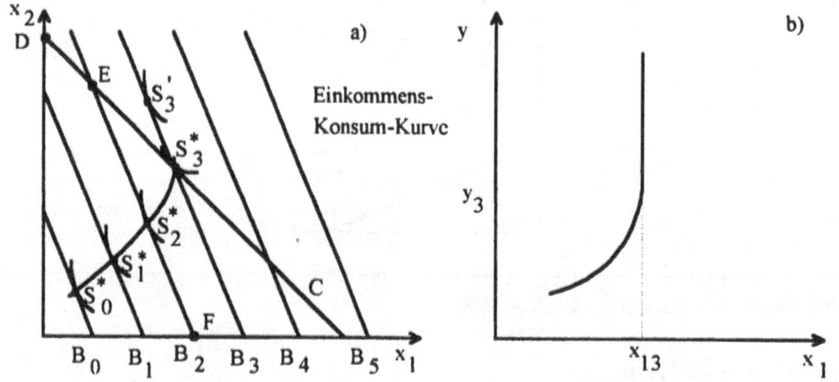

Abbildung 7: Einkommensänderungen

Nehmen wir zur Illustration die Benutzung von Tennisplätzen. Bis zu einem bestimmten Einkommensniveau wird die Nachfrage durch die monetäre Restriktion begrenzt. Ab einer bestimmten Einkommenserhöhung ist jedoch die Zeitrestriktion entscheidend. Der theoretisch maximal mögliche Grenzfall liegt bei einer Benutzung des Tennisplatzes von 24 Stunden pro Tag.

2.5.2. Preisänderungen

Als nächstes werden die Auswirkungen von Preisänderungen untersucht, wobei wiederum eine superiore Bewertung der Güter unterstellt wird. Den Ausgangspunkt der Überlegungen bildet die Bilanzgerade B_0.

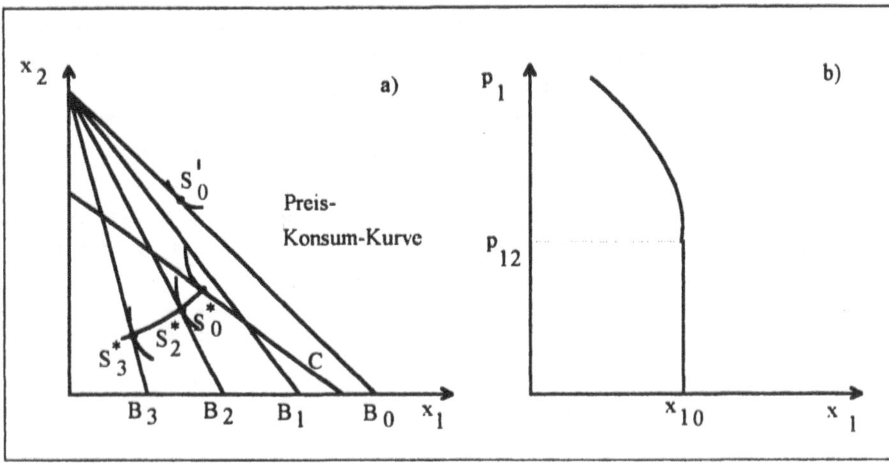

Abbildung 8: Preisänderungen

Ohne Berücksichtigung der Zeitrestriktion würde der Haushalt das Güterbündel S_0' wählen. Dies ist aber aufgrund der Zeitrestriktion nicht möglich. Die Zeitrestriktion grenzt in dieser Konstellation die Konsummöglichkeiten ein. Das realisierbare Güterbündel, welches den Nutzen maximiert, liegt in S_0^*, wo die Grenzrate der Substitution dem Verhältnis der Zeitkoeffizenten entspricht. Eine Preiserhöhung hat, da die Gleichgewichtsbedingung unabhängig von den monetären Preisen ist, zunächst keinen Einfluß auf die Nachfrage. Steigt der Preis des Gutes X_1 auf ein Niveau, welches zu einer Einschränkung des monetären Entscheidungsraums, ausgedrückt durch die Bilanzgerade B_2, führt, dann ist das Güterbündel S_0^* nicht mehr realisierbar. Das Güterbündel S_2^* stellt in diesem Fall das Haushaltsgleichgewicht dar, wobei die nachgefragte Menge nach X_1 gesunken ist. Weitere Preiserhöhungen führen, wie im traditionellen Haushaltsmodell ausführlich diskutiert, bei superiorer Bewertung des Gutes zu einem Rückgang der Nachfrage. Die Nachfrage reagiert auf Preiserhöhungen bis zu einem Preis von p_{12}^* nicht, sie ist völlig preisunealastisch. Übersteigt der Preis das Niveau von p_{12}^*, dann erhalten wir den bekannten, fallenden Verlauf. Während im traditionellen Haushaltsmodell eine völlig preisunelastische Nachfrage auf bestimmte Eigenschaften des Präferenzsystems zurückzuführen ist,[17)] wird in diesem Modell der Nachfrageverlauf durch die Restriktionen, genauer durch die zeitlich begrenzte Konsumzeit, erklärt.

2.5.3. Auswirkungen der Veränderung der Arbeitszeit

Wir sind bisher von einer gegebenen Arbeitszeit und damit von einer gegebenen Konsumzeit ausgegangen. Welche Auswirkungen ergeben sich aber nun durch eine Veränderung der Arbeitszeit?

---

17) Dies ist dann der Fall, wenn eine inferiore Bewertung vorliegt und der negative Substitutionseffekt durch den positiven Einkommenseffekt genau kompensiert wird oder die Indifferenzkurven die Achsen schneiden.

Als Ausgangspunkt betrachten wir die Konsumzeitrestriktion C_0 und die Einkommensrestriktion B. In dieser Situation bildet die Zeit die dominierende Restriktion, und es wird das Güterbündel S_0^* konsumiert. Welche Auswirkungen hat nun eine Verringerung der Arbeitszeit bei vollem Lohnausgleich? Ein voller Lohnausgleich wird hier mit einer unveränderten Einkommensrestriktion gleichgesetzt. Beträgt z.B. die Arbeitszeit pro Woche 40 Stunden und der Lohnsatz 10,- DM, dann muß der Lohnsatz auf 11,43 DM steigen, wenn die Arbeitszeit bei vollem Lohnausgleich auf 35 Stunden reduziert werden soll. Aufgrund dieser Datenänderung verschiebt sich die Konsumzeitrestriktion bei unveränderter Einkommensrestriktion parallel nach rechts oben.

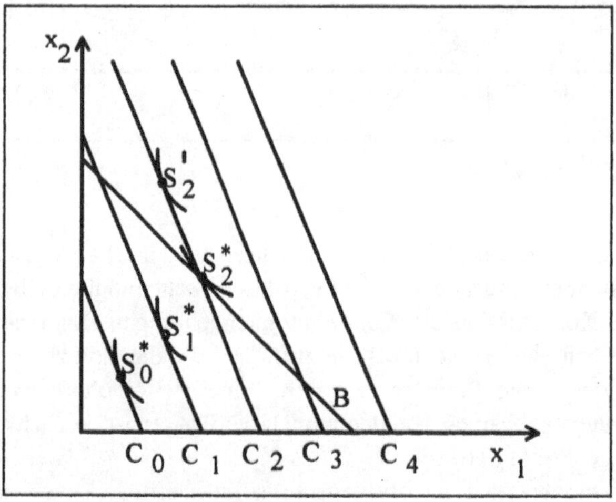

Abbildung 9: Veränderungen der Arbeitszeit

Wird die neue Situation durch C_1 dargestellt, dann wird als neues Güterbündel S_1^* gewählt. Betrachten wir jetzt die Konsumzeitrestriktion C_2. Müßte der Haushalt nur die Zeitrestriktion beachten, so würde er das Güterbündel S_2' wählen. Für die Finanzierung des Güterbündels reicht jedoch das Einkommen des Haushalts nicht aus. Von den realisierbaren Güterbündeln stellt S_2^* das nutzenmaximierende Güterbündel dar. Eine weitere Verkürzung der Arbeitszeit führt zwar dazu, daß noch weitere Güterbündel auf der Einkommensrestriktion realisierbar sind, jedoch ist S_2^* das Güterbündel, welches von allen auf der Einkommensrestriktion realisierbaren Güterbündeln den größten Grad an Bedürfnisbefriedigung gewährleistet, so daß sich die Nachfrage bei weiteren Verkürzungen der Arbeitszeit nicht mehr ändert.

2.5.4. Veränderung der Zeitkoeffizienten

Eine Veränderung eines Zeitkoeffizienten führt zu einer Drehung der Konsumzeitrestriktion. Diese Änderung hat dann einen Einfluß auf das Güternachfrageverhalten, wenn im betrachteten Ausgangsgleichgewicht das Entscheidungsverhalten durch die Konsumzeitrestriktion beeinflußt wird. In diesem Fall treten qualitativ die gleichen Effekte wie bei einer monetären Preisänderung auf: Das Gut, dessen relativer Zeitkoeffizient gestiegen ist, wird aufgrund des Substitutionseffektes und bei superiorer Bewertung aufgrund des Einkommenseffektes weniger nachgefragt. Bei inferiorer Bewertung ist der Gesamteffekt unklar.

3. Der Konsumzeit-Ansatz bei freier Wahl der Arbeitszeit

3.1. Die Annahmen

Im vorausgegangenen Abschnitt 2 haben wir den Einfluß der Zeit auf das Nachfrageverhalten eines Haushalts untersucht. Dabei sind wir von einer institutionell vorgeschriebenen Arbeitszeit und damit von einer gegebenen Konsumzeit ausgegangen. Diese Annahme wird nun aufgehoben. Das Niveau der Arbeitszeit und damit das Lohn- und Gesamteinkommen sowie die Konsumzeit werden in dem folgenden Modell simultan erklärt. Aufgrund der endogenen Arbeitszeit existiert nicht mehr nur eine Einkommensrestriktion bzw. eine Konsumzeitrestriktion, sondern je nach Höhe der Arbeitszeit eine Vielzahl solcher Restriktionen, wobei zu jeder Einkommensrestriktion eine bestimmte Konsumzeitrestriktion gehört.

3.2. Die Konsummöglichkeiten

Bei seiner Konsumauswahl muß der Haushalt sowohl die Zeit- als auch die Einkommensrestriktion beachten. Die Funktion, die die Güterbündel angibt, die sowohl aufgrund der Zeit- als auch der Einkommensrestriktion realisierbar sind, bezeichnen wir als **Konsummöglichkeitskurve**. Diese Funktion soll zunächst graphisch abgeleitet werden.

Betrachten wir als erstes den Zusammenhang zwischen der Einkommensrestriktion und der Arbeitszeit. Im Teil a) der Abbildung 10 sind die aufgrund der Gesamtzeitrestriktion möglichen Aufteilungen der Zeit in Konsum- und Arbeitszeit dargestellt. Die Gesamtzeit kann z.B. in C_1 Konsumzeiteinheiten und in A_1 Arbeitszeiteinheiten aufgeteilt werden. In der Abbildung 10b) ist der Zusammenhang zwischen dem Einkommen und der Arbeitszeit dargestellt. Die Funktion

$$(21) \quad A = \frac{y}{w} - \frac{B}{w}$$

verläuft mit positiver Steigung, da für eine Ausdehnung des Einkommens eine Erhöhung der Arbeitszeit notwendig ist. Die Steigung der eingezeichneten Funktion entspricht dem Kehrwert des Lohnsatzes:

$$(22) \quad \frac{dA}{dy} = \frac{1}{w}$$

Für eine Erhöhung des Einkommens um eine Einheit ist eine Erhöhung der Arbeitszeit in Höhe des Kehrwertes des Lohnsatzes notwendig. Beträgt z. B. der Lohnsatz 10,- DM, dann muß der Haushalt 1/10 Stunden arbeiten, um 1 DM zu verdienen.

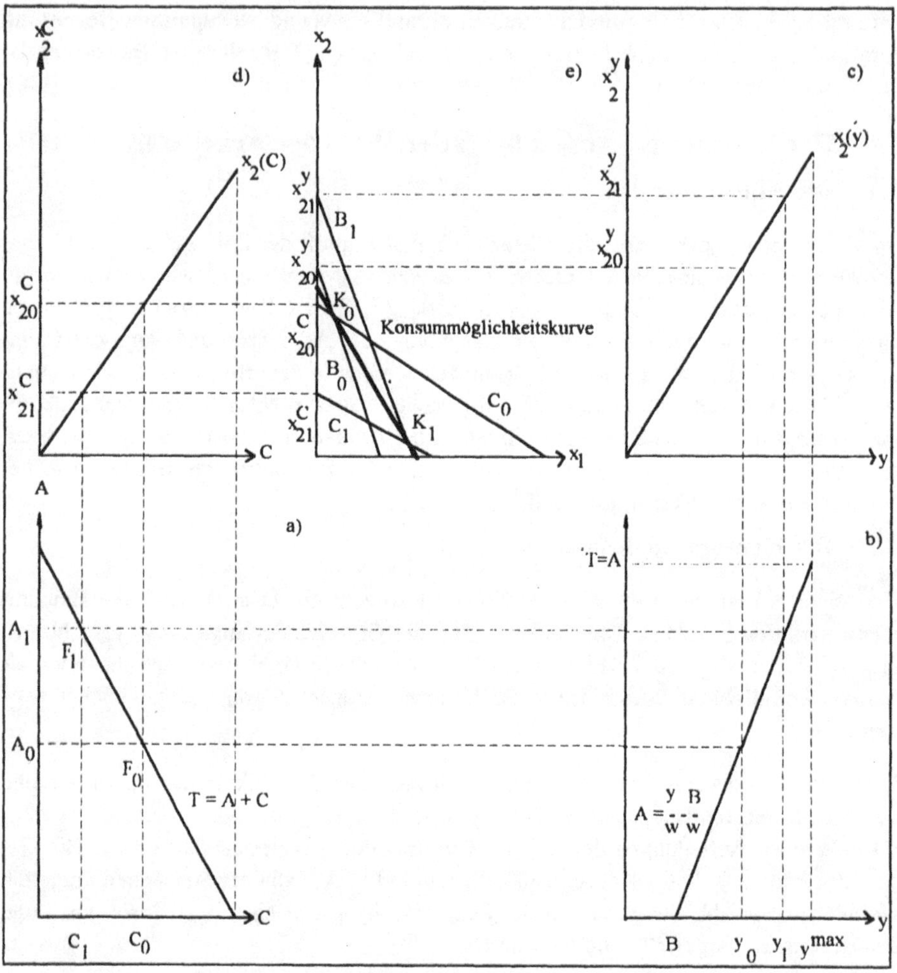

Abbildung 10: Die Konsummöglichkeitskurve[18)]

Arbeitet der Haushalt nicht, so erzielt er ein Einkommen in Höhe des Besitzeinkommens. Das maximal mögliche Einkommen (full income) wird erzielt, wenn der Haushalt in seiner gesamten zur Verfügung stehenden Zeit arbeitet. Für die in F_1 vorgegebene Arbeitszeit erhält der Haushalt ein Einkommen in Höhe von y_1.

Der Abbildung 10c) ist zu entnehmen, wieviele Einheiten von X_2 bei einem gegebenen Gesamteinkommen maximal konsumiert werden können. Die maximal realisierbare Gütermenge von X_2 entspricht dem Verhältnis des Gesamteinkommens und dem Preis des

18) Die Zeitrestriktion T=A+C hat die Steigung minus Eins, was leider aus drucktechnischen Gründen nicht dargestellt werden konnte.

Gutes X_2:

(23) $x_2^y = \frac{y(A)}{p_2}$ max. möglicher Konsum von X_2 bei geg. Einkommen y

Mit dem aus der vorgegebenen Arbeitszeit A_1 resultierenden Einkommen y_1 können maximal x_{21}^y Einheiten von X_2 gekauft werden. Statt ausschließlich das Gut X_2 zu konsumieren, kann der Haushalt auch Anteile des Einkommens zum Konsum von X_1 verwenden. Die alternativen Möglichkeiten der Verwendung des Einkommens y_1 für die beiden Güter beschreibt die Einkommensrestriktion B_1 in der Abbildung 10e). Zwischen der Gesamtarbeitszeit und der Einkommensrestriktion besteht folgender Zusammenhang: Wird die Gesamtarbeitszeit z.B. auf A_0 verringert, reduziert sich das Einkommen entsprechend auf y_0, so daß die korrespondierende Einkommensrestriktion B_0 parallel unterhalb der Einkommensrestriktion B_1 verläuft.

Nachdem die Zusammenhänge zwischen der Einkommensrestriktion und der Arbeitszeit herausgearbeitet sind, gilt es, die Beziehungen zwischen der Konsumzeitrestriktion und der Arbeitszeit zu analysieren. Als Ausgangspunkt wird wiederum die Gesamtzeitaufteilung F_1 in der Abbildung 10a) gewählt. Die Konsumzeit entspricht C_1. Zunächst wird das maximale Niveau des Konsums des Gutes X_2 bei der vorgegebenen Konsumzeit durch Division der Konsumzeit durch den Zeitkoeffizienten b_2 des Gutes X_2 ermittelt:

(24) $x_2^C = \frac{C}{b_2}$ maximal möglicher Konsum von X_2 bei gegebener Konsumzeit

Diese Beziehung stellt die Funktion $x_2(C)$ in der Abbildung 10d) dar. Aus der gegebenen Konsumzeit C_1 resultiert das maximal mögliche Konsumniveau von X_2 in Höhe von x_{21}^c. Es besteht für den Haushalt wiederum die Möglichkeit, durch Einschränkung der Konsummenge von X_2 Mengen des Gutes X_1 zu konsumieren. Die aufgrund der vorgegebenen Konsumzeit realisierbaren Konsummöglichkeiten werden mit Hilfe der Konsumzeitrestriktion C_1 dargestellt, deren Steigung vom Verhältnis der Zeitkoeffizienten der beiden Güter abhängt. Eine Verringerung der Arbeitszeit impliziert eine Erhöhung der Konsumzeit, so daß von X_2 maximal x_{20}^c konsumiert werden kann und die Konsumzeitrestriktion sich nach rechts oben verschiebt. Die gleichen Überlegungen gelten bei einer Verringerung der Konsumzeit bzw. einer Erhöhung der Arbeitszeit.

Welche Güterbündel sind für den Haushalt unter Beachtung der Zeit- und der Budgetrestriktion realisierbar? Für die vorgegebene Arbeitszeit A_1 resultiert die Konsumzeitrestriktion C_1 und die Einkommensrestriktion B_1. Bei der vorgegebenen Arbeitszeit kann der Haushalt unter Beachtung der beiden Restriktionen lediglich das Güterbündel K_1 realisieren. Alternative Konsummöglichkeiten können durch eine Variation der Gesamtarbeitszeit und die dadurch implizierten Einkommens- und Konsumzeitänderungen ermittelt werden. Beispielsweise resultiert aus einer Verringerung der Arbeitszeit eine Erhöhung der Konsumzeit, die durch eine Verschiebung der Konsumzeitrestriktion nach rechts zum Ausdruck kommt, und eine Senkung des Einkommens, woraus eine

Verschiebung der Einkommensrestriktion nach links resultiert. Das Güterbündel, welches aufgrund der Änderung der Arbeitszeit realisierbar ist, wird durch den Konsummöglichkeitspunkt K_0 in der Abbildung 10e) gekennzeichnet. Auf diese Weise können zu jeder möglichen Arbeitszeit alternative Konsummöglichkeitspunkte ermittelt werden. Durch Verbindung dieser Konsummöglichkeitspunkte erhalten wir die **Konsummöglichkeitskurve**, die wie folgt formal hergeleitet werden kann: Zunächst berücksichtigen wir, daß der Haushalt sein gesamtes Einkommen für Konsumzwecke ausgibt:

$$(25)\quad B + wA = p_1x_1 + p_2x_2$$

Wird für die Arbeitszeit die Gleichung

$$(26)\quad A = T - b_1x_1 - b_2x_2$$

in (25) eingesetzt, dann resultiert:

$$(27)\quad B + w(T - b_1x_1 - b_2x_2) = p_1x_1 + p_2x_2 \qquad \text{bzw.}$$

$$(28)\quad B + wT = (p_1 + wb_1)x_1 + (p_2 + wb_2)x_2$$

Auf der linken Seite der Gleichung (28) steht das "hypothetische Ressourcenkapital", das **full income**, des Haushalts. Dieses kann für den Kauf von Gütern oder zum "Erwerb von Zeit" verwendet werden. Der Ausdruck p_i+wb_i auf der rechten Seite der Gleichung (28) stellt den **Gesamtpreis** π_i für eine Einheit des Gutes X_i dar, der sich aus dem Geld- und dem Zeitpreis zusammensetzt:

p_i: Geldpreis
$p_i + wb_i = \pi_i$: Gesamtpreis
wb_i: Zeitpreis

Der **Zeitpreis** des Gutes X_i gibt den Einkommensverzicht des Haushalts aufgrund der nicht mehr für Arbeitszwecke zur Verfügung stehenden Zeit bei zusätzlichem Konsum einer Einheit von X_i an. Beträgt z.B. der Lohnsatz 10 DM und dauert ein Kinobesuch 2 Stunden, dann verzichtet der Haushalt bei einem Kinobesuch auf ein mögliches Einkommen in Höhe von 20 DM.

Nach Auflösung der Gleichung (28) nach x_2 folgt die Konsummöglichkeitskurve:

$$(29)\quad x_2 = \frac{B + wT}{p_2 + wb_2} - \frac{p_1 + wb_1}{p_2 + wb_2}x_1 = \frac{B + wT}{\pi_2} - \frac{\pi_1}{\pi_2}x_1$$

Die maximal mögliche Konsummenge des Gutes X_2 beträgt:

$$(30)\quad x_2^{max} = \frac{B + wT}{\pi_2}$$

Für die maximal mögliche Konsummenge des Gutes X_1 folgt entsprechend:

$$(31)\quad x_1^{max} = \frac{B + wT}{\pi_1}$$

Die Steigung der Konsummöglichkeitskurve lautet:

$$(32)\quad \frac{dx_2}{dx_1} = -\frac{p_1 + wb_1}{p_2 + wb_2} = -\frac{\pi_1}{\pi_2}$$

Sie gibt an, auf wieviel Einheiten der Haushalt von X_2 unter Beachtung der Zeit- und der Einkommensrestriktion verzichten muß, um eine zusätzliche Einheit von X_1 zu erhalten. Den Absolutbetrag der Steigung definieren wir als **Grenzopportunitätskosten des Konsums**:

$$(33)\quad GOK_{x_1}^{x_2} = \frac{p_1 + wb_1}{p_2 + wb_2} = \frac{\pi_1}{\pi_2}$$

Eine Erhöhung des Konsums des Gutes X_1 um eine Einheit löst eine Verringerung des zum Konsum des Gutes X_2 zur Verfügung stehenden Konsumbudgets in Höhe von (p_1+wb_1) aus.

Durch die Erhöhung des Konsums des Gutes X_1 um eine Einheit stehen zur Konsumtion des Gutes X_2 weniger Geldeinheiten zur Verfügung. Wie stark der Konsum von X_2 zurückgehen muß, hängt vom Gesamtpreis (p_2+wb_2) ab. **Die Steigung der Konsummöglichkeitskurve entspricht daher dem Verhältnis der Gesamtpreise beider Güter**. Da das Gesamtgüterpreisverhältnis unabhängig von den Konsumtionsmengen ist, verläuft die Konsummöglichkeitskurve linear.

Zwischen den Steigungen der Konsummöglichkeitskurve und der Konsumzeitrestriktion bzw. der Einkommensrestriktion können folgende Zusammenhänge abgeleitet werden: Verläuft die Konsumzeitrestriktion steiler als die Konsummöglichkeitskurve, dann gilt:

$$\frac{b_1}{b_2} > \frac{\pi_1}{\pi_2} = \frac{p_1 + wb_1}{p_2 + wb_2}$$

Nach Erweiterung mit $b_2\,(p_2 + b_2w)$ resultiert:

$$b_1(p_2 + b_2w) > b_2(p_1 + b_1w) \qquad \text{bzw.}$$

$$\frac{b_1}{p_1} > \frac{b_2}{p_2}$$

Ist die absolute Steigung der Konsummöglichkeitskurve größer als die der Einkommensrestriktion, gilt:

$$\frac{p_1 + wb_1}{p_2 + wb_2} = \frac{\pi_1}{\pi_2} > \frac{p_1}{p_2} \qquad \text{bzw.}$$

$$\frac{b_1}{p_1} > \frac{b_2}{p_2}$$

Im Zusammenhang mit der Ungleichung (20) folgt aus diesen Überlegungen, **daß die Konsumzeitrestriktion steiler (flacher) verläuft als die Konsummöglichkeitskurve und diese steiler (flacher) als die Einkommensrestriktion, wenn das Gut X_1 relativ zeitintensiv (preisintensiv) ist:**

(34) $\frac{b_1}{b_2} > \frac{\pi_1}{\pi_2} > \frac{p_1}{p_2}$ X_1 ist relativ zeitintensiv

(35) $\frac{b_1}{b_2} < \frac{\pi_1}{\pi_2} < \frac{p_1}{p_2}$ X_1 ist relativ preisintensiv

Wie verändert sich die Arbeitszeit entlang der Konsummöglichkeitskurve bei einer Erhöhung der Menge des Gutes X_1?

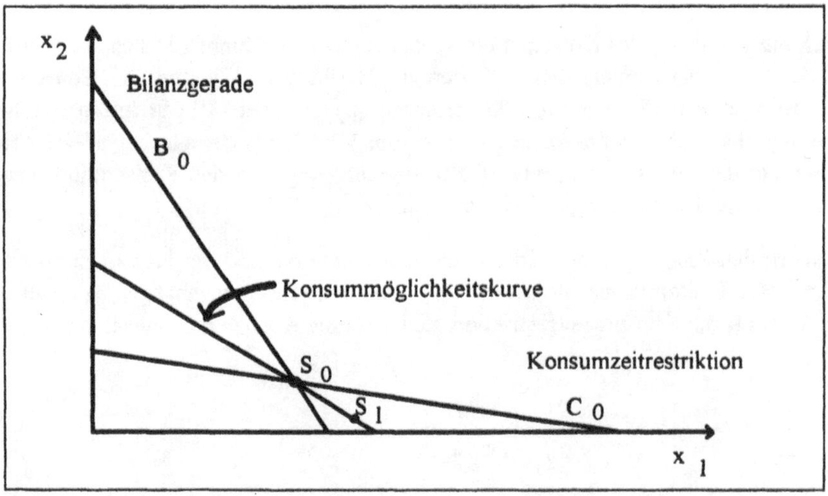

Abbildung 11: Veränderung der Arbeitszeit entlang der Konsummöglichkeitskurve

In der Abbildung 11 haben wir unterstellt, daß das Gut X_1 zu dem Gut X_2 relativ preisintensiv ist. Die eingezeichnete Konsumzeitrestriktion C_0 gibt die alternativen Güterbündel unter der Bedingung, daß die gleiche Konsumzeit wie in S_0 gilt, und die eingezeichnete Einkommensrestriktion B_0 die Güterbündel, zu deren Finanzierung die gleichen Ausgaben wie in S_0 erforderlich sind, an. Betrachten wir nun die Bewegung von S_0 nach S_1 entlang der Konsummöglichkeitskurve. Da X_1 zu X_2 relativ preisintensiv ist, wird durch die Abnahme von X_2 relativ wenig Geld und relativ viel Zeit "freigesetzt". Dies kommt dadurch zum Ausdruck, daß S_1 oberhalb der ursprünglichen Bilanzgeraden und unterhalb der ursprünglichen Konsumzeitrestriktion liegt. Demnach müssen in S_1 die Ausgaben größer sein als in S_0. Dies erfordert eine gestiegene Arbeitszeit bzw. eine gesunkene Konsumzeit.

3.3. Der Einfluß von Lohnsatzänderungen auf die Steigung der Konsummöglichkeitskurve

Für die folgende komparativ statische Analyse sind Erkenntnisse über die Auswirkungen von Datenänderungen auf die Steigung der Konsummöglichkeitskurve notwendig. Während die Veränderungen der Preise, der Konsumzeitkoeffizienten und des Besitzeinkommens zu eindeutigen Veränderungen der Steigung der Konsummöglichkeitskurve führen, ergeben sich keine eindeutigen Ergebnisse bei Lohnsatzänderungen. Um herauszufinden, unter welchen Bedingungen die Steigung zunimmt, leiten wir die Grenzopportunitätskosten des Konsums nach w ab:

$$(33)\quad GOK^{x_2}_{x_1} = \frac{p_1 + wb_1}{p_2 + wb_2} = \frac{\pi_1}{\pi_2}$$

$$(36)\quad \frac{\partial\, GOK^{x_2}_{x_1}}{\partial w} = \frac{b_1(p_2 + wb_2) - b_2(p_1 + wb_1)}{(p_2 + wb_2)^2}$$

Das Vorzeichen der Veränderung ist vom Vorzeichen des Zählers abhängig. Für den Zähler erhalten wir nach Ausmultiplikation der Klammern:

$$b_1p_2 - b_2p_1 \;>/<\; 0 \qquad \text{bzw.}$$

$$p_1p_2\left(\frac{b_1}{p_1} - \frac{b_2}{p_2}\right) \begin{cases} > 0 & X_1 \text{ ist zeitintensiv} \\ = 0 & X_1 \text{ ist weder preis- noch zeitintensiv} \\ < 0 & X_1 \text{ ist preisintensiv} \end{cases}$$

Die Grenzopportunitätskosten des Konsums des Gutes X_1 nehmen bei einer Lohnsatzerhöhung zu (ab), wenn das Gut X_1 relativ zeitintensiv (preisintensiv) ist.

3.4. Ein Sonderfall

Wir haben bisher implizit die Existenz von Schnittpunkten zwischen der Einkommensrestriktion und der Konsumzeitrestriktion unterstellt. Dies ist aber nicht zwingend der Fall.

Die Abbildung 12 zeigt eine Konstellation, in der die Einkommensrestriktion B_0 bei einer Arbeitszeit von Null durchweg oberhalb der Konsumzeitrestriktion C_0 verläuft. Dieser Fall kann bei einem sehr hohen Besitzeinkommen auftreten. Die Einkommensrestriktion ist also bezüglich der Herleitung der Bedingungen für ein Haushaltsgleichgewicht redundant. Arbeitet der Haushalt, dann verschiebt sich die Einkommensrestriktion nach rechts oben und die Konsumzeitrestriktion nach links unten, so daß keine Schnittpunkte entstehen können. Vielmehr sinken die Konsumtionsmöglichkeiten, da die bindende Konsumzeitrestriktion sich nach links unten verschiebt. Der Entscheidungsraum des Haushalts wird ausschließlich durch die Konsumzeitrestriktion begrenzt. Die Abbildung 12 beschreibt daher eine Situation, in der die Zeit nicht ausreicht, um das Besitzeinkommen zu konsumieren. Der Haushalt arbeitet nicht und spart gleichzeitig, obwohl das Sparen gar nicht seiner Zielsetzung entspricht. In diesem Fall bestimmen die Gesamtzeit und die Zeitkoeffizienten immer das Haushaltsgleichgewicht. Dieser Sonderfall gilt, wenn überhaupt, wohl nur für einen sehr begrenzten Personenkreis. Daher werden wir ihn nicht weiter verfolgen.

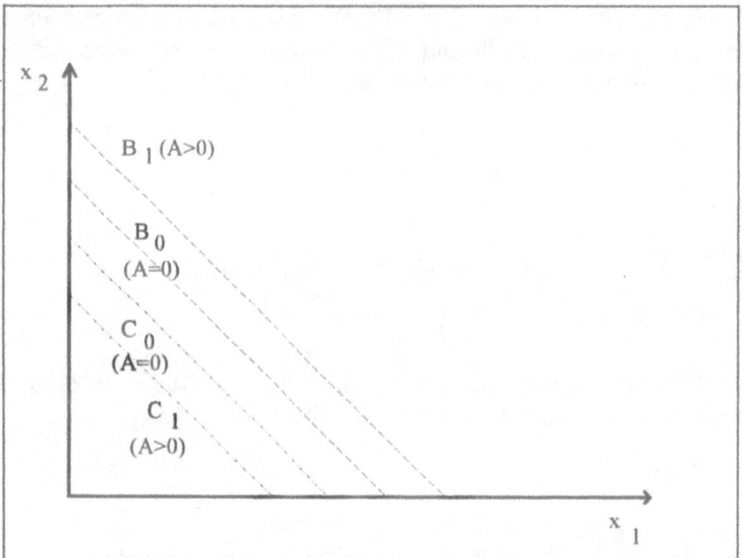

Abbildung 12: Sonderfall

3.5. Das Gleichgewicht

Das vorliegende Modell besteht aus den Gleichungen (11) - (16). Im Unterschied zur Bestimmung des Haushaltsgleichgewichts in Abschnitt 2.4 ist hier die Arbeitszeit endogen. Zur Vereinfachung des Maximierungsproblems werden die Gleichungen (12) - (16) zur Konsummöglichkeitskurve zusammengefaßt, wodurch sich das Maximierungsproblem reduziert zu:

(37) $\max U = f(x_1, x_2)$

(38) u.d.R. $B + wT = \pi_1 x_1 + \pi_2 x_2$

Sind die nutzenoptimalen Gütermengen x_1^* und x_2^* bestimmt, dann können aus den

Gleichungen (12) - (16) die anderen endogenen Größen berechnet werden. Formal erhält man die Bedingungen für das Haushaltsgleichgewicht durch Verknüpfung der Nutzenfunktion mit der Konsummöglichkeitskurve zur Lagrange-Funktion:

$$(39)\quad \max_{x_1, x_2, \lambda} L = f(x_1, x_2) + \lambda (B + wT - \pi_1 x_1 - \pi_2 x_2)$$

Die notwendigen Bedingungen ergeben sich aus den partiellen Ableitungen:

$$(40)\quad \frac{\partial L}{\partial x_1} = f_1(x_1, x_2) - \lambda \pi_1 = 0$$

$$(41)\quad \frac{\partial L}{\partial x_2} = f_2(x_1, x_2) - \lambda \pi_2 = 0$$

$$(42)\quad \frac{\partial L}{\partial \lambda} = B + wT - \pi_1 x_1 - \pi_2 x_2 = 0$$

Aus (40) und (41) folgt unmittelbar:

$$(43)\quad GRS_{x_1}^{x_2} = \frac{f_1(x_1, x_2)}{f_2(x_1, x_2)} = \frac{\pi_1}{\pi_2}$$

Das Haushaltsgleichgewicht wird in dem Punkt der Konsummöglichkeitskurve erreicht, wo die Grenzrate der Substitution dem Gesamtpreisverhältnis der Güter X_1 und X_2 entspricht. Die Gleichgewichtsbedingung (43) stimmt von der Struktur her mit der Gleichgewichtsbedingung des traditionellen Haushaltsmodells überein. Die Erfüllung der hinreichenden Bedingung für ein Nutzenmaximum

$$(44)\quad |H| = \begin{vmatrix} f_{11} & f_{12} & -\pi_1 \\ f_{21} & f_{22} & -\pi_2 \\ -\pi_1 & -\pi_2 & 0 \end{vmatrix} > 0$$

wird durch das 4. Postulat gesichert. Aus der Gleichung (42) und (43) können die optimalen Gütermengen x_1^* und x_2^* berechnet werden. Durch die Gleichung (16) ist gleichzeitig die optimale Konsumzeit festgelegt. In Verbindung mit der Gleichung (15) resultiert die optimale Arbeitszeit sowie aus der Gleichung (12) das optimale Einkommen.

3.6. Die Nachfrage- und Angebotsfunktionen

3.6.1. Die Herleitung

Aus dem Gleichungssystem (12)-(16) können in Verbindung mit der Marginalbedingung (43) die Güternachfragefunktionen

$$(45)\quad x_1^* = x_1(p_1;p_2,b_1,b_2,B,w,T)$$

$$(46)\quad x_2^* = x_2(p_2;p_1,b_1,b_2,B,w,T)$$

und die Arbeitsangebotsfunktion

$$(47)\quad A^* = A(w;p_1,p_2,b_1,b_2,B,T)$$

simultan abgeleitet werden. Dies wollen wir beispielhaft an der Nutzenfunktion

$$(48)\quad U = (\alpha + x_1)(\beta + x_2) \qquad \alpha,\ \beta\text{: Parameter}$$

zeigen. Nach Berechnung der Grenzrate der Substitution und Gleichsetzung mit dem Gesamtpreisverhältnis sowie Auflösung nach x_2 und Substitution in die Konsummöglichkeitskurve resultiert:

$$(49)\quad x_1 = \frac{wT + B - \alpha\pi_1 + \beta\pi_2}{2\pi_1} = \frac{wT + B}{2\pi_1} - \frac{\alpha}{2} + \frac{\beta\pi_2}{2\pi_1}$$

In analoger Vorgehensweise erhält man für die Nachfragefunktion für das Gut X_2:

$$(50)\quad x_2 = \frac{wT + B + \alpha\pi_1 - \beta\pi_2}{2\pi_2} = \frac{wT + B}{2\pi_2} - \frac{\beta}{2} + \frac{\alpha\pi_1}{2\pi_2}$$

Aus den Nachfragefunktionen geht hervor, daß die nachgefragte Menge bei einer Erhöhung des Besitzeinkommens, bei einer Erhöhung des Preises des anderen Gutes und bei Reduzierung des Preises des betrachteten Gutes zunimmt. Nicht unmittelbar ersichtlich sind die Auswirkungen einer Lohnsatzänderung. Zu diesem Zweck differenzieren wir die Gleichung (37) nach w:

$$(51)\quad \frac{\partial x_1}{\partial w} = \frac{2\pi_1 T - (wT + B)2b_1}{4\pi_1^2} + \frac{2\pi_1\beta b_2 - 2\pi_2\beta b_1}{4\pi_1^2}$$

Nach Umformung folgt:

$$(52)\quad \frac{\partial x_1}{\partial w} = \frac{1}{2\pi_1}\left(T - \frac{(wT + B)b_1}{\pi_1}\right) + \frac{2(wb_1 + p_1)\beta b_2 - 2(wb_2 + p_2)\beta b_1}{4\pi_1^2}$$

Unter Berücksichtigung der Gleichung (31) und Ausmultiplikation des 2. Summenausdrucks auf der rechten Seite resultiert:

$$(53)\quad \frac{\partial x_1}{\partial w} = \frac{1}{2\pi_1}\left(T - b_1 x_1^{max}\right) + \frac{p_1 p_2\left(\frac{b_2}{p_2} - \frac{b_1}{p_1}\right)\beta}{2\pi_1^2}$$

Da das Produkt aus Konsumkoeffizient des Gutes X_1 und maximaler Konsummenge von X_1 der maximalen Konsumzeit von X_1 entspricht, erhalten wir:

$$(54) \quad \frac{\partial x_1}{\partial w} = \frac{1}{2\pi_1}\left(T - C_1^{max}\right) + \frac{p_1 p_2 \left(\frac{b_2}{p_2} - \frac{b_1}{p_1}\right)\beta}{2\pi_1^2}$$

Da die maximale Konsumzeit die Gesamtzeit nicht überschreiten kann, ist der erste Ausdruck auf der rechten Seite nicht negativ. Das Vorzeichen des zweiten Ausdrucks auf der rechten Seite ist positiv, wenn das Gut X_1 preisintensiv ist und negativ, wenn das Gut X_1 zeitintensiv ist.[19] Wir können als Resultat festhalten:

Der Konsum des Gutes X_1 nimmt bei der unterstellten Nutzenfunktion (48) bei einer Lohnsatzerhöhung zu, wenn das betrachtete Gut preisintensiv ist. Handelt es sich bei dem betrachteten Gut um ein zeitintensives Gut, so sind eindeutige Aussagen nicht möglich.[20]

Wie reagiert der Haushalt auf eine proportionale Erhöhung aller nominalen Größen? Aus der Gleichung (49) können wir erkennen, daß eine proportionale Erhöhung von p_1, p_2, w und B die Nachfrage nicht verändert. **Der Haushalt ist also "frei von Geldillusion"**.

Für die Arbeitsangebotsfunktion folgt aus den Nachfragefunktionen in Verbindung mit den Gleichungen (15) und (16):

$$(55) \quad A = T - b_1 \frac{wT + B - \alpha\pi_1 + \beta\pi_2}{2\pi_1} - b_2 \frac{wT + B + \alpha\pi_1 - \beta\pi_2}{2\pi_2}$$

Aus der Arbeitsangebotsfunktion erkennen wir, daß das Arbeitsangebot bei einer Erhöhung des Besitzeinkommens abnimmt. Aus den Veränderungen der anderen exogenen Größen sind a priori keine eindeutigen Aussagen möglich.

Eine proportionale Erhöhung aller nominalen Größen läßt das Arbeitsangebot unverändert.

3.6.2. Das fundamentale Gleichungssystem

Wir haben im vorausgegangenen Abschnitt das Nachfrage- und Angebotsverhalten für eine spezielle Nutzenfunktion abgeleitet. Für die Herleitung allgemeiner Ergebnisse bezüglich des Nachfrage- und Angebotsverhaltens bei Variation eines Parameters müssen wir uns wieder der komparativen Statik zuwenden. Den Ausgangspunkt bilden die notwendigen Bedingungen:

---

19) vgl. Gleichung (20)

20) Die qualitativ gleichen Ergebnisse erhält man für das Gut X_2.

$$(56)\quad GRS_{x_1}^{x_2}(x_1,x_2) \;=\; GOK_{x_1}^{x_2}(p_1,p_2,b_1,b_2,w)$$

$$(57)\quad B + wT - (p_1 + wb_1)x_1 - (p_2 + wb_2)x_2 = 0$$

Für das **fundamentale Gleichungssystem** resultiert nach Bildung des totalen Differentials:[21)]

$$(58)\quad \underbrace{\begin{bmatrix} \dfrac{\partial GRS_{x_1}^{x_2}}{\partial x_1} & \dfrac{\partial GRS_{x_1}^{x_2}}{\partial x_2} \\ -p_1 & -p_2 \end{bmatrix}}_{[H]} \begin{bmatrix} dx_1 \\ dx_2 \end{bmatrix} = \begin{bmatrix} \dfrac{\partial GOK_{x_1}^{x_2}}{\partial p_1} dp_1 + \dfrac{\partial GOK_{x_1}^{x_2}}{\partial p_2} dp_2 + \dfrac{\partial GOK_{x_1}^{x_2}}{\partial w} dw \\ - dB + x_1 dp_1 + x_2 dp_2 - A dw \end{bmatrix}$$

Für die Interpretation der Ergebnisse der komparativen Statik benötigen wir wieder das Vorzeichen der Determinante der Systemmatrix:

$$(59)\quad |H| = -\frac{\partial GRS_{x_1}^{x_2}}{\partial x_1}\pi_2 + \frac{\partial GRS_{x_1}^{x_2}}{\partial x_2}\pi_1$$

$$(60)\quad |H| = -\pi_2 \left[\frac{\partial GRS_{x_1}^{x_2}}{\partial x_1} - \frac{\partial GRS_{x_1}^{x_2}}{\partial x_2} \frac{\pi_1}{\pi_2} \right]$$

Berücksichtigen wir, daß im Gleichgewicht das Gesamtpreisverhältnis der Grenzrate der Substitution und diese dem Betrag der Steigung der Indifferenzkurve entspricht, dann folgt:

$$(61)\quad |H| = -\pi_2 \left[\frac{\partial GRS_{x_1}^{x_2}}{\partial x_1} - \frac{\partial GRS_{x_1}^{x_2}}{\partial x_2} \left.\frac{dx_2}{dx_1}\right|_{dU=0} \right]$$

---

21) Da im folgenden Veränderungen der Konsumzeitkoeffizienten nicht untersucht werden, wurde $db_1 = db_2 = 0$ gesetzt.

Das partielle Differential der Gleichung (57) für w lautet.

Der Klammerausdruck entspricht, analog dem Klammerausdruck bei der Untersuchung des Vorzeichens der Systemmatrix im traditionellen Haushaltsmodell, der Veränderung der Grenzrate der Substitution entlang der Indifferenzkurve bzw., da im Gleichgewicht die Steigung der Konsummöglichkeitskurve der Steigung der Indifferenzkurve entspricht, der Veränderung der Grenzrate der Substitution entlang der Konsummöglichkeitskurve.[22)]

$$(62)\quad |H| = -\pi_2 \left.\frac{dGRS_{x_1}^{x_2}}{dx_1}\right|_K > 0$$

Die Systemdeterminate weist aufgrund der Annahme der abnehmenden Grenzrate der Substitution ein positives Vorzeichen auf.

3.6.3. Besitzeinkommensänderungen

Aus dem fundamentalen Gleichungssystem (58) erhält man für eine Veränderung des Besitzeinkommens:

$$(63)\quad \frac{dx_1}{dB} = \frac{\dfrac{\partial\, GRS_{x_1}^{x_2}}{\partial\, x_2}}{|H|} \quad \begin{array}{l} > 0 \;\; X_1 \text{ ist zu } X_2 \text{ superior} \\ < 0 \;\; X_1 \text{ ist zu } X_2 \text{ inferior} \end{array}$$

$$(64)\quad \frac{dx_2}{dB} = -\frac{\dfrac{\partial\, GRS_{x_1}^{x_2}}{\partial\, x_1}}{|H|} \quad \begin{array}{l} > 0 \;\; X_2 \text{ ist zu } X_1 \text{ superior} \\ < 0 \;\; X_2 \text{ ist zu } X_1 \text{ inferior} \end{array}$$

Die Veränderungen der nachgefragten Mengen sind abhängig von der Bewertung der Güter. Werden sie als superior (inferior) bewertet, dann nimmt die Nachfrage zu (ab). Es ergeben sich also die gleichen Ergebnisse wie bei einer Einkommensvariation im traditionellen Haushaltsmodell, so daß an dieser Stelle auf eine weitere Untersuchung verzichtet werden kann.

Interessant ist die Auswirkung der Besitzeinkommensänderung auf die Arbeitszeit. Die Ergebnisse diesbezüglich hängen von der Zeit- und Preisintensität sowie der superioren bzw. inferioren Bewertung der Güter ab. Die Übersicht 1 gewährt einen Überblick über mögliche Konstellationen. In den Fällen 1a) bzw. 2a) nimmt der Konsum für beide Güter bei einer Erhöhung des Besitzeinkommens zu. Dadurch steigt die Konsumzeit,

---

22) vgl. die Ausführungen zu Gleichung (39) im Abschnitt III.D.1.

und die Arbeitszeit muß bei gegebener Gesamtzeit sinken.

	X_1 ist zeitintensiv	X_1 ist preisintensiv
X_1 ist superior	Fall 1 a) X_2 ist superior b) X_2 ist inferior	Fall 1 a) X_2 ist superior b) X_2 ist inferior
X_1 ist inferior	Fall 3 X_2 ist superior	Fall 4 X_2 ist superior

Übersicht 1: Die unterschiedlichen Fälle [23)]

Im folgenden wird davon ausgegangen, daß das Gut X_1 als inferior bewertet wird und zeitintensiv ist (Fall 3), was durch einen steileren Verlauf der Konsumzeitrestriktion im Vergleich zur Konsummöglichkeitskurve zum Ausdruck kommt. Zunächst wird der Teil a) der Abbildung 13 betrachtet.

Im Ausgangspunkt wird das Güterbündel S_0^* gewählt. Die korrespondierende Konsummöglichkeitskurve und die Konsumzeitrestriktion werden durch K_0 bzw. C_0 dargestellt. Die Erhöhung des Besitzeinkommens verschiebt die Konsummöglichkeitskurve nach rechts. Das neue Gleichgewicht wird in S_1^* erreicht. Dieses ist durch eine Verringerung des Konsums von X_1, eine Steigerung des Konsums von X_2 sowie, da S_1^* oberhalb der ursprünglichen Konsumzeitrestriktion C_0 liegt, durch eine Reduzierung der Arbeitszeit gekennzeichnet.

Diese Ergebnisse im Inferioritätsfall sind jedoch nicht zwingend, wie in der Abbildung 13b) gezeigt wird. In dieser Konstellation ist, da S_1^* unterhalb der ursprünglichen Konsumzeitrestriktion C_0 liegt, in S_1^* die Konsumzeit geringer als in S_0^*. Im neuen Gleichgewicht S_1^* stellen sich die gleichen qualitativen Ergebnisse bezüglich der Veränderungen der Gütermengen wie in der Abbildung 13a) ein, jedoch ist die Arbeitszeit gestiegen.

23) Da die Fälle 1b und 4 sowie 2b und 3 zu den qualitativ gleichen Ergebnissen führen, werden die Fälle 1b und 2b nicht explizit betrachtet.

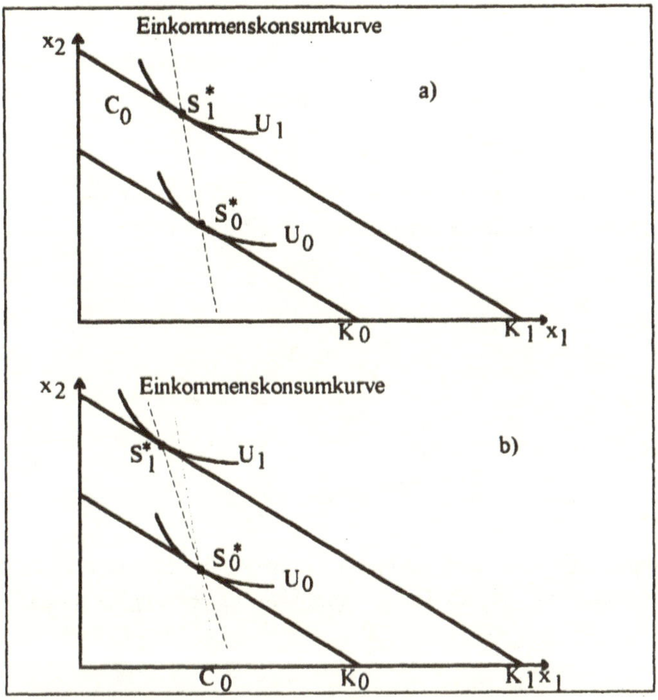

Abbildung 13: Inferiore Bewertung des zeitintensiven Gutes X_1

Um die Bedingungen für die Änderung der Arbeitszeit herauszuarbeiten, werden die Gleichungen

(65) $A = T - C$

(66) $C = b_1x_1 + b_2x_2$

betrachtet. Nach Substitution von (65) in (66) folgt:

(67) $A = T - b_1x_1 - b_2x_2$

Für die Veränderung der Arbeitszeit resultiert aus einer Besitzeinkommenserhöhung:

(68) $\frac{dA}{dB} = - b_1 \frac{dx_1}{dB} - b_2 \frac{dx_2}{dB}$

Für die Reaktionen der Mengenänderungen auf Änderungen des Besitzeinkommens können wir auf die Gleichungen (63) und (64) zurückgreifen:

$$(69)\quad \frac{dA}{dB} = \frac{1}{|H|}\left(\frac{\partial\, GRS_{x_1}^{x_2}}{\partial\, x_1}\, b_2 - \frac{\partial\, GRS_{x_1}^{x_2}}{\partial\, x_2}\, b_1 \right)$$

Da die Determinante H stets positiv ist, hängt das Vorzeichen der Reaktion der Arbeitszeit vom Klammerausdruck ab. Die Arbeitszeit nimmt zu, wenn die folgende Ungleichung (70) erfüllt ist:

$$(70)\quad \frac{\partial\, GRS_{x_1}^{x_2}}{\partial\, x_1}\, b_2 - \frac{\partial\, GRS_{x_1}^{x_2}}{\partial\, x_2}\, b_1 > 0 \qquad \text{bzw.}$$

$$(71)\quad \frac{\partial\, GRS_{x_1}^{x_2}}{\partial\, x_1}\, b_2 > \frac{\partial\, GRS_{x_1}^{x_2}}{\partial\, x_2}\, b_1$$

Da X_1 als inferior bewertet wird, nimmt die Grenzrate der Substitution für X_1 bei einer Erhöhung der Menge von X_2 ab. Daher ergibt sich aus der Ungleichung (71):

$$(72)\quad \frac{b_1}{b_2} > \frac{\dfrac{\partial\, GRS_{x_1}^{x_2}}{\partial\, x_1}}{\dfrac{\partial\, GRS_{x_1}^{x_2}}{\partial\, x_2}}$$

Auf der linken Seite der Ungleichung (72) steht der Absolutbetrag der Steigung der Konsumzeitrestriktion und auf der rechten Seite der Absolutbetrag der Steigung der Einkommens-Konsum-Kurve.[24] Die Ungleichung (72) ist nur erfüllt, d.h. die Arbeitszeit nimmt zu, wenn, wie in der Abbildung 13b) dargestellt ist, die Konsumzeitrestriktion steiler verläuft als die Einkommens-Konsum-Kurve.[25] Die Abbildung 13a) zeigt den Fall, in dem die Konsumzeit trotz der inferioren Bewertung des zeitintensiven Gutes X_1 gestiegen und als Folge die Arbeitszeit gesunken ist, so daß sich die gleichen qualitativen Auswirkungen auf die Arbeitszeit wie im Superioritätsfall von X_1 ergeben.

Abschließend wird anhand der Abbildung 14 der Fall 4 betrachtet, in dem im Gegensatz zum Fall 3 das Gut X_1 preisintensiv ist. Da der neue Konsumtionspunkt S_1^* immer links oberhalb von S_0^* liegt und die Konsummöglichkeitskurve steiler als die Konsumzeitrestriktion verläuft, nimmt die Arbeitszeit in diesem Fall immer ab.

---

24) vgl. die Gleichung (43) in Abschnitt III.D.3.2

25) Wenn X_2 inferior und zeitintensiv ist, dann nimmt die Arbeitszeit zu, wenn die Konsumzeitrestriktion flacher verläuft als die Einkommens-Konsum-Kurve.

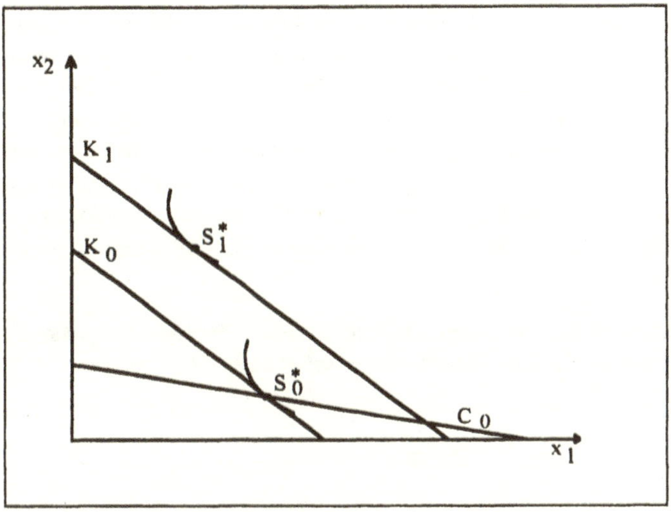

Abbildung 14: Inferiore Bewertung des preisintensiven Gutes

Aus den betrachteten Fällen ist somit als Ergebnis abzuleiten, daß die Arbeitszeit des Haushalts bei einer Erhöhung des Besitzeinkommens zunimmt, wenn das zeitintensive Gut als inferior bewertet wird (Fall 3 bzw. 2b) und die Konsumzeitrestriktion steiler verläuft als die Einkommens-Konsum-Kurve.[26]

3.6.4. Preisänderungen

Für eine Veränderung des Preises des Gutes X_1 folgt aus dem fundamentalen Gleichungssystem (58):

$$(73)\quad \frac{dx_1}{dp_1} = -\pi_2 \frac{\frac{\partial GOK_{x_1}^{x_2}}{\partial p_1}}{|H|} - x_1^* \frac{\frac{\partial GRS_{x_1}^{x_2}}{\partial x_2}}{|H|}$$

$$(74)\quad \frac{dx_2}{dp_1} = +\pi_1 \frac{\frac{\partial GOK_{x_1}^{x_2}}{\partial p_1}}{|H|} - x_2^* \frac{\frac{\partial GRS_{x_1}^{x_2}}{\partial x_1}}{|H|}$$

Der Gesamteffekt kann wiederum gemäß der Slutzky-Gleichung in einen Substitutionseffekt und einen Einkommenseffekt zerlegt werden. Diese Vorgehensweise ist im tra-

26) Im Fall 2b muß die Konsumzeitrestriktion flacher als die Einkommens-Konsum-Kurve verlaufen.

ditionellen Modell bereits ausführlich erörtert worden, so daß wir hier nur die Ergebnisse zusammenfassen.[27] **Bei einer superioren Bewertung nimmt die nachgefragte Menge des Gutes, dessen Geldpreis erhöht wurde, stets ab.** Bei einer inferioren Bewertung ist die Reaktion nicht eindeutig, da der negative Substitutionseffekt einem positiven Einkommenseffekt gegenüber steht. **Bezüglich des anderen Gutes ist festzuhalten: Bei inferiorer Bewertung sind der Kreuzsubstitutionseffekt und der Niveaueffekt positiv, so daß die nachgefragte Menge zunimmt. Bei superiorer Bewertung sind die beiden Effekte gegenläufig, so daß keine eindeutigen Aussagen möglich sind.**

Die Auswirkungen auf die Arbeitszeit infolge einer Preisänderung lassen sich formal durch Ableitung der Gleichung (67) nach p_1 bestimmen:

$$(75) \quad \frac{dA}{dp_1} = -b_1 \frac{dx_1}{dp_1} - b_2 \frac{dx_2}{dp_1}$$

Nach Substitution der Gleichungen (73) und (74) in die Gleichung (75) folgt nach einigen Umformungen:

$$(76) \quad \frac{dA}{dp_1} = -x_1^* \frac{dA}{dB} + (b_1\pi_2 - b_2\pi_1) \frac{\frac{\partial \, GOK_{x_1}^{x_2}}{\partial p_1}}{|H|}$$

Auch für die Arbeitszeit resultiert ein Niveau-[28] und ein Substitutionseffekt.[29] Der Niveaueffekt ist wie die Reaktion der Arbeitszeit auf eine Besitzeinkommensänderung zu interpretieren. Werden beide Güter als superior bewertet, ist dieser positiv, wird eines der beiden Güter als inferior bewertet, dann ist das Vorzeichen unklar.[30] Untersuchen wir nun das Vorzeichen des Substitutionseffektes: Die Erhöhung des Preises von X_1 erhöht die Grenzopportunitätskosten des Gutes X_1. Das Vorzeichen des Klammerausdrucks hängt von der Preis- bzw. Zeitintensität des Gutes X_1 ab. Das Vorzeichen ist positiv (negativ), wenn das Gut X_1 zeitintensiv (preisintensiv) ist.[31] **Der Substitutionseffekt für die Arbeitszeit ist somit positiv, wenn das Gut X_1 zeitintensiv und negativ, wenn das Gut X_1 preisintensiv ist.** Dies läßt sich wie folgt begründen: Eine Erhöhung des Preises des Gutes X_1 erhöht die Grenzopportunitätskosten des Gutes X_1, so daß Mengen des Gutes X_1 durch Mengen des Gutes X_2 ersetzt werden. Dies führt zu einem Anstieg der gewünschten Konsumzeit und damit zu einer Reduktion der

27) vgl. die Ausführungen im Abschnitt III.D.3

28) Dies ist der erste Ausdruck auf der rechten Seite der Gleichung (76).

29) Dies ist der zweite Ausdruck auf der rechten Seite Gleichung (76).

30) vgl. hierzu die Ausführungen in Abschnitt VI.C.3.6.3

31) vgl. die Ausführungen zur Gleichung (34) bzw. (35)

Arbeitszeit, wenn das Gut X_1 preisintensiv ist. Im anderen Fall wird das zeitintensive Gut durch das preisintensive Gut ersetzt, so daß die gewünschte Konsumzeit abnimmt und die Arbeitszeit zunimmt.

Für die Interpretation des Gesamteffektes wollen wir uns auf den Fall beschränken, bei dem beide Güter superior bewertet werden. **Steigt unter diesen Bedingungen der Preis des zeitintensiven Gutes, dann nimmt die Arbeitszeit zu; steigt der Preis des preisintensiven Gutes, dann ist die Veränderung der Arbeitszeit unbestimmt.**

3.6.5. Lohnsatzänderungen

Wir wollen nun die Steigung der Arbeitsangebotsfunktion untersuchen, d.h.: Wie reagiert der Haushalt mit seinem Arbeitsangebot auf eine Lohnsatzänderung? Zur Beantwortung dieser Frage müssen wir zunächst die Frage nach der Veränderung der Konsumzeit untersuchen. Dies setzt die Betrachtung der Reaktion der Gütermengen voraus. Aus dem fundamentalen Gleichungssystem (58) erhalten wir:

$$(77)\quad \frac{dx_1}{dw} = -\pi_2 \frac{\dfrac{\partial\, GOK_{x_1}^{x_2}}{\partial w}}{|H|} + A^* \frac{\dfrac{\partial\, GRS_{x_1}^{x_2}}{\partial x_2}}{|H|}$$

$$(78)\quad \frac{dx_2}{dw} = +\pi_1 \frac{\dfrac{\partial\, GOK_{x_1}^{x_2}}{\partial w}}{|H|} - A^* \frac{\dfrac{\partial\, GRS_{x_1}^{x_2}}{\partial x_2}}{|H|}$$

Unter Beachtung der Ergebnisse aus der Untersuchung der Besitzeinkommensänderung vereinfachen sich die Gleichungen zu:

$$(79)\quad \frac{dx_1}{dw} = -\pi_2 \frac{\dfrac{\partial\, GOK_{x_1}^{x_2}}{\partial w}}{|H|} + A^* \frac{dx_1}{dB}$$

$$(80)\quad \frac{dx_2}{dw} = +\pi_1 \frac{\dfrac{\partial\, GOK_{x_1}^{x_2}}{\partial w}}{|H|} + A^* \frac{dx_2}{dB}$$

Die ersten Terme auf der rechten Seite stellen die Substitutionseffekte, die zweiten Terme die Einkommenseffekte dar. Gehen wir zunächst davon aus, daß das Gut X_1 zeitintensiv ist. Aufgrund der Lohnsatzerhöhung nehmen dann, wie wir bei der Untersuchung der Steigung der Konsummöglichkeitskurve nachgewiesen haben, die Grenzopportunitätskosten des Konsums für X_1 zu und für X_2 ab. Der Substitutionseffekt des zeitintensiven Gutes ist negativ, der des preisintensiven Gutes positiv. Das Vorzeichen des Niveaueffektes ist bei einer superioren Bewertung positiv und bei einer inferioren Bewertung negativ. **Wird das zeitintensive Gut superior bewertet, dann ist sein Gesamteffekt nicht eindeutig; wird das preisintensive Gut superior bewertet, dann ist sein Gesamteffekt positiv. Bei inferiorer Bewertung des zeitintensiven Gutes sinkt die Nachfrage nach diesem Gut. Bei inferiorer Bewertung des preisintensiven Gutes ist der Gesamteffekt für dieses Gut nicht eindeutig.** Die Übersicht 2 faßt die Ergebnisse zusammen:

NE / SE	superior >0	inferior <0
zeitintensiv <0	?	<0
preisintensiv >0	>0	?

Übersicht 2 Effekte von Lohnsatzänderungen auf den Konsum

Wir können aus diesen Überlegungen folgende empirisch überprüfbaren Hypothesen ableiten:

(1) Nimmt der Konsum eines zeitintensiven Gutes bei einer Besitzeinkommenserhöhung ab, dann muß der Konsum dieses Gutes auch bei einer Lohnsatzerhöhung sinken.

(2) Nimmt der Konsum eines preisintensiven Gutes bei einer Erhöhung des Besitzeinkommens zu, dann muß der Konsum dieses Gutes auch bei einer Lohnsatzerhöhung steigen.

Zur Analyse der Auswirkungen der Lohnsatzänderung auf das Arbeitsangebot betrachten wir wieder die Gleichung (81):

$$(81)\quad A = T - b_1 x_1 - b_2 x_2$$

Für die Veränderung der Arbeitszeit folgt:

$$(82)\quad \frac{dA}{dw} = -b_1 \frac{dx_1}{dw} - b_2 \frac{dx_2}{dw}$$

Wir setzen die Ergebnisse (79) und (80) unter Berücksichtigung von (68) in die Gleichung (82) ein und erhalten nach Umformung:

$$(83)\quad \frac{dA}{dw} = A^* \frac{dA}{dB} + (b_1\pi_2 - b_2\pi_1) \frac{\dfrac{\partial\, GOK_{x_1}^{x_2}}{\partial w}}{|H|}$$

Der erste Ausdruck auf der rechten Seite stellt den Niveaueffekt, der zweite den Substitutionseffekt der Arbeitszeit dar. Betrachten wir zunächst den Substitutionseffekt. Wenn das Gut X_1 zeitintensiv ist, dann nehmen die Grenzopportunitätskosten des Konsums zu, und der Klammerausdruck ist positiv; wenn das Gut X_1 preisintensiv ist, nehmen die Grenzopportunitätskosten des Konsums ab, und der Klammerausdruck ist negativ. **Daraus folgt, daß der Substitutionseffekt für die Arbeitszeit immer positiv ist**. Wie ist dieses Ergebnis zu begründen? Aufgrund einer Erhöhung des Lohnsatzes steigen die Grenzopportunitätskosten des zeitintensiven Gutes, was zu einer Substitution von Mengen des relativ teurer gewordenen Gutes durch Mengen des relativ billiger gewordenen Gutes führt. Daraus folgt, daß der Konsum des zeitintensiven Gutes aufgrund des Substitutionseffektes sinkt, woraus ein positiver Effekt für die Arbeitszeit resultiert.

Der Niveaueffekt für die Arbeitszeit ist abhängig von der Reaktion der Arbeitszeit auf eine Besitzeinkommensänderung. Diese ist nur dann positiv, und damit auch der Niveaueffekt, wenn das zeitintensive Gut als inferior bewertet wird und die Konsumzeitrestriktion steiler verläuft als die Einkommens-Konsum-Kurve. In diesem Fall ist der Gesamteffekt positiv, d.h. die Arbeitszeit nimmt zu. Daraus folgt die Hypothese: **Führt eine Besitzeinkommenserhöhung zu einer Erhöhung des Arbeitsangebotes, dann nimmt die Arbeitszeit auch bei steigenden Lohnsätzen zu**.

In allen anderen Fällen ist der Einkommenseffekt negativ, so daß zwei gegenläufige Effekte resultieren. Um für diese Konstellation Ergebnisse ableiten zu können, betrachten wir die Abbildung 15.

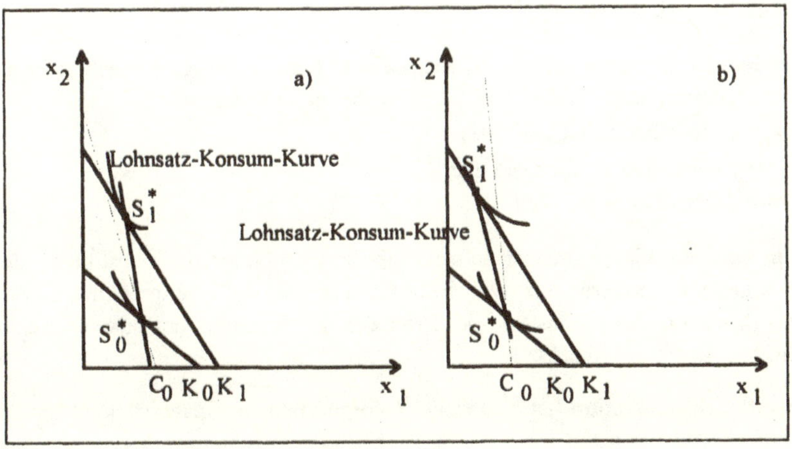

Abbildung 15: Auswirkungen einer Lohnsatzänderung auf die Arbeitszeit

Zunächst einmal ist es intuitiv klar, daß nur dann die Arbeitszeit zunehmen kann, wenn die Menge des zeitintensiven Gutes sinkt.[32] Die Güterbündel S_0^* stellen die Gleichgewichte vor und die Güterbündel S_1^* die Gleichgewichte nach der Lohnsatzerhöhung dar. In der Abbildung 15a) ist die Arbeitszeit gesunken, in der Abbildung 15b) gestiegen. Aus der Abbildung 15 können wir als Ergebnis ableiten, daß die Arbeitszeit dann steigt, wenn die **Lohnsatz-Konsum-Linie**, die die Gleichgewichte bei unterschiedlichen Lohnsätzen verbindet, flacher verläuft als die Konsumzeitrestriktion.

3.6.6. Proportionale Änderungen der nominalen Größen

Als letzte Datenänderung untersuchen wir eine proportionale Erhöhung des nominalen Besitzeinkommens, der nominalen Güterpreise und des nominalen Lohnsatzes. Wie aus der Gleichung (29) ersichtlich ist, wird dadurch die Konsummöglichkeitskurve nicht beeinflußt. Da die Präferenzfunktion nur abhängig von den Gütermengen ist, verändert sich die Präferenzfunktion ebenfalls nicht. Das Gleichgewicht und damit die Arbeitsangebotsfunktion und die Güternachfragefunktionen bleiben von solchen Datenänderungen unberührt. **Die Haushalte sind daher frei von Geldillusion**.

4. Modifikationen und Anwendungen

In diesem Abschnitt werden einige Modifikationen sowie Anwendungsmöglichkeiten des Modells auf wirtschaftspolitische Fragestellungen vorgestellt.

Eine Möglichkeit der Modifikation besteht in der Aufnahme der Arbeitszeit als zusätzliches Argument in die Nutzenfunktion,[33] wobei die partielle Ableitung der Nutzenfunktion nach der Arbeitszeit sowohl positive als auch negative Werte annehmen kann. Damit können Aspekte der Selbstbestätigung eines Haushalts durch die Arbeitszeit in das Modell integriert werden.

Eine andere Modifikation bietet das Modell von Fan.[34] Dieses betrachtet im Unterschied zum Konsumzeit-Ansatz drei Güter, wobei beim Konsum

- des ersten Gutes Zeit und Geld,
- des zweiten Gutes nur Geld und
- des dritten Gutes nur Zeit

benötigt wird. Im Gleichgewicht entsprechen die Grenzraten der Substitution dem jeweiligen Gesamtpreisverhältnis, wobei der Gesamtpreis des zweiten Gutes ausschließlich aus dem monetären Preis und der Preis des dritten Gutes nur aus den Zeitkosten besteht.

Eine weitere Modifikation hat Spaetling[35] vorgenommen. Spaetling geht davon aus,

---

32) Dies setzt nicht, da der Substitutionseffekt des zeitintensiven Gutes negativ ist, voraus, daß das zeitintensive Gut als inferior bewertet wird.

33) vgl. hierzu Baumol (1973) S. 630

34) vgl. Fan (1971/72) S. 478 ff.

35) vgl. Spaetling (1977) S. 389 ff.

daß die notwendige Konsumzeit je Gütereinheit durch die Hausarbeitszeit beeinflußt werden kann. Dabei wird implizit unterstellt, daß eine Erhöhung der Hausarbeitszeit gleichzeitig die Konsumkoeffizienten aller Güter verringert. Das Modell unterscheidet die drei Zeitarten: Arbeitszeit, Konsumzeit und Hausarbeitszeit. Gegenüber dem Konsumzeit-Ansatz tritt eine zusätzliche Gleichgewichtsbedingung für die Hausarbeitszeit hinzu:

$$(84)\quad w = -x_1 w \frac{db_1}{dH} - x_2 w \frac{db_2}{dH} \qquad \text{H: Hausarbeitszeit}$$

Da unterstellt wird, daß eine steigende Hausarbeitszeit zu einer Reduktion der notwendigen Konsumzeit beider Güter führt, sind die partiellen Ableitungen auf der rechten Seite negativ. Auf der linken Seite der Gleichung (84) steht der Einkommensverzicht bei einer Ausdehnung der Hausarbeitszeit um eine zusätzliche Einheit. Auf der rechten Seite stehen die durch die erhöhte Hausarbeitszeit resultierenden Einkommenssteigerungen aufgrund der eingesparten Konsumzeit. Da das Nutzenniveau des Haushalts von der Konsumzeit und der Hausarbeitszeit unberührt bleibt, muß im Gleichgewicht der Einkommensverzicht durch die Ausdehnung der Hausarbeitszeit den Einsparungen entsprechen.

Ziel der Arbeit von Spaetling ist der Nachweis, daß trotz inferiorer Bewertung eines Gutes dessen Nachfrage bei einer Besitzeinkommensänderung steigen kann. Dieses Möglichkeit läßt sich wie folgt erklären: Durch die Einführung der Zeitreagibilität des Konsumzeitkoeffizienten bei einer Besitzeinkommensänderung kann eine Reduktion des relativen Preises des inferior bewerteten Gutes eintreten, so daß der daraus resultierende positive Effekt den negativen Effekt der Inferiorität überkompensieren kann.

Es sei noch auf die Erweiterung von Milde bezüglich der Informationszeit hingewiesen.[36] Mit seinem Modell versucht Milde der Tatsache der unvollständigen Information der Konsumenten Rechnung zu tragen, indem er annimmt, daß durch die Informationszeit der Preis der Güter sowie die Konsumkoeffizienten verringert werden können und der Lohnsatz erhöht werden kann. Dieser Reduzierung der Gesamtpreise bzw. Erhöhung des Lohnsatzes stehen jedoch Opportunitätskosten in Form eines Verzichtes auf Arbeitseinkommen entgegen. Neben den bisher abgeleiteten Gleichgewichtsbedingungen (42) und (43) tritt aufgrund der Berücksichtigung der Informationszeit eine zusätzliche Bedingung hinzu. Im Gleichgewicht entsprechen die Grenzkosten der Informationszeit den Grenzerträgen der Informationszeit. Die Grenzkosten der Informationszeit entsprechen dem Lohnsatz, der Grenzertrag entspricht dem durch die zusätzliche Suchzeit gestiegenen Einkommen sowie den gesunkenen Ausgaben für die Güter und den verringerten Konsumzeitkoeffizienten.

Das erweiterte Modell weist darauf hin, daß keine eindeutigen Aussagen über die Zeit für Informationsgewinnung bei steigenden Lohnsätzen abgeleitet werden können. Zum

36) vgl. Milde (1975) S. 483 ff.

einen impliziert ein höherer Lohnsatz gestiegene Grenzkosten der Informationsgewinnung, zum anderen steigen die Grenzerlöse der Informationsgewinnung, da bei gleicher Informationszeit Tätigkeiten mit größeren Lohndifferenzen gefunden werden können.

Einen auf den ersten Blick anderen Ansatz zur Integration der Konsumzeit in die mikroökonomischen Haushaltsmodelle stellt Evans vor.[37)] Im Unterschied zum Konsumzeit-Ansatz wird angenommen, daß die Konsumzeit den Grad der Bedürfnisbefriedigung beeinflußt. So hängt z.B. der Wohlstand nicht in erster Linie von der Anzahl der Schallplatten ab, die ein Konsument besitzt, sondern primär von der Zeit, in der der Haushalt die Schallplatten hört. Aus diesem Grunde werden die Konsumzeiten der jeweiligen Güter als Argumente in die Nutzenfunktion aufgenommen:

(85) $U = f(C_1, C_2)$ $\qquad$ C_i: Konsumzeit für das Gut X_i

Für eine Konsumzeiteinheit ist ein fester Geldbetrag erforderlich, z.B. kostet eine Stunde Schwimmen im Hallenbad 5,- DM. Diesen Geldbetrag bezeichnen wir als **Geldkoeffizient** der Konsumzeit. Für die Budgetrestriktion des Haushalts gilt daher:

(86) $B + wA = e_1C_1 + e_2C_2$ $\qquad$ e_i: Geldkoeffizient

Das Modell liefert die gleichen ökonomischen Implikationen wie der Konsumzeit-Ansatz. Werden in der Gleichung (86) die Beziehungen

(87) $e_i = \frac{p_i}{b_i}$ und

(88) $C_i = b_i x_i$ $\qquad$ $i = 1,2$

berücksichtigt, dann erhalten wir:

(89) $B + wA = p_1x_1 + p_2x_2$

Die Gleichung (89) ist identisch mit der Budgetrestriktion (13). Werden in der Nutzenfunktion (85) die Beziehungen (88) eingesetzt, dann ist der Grad der Bedürfnisbefriedigung wieder direkt abhängig von dem Niveau der Gütermengen. Der einzige Unterschied ist darin zu sehen, daß die Konsumzeitkoeffizienten das Nutzenniveau beeinflussen. Dies wirkt sich aber nur bei Veränderungen dieser Koeffizienten in der komparativ statischen Analyse aus. Damit ist das Modell von Evans in den Konsumzeit-Ansatz überführt worden. Aus diesem Grunde ergeben sich aus der komparativ-statischen Analyse des Evans-Ansatzes keine neuen Erkenntnisse.

Aufbauend auf den Konsumzeit-Ansatz hat Moritz[38)] den Einfluß alternativer Honorarformen auf das Angebotsverhalten der Ärzte untersucht. Dabei wurde die Arbeitszeit

---

37) vgl. Evans (1972) S. 1 ff.

38) vgl. Moritz (1990) S. 156 ff.

des Arztes unterteilt in eine medizinisch notwendige Behandlungszeit und eine Beratungszeit des Arztes, deren Einsatz zu einer Ausdehnung über das medizinisch notwendige Niveau der Behandlung hinausführt. Unter Einbeziehung einer "Gesundheitsproduktionsfunktion" und der Kosten der Produktion des Arztes werden Hypothesen abgeleitet, unter denen eine **angebotsinduzierte** Nachfrage des Arztes vorliegt. Außerdem wird anhand des Modells untersucht, welche Honorarform bei Vorliegen einer angebotsinduzierten Nachfrage geeigneter ist, die "medizinische Überversorgung" zu reduzieren. Dabei wurde festgestellt, daß hierzu am ehesten eine pauschale Honorierung geeignet ist, da bei superiorer Bewertung der Güter eine Erhöhung des pauschalen Honorars zu einer erhöhten Konsumzeit und damit zu einer Verringerung der Beratungszeit zum Zwecke der Induzierung zusätzlicher Nachfrage führt.

5. Wirtschaftspolitische Implikationen

Das vorgestellte Modell liefert durch die Aufnahme der Zeitrestriktion wichtige neue Erkenntnisse bezüglich des Nachfrageverhaltens. Der Erklärungsgehalt der mikroökonomischen Haushaltstheorie wird durch die Aufnahme des Zeitaspektes erheblich erweitert. Im traditionellen Haushaltsmodell müssen alle Verhaltensänderungen, die nicht auf Einkommens- oder Preisänderungen zurückgeführt werden können, durch die Gestalt des Präferenzsystems erklärt werden. Die Präferenzen bilden somit eine Residualgröße, eine black-box, die ökonomisch nicht weiter hinterfragt werden kann.

Aus dem Modell werden die Implikationen steigender Reallöhne deutlich.[39] Der Anstieg führt zu relativen Preissteigerungen für zeitintensive Güter und zu einem Nachfragerückgang nach diesen Gütern, wenn der Substitutionseffekt absolut größer ist als der Einkommenseffekt. Beispiele hierfür sind Kulturgüter wie z.B. Theaterbesuche oder Benutzung von Bibliotheken. In einer expandierenden Volkswirtschaft steigen aufgrund des technischen Fortschritts die Reallöhne und durch die damit induzierten Einkommenssteigerungen die Konsummöglichkeiten der Individuen. Auf der anderen Seite sind Produktivitätsfortschritte bezüglich der für eine Konsumaktivität erforderlichen Konsumzeit kaum oder überhaupt nicht möglich. Daher sind die Produktivitätsfortschritte bei der Produktion von Gütern erheblich größer als die Produktivitätsfortschritte im Konsumbereich. So sind z.B. die Produktionsmöglichkeiten von Schallplatten deutlich verbessert worden, während die Zeit zum Anhören einer Schallplatte unverändert bleibt. Daraus folgt, daß die Zeit ein immer knapperes Gut wird.[40] Damit kann der im Abschnitt VI.C.1 dargelegte Befund, daß die Konsumausgaben real pro Zeiteinheit gestiegen sind, erklärt werden. Die entscheidende Frage, die hier aufgeworfen wird, lautet, ob die aufgrund des technischen Fortschritts gestiegenen Konsummöglichkeiten bei gegebener Zeitrestriktion realisiert werden können. Ist dies nicht der Fall, so fallen möglicherweise gesamtwirtschaftliches Angebot und gesamtwirtschaftliche Nachfrage auseinander, so daß als Folge Arbeitslosigkeit entstehen kann. Die Ursache der Arbeits-

39) vgl. hierzu die Ausführungen in Abschnitt VI.C.3.6.5

40) vgl. hierzu Wilensky (1961) S. 32 ff.; Linder (1971) und Baumol (1973) S. 631 ff.

losigkeit liegt in einem zum Produktivitätswachstum zu geringen Wachstum der Nachfrage. Man spricht in diesem Zusammenhang von **Wachstumsdefizitarbeitslosigkeit**. Im Gegensatz zur **konjunkturbedingten Arbeitslosigkeit** ist diese Nachfrageschwäche jedoch nicht vorübergehend, sondern dauerhaft. Welche politischen Maßnahmen bieten sich zu einer Bekämpfung einer derartigen Arbeitslosigkeit an? Um die Schere zwischen Produktivitätswachstum und Wachstum der gesamtwirtschaftlichen Nachfrage schließen zu können,

a) kann das Wachstum der Produktivität gebremst werden,
b) können die Staatsausgaben langfristig erhöht werden,
c) kann die Arbeitszeit verkürzt werden.

Die Maßnahme a) erscheint absurd, da dadurch langfristig Wohlstandseinbußen entstehen würden. Die Maßnahme b) läuft der gegenwärtigen wirtschaftspolitischen Tendenz der Deregulierung entgegen, so daß als einzige Strategie die Maßnahme c) verbleibt.[41)]

Wie im Modell analysiert worden ist, führt in einer "Zeitmangel-Situation" eine Preissenkung zu keiner Ausweitung der Nachfrage. Selbst dann, wenn die Preise flexibel nach unten wären, könnte die Arbeitslosigkeit nicht abgebaut werden.[42)] Die Wirkungsweise dieser Maßnahme ähnelt dem "Kaufkraftargument" der Gewerkschaften. In dem hier diskutierten Fall basiert der Nachfrageeffekt auf der Erhöhung der zeitlichen Kaufkraft der Konsumenten. Der Aspekt, daß aufgrund der Verringerung der Arbeitszeit und der dadurch gestiegenen Freizeit die Konsumnachfrage steigt, wird in den Diskussionen zu Auswirkungen der Arbeitszeitverkürzung, in deren Mittelpunkt in der Regel Einkommensumverteilungen und Kostenaspekte stehen, vernachlässigt.[43)]

Eine empirische Untersuchung über den Zusammenhang zwischen dem Güterkonsum in der Bundesrepublik Deutschland und der nicht-externen Arbeitszeit hat Seifert[44)] vorgelegt, wobei Seifert diese Zeitkategorie als "Eigenzeit" definiert und als Differenz zwischen der Gesamtzeit und der externen Arbeitszeit berechnet:

(90) $E = T - A$ T: Gesamtzeit
E: Eigenzeit A: externe Arbeitszeit

Die Gesamtzeit der Wohnbevölkerung ermittelt sich aus dem Produkt der Wohnbevölkerung und der Jahreszeit. Unter Zugrundelegung der Daten von 1960 bis 1978 ermit-

---

41) Eine ausführliche Darstellung der Wachstumsdefizitarbeitslosigkeit gibt Pätzold (1991) S. 241.

42) Die Fixierung der Preise nach unten ist eine Voraussetzung der Stabilität des gesamtwirtschaftlichen Systems, da sonst die Preise ins "Bodenlose" fallen würden. Die Deflation würde, da die Unternehmen in Konkurs geraten, zu einer Verschärfung der Arbeitslosigkeit führen.

43) Zu den allgemeinen Auswirkungen einer Arbeitszeitverkürzung vgl. z.B. Scherhorn (1978) S. 181 ff. Die Nachfrageeffekte einer Arbeitszeitverkürzung werden bei Horn (1984) S. 262 ff. diskutiert.

44) vgl. Seifert (1979) S. 377 ff.

telte Seifert folgende Regressionsgerade:[45)]

$$(91)\quad X^r = 493{,}91 + 1{,}5737\,E + 0{,}2212\,Y^n$$

X^r : realer Konsum in DM

Y^n : verfügbare nominale Einkommen in DM

E : Eigenzeit der gesamten Bevölkerung in Stunden

Nach diesem Befund steigt die reale Güternachfrage um ca. 1,57 DM, wenn die Eigenzeit der gesamten Bevölkerung um eine Stunde ansteigt. Dieser empirische Befund stützt also unsere Vermutung, daß eine Verkürzung der Arbeitszeit expansive Nachfrageeffekte freisetzt.

Problematisch an dieser Untersuchung ist die Erklärung einer realen Größe (realer Konsum) durch eine nominale Größe (nominale verfügbare Einkommen).[46)] Dies bedeutet, daß ein Anstieg der Inflationsrate den realen Konsum erhöht und damit Beschäftigungseffekte induzieren würde. Dieser Zusammenhang wird heute, wenn überhaupt, nur für eine kurze Frist akzeptiert.[47)] Desweiteren bleibt bei der Entwicklung der Eigenzeit unberücksichtigt, ob die Erhöhung durch eine Verkürzung der Arbeitszeit oder durch eine Erhöhung der Arbeitslosenquote entstanden ist. Für den Einfluß der Arbeitslosenquote auf den Konsum kann davon ausgegangen werden, daß diese eher den Konsum reduziert. Somit werden zwei unterschiedliche Ursachen in einem Regressor "Eigenzeit" erfaßt.[48)]

Auch die Beurteilung des Wachstumsziels muß bei Beachtung der begrenzten Zeit unter anderen Gesichtspunkten gesehen werden. Was nutzt es den Wirtschaftssubjekten, wenn aufgrund des technischen Fortschritts die monetären Konsummöglichkeiten zunehmen, die Nutzung dieser Güter aufgrund der Zeitrestriktion aber begrenzt wird.[49)] Was hat man z.B. von einem "Viertwagen"? Man könnte zu jeder Kleidung einen passenden Wagen kaufen. Ob dieses Ziel aber wirtschaftspolitisch angestrebt werden sollte, ist zu bezweifeln.

Nicht nur für makroökonomische, sondern auch für mikroökonomische Fragestellungen liefert dieser Ansatz Fundamente für Diskussionen. Betrachten wir z.B. die Benutzung öffentlicher Verkehrsmittel, deren Nutzung gegenüber dem Auto meist sehr zeitintensiv ist.[50)] Wenn das Entscheidungsverhalten diesbezüglich in erster Linie durch die

---

45) vgl. Seifert (1979) S. 390

46) Die Verwendung des realen verfügbaren Einkommens als Regressor führte zu keinen zufriedenstellenden Ergebnissen.

47) Zum Zusammenhang zwischen der Inflationsrate und den kurz- und langfristigen Beschäftigungswirkungen siehe z.B. Jarchow (1984) S. 275 ff.

48) vgl. auch die Bemerkungen bei Seifert (1979) S. 392 selbst

49) vgl. Spaetling (1976) S. 39 f.

50) Ausgenommen hiervon sind Ballungsgebiete mit gut ausgebauten U-Bahn-Netzen.

Zeit determiniert wird, dann führen Preissenkungen im öffentlichen Nahverkehr zu keiner stärkeren Benutzung der öffentlichen Verkehrsmittel, womit die empirisch beobachtbaren niedrigen Preisnachfrageelastititäten bei Verkehrsmitteln erklärt werden können. Wenn z.B. aus umweltpolitischen Motiven die öffentlichen Verkehrsmittel attraktiver gemacht werden sollen, dann ist in erster Linie am Zeitpreis anzusetzen, z.B. durch eine Verbesserung der Infrastruktur öffentlicher Verkehrsmittel.

Der vorgestellte Ansatz liefert noch weitere wichtige Implikationen für die Umweltschutzpolitik. Durch die gestiegenen Reallöhne und die damit verbundenen gestiegenen Zeitkosten wird die Tendenz zur Wegwerfgesellschaft gefördert. So entstehen z.B. bei der Rückgabe von Pfandflaschen Zeitkosten.[51] Die Implikationen aus dem Modell für die Wirtschaftspolitik sind in einer Anpassung der Kosten des Wegwerfens an die gestiegenen Zeitkosten zu sehen, z.B. durch die Einführung eines relativ hohen Flaschenpfandes bei gleichzeitiger Unterbindung von Einwegflaschen.

Darüber hinaus wird die Möglichkeit einer fallenden Arbeitsangebotsfunktion bei steigenden Lohnsätzen erhöht. Durch die gestiegene Nachfrage an Konsumgütern steigt die benötigte Konsumzeit, wodurch die Arbeitszeit aufgrund der Zeitrestriktion sinken muß.

6. Modellkritik

Abschließend sollen kurz einige Probleme des Konsumzeit-Ansatzes diskutiert werden. In dem Modell wird nicht zwischen der reinen Konsumzeit und der mit dem Konsum verbundenen Zeitaufwendung differenziert. So setzt sich z.B. die für einen Kinobesuch benötigte Zeit aus der Länge des Films und der Fahrzeit zusammen. In dem Modell wird implizit eine Indifferenz zwischen den beiden Zeitkategorien unterstellt. So ist es in dem Modell unbedeutend, ob die Fahrzeit eine Stunde beträgt und der Film eineinhalb Stunden läuft oder ob die Fahrzeit eine halbe Stunde beträgt und der Film zwei Stunden läuft.

Andererseits wird in dem Modell unterstellt, daß die Marktgüter bereits in konsumreifer Form vorliegen. Dies gilt in der Realität jedoch nur für eine geringe Anzahl von Gütern. Die Schwächen des Ansatzes sind dann darin zu sehen, daß Veränderungen der technischen Ausstattung der Haushalte und die daraus resultierenden Änderungen des Nachfrageverhaltens, z.B. die Auswirkungen einer verbesserten Wärmeisolierung eines Hauses auf die Energienachfrage, nicht untersucht werden können. Dies impliziert jedoch noch keine generelle Verwerfung, sondern erfordert für derartige Fragestellungen eine Modifizierung des Modells. Mit diesen Aspekten beschäftigt sich das im Abschnitt D. dieses Kapitels vorgestellte Haushaltsproduktionsmodell.

---

51) vgl. Spaetling (1976) S. 38

7. Zusammenfassung[52)]

(1) Ziel des Konsumzeit-Ansatzes ist die simultane Herleitung von Arbeitsangebots- und Güternachfragefunktionen.

(2) Im Konsumzeit-Ansatz wird unterstellt, daß neben den monetären Begrenzungen auch die begrenzte Zeit den Konsum einschränkt.

(3) Es wird von einem gegebenen Besitzeinkommen, gegebenen Güterpreisen, gegebenem Lohnsatz und gegebenen Konsumzeitkoeffizienten ausgegangen.

(4) Die Eigenschaften des Haushaltsgleichgewichts sind davon abhängig, ob die Konsumzeitrestriktion oder die Einkommensrestriktion bindend ist. Ist die Einkommensrestriktion bindend, dann entspricht im Gleichgewicht die Grenzrate der Substitution dem Güterpreisverhältnis; ist die Zeitrestriktion bindend, dann entspricht im Gleichgewicht die Grenzrate der Substitution dem Verhältnis der Zeitkoeffizienten.

(5) Eine Erhöhung des Einkommens bzw. eine Reduktion des Güterpreises führt auch bei superiorer Bewertung der Güter zu keiner Ausweitung der Güternachfrage, wenn ausschließlich die Zeitrestriktion bindend ist.

(6) Aus einer Reduzierung der Arbeitszeit bei vollem Lohnausgleich resultieren, wenn die Zeitrestriktion ausschließlich bindend ist, expansive Nachfrageeffekte.

(7) Der Gesamtpreis eines Gutes setzt sich aus einem monetären und einem Zeitpreis zusammen.

(8) Die Konsumzeitrestriktion verläuft steiler (flacher) als die Konsummöglichkeitskurve und diese steiler (flacher) als die Einkommensrestriktion, wenn das Gut X_1 relativ zeitintensiv (preisintensiv) ist.

(9) Bei einer Lohnsatzerhöhung steigen die Grenzopportunitätskosten des zeitintensiven Gutes und sinken die Grenzopportunitätskosten des preisintensiven Gutes.

(10) Das Haushaltsgleichgewicht wird in dem Punkt auf der Konsummöglichkeitskurve erreicht, wo die Grenzrate der Substitution dem Gesamtpreisverhältnis entspricht.

(11) Eine Erhöhung des Besitzeinkommens führt bei einer superioren Bewertung zu einer Ausweitung des Konsums bzw. zu einer Reduktion des Konsums bei einer inferioren Bewertung. Die Arbeitszeit kann nur dann zunehmen, wenn das zeitintensive Gut inferior bewertet wird und die Einkommenskonsum-Kurve flacher verläuft als die Konsumzeitrestriktion.[53)]

(12) Bei superiorer Bewertung nimmt die nachgefragte Menge des Gutes, dessen Preis erhöht wurde, ab sowie die Nachfrage des anderen Gutes bei inferiorer Bewertung zu. Der Substitutionseffekt für die Arbeitszeit ist positiv (negativ), wenn der Preis des zeitintensiven (preisintensiven) Gutes steigt. Die Arbeitszeit

---

52) Die Ergebnisse (4)-(6) beziehen sich auf eine gegebene Arbeitszeit; die Ergebnisse (7)-(14) auf eine variable Arbeitszeit.

53) Dies gilt unter der Annahme, daß X_1 zeitintensiv und inferior ist. Ist dagegen X_2 zeitintensiv und inferior, dann nimmt die Arbeitszeit zu, wenn die Einkommens-Konsum-Kurve steiler als die Konsumzeitrestriktion verläuft.

nimmt bei superiorer Bewertung beider Güter zu, wenn der Preis des zeitintensiven Gutes steigt.

(13) Eine Lohnsatzerhöhung führt zu einer Ausdehnung des preisintensiven Gutes, wenn dieses Gut als superior bewertet wird, und zu einer Reduktion des zeitintensiven Gutes, wenn dieses als inferior bewertet wird.

(14) Der Substitutionseffekt der Arbeitszeit ist bei einer Lohnsatzerhöhung positiv. Das Arbeitsangebot nimmt bei einer Lohnsatzerhöhung immer zu, wenn bei einer Besitzeinkommenserhöhung die Arbeitszeit ausgedehnt wird.

(15) Eine proportionale Veränderung aller nominalen Größen hat keinen Einfluß auf die Güternachfrage und das Arbeitsangebot. Die Haushalte sind frei von Geldillusion.

(16) Der Konsumzeit-Ansatz ist dahingehend modifiziert worden, daß
  (a) zusätzlich die Arbeitszeit in der Nutzenfunktion berücksichtigt wird,
  (b) ein ausschließlich zeitzehrendes, ein ausschließlich geldzehrendes Gut und ein sowohl zeitzehrendes als auch Ausgaben verursachendes Gut betrachtet werden,
  c) die Hausarbeitszeit die Konsumkoeffizienten beeinflußt,
  d) die Suchzeit die monetären Preise, den Lohnsatz und die Konsumkoeffizienten beeinflußt.

(17) Durch die Berücksichtigung der Zeiterfordernis des Konsums können Reaktionen der Haushalte auf Veränderungen der zur Verfügung stehenden Zeit zurückgeführt werden, zu deren Erklärung im traditionellen Haushaltsmodell auf die Präferenzstruktur zurückgegriffen werden mußte. Desweiteren werden mögliche beschäftigungsfördernde Effekte einer Arbeitszeitverkürzung herausgearbeitet. Darüber hinaus wird darauf hingewiesen, daß das Wirtschaftswachstum unter Berücksichtigung der Zeitknappheit in einem anderen Licht zu sehen ist.

D. Haushaltsproduktionszeit und Arbeitsangebot: Das Becker-Modell

1. Einführung

In der traditionellen Haushaltstheorie werden die Nachfrageentscheidungen der Haushalte insbesondere in bezug auf die Präferenzstruktur, das Einkommen und die Preise der Güter untersucht. Dabei wird implizit unterstellt, daß die gekauften Güter selbst unmittelbar Bedürfnisse befriedigen können. Dieses Modell wurde im Lancaster-Ansatz dahingehend modifiziert, daß nicht die Güter selbst, sondern die in den Gütern enthaltenen Eigenschaften einen Nutzen stiften. In beiden Modellen wird implizit unterstellt, daß es sich bei den am Markt gekauften Gütern um finale[54]), also konsumreife Güter handelt. In dem vorausgegangenen Abschnitt haben wir den Konsumzeit-Ansatz vorge-

---

54) Zu der Definition "finales Gut" siehe die Ausführungen in Abschnitt II.E.3

stellt. In diesem Modell wird ebenfalls angenommen, daß die Güter in konsumreifer Form am Markt erhältlich sind, für deren Konsum zusätzlich noch Zeit benötigt wird. Die Annahme, daß die Marktgüter in finaler Form vorliegen, ist vielleicht für einige wenige Güter zutreffend. Bei dem Erwerb der meisten Güter wird durch den Kauf jedoch erst die Voraussetzung für die Produktion eines konsumreifen Gutes geschaffen.[55] Zum Beispiel benötigt man für das Backen einer Pizza die Marktgüter Mehl, Hefe, Käse, Tomaten, einen Backofen etc. sowie die Zeit für das Backen und Konsumieren der Pizza.

Die bisher betrachteten Modelle liefern daher keine Erklärungsmöglichkeit für das Nachfrageverhalten bezüglich Marktgüter, die nicht in finaler Form vorliegen. Darüber hinaus können Auswirkungen der Veränderung der im Haushalt verwendeten Produktionstechnologie auf die Marktnachfrage nach Verbrauchsgütern, z.B. die Auswirkung der Anschaffung einer energiesparenden Heizungsanlage auf die Nachfrage nach Heizöl, nicht analysiert werden.

In dem vorliegenden Abschnitt des Kapitels VI werden wir ein Modell vorstellen, in dem die notwendige Tranformation der Marktgüter in finale Güter berücksichtigt wird. Dabei wird keine explizite Unterscheidung zwischen Konsum- und Produktionszeit vorgenommen. Durch die Aufnahme des Zeitaspektes können wir auch hier das Güternachfrage- und das Arbeitsangebotsverhalten simultan untersuchen. Die in diesem Abschnitt vorgetragenen Überlegungen fußen auf den Ansätzen von Becker, der als erster die Problematik der Zeitallokation im Haushalt formal analysiert hat.[56] Im Unterschied zum Lancaster Modell, in dem die Mengen der kardinal meßbaren Gütereigenschaften in den gekauften Marktgütern enthalten sind, wird in diesem Modell unterstellt, daß die Konsumgüter erst durch den Einsatz von Marktgütern produziert werden können.[57]

Im nächsten Abschnitt werden zunächst die Annahmen des Modells und die Eigenschaften der Konsummöglichkeitskurve untersucht. Nach der Herleitung des Haushaltsgleichgewichts werden die Einflüsse von Besitzeinkommensänderungen, Preisänderungen, Lohnsatzänderungen, Veränderungen der Verbrauchskoeffizienten und Veränderungen der Produktionstechnologie analysiert. Daran anschließend wird die Bedeutung des Ansatzes dargelegt und einer kritischen Betrachtung unterzogen. Zum Abschluß werden die wesentlichen Erkenntnisse zusammengefaßt.

2. Die Annahmen

Um die Analyse möglichst einfach gestalten zu können, werden lediglich finale Güter betrachtet. Bezüglich des Präferenzsystems wird unterstellt, daß die Menge der produ-

---

55) Den ersten umfassenden Versuch im Rahmen der Haushaltstheorie, die Transformation von Marktgütern (goods) zu konsumreifen Gütern (commodities) zu berücksichtigen, findet man bei Muth (1966) S. 701 ff.

56) vgl. Becker (1965) S. 493 ff.; Michael, Becker (1973) S. 378 ff.

57) Zu einem vergleichenden Überblick siehe auch Zimmermann (1985) S. 71 ff.

zierten finalen Güter das Nutzenniveau des Haushalts beinflussen:

(92) $U = f(d_A, d_B)$ $\qquad$ d_i: Menge des finalen Gutes D_i

Außerdem wird von fallenden und konvex verlaufenden Indifferenzkurven ausgegangen:

(93) $$\left.\frac{d\,(d_B)}{d\,(d_A)}\right|_{dU=0} < 0$$

(94) $$\left.\frac{d^2(d_B)}{d\,(d_A)^2}\right|_{dU=0} > 0$$

(95) $$\left.GRS_{d_A}^{d_B}\right|_{dU=0} > 0$$

(96) $$\left.\frac{dGRS_{d_A}^{d_B}}{d(d_A)}\right|_{dU=0} < 0$$

Betrachten wir als nächstes den technischen Prozeß der Haushaltsproduktion. Den funktionalen Zusammenhang zwischen den im Haushaltsprozeß eingesetzten Mengen an Produktionsfaktoren und den produzierten Mengen an Konsumaktivitäten bezeichnen wir als **Haushaltsproduktionsfunktion**. Dabei wird zur Vereinfachung von drei Produktionsfaktoren,

- ein am Markt zu kaufendes Verbrauchsgut X
- ein am Markt zu kaufendes Gebrauchsgut E sowie
- der Haushaltsproduktionszeit[58] H

ausgegangen:

(97) $d_i = d_i(x_1, H_i; E_i)$
Haushaltsproduktionsfunktion $\qquad$ mit $i = A,B$

Durch den Einsatz eines bestimmten Gebrauchsgutes, z.B. einer Mikrowelle oder eines Backofens, wird die Produktionstechnologie des Haushalts festgelegt. In der Produktionsfunktion (97) wird weiter unterstellt, daß für die Menge der Konsumaktivität nur die technisch notwendigen Marktgüter aufgewendet werden bzw. die technisch not-

---

58) Becker (1965) S. 495 geht davon aus, daß die Zeit inhomogen ist und unterscheidet zwischen Tages- und Nachtzeit sowie Wochentags- und Wochenendzeit.

wendige Zeit aufgewendet wird. Bezüglich der Haushaltsproduktionsfunktion müssen Annahmen über die Substituierbarkeit der Mengen von Produktionfaktoren getroffen werden. Dabei kann grundsätzlich zwischen substitutionalen und limitationalen Produktionsfunktionen unterschieden werden. Zwei Produktionsfaktoren sind bei einem gegebenen Produktionsprozeß zueinander **limitational**, wenn sie nur in einem bestimmten Verhältnis ohne Vergeudung von Mengen der Produktionsfaktoren zur Erzielung eines bestimmten Outputniveaus kombiniert werden können. Eine Vergeudung von Mengen eines Produktionsfaktors liegt vor, wenn Mengen dieses Produktionsfaktors reduziert werden können, ohne daß sich das Outputniveau verringert. Sind alternative Kombinationen möglich, so sind die Produktionsfaktoren **substitutiv**. Betrachten wir zunächst die Produktionsfaktoren Hausarbeitszeit und Marktgut bei gegebener Technologie, z.B. beim Einsatz einer Mikrowelle. Zur Produktion einer Pizza ist eine bestimmte Hausarbeitszeit und ein bestimmter Energiebedarf erforderlich. Daher erscheint es plausibel, von einer Limitationalität zwischen Verbrauchsgütern und Hausarbeitszeit auszugehen. Wie sehen nun die Beziehungen dieser beiden Faktoren zu dem Gebrauchsgut aus? Vergleichen wir die Produktion einer Pizza in einer Mikrowelle und in einem Backofen. Bei der Produktion in einer Mikrowelle wird weniger Energie und weniger Zeit als bei der Produktion im Backofen benötigt. Das Gebrauchsgut steht, und davon soll im folgenden ausgegangen werden, zu dem Verbrauchsgut und der Hausarbeitszeit in einem substitutiven Verhältnis.[59]

Wir wollen von einer gegebenen Produktionstechnologie ausgehen. Die benötigten Einsatzmengen des Verbrauchsgutes und der Hausarbeitszeit zur Produktion der einzelnen finalen Güter können anhand der Verbrauchsfunktionen ermittelt werden:

(98) $x_A = \alpha_A d_A$ (99) $H_A = \beta_A d_A$

α, ß: Verbrauchskoeffizienten

(100) $x_B = \alpha_B d_B$ (101) $H_B = \beta_B d_B$

Die **Verbrauchskoeffizienten** geben an, wieviel Einheiten des Marktgutes bzw. an Hausarbeitszeit zur Produktion einer Einheit einer Konsumaktivität benötigt werden.

Neben der Produktionstechnologie muß der Haushalt weiterhin die **Einkommensrestriktion** beachten. Das Einkommen des Haushalts wird durch das Niveau der Arbeitszeit bestimmt, wobei wiederum von einem gegebenen Besitzeinkommen ausgegangen

59) Bei Becker selbst sind die Beziehungen der Produktionsfaktoren nicht eindeutig definiert. Zum einen hat man den Eindruck, er unterstellt limitationale Produktionsfaktoren (1965) S. 496, davon gehen z.B. auch Pusch (1972) S. 119 und de Vany (1971) S. 6 aus, andererseits erörtert er aber die Möglichkeiten einer substitutiven Produktionsfunktion. Becker (1965) S. 499 f. und unterstellt eine konkav verlaufende Transformationskurve, die bei linear-limitationalen Produktionsfunktionen aber nicht abgeleitet werden kann.

Natürlich gibt es auch Verbrauchsgüter, die unabhängig von der gewählten Technologie verwendet werden müssen, z.B. Tomaten und Käse. Von diesen Fällen soll aber aus Gründen der Vereinfachung hier verzichtet werden.

wird:

(102) $y = wA + B$

Die Konsumentscheidung unterliegt zusätzlich der **Zeitrestriktion**:

(103) $T = H_A + H_B + A$

Desweiteren muß das Einkommen des Haushalts den Ausgaben für das Marktgut entsprechen:

(104) $y = p(x_A + x_B)$

3. Die Transformationskurve

In den Gleichungen (98) bis (102) sind die acht endogenen Variablen x_A, x_B, H_A, H_B, A, y, d_A und d_B enthalten. Dieses Gleichungssystem läßt sich zu einer Gleichung mit zwei endogenen Variablen reduzieren. Da die Präferenzfunktion in Abhängigkeit der finalen Gütern formuliert ist, erscheint es sinnvoll, die Restriktionen zu einer Restriktion mit den entsprechenden finalen Güter zu formulieren. Wir erhalten dann die realisierbaren Mengenkombinationen der finalen Güter bei den gegebenen exogenen Größen, die wir als **Transformationskurve** bzw. **Konsummöglichkeitskurve** definieren. Zu diesem Zweck setzen wir die Gleichungen (102) und (104) gleich:

(105) $wA + B = p(x_A + x_B)$

Nach Auflösung der Zeitrestriktion (103) nach A und Substitution in (105) folgt:

(106) $w(T - H_A - H_B) + B = p(x_A + x_B)$

Unter Berücksichtigung der Verbrauchsfunktionen (98)-(101) resultiert:

(107) $w(T - \beta_A d_A - \beta_B d_B) + B = p(\alpha_A d_A + \alpha_B d_B)$

bzw.

(108) $wT + B = (\alpha_A p + \beta_A w)d_A + (\alpha_B p + \beta_B w)d_B$

In der ersten Klammer auf der rechten Seite der Gleichung (108) stehen die Ausgaben, die für eine Einheit des finalen Gutes D_A erforderlich sind, und dementsprechend in der zweiten Klammer die notwendigen Ausgaben für eine Einheit des finalen Gutes D_B. Anhand der Gleichung (108) kann der Unterschied zum Konsumzeit-Ansatz deutlich gemacht werden. Vergleichen wir die Gleichung (108) mit der Gleichung (28) aus dem Abschnitt VI.C, so erkennen wir, daß sich die beiden Gleichungen durch die Verbrauchskoeffizienten der Marktgüter unterscheiden. Wenn die α-Koeffizienten den Wert Eins annehmen und die β-Koeffizienten gleich den Konsumzeitkoeffizienten sind, d.h. die Haushaltsproduktionszeit der Konsumzeit entspricht, dann liegt das gekaufte Marktgut in konsumreifer Form vor, und beide Modelle sind identisch. Man kann den Konsumzeit-Ansatz daher auch als einen Spezialfall des Becker-Modells auffassen.

Nach Umformung der Gleichung (108) resultiert die Transformationskurve:

$$(109)\quad d_B = \frac{wT + B}{\alpha_B p + \beta_B w} - \frac{\alpha_A p + \beta_A w}{\alpha_B p + \beta_B w} d_A$$

Für die Steigung der Tranformationskurve, deren Absolutbetrag wiederum als Grenzopportunitätskosten des Konsums definiert wird, gilt:

$$(110)\quad GOK_{d_A}^{d_B} = \left| \frac{d\,(d_B)}{d\,(d_A)} \right| = \frac{\alpha_A p + \beta_A w}{\alpha_B p + \beta_B w} d_A$$

Die Steigung der Transformationskurve ist konstant. Dies resultiert aus der Annahme der konstanten Verbrauchskoeffizienten. Würde man produktionsniveauabhängige Verbrauchskoeffizienten bzw. eine Substitutionalität der Marktgüter zulassen, wären alternative Verläufe der Transformationskurve denkbar. Der hier abgebildete Verlauf der Transformationskurve stellt daher lediglich einen Spezialfall dar.[60)]

Aus der Gleichung (110) erkennt man unmittelbar, daß eine Erhöhung des Besitzeinkommens die Transformationskurve nach rechts oben verschiebt sowie die Steigung nicht beeinflußt und daß die Grenzopportunitätskosten für den Konsum des Gutes D_A zunehmen, wenn sich die Verbrauchskoeffizienten des Gutes D_A erhöhen bzw. wenn sich die Verbrauchskoeffizienten von D_B verringern. Zu klären bleibt der Einfluß des Preises des Marktgutes sowie die Auswirkungen von Lohnsatzänderungen. Für eine Veränderung des Preises folgt:

$$(111)\quad \frac{\partial\, GOK_{d_A}^{d_B}}{\partial p} = \frac{\alpha_A (\alpha_B p + \beta_B w) - \alpha_B (\alpha_A p + \beta_A w)}{(\alpha_B p + \beta_B w)^2}$$

Das Vorzeichen der Veränderung hängt vom Zähler (Z) ab. Nach Ausmultiplikation der Klammer folgt:

$$(112)\quad Z = \alpha_A \beta_B w - \alpha_B \beta_A w \qquad \text{bzw.}$$

$$(113)\quad Z = \beta_B \beta_A w \left(\frac{\alpha_A}{\beta_A} - \frac{\alpha_B}{\beta_B} \right)$$

Die Ausdrücke in der Klammer beschreiben die relative Intensität der Marktgüter bezogen auf eine Einheit Hausarbeitszeit. Beträgt die Intensität z.B. zwei, dann sind für eine Zeiteinheit Hausarbeit zwei Mengen des betrachteten Marktgutes erforderlich. Werden vom Marktgut X mehr Einheiten zur Produktion des finalen Gutes D_A gegenüber der

60) Zum Verlauf der Konsummöglichkeitskurve bei substitutionalen Produktionsfunktionen siehe Heller (1975) S. 62 ff.; Gandolfo (1986) S. 58 ff.

Produktion des finalen Gutes D_B bezogen auf eine Einheit der Hausarbeitszeit benötigt, dann nehmen die Grenzopportunitätskosten des Konsums des finalen Gutes D_A zu. Wir können allgemein festhalten: **Eine Erhöhung des Preises des Marktgutes erhöht die Grenzopportunitätskosten des finalen Gutes, welche das Marktgut intensiver benötigt.**

Analog erhält man die Ergebnisse einer Lohnsatzerhöhung. **Die Grenzopportunitätskosten des finalen Gutes, dessen benötigte Haushaltsproduktionszeit bezogen auf eine Einheit des Marktgutes größer ist, nehmen bei einer Erhöhung des Lohnsatzes zu.**

4. Das Haushaltsgleichgewicht

Das Entscheidungsproblem des Haushalts besteht darin, die Nutzenfunktion unter Berücksichtigung der Verbrauchsfunktionen, der Zeitrestriktion, der Einkommensrestriktion und der Budgetrestriktion zu maximieren:

(92) $\max U = f(d_A, d_B)$

u.d.R.

(98) $x_A = \alpha_A d_A$ (99) $H_A = \beta_A d_A$ (100) $x_B = \alpha_B d_B$

(101) $H_B = \beta_B d_B$ (102) $y = wA + B$ (103) $T = H_A + H_B + A$

(104) $y = p(x_A + x_B)$

endogen: $U, d_A, d_B, x_A, x_B, H_A, H_B, y, A$
exogen: $p_1, p_2, a_{1A}, a_{2A}, a_{1B}, a_{2B}, B, T$

Das Maximierungsproblem kann durch Zusammenfassung der Restriktionen (98) - (104) zur Transformationskurve vereinfacht werden:

(92) $U = f(d_A, d_B)$

u.d.R.

(109) $$d_B = \frac{wT + B}{\alpha_B p + \beta_B w} - \frac{\alpha_A p + \beta_A w}{\alpha_B p + \beta_B w} d_A$$

Sind die optimalen Produktionsmengen der finalen Güter bestimmt, dann können aus den Gleichungen (98)-(104) die benötigten Mengen des Marktgutes, die Haushaltsproduktionszeiten und die Arbeitszeit berechnet werden. Das vorliegende Maximierungsproblem ähnelt von der Struktur her dem Maximierungsproblem im traditionellen Haushaltsmodell, so daß die formale Herleitung der Gleichgewichtsbedingungen sich erübrigt und wir uns auf die Analyse der Ergebnisse beschränken können. **Im Haushaltsgleichgewicht muß wiederum die Grenzrate der Substitution den Grenzopportu-**

nitätskosten entsprechen,

$$(114)\quad GRS^{d_B}_{d_A} = GOK^{d_B}_{d_A}$$

und die Mengen der finalen Güter müssen auf der Transformationskurve (109) liegen.

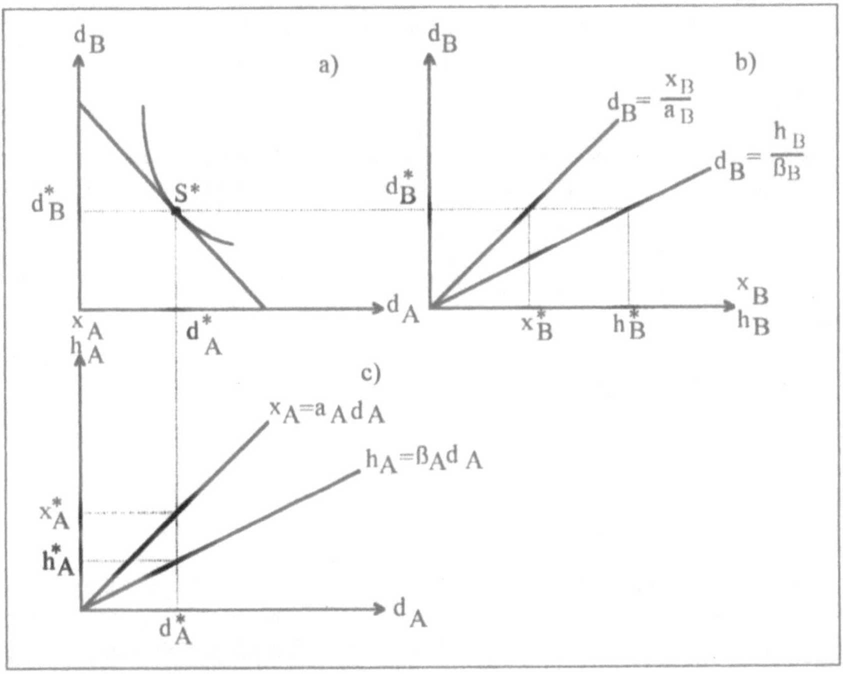

Abbildung 16: Das Gleichgewicht

In der Abbildung 16a) ist eine gegebene Transformationskurve dargestellt. Die Bedingungen (109) und (114) werden in S^* erfüllt. Von den Konsumaktivitäten werden die Mengen d_A^* und d_B^* produziert. In den Abbildungen 16b) und 16c) sind die Verbrauchsfunktionen der finalen Güter eingezeichnet, wobei aus Gründen der graphischen Veranschaulichung in der Abbildung 16b) die Umkehrfunktion der Verbrauchsfunktionen für das finale Gut D_B gewählt wurden. Die Steigungen der in der Abbildung 16b) eingezeichneten Umkehrfunktionen der Verbrauchsfunktionen genügen somit den Kehrwehrten der Verbrauchskoeffizienten, während die Steigungen der in der Abbildung 16c) eingezeichneten Verbrauchsfunktionen den Verbrauchskoeffizienten entsprechen. Die für die gleichgewichtigen Mengen finaler Güter notwendigen Mengen der Marktgüter (x_A^*, x_B^*) und der Haushaltsproduktionszeiten (H_A^*, H_B^*) erhält man aus den jeweiligen Verbrauchsfunktionen.

5. Komparative Statik

In diesem Abschnitt werden die Verläufe der Güternachfragefunktion und der Arbeitsangebotsfunktion untersucht. In Abschnitt 3 haben wir darauf hingewiesen, daß sich das hier vorgestellte Modell gegenüber dem Konsumzeit-Ansatz lediglich durch die Verbrauchskoeffizienten unterscheidet. Aus diesem Grunde führen Veränderungen des Besitzeinkommens, der Güterpreise und des Lohnsatzes zu keinen neuen qualitativen Erkenntnissen bezüglich der Arbeitszeit, so daß wir uns auf die Reaktionen der Güternachfrage beschränken können. Neben diesen erwähnten Datenänderungen können wir mit Hilfe dieses Modells auch Veränderungen der Technologie untersuchen.

5.1. Besitzeinkommensänderungen

Als erstes wird eine Erhöhung des Besitzeinkommens untersucht. Diese führt zu einer Verschiebung der Konsummöglichkeitskurve nach rechts oben. Ob die Mengen der Konsumaktivitäten zunehmen, hängt, wie im traditionellen Haushaltsmodell, von der superioren bzw. inferioren Bewertung der finalen Güter ab. Von Interesse ist hier die Auswirkung bezüglich der Güternachfrage. Die nachgefragte Menge für das Gut X ist definiert durch

$$(115)\quad x^* = x_A^* + x_B^*$$

Der Einfluß einer Besitzeinkommensänderung kann daher erfaßt werden durch:

$$(116)\quad \frac{dx}{dB} = \alpha_A \frac{d\,(d_A)}{dB} + \alpha_B \frac{d\,(d_B)}{dB}$$

Werden beide finalen Güter als superior bewertet, dann nimmt die Nachfrage für das Marktgut X zu. Unklar sind jedoch die Auswirkungen bei einer inferioren Bewertung eines finalen Gutes, z.B. D_A. In diesem Fall steigt tendenziell die Nachfrage aufgrund der erhöhten Produktion des finalen Gutes D_B und sinkt tendenziell aufgrund der verringerten Menge des finalen Gutes D_A. Es ist also der Fall denkbar, daß trotz Inferiorität eines finalen Gutes die Nachfrage nach allen Marktgütern zunimmt. Diesen Fall wollen wir etwas näher untersuchen. Zu diesem Zweck werden die Ergebnisse der komparativen Statik bezüglich der Reaktionen der Konsumaktivitäten eingesetzt:[61)]

$$(117)\quad \frac{dx}{dB} = \alpha_A \frac{\dfrac{\partial\, GRS_{d_A}^{d_B}}{\partial\, d_B}}{|H|} - \alpha_B \frac{\dfrac{\partial\, GRS_{d_A}^{d_B}}{\partial\, d_A}}{|H|}$$

---

61) Auf die explizite Darstellung der komparativen Statik soll hier verzichtet werden, da sie analog zum Konsumzeit-Ansatz erfolgt, vgl. Abschnitt VI.C.3.6.3

Die Güternachfrage nimmt zu, wenn gilt:[62)]

$$(118)\quad \frac{\alpha_A}{\alpha_B} < \frac{\dfrac{\partial\, GRS_{d_A}^{d_B}}{\partial\, d_A}}{\dfrac{\partial\, GRS_{d_A}^{d_B}}{\partial\, d_B}} \quad \text{bzw.} \quad (119)\quad -\frac{\alpha_A}{\alpha_B} > -\frac{\dfrac{\partial\, GRS_{d_A}^{d_B}}{\partial\, d_A}}{\dfrac{\partial\, GRS_{d_A}^{d_B}}{\partial\, d_B}}$$

Auf der rechten Seite der Gleichung (119) finden wir wieder die Steigung der Einkommens-Konsum-Kurve. Wie ist der Ausdruck auf der linken Seite zu interpretieren? Betrachten wir hierzu die Gleichung (120):

$$(120)\quad x = \alpha_A d_A - \alpha_B d_B$$

Die Gleichung (120) gibt den Verbrauch des Marktgutes X an, der bei der Produktion der finalen Güter anfällt. Stellen wir die Gleichung (120) nach den Mengen des finalen Gutes D_B um, dann folgt:

$$(121)\quad d_B = \frac{x}{\alpha_B} - \frac{\alpha_A}{\alpha_B} d_A \qquad \text{Isoverbrauchslinie (v)}$$

Die Gleichung (121) gibt die möglichen Kombinationen der finalen Güter bei gegebenem Gesamtverbrauch des Marktgutes X an. Diese Kurve bezeichnen wir als **Isoverbrauchskurve**. Die Steigung dieser Kurve entspricht dem negativen Verhältnis der Verbrauchskoeffizienten des Marktgutes:

$$(122)\quad \frac{d\,(d_B)}{d\,(d_A)} = -\frac{\alpha_A}{\alpha_B}$$

Wir können nun die Gleichung (119) interpretieren. Die Nachfrage nach dem Marktgut X wird bei inferiorer Bewertung des finalen Gutes D_A zunehmen, wenn die Steigung der Isoverbrauchslinie größer bzw. absolut kleiner ist als die Steigung der Einkommens-Konsum-Kurve, d.h. wenn die Isoverbrauchslinie flacher verläuft als die Einkommens-Konsum-Kurve. Veranschaulichen wir die Ergebnisse anhand der Abbildung 17. Im Ausgangspunkt liegt das Haushaltsgleichgewicht in S_0^*. Die eingezeichnete Isoverbrauchslinie (v) gibt die möglichen Kombinationen der Konsumaktivitäten an, wenn der Verbrauch des Gutes X unverändert bleibt. Die Besitzeinkommenserhöhung verschiebt die Konsummöglichkeitskurve von K_0 und K_1 parallel nach rechts oben. Befindet sich das neue Gleichgewicht in S_1^*, dann verläuft die Isoverbrauchslinie steiler

62) Die Umformung erfolgt analog der Umformung der Gleichung (69) zur Gleichung (72) in Abschnitt VI.C.6.3. Die Determinante /H/ ist aufgrund der Bedingung der zweiten Ordnung positiv..

als die Einkommens-Konsum-Kurve (EKK_1). Da das neue Gleichgewicht S_1^* unterhalb der Isoverbrauchslinie liegt, sinkt der benötigte Verbrauch des Gutes X. Umgekehrt: Verläuft die Isoverbrauchslinie flacher als die Einkommens-Konsum-Kurve (EKK_2), dann liegt das neue Gleichgewicht S_2^* oberhalb der Isoverbrauchslinie, und der Verbrauch steigt.

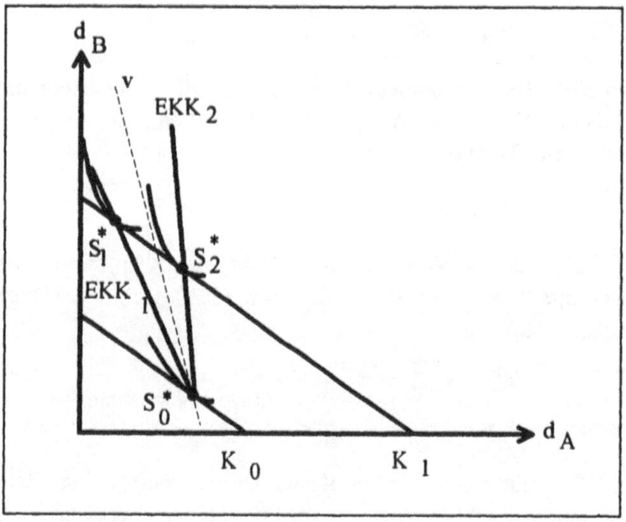

Abbildung 17: Besitzeinkommensänderung

5.2. Änderung des Marktpreises und des Lohnsatzes

Bezüglich der Auswirkungen einer Preiserhöhung kann auf die Ausführungen im Abschnitt C.3.6.4 verwiesen werden. Die resultierenden Ergebnisse werden kurz zusammengefaßt. Der Anstieg des Marktpreises führt zu einer Erhöhung des relativen Preises des finalen Gutes, welche das Marktgut intensiver nutzt. Das Vorzeichen des Niveaueffektes hängt von der superioren bzw. inferioren Bewertung des finalen Gutes ab.

Für den Gesamteffekt gilt: Bei superiorer Bewertung beider finalen Güter sinkt das Niveau des finalen Gutes, welches das Marktgut intensiver nutzt, während bezüglich des anderen finalen Gutes keine eindeutigen Aussagen möglich sind. Für die Nachfrage des Marktgutes resultieren folgende Effekte: Aufgrund des Substitutionseffektes sinkt die Konsumaktivität, die das Marktgut intensiv nutzt, so daß dadurch auch die Marktnachfrage zurückgeht. Der Niveaueffekt ist bei superiorer Bewertung des finalen Gutes immer negativ, so daß in diesem Fall die Nachfrage des Marktgutes sinkt. Nimmt die Nachfrage nach dem Marktgut bei einer Besitzeinkommenserhöhung zu, dann sinkt sie auch bei einer Preissteigerung des Gutes. Bei inferiorer Bewertung kann der Niveaueffekt positiv oder negativ sein, so daß keine eindeutigen Aussagen für die Reaktion der Nachfrage möglich sind.

Bei Lohnsatzänderungen treten die gleichen Effekte wie bei einer Preisänderung mit umgekehrten Vorzeichen auf, so daß sich eine weitere Darstellung erübrigt.

5.3. Veränderung der Verbrauchskoeffizienten

Bei einer Variation eines Verbrauchskoeffizienten wirken die gleichen Effekte wie bei einer Preisänderung. Hinzu tritt noch ein Effekt im Produktionsbereich. Nimmt der Verbrauchskoeffizient ab, d.h. man benötigt weniger Einheiten des betreffenden Marktgutes zur Produktion einer Einheit des finalen Gutes, dann nimmt aufgrund dieses Effektes die Nachfrage nach dem betreffenden Marktgut ab. Sinkt z.B. der Benzinverbrauch eines Autos, d.h. der Verbrauchskoeffizient nimmt ab, dann führt dies bei unveränderter Fahrleistung zu einer Reduktion der Benzinnachfrage. Da auch hier der Substitutions- und der Einkommenseffekt berücksichtigt werden müssen, sind eindeutige Aussagen über den Gesamteffekt nicht möglich.

5.4. Veränderung der Produktionstechnologie

Im Unterschied zum Konsumzeit-Ansatz können in diesem Modell Veränderungen der Produktionstechnologie untersucht werden. In der folgenden Tabelle ist die Entwicklung der Ausstattung der Haushalte mit einigen wichtigen Gebrauchsgütern angeführt:

	1965	1987
Geschirrspülmaschine	1 %	47 %
Nähmaschine	26 %	76 %
Waschmaschine	20 %	98 %

Tabelle 3: *Entwicklung langlebiger Gebrauchsgüter in 4-Personen Arbeitnehmerhaushalten mit mittleren Einkommen*[63)]

Der empirische Befund zeigt, daß die Ausstattung der privaten Haushalte mit langlebigen Gebrauchsgütern zugenommen hat. Die gestiegene Ausstattung der Haushalte mit langlebigen Gebrauchsgütern ermöglicht dem Haushalt entweder bei gleicher Hausarbeitszeit mehr finale Güter selbst zu produzieren oder die gleiche Anzahl finaler Güter bei gesunkener Hausarbeitszeit zu konsumieren. Daraus resultiert im ersten Fall eine konstante, im zweiten Fall eine steigende Arbeitszeit. Die Fragen, die wir nun beantworten müssen, sind die nach den Auswirkungen der gestiegenen Ausstattung mit Gebrauchsgütern auf das Arbeitsangebot, die Hausarbeitszeit und die Güternachfrage.

Zur Untersuchung dieser Frage ist es sinnvoll, die Iso-Hausarbeitszeitlinie einzuführen,

63) Quelle: Rapin (1990) S. 143

wobei die **Iso-Hausarbeitszeitlinie** alle Kombinationen der Mengen der finalen Güter angibt, die zur gleichen Hausarbeitszeit führen. Die Hausarbeitszeit berechnet sich aus der Summe der Produkte des jeweiligen Niveaus der Konsumaktivität und den entsprechenden Hausarbeitszeitkoeffizienten:

$$(123) \quad H = \beta_A d_A - \beta_B d_B$$

Nach Umstellung erhalten wir die Iso-Hausarbeitszeitlinie:

$$(124) \quad d_B = \frac{H}{\beta_B} - \frac{\beta_A}{\beta_B} d_A$$

Die Steigung entspricht dem negativen Verhältnis der Hausarbeitszeitkoeffizienten:

$$(125) \quad \frac{d\,(d_B)}{d\,(d_A)} = -\frac{\beta_A}{\beta_B}$$

Als erstes betrachten wir die Wirkung eines technischen Fortschritts, der zu einer proportionalen Reduktion aller Verbrauchskoeffizienten führt. Da dadurch das Preisverhältnis der finalen Güter nicht beeinflußt wird, verschiebt sich die Transformationskurve parallel nach rechts oben. Die Iso-Hausarbeitszeitlinie verschiebt sich ebenfalls parallel nach oben. Vergleichen wir den Ordinatenabschnitt der Transformationskurve

$$(126) \quad d_B^{max} = \frac{wT + B}{\alpha_B p + \beta_B w}$$

mit dem Ordinatenabschnitt der Iso-Hausarbeitszeitlinie,

$$(127) \quad d_B^{max} = \frac{C}{\beta_B}$$

dann stellen wir fest, daß sich die Ordinatenabschnitte bei proportionaler Veränderung der Verbrauchskoeffizienten ebenfalls proportional verändern, z.B. steigen sie bei einer Halbierung der Koeffizienten beide auf das Doppelte an. Die Auswirkung einer solchen Veränderung ist in der Abbildung 18 dargestellt: Ausgehend von S_0^* verschiebt eine proportionale Reduktion der Verbrauchskoeffizienten die Transformationskurve von K_0 nach K_1 und die Iso-Hausarbeitszeitlinie um den gleichen Prozentsatz von H_0 nach H_1. Die beiden neuen Restriktionen schneiden sich in S_1^*. Da die beiden Restriktionen sich proportional nach rechts oben verschoben haben, ist die Verbindungslinie der Schnittpunkte S_0^* und S_1^* eine Gerade aus dem Ursprung.

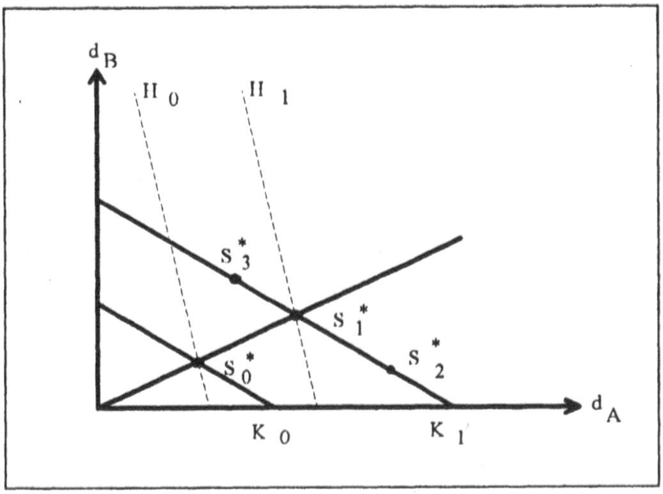

Abbildung 18: Proportionale Veränderung der Koeffizienten

Wir können nun die wichtigen Fragen nach der Veränderung der Arbeitszeit und der Güternachfrage beantworten. Die Lösung hängt vom Präferenzsystem ab. Liegt eine homothetische Nutzenfunktion vor, d.h. die Struktur der Nachfrage bleibt unverändert, dann konsumiert der Haushalt das Güterbündel S_1^*, und das Arbeitsangebot sowie die Güternachfrage bleiben in ihrer Struktur unverändert. Steigt jedoch der relative Anteil des finalen Gutes, welches die Hausarbeitszeit intensiver nutzt, z.B. S_2^*, dann liegt das neue Güterbündel oberhalb der Hausarbeitszeitrestriktion, so daß die Hausarbeitszeit steigt,und das Arbeitsangebot sinkt. Im umgekehrten Fall, wenn der relative Anteil des finalen Gutes, welches die Hausarbeitszeit intensiver nutzt, sinkt (S_3^*), steigt das Arbeitsangebot. Für die Güternachfrage ergeben sich die Ergebnisse analog.

Bisher wurde unterstellt, daß der Produktivitätsfortschritt das Verhältnis der Gesamtpreise der Konsumaktivitäten nicht beeinflußt. Diese Annahme wird nun aufgehoben. Die Veränderung des Gesamtpreises führt dazu, daß neben dem beschriebenen Effekt der Parallelverschiebung der Transformationskurve noch ein weiterer Substitutionseffekt auftritt, der zu einer Ausdehnung des finalen Gutes führt, dessen Gesamtpreis stärker sinkt. Welche Einflüsse ergeben sich jetzt auf das Arbeitsangebot? Zur Vereinfachung unterstellen wir, daß nur der Zeitkoeffizient des finalen Gutes D_A sinkt.

Die Ausgangsituation ist durch die Transformationskurve K_0 gekennzeichnet, in der das Güterbündel S_0^* gewählt wird. Die Iso-Hausarbeitszeitlinie H_0 gibt die Konsummöglichkeiten bei gegebener Hausarbeitszeit, die zur Herstellung des Sortiments S_0^* notwendig ist, an. Eine Reduktion des Zeitkoeffizienten $ß_A$ führt zu einer Drehung der Transformationskurve nach rechts, das finale Gut D_A wird relativ billiger. Der Haushalt wählt nun S_1^*. Die Strecke $S_0^*S_1'$ beschreibt die Reaktion auf den gesunkenen relativen Preis. Dieser Substitutionseffekt ist für D_A immer positiv und für D_B immer negativ. Die Strecke $S_1'S_1^*$ beschreibt den Niveaueffekt. Dieser ist für die finalen Güter bei superiorer Bewertung positiv.

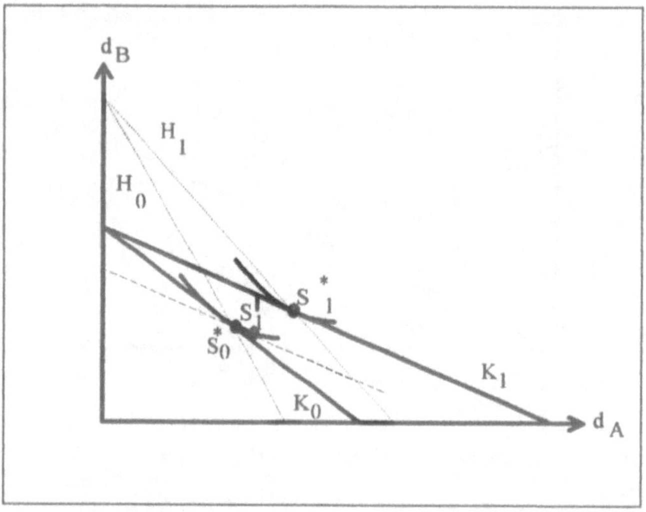

Abbildung 19: Nicht neutraler technischer Fortschritt

Für die Arbeitszeit resultiert ein negativer Substitutionseffekt, wenn der Zeitkoeffizient des zeitintensiven finalen Gutes sinkt. In der Abbildung wurde D_A als zeitintensiv angenommen. Bei superiorer Bewertung beider finalen Güter ist der Niveaueffekt der Arbeitszeit negativ, da für den erhöhten Konsum beider Güter mehr Hausarbeitszeit benötigt wird. Bei inferiorer Bewertung eines finalen Gutes ist das Vorzeichen des Niveaueffektes der Arbeitszeit unbestimmt. Hierzu tritt jetzt noch der Effekt der Reduzierung des Zeitkoeffizienten. Die neue Iso-Hausarbeitszeitlinie H_1, die die Produktionsmöglichkeiten der finalen Güter bei unveränderter Hausarbeitszeit angibt, verläuft flacher und oberhalb der ursprünglichen Hausarbeitszeitrestriktion. Mit unveränderter Hausarbeitszeit können jetzt mehr finale Güter produziert werden, bzw. bei unveränderter Produktion sinkt die Hausarbeitszeit. Dieser Effekt, der Fortschrittseffekt, ist für die Arbeitszeit daher positiv. Bezüglich der Veränderung der Arbeitszeit wirken also drei Effekte:

- der Substitutionseffekt
- der Niveaueffekt
- der Fortschrittseffekt

Allgemeine Aussagen über die Reaktion der Arbeitszeit sind, da die Vorzeichen der Effekte entgegengesetzt gerichtet sein können, nicht möglich. In der Abbildung 19 ist der Fall dargestellt, wo der positive Fortschrittseffekt durch die negativen Substitutions- und Niveaueffekte genau kompensiert wird. Dies erkennt man daran, daß das neue Gleichgewicht auf der Iso-Hausarbeitszeitlinie H_1 liegt, wobei H_1 die möglichen Kombinationen der finalen Güter nach Produktivitätsfortschritt bei gegenüber der Situation vor Produktivitätsfortschritt unveränderter Hausarbeitzeit beschreibt.

6. Bedeutung des Ansatzes

Durch die Integration der Zeit in die Theorie des Haushalts können Aktivitäten erklärt werden, die nicht über Märkte abgewickelt werden und bis zu den Arbeiten von Becker ausschließlich im Rahmen demographischer, soziologischer und bio-medizinischer Methoden untersucht wurden.[64] So findet man bei Becker selbst Anwendungen über Aktivitäten wie Entscheidungen über Eheschließungen, Ausbildungsarten, Kindererziehung, illegale Tätigkeiten u.v.a.m.[65] Die Gedanken von Becker wurden diesbezüglich in vielen Arbeiten zugrundegelegt und verfeinert. Insbesondere im Rahmen der Neuen Ökonomischen Theorie der Familie wird berücksichtigt, "daß in familialen Systemen auch Nicht-Marktentscheidungen von erheblicher Tragweite getroffen werden".[66]

Das Becker-Modell zeigt darüber hinaus Implikationen für die Verwendung des **Bruttosozialproduktes** als Wohlfahrtsindikator auf. Im Konzept des Bruttosozialproduktes werden alle Güter monetär erfaßt, die in einer Periode von Inländern als Endprodukte auf Märkten unter Abzug der Vorleistungen verkauft worden sind. Der Becker-Ansatz zeigt jedoch auf, daß die produktiven Tätigkeiten nicht mit dem Kauf der Marktgüter durch private Haushalte abgeschlossen sind, sondern erst durch die Haushaltsproduktion, so daß das Bruttosozialprodukt, um den Anspruch eines Wohlfahrtsindikators erfüllen zu können, neu definiert werden müßte. Einen Überblick über die Schätzungen zum Wert der Haushaltsproduktion gibt die Tabelle 4.

Autor(-in)	Jahr	Mrd. DM	% des BSP
Fürst	1953	35 - 42	23 - 28
Schmucker	1958	9 - 12	33 -45
Langfeld/Adatia	1961	122	37
	1971	324	43
	1977	562	47
Schettkat	1964	112 - 158	27 - 38
	1970	168 - 254	25 - 38
	1974	224 - 370	23 - 38
	1980	325 - 552	22 -37
Hitzenbecher	1982	862 - 1090	54 - 68

Tabelle 4 Schätzungen zum Wert der Haushaltproduktion in der Bundesrepublik Deutschland[67]

---

64) vgl. Luckenbach (1978) S. 231

65) vgl. Becker (1965) S. 500 ff.

66) Roppel (1986) S. 259

67) vgl. Schäfer (1988) S. 309; einen weiteren Überblick über Schätzungen zum Wert der Haushaltsproduktion liefert Hawrylyshyn (1976) S. 101 ff.

Aus der Tabelle geht hervor, daß der Wert der Haushaltsproduktion für die Bundesrepublik Deutschland auf ein Ausmaß zwischen 22 und 68% des offiziell ermittelten Bruttosozialprodukts geschätzt wird. Die unterschiedlichen Ergebnisse können auf folgende Ursachen zurückgeführt werden: Zum einen wird die Haushaltsproduktion verschieden definiert. Desweiteren wird das Niveau der einzelnen Aktivitäten unterschiedlich berechnet. Schließlich werden für die Haushaltsaktivitäten unterschiedliche Lohnsätze zugrundegelegt.

Die hier behandelte Theorie der Haushaltsproduktion weist darauf hin, daß der Haushalt nicht nur auf Preisänderungen der nachgefragten Güter sowie Einkommensänderungen, sondern auch auf Veränderungen der technischen Produktionsbedingungen im Haushalt reagiert, z.B. erhöht die Mikrowelle die Produktivität der Essensproduktion. Die "eingesparte" Produktionszeit kann zu einem höheren Arbeitsangebot und damit zu größeren monetären Realisationsmöglichkeiten führen, andererseits steht für die Produktion anderer Güter mehr Zeit zur Verfügung. Außerdem weist der Ansatz darauf hin, daß Verhaltensweisen, die auf den ersten Blick wenig produktiv sind und geringen Nutzen stiften, wie z.B. "die Tageszeitung ungelesen wegwerfen" oder "ein Hinunterschlingen des Mittagessens" durch Einbeziehung der Zeitkosten in einem anderen Licht zu sehen sind. Ein weiterer Vorteil dieses Ansatzes ist darin zu sehen, daß bei Datenänderungen die Einkommens- und Substitutionseffekte stärker betont und den Präferenzen bei der Interpretation des Verhaltens eine geringere Rolle beigemessen werden. Während Unterschiede im Käuferverhalten, die nicht auf Änderungen des Einkommens zurückgeführt werden können, in der traditionellen Theorie durch Veränderungen der Präferenzen erklärt werden müssen, ist es in diesem Modell möglich, unterschiedliche Verhaltensreaktionen u.a. auf Differenzen in der Effizienz von Produktionsprozessen zurückzuführen. Die "black-box" der Präferenzordnung wird somit verkleinert.[68)]

7. Modellkritik

An dieser Stelle werden einige kritische Einwendungen gegen das Becker-Modell vorgetragen.[69)] So stellt sich als erstes die Frage nach der finalen Güter. Wie mißt man z.B. die Aktivität "Mittagessen"? Hinzu kommt, daß man schneller und langsamer essen kann. Wie verändert sich aber dadurch die Menge des finalen Gutes? Oder wie verändert sich die Eigenschaft der Konsumaktivität "Mittagessen", wenn anstatt Bier Wein dazu getrunken wird?

Außerdem wird die Möglichkeit des gleichzeitigen Verbrauchs nicht erfaßt. So kann man zum Beispiel gleichzeitig Radio hören und kochen oder wie Linder ausführt: Man "trinkt nach dem Abendessen brasilianischen Kaffee, raucht dazu eine holländische Zigarre, nippt an einem französischen Kognak, liest die New York Times, hört sich das

---

68) Zu weiteren Modifikationen siehe de Serpa (1971) S. 829 ff.; Pollak, Wächter (1975) S. 255 ff.

69) vgl. hierzu insbesondere Spaetling (1976) S. 27, Milde (1975) S. 482, Sharp (1981) S. 16

Brandenburgische Konzert an und unterhält sich mit seiner schwedischen Frau."[70] Dieser gleichzeitig mögliche Konsum ist darauf zurückzuführen, daß es sich bei den genannten Beispiele um ausschließlich geldzehrende Konsumaktivitäten handelt.[71] Durch Nullsetzung der Zeitkoeffizienten sind solche Konsumaktivitäten aber problemlos in das Modell integrierbar!

Eine bedeutende Schwäche an dem Becker Modell ist jedoch die fehlende Trennung zwischen der Haushaltsproduktionszeit und der Konsumzeit. Diese fehlende Trennung ermöglicht zwei Interpretationsmöglichkeiten, die beide nicht zufriedenstellen können:

(1) Die Konsumzeit wird, wie in der vorliegenden Interpretation, nicht berücksichtigt. Die gesamte Zeit wird als Haushaltsproduktionszeit erfaßt. In dieser Version stellt die Analyse aber lediglich ein Fragment eines Modells dar, denn erst durch die Verwendung der Konsumzeit kann das finale Gut konsumiert werden.[72]

(2) Zur Haushaltsproduktionszeit wird die Konsumzeit implizit mitgerechnet. Diese in der Literatur häufig anzutreffende Interpretation vernachlässigt jedoch, daß der Haushalt die Zeit, in der er das finale Gut konsumiert (Konsumzeit), anders bewertet als die Zeit, die zur Produktion des finalen Gutes (Haushaltsproduktionszeit) erforderlich ist.

Eine Trennung der beiden Zeitarten erscheint aus diesem Grunde erforderlich. Mit dieser Erweiterung beschäftigt sich der folgende Abschnitt VI.E.

8. Zusammenfassung

(1) Im Haushaltsproduktionsmodell wird davon ausgegangen, daß die finalen Güter das Nutzenniveau eines Individuums beeinflussen. Die finalen Güter werden mittels einer Haushaltsproduktionsfunktion produziert. Die Verbrauchsgüter und die Hausarbeitszeit stehen dabei in einem limitationalen Verhältnis. Durch die Wahl einer höherwertigen Produktionstechnologie können Mengen an Verbrauchsgütern und Hausarbeitszeiteinheiten eingespart werden. Der Lohnsatz, die Produktionskoeffizienten, das Besitzeinkommen und die Marktgüterpreise werden als gegeben angesehen.

(2) Die Konsummöglichkeitskurve verläuft, da von einer linear-limitationalen Haushaltsproduktionsfunktion ausgegangen wird, linear.

(3) Eine Erhöhung des Preises des Marktgutes erhöht die Grenzopportunitätskosten des finalen Gutes, welches das Marktgut intensiver nutzt. Das gleiche gilt bei einer Erhöhung des Lohnsatzes für das finale Gut, welches die Hausarbeitszeit intensiver nutzt.

(4) Im Haushaltsgleichgewicht entspricht die Grenzrate der Substitution dem Gesamtpreisverhältnis der finalen Güter, wobei der Preis eines finalen Gutes sich

70) Linder (1971) S. 115 f.

71) Das Gespräch mit der schwedischen Frau ist davon selbstverständlich auszuschließen.

72) vgl. hierzu die Ausführungen zum Begriff "Konsumaktivität" in Abschnitt VI.C.1

aus der Summe der Produkte aus den Preisen der Produktionsfaktoren und den Verbrauchskoeffizienten zusammensetzt.

(5) Bei superiorer Bewertung der finalen Güter erhöht sich bei einer Besitzeinkommenserhöhung die Nachfrage nach den Marktgütern. Bei einer inferioren Bewertung des finalen Gutes D_B sinkt die Marktnachfrage nach dem Gut X, wenn die Isoverbrauchslinie steiler verläuft als die Einkommens-Konsum-Kurve.[73)]

(6) Bei einer Preiserhöhung des Marktgutes geht die Nachfrage nach dem Marktgut aufgrund des Substitutionseffektes zurück, da das finale Gut, welches das Marktgut intensiv nutzt, durch das finale Gut, welches das Marktgut extensiv nutzt, ersetzt wird. Werden beide finalen Güter als superior bewertet, dann ist der Niveaueffekt und somit auch der Gesamteffekt für das Marktgut negativ. Bei inferiorer Bewertung eines finalen Gutes sind keine eindeutigen Aussagen möglich. Nimmt die Nachfrage nach dem Marktgut bei einer Besitzeinkommenserhöhung zu, dann sinkt sie bei einer Preissteigerung des Marktgutes.

(7) Ein bezüglich der Veränderung der Produktionskoeffizienten neutraler technischer Fortschritt verschiebt die Transformationskurve und die Hausarbeitszeitrestriktion parallel nach rechts oben. Bei einer homothetischen Nutzenfunktion bleiben Güternachfrage und Arbeitsangebot unverändert. Steigt jedoch der relative Anteil des finalen Gutes, welcher die Hausarbeitszeit intensiver benötigt, dann sinkt die Arbeitszeit und die Hausarbeitszeit steigt.

(8) Der Becker-Ansatz bietet eine Vielzahl von neuen Interpretationsmöglichkeiten der Haushaltstheorie. Desweiteren weist er auf Mängel des derzeitigen Konzeptes des Bruttosozialproduktes hin. Außerdem können im Rahmen des Becker-Modells Auswirkungen neuer Technologien auf die Güternachfrage analysiert werden.

(9) Eine entscheidende Schwachstelle des Ansatzes von Becker ist darin zu sehen, daß zwischen der Haushaltsproduktionszeit und der Konsumzeit nicht differenziert wird.

E. Simultane Bestimmung von Güternachfrage, Arbeitszeit, Konsumzeit und Hausarbeitszeit: Das Modell von Gronau

1. Einleitung

In dem vorliegenden Abschnitt E stellen wir ein Modell vor, welches explizit zwischen der Konsumzeit, der Hausarbeitszeit und der Arbeitszeit differenziert.[74)] Ein weiterer Unterschied zwischen dem von Becker vorgestellten und dem hier diskutierten Modell besteht darin, daß hier zusätzlich die Entscheidung zwischen Eigen- und Fremdproduk-

---

73) Dieses Ergebnis gilt unter der Annahme, daß D_A inferior ist.

74) Dabei orientieren wir uns an den von Gronau (1977) S. 1099 ff. vorgestellten Ausführungen.

tion mit einbezogen wird.

Nachdem im folgenden Abschnitt die Annahmen des Modells vorgestellt worden sind, werden die Bedingungen hergeleitet, unter denen der Haushalt das finale Gut selbst anfertigt und unter denen es am Markt erworben wird. Danach wird die optimale Zeitallokation abgeleitet und die Auswirkungen von Datenänderungen untersucht. Anschließend werden Modifikationen und Anwendungen des Modells vorgestellt. Den Abschluß bildet die Zusammenfassung der wichtigsten Ergebnisse.

2. Annahmen

Wie in der Einleitung angedeutet, gehen wir in diesem Abschnitt davon aus, daß zum Konsum des finalen Gutes Zeit benötigt wird. Diese Zeit definieren wir als **Konsumzeit**. Die Kombination von finalen Gütern und Konsumzeit definieren wir als **Konsumaktivität**. In diesem Modell wird unterstellt, daß das Niveau der Konsumaktivitäten das Nutzenniveau des Haushalts beeinflußt. Unter dieser Annahme ist die Nutzenfunktion

$$(128)\quad U = f(k_1, k_2)$$

eine Funktion der Mengen der Konsumaktivitäten K_1 und K_2. In diesem Abschnitt liegt der Schwerpunkt auf der Fragestellung nach der Produktion der Konsumaktivität bzw. des finalen Gutes. Aus diesem Grund betrachten wir nur eine Konsumaktivität.[75] Alternativ könnten wir die Konsumaktivität K auch als composite-commodity von Mengen verschiedener Konsumaktivitäten auffassen. Der Konsum einer Aktivität setzt voraus, daß ein Gut in finaler Form vorliegt sowie die erforderliche Konsumzeit vorhanden ist. Die funktionale Beziehung zwischen dem Output k der Konsumaktivität K, der Einsatzmenge d des finalen Gutes D und der Konsumzeit C, die wir als **Konsumtechnologie** bezeichnen wollen, sei durch eine limitationale Funktion

$$(129)\quad k = \min\left(\frac{d}{\alpha}, \frac{C}{\beta}\right) \qquad \text{Konsumtechnologie}$$

α: Konsumkoeffizient des finalen Gutes β: Konsumkoeffizient der Konsumzeit

gegeben. Diese Annahme läßt sich anhand von Beispielen begründen: Für die Konsumaktivität "Bücher lesen" benötigt man Bücher und Lesezeit. Eine Substitution zwischen dem finalen Gut Buch und der Lesezeit ist nicht möglich, denn man kann nicht durch mehr Bücher die Lesezeit reduzieren. Oder für die Konsumaktivität "Pizza essen" benötigt man eine Pizza und Zeit. Auch hier kann man nicht durch schnelleres Essen Einheiten von Pizzen ersetzen.

Die benötigten Mengen des finalen Gutes D können von dem Haushalt selbst erstellt

---

75) Streng genommen handelt es sich bei dem hier vorgestellten Modell um ein "reines" Haushaltproduktionsmodell.

oder am Markt erworben werden. So kann z.B. eine Pizza selbst zubereitet oder gekauft werden. Dabei wird unterstellt, daß die Herkunft des Gutes D, d.h. ob es selbst produziert oder gekauft wird, die Konsumtechnologie (129) nicht beeinflußt und der Haushalt bezüglich seiner Präferenzen hinsichtlich der Herkunft des finalen Gutes indifferent ist. Die zur Verfügung stehende Menge des finalen Gutes D setzt sich aus der selbst produzierten Menge d_H und der am Markt erworbenen Menge d_M zusammen:

(130) $d = d_H + d_M$

Der Anteil d_H, den der Haushalt produziert, hängt offensichtlich vom Einsatz der Hausarbeitszeit ab. Da hier lediglich die Aspekte der Zeitallokation herausgearbeitet werden sollen, werden zur Vereinfachung die Marktgüter, die intermediären Güter, die zur Produktion des Gutes D_H im allgemeinen erforderlich sind, vernachlässigt. Die Produktionsmenge, welche in der Hausarbeit hergestellt wird, ist abhängig von der Hausarbeitszeit, wobei angenommen wird, daß der Einsatz der Hausarbeit stets zu einer höheren Produktionsmenge führt und die Produktionszuwächse bei zunehmender Hausarbeitszeit abnehmen:

(131) $d_H = f(H)$ Haushaltsproduktionsfunktion mit $f' > 0;\ f'' < 0$

Die Annahme der abnehmenden Grenzproduktivität kann z.B. mit Ermüdungserscheinungen begründet werden. Die Menge des finalen Marktgutes D_M, die der Haushalt kaufen kann, hängt vom Einkommen des Haushalts ab. Wir gehen wieder von gegebenen Marktpreisen, gegebenem Lohnsatz und gegebenem Besitzeinkommen aus. Die Menge des finalen Gutes, die der Haushalt am Markt kaufen kann, berechnet sich daher aus

- dem Lohneinkommen (wA), dividiert durch den Preis des finalen Gutes und
- dem Besitzeinkommen, dividiert durch den Preis des finalen Gutes.

(132) $d_M = \frac{w}{p} A + \frac{1}{p} B$

Die gesamte zur Verfügung stehende Menge des finalen Gutes setzt sich zusammen aus

- der Menge, die der Haushalt aufgrund seines Besitzeinkommens am Markt kauft und
- der Menge, die der Haushalt aufgrund seiner zur Verfügung stehenden Zeit entweder zu Hause selbst produziert oder durch die Entlohnung der Arbeitszeit am Markt kauft.

Schließlich muß der Haushalt seine Zeitbegrenzung beachten:

(133) $T = A + C + H$

Der Unterschied zum Becker-Modell kann anhand der Übersicht 3 erläutert werden.

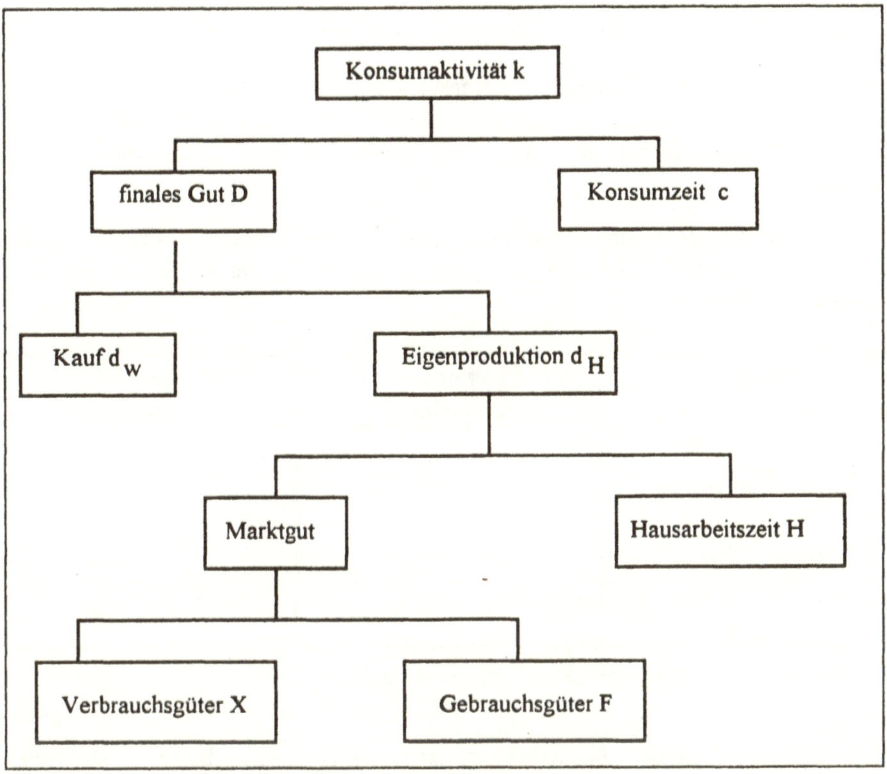

Übersicht 3: Vergleich der Modelle der Zeitallokation I

Im Becker-Modell wird davon ausgegangen, daß die am Markt zum Kauf angebotenen Güter im Haushaltsproduktionsprozeß zu konsumreifen Gütern transformiert werden müssen, wobei hierzu der Einsatz von Hausarbeitszeit erforderlich ist. Dabei bleibt entweder unberücksichtigt, daß zum Konsum des finalen Gutes Zeit erforderlich ist, oder die Konsumzeit wird zur Hausarbeitszeit mit einbezogen. Bei der Darstellung des Becker-Modells im vorausgegangenen Abschnitt VI.D haben wir die erste Variante dargestellt.

Im Gronau-Modell wird dagegen explizit zwischen der Konsumtechnologie und der Haushaltsproduktionsfunktion unterschieden, und der Haushalt kann am Markt sowohl finale Güter als auch nicht konsumreife Güter[76)] kaufen. Durch die Kombination von nicht konsumreifen Gütern und Hausarbeitszeit kann der Haushalt finale Güter auch selbst herstellen, wobei Gronau von der Verwendung nicht konsumreifer Güter abstrahiert. Zum Konsum der selbstproduzierten finalen Güter oder der am Markt erworbenen finalen Güter ist noch die Konsumzeit erforderlich. Dieser Zusammenhang wird

---

76) Die nicht konsumreifen Güter lassen sich wieder in Verbrauchs- und Gebrauchsgüter untergliedern. Vgl. hierzu die Ausführungen in VI.D.2

durch die Konsumtechnologie festgelegt. Der wesentliche Unterschied zwischen den beiden Modellen ist darin zu sehen, daß Becker lediglich die Produktionstechnologie betrachtet bzw. zwischen der Produktionstechnologie und der Konsumtechnologie nicht differenziert, während Gronau hingegen die Konsumtechnologie mit einbezieht. Hinzu kommt, daß Gronau der Frage Eigen- versus Fremdproduktion des Haushalts nachgeht.

Im Unterschied zu dem hier vorgestellten Modell wird im Konsumzeit-Ansatz lediglich die Konsumtechnologie betrachtet bzw. implizit unterstellt, die Marktgüter liegen in konsumreifer Form vor.

Modell	Produktions-technologie	Konsum-technologie
Konsumzeit-Ansatz	nein	ja
Becker-Ansatz	ja	nein
Gronau-Ansatz	ja	ja

Übersicht 4: Vergleich der Zeitallokationsmodelle II

Verdeutlichen wir das Gronau-Modell noch einmal an dem "Pizza-Beispiel". Der Haushalt kann eine Pizza in einer Pizzeria kaufen (d_W) und dort bzw. zu Hause konsumieren, oder er kann die Pizza zu Hause produzieren (d_H), wozu er die Haushaltsproduktionszeit (h) und nicht-finale Güter (X), z.B. Mehl und Strom [77)], benötigt. Zum Konsum der Pizza (finales Gut D) benötigt der Haushalt zusätlich Zeit (Konsumzeit C).

3. Das Gleichgewicht

3.1. Problemstellung

Das vorliegende Modell besteht aus den Gleichungen (128)-(133). Die exogenen Variablen sind p, w, T und B. Im Modell erklärt werden U, k, d, d_H, d_M, H, A und C. Da wir nur eine Konsumaktivität betrachten, wird das Nutzenmaximum dann erreicht, wenn k maximiert wird. Zur Lösung dieses Problems wollen wir schrittweise folgende Fragen beantworten:[78)]

(1) Wann wird das Gut D ausschließlich selbst hergestellt, wann wird es ausschließlich auf dem Markt gekauft, und wann werden Mengen des finalen Gutes sowohl auf dem Markt gekauft als auch selbst produziert?

---

77) Davon abstrahiert Gronau (1977) S. 1099 ff.

78) Bei der Betrachtung mehrerer Konsumaktivitäten müßten wir noch zusätzlich die Frage nach der Struktur der Konsumaktivitäten beantworten.

(2) Welchen Verlauf hat die **Transformationskurve**, die die maximal möglichen Kombinationen von Mengen des finalen Gutes D und der Konsumzeit angibt?

(3) Welche der möglichen Kombinationen auf der Transformationskurve wird gewählt?

3.2. Eigenproduktion versus Fremdbezug

Beschäftigen wir uns als erstes mit der Frage 1. Insgesamt sind drei unterschiedliche Konstellationen denkbar:

Fall a) Es ist für den Haushalt immer günstiger, das Gut selbst zu produzieren und nicht zu arbeiten.

Fall b) Es ist für den Haushalt immer günstiger, zu arbeiten und das Gut ausschließlich am Markt zu kaufen.

Fall c) Es ist für den Haushalt bis zu einer bestimmten Menge von D günstiger, das finale Gut selbst herzustellen. Wird diese Menge überschritten, dann kauft der Haushalt das Gut am Markt.

Wir wollen nun die Frage nach den Bestimmungsgründen der unterschiedlichen Konstellationen beantworten. Die Ableitung der Haushaltsproduktionsfunktion (131) nach der Hausarbeitszeit

$$(134) \quad \frac{\partial d}{\partial H} = f'$$

gibt an, wieviel zusätzliche Mengen des Gutes D bei marginaler Erhöhung der Hausarbeitszeit produziert werden können und entspricht somit der Grenzproduktivität der Hausarbeitszeit. Alternativ hätte der Haushalt seine Zeit auch am Arbeitsmarkt anbieten und für die erhaltene Entlohnung das Gut D am Markt kaufen können. Die Menge der Güter, die der Haushalt zusätzlich kaufen kann bei einer marginalen Erhöhung der Arbeitszeit, erhalten wir durch Ableitung der Gleichung (132) nach A:

$$(135) \quad \frac{\partial d_M}{\partial A} = \frac{w}{p}$$

Ob eine weitere Einheit des Gutes D selbst produziert oder gekauft wird, hängt von dem Verhältnis der Grenzproduktivität der Hausarbeitszeit und dem Reallohn ab. **Ist die Grenzproduktivität größer als der Reallohn, dann wird eine weitere Einheit des Gutes selbst hergestellt, im umgekehrten Fall am Markt gekauft.**

$$(136) \quad f'(H) - \frac{w}{p} \begin{cases} > 0 & \text{Haushalt produziert das Gut selbst} \\ < 0 & \text{Haushalt kauft das Gut} \end{cases}$$

Die drei angesprochenen Fälle können wir graphisch darstellen.Im Fall a) liegt die Grenzproduktivität immer bzw. im relevanten Bereich über dem Reallohn, so daß der Haushalt das Gut ausschließlich selbst produziert, während umgekehrt im Fall b) die Grenzproduktivität immer geringer ist als der Reallohn, so daß der Haushalt sich auf die externe Arbeit spezialisieren und das Gut ausschließlich am Markt kaufen wird.

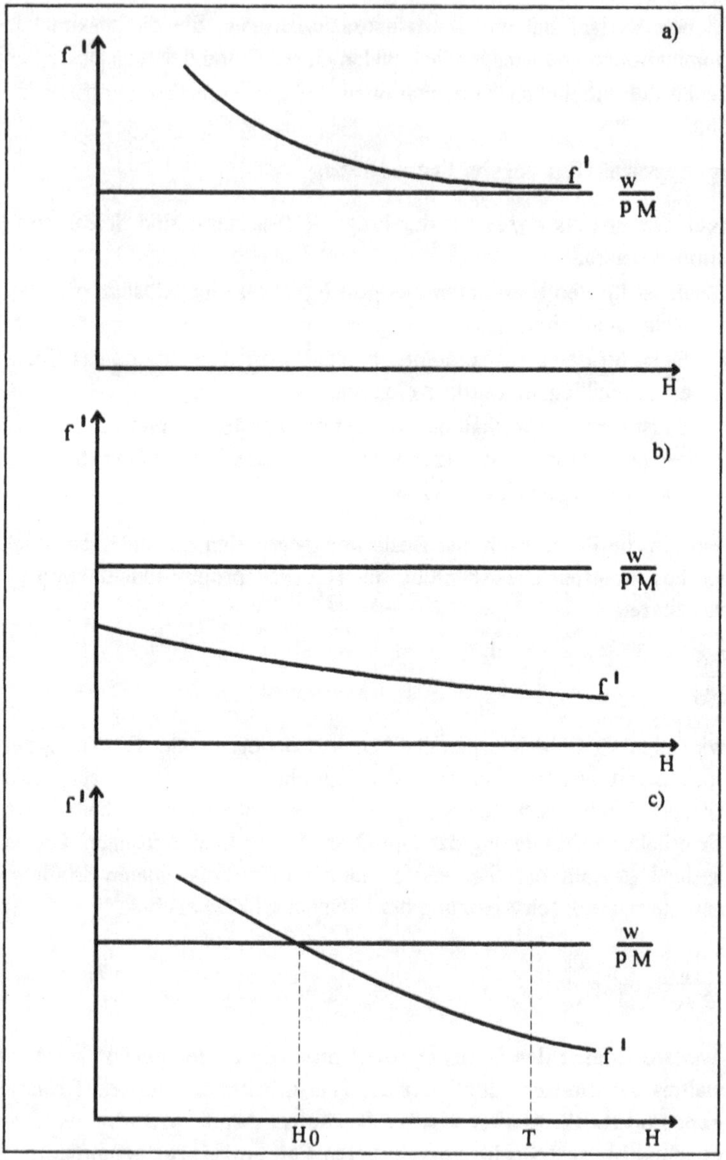

Abbildung 20: Hausarbeit oder Kauf

Im dritten Fall ist die Grenzproduktivität bis zu einer Stundenzahl von H_0 größer als der Reallohn und danach geringer. Es werden so viele Stunden als Hausarbeitszeit verwendet, bis die Grenzproduktivität der Hausarbeitszeit dem Reallohn entspricht.

Beträgt die Gesamtzeit T,[79] dann wird der Haushalt H_0 Einheiten als Hausarbeitszeit und T-H_0 Einheiten als Arbeitszeit nutzen.

3.3. Die Transformationskurven

Als nächstes untersuchen wir den Verlauf der Transformationskurve.[80] Im Unterschied zum Becker-Modell, wo die Transformationskurve die maximal realisierbaren Kombinationen der finalen Güter beschrieb, gibt nun die Transformationskurve die maximal möglichen Kombinationen zwischen dem finalen Gut und der Konsumzeit an.

Betrachten wir zunächst den Fall a), in dem der Haushalt nicht arbeitet. Die gesamte Menge des Gutes D setzt sich aus der selbst hergestellten und der aufgrund des Besitzeinkommens erhältlichen Menge zusammen:

$$(137) \quad d = f(H) + \frac{B}{p}$$

Wird die Zeitrestriktion

$$(138) \quad T = A + C + H$$

unter Berücksichtigung von A=O nach H aufgelöst und in die Gleichung (137) eingesetzt, dann folgt:

$$(139) \quad d = f(T - C) + \frac{B}{p}$$

Die Steigung der Transformationskurve, die angibt, auf wie viele Einheiten von D für eine zusätzliche Konsumzeiteinheit verzichtet werden muß, entspricht der negativen Grenzproduktivität der Hausarbeitszeit:

$$(140) \quad \frac{\partial d}{\partial C} = -f'(T - C) = -f'(H)$$

Für die Krümmung resultiert aufgrund der unterstellten abnehmenden Grenzproduktivität der Hausarbeitszeit ein konkaver Verlauf:

$$(141) \quad \frac{\partial^2 d}{\partial C^2} = +f''(H) < 0$$

---

79) Die Konsumzeit wird zunächst vernachlässigt.

80) Alternative Darstellungen geben Horn (1984) S. 52 ff. und Hesse (1983) S. 116 ff., die die Realisationsmöglichkeiten zwischen der Freizeit und dem finalen Gut herleiten.

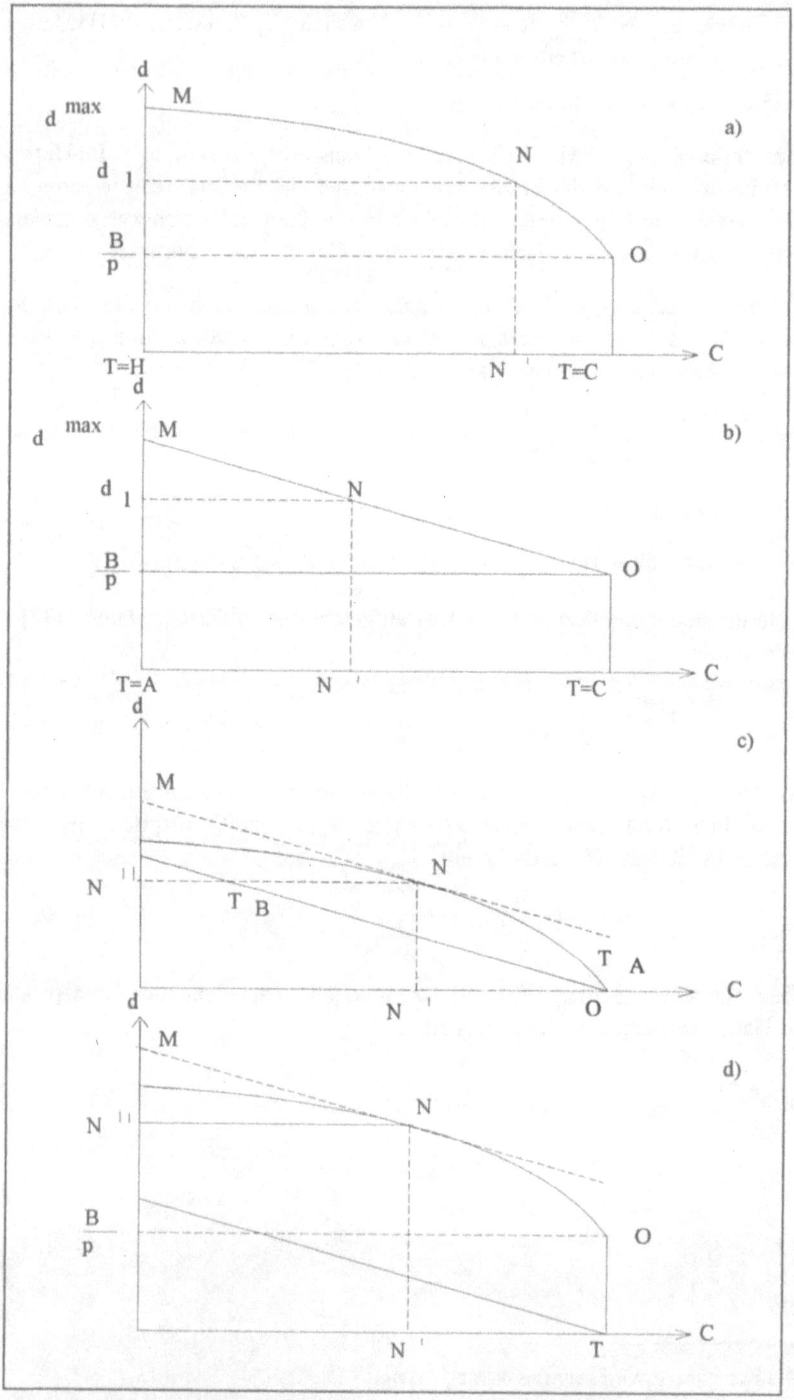

Abbildung 21: Die Transformationskurve

Der Verlauf der Transformationskurve ist in Abbildung 21a) skizziert. Nutzt der Haushalt die gesamte Zeit T als Konsumzeit (T=C), dann kann er B/p Einheiten des Gutes D kaufen. Möchte der Haushalt die Menge des Gutes D erhöhen, z.B. auf d_1, dann muß er für die Produktion des Gutes T-N' Zeiteinheiten für die Haushaltsproduktion verwenden, so daß sich die Konsumzeit auf N' reduziert. Das Maximum der Menge des finalen Gutes D (d^{max}) erreicht der Haushalt, wenn er die gesamte Zeit zur Hausarbeitszeit verwendet.

Betrachten wir nun den Fall b). Der Haushalt verzichtet in diesem Fall auf eine Eigenproduktion. Die Mengen des finalen Gutes, die er am Markt kauft, berechnen sich durch:

$$(142)\quad d = \frac{w}{p} A + \frac{B}{p}$$

Der erste Summand auf der rechten Seite gibt die Menge des finalen Gutes an, die der Haushalt aufgrund seiner Erwerbstätigkeit, der zweite Summand die Menge, die der Haushalt aufgrund seines Besitzeinkommens kaufen kann. Unter Berücksichtigung der Zeitrestriktion folgt:

$$(143)\quad d = \frac{w}{p} (T - C) + \frac{B}{p}$$

In diesem Fall ist die Transformationskurve identisch mit der Restriktion im Güter-Freizeit-Ansatz. Die Steigung der Transformationskurve entspricht dem Reallohn

$$(144)\quad \frac{\partial d}{\partial C} = - \frac{w}{p}$$

und ist konstant, so daß die Transformationskurve linear verläuft. Der Verlauf der Transformationskurve ist in der Abbildung 21b) dargestellt. Arbeitet der Haushalt nicht, dann kann er B/p Mengen des Gutes am Markt kaufen, und die Konsumzeit entspricht der Gesamtzeit T. Eine Erhöhung der am Markt gekauften Menge ist nur möglich, wenn der Haushalt arbeitet. Möchte er die Menge d_1 kaufen, so muß er entsprechend T-N' Einheiten arbeiten, so daß sich die verbleibende Konsumzeit auf N' reduziert.

Betrachten wir schließlich noch den Fall c), der in der Abbildung 21c) dargestellt ist. Die Transformationskurve T_A beschreibt die Kombination von Mengen des finalen Gutes und Konsumzeit, wenn der Haushalt ausschließlich zu Hause das finale Gut produziert, die Transformationskurve T_B die Kombinationen, wenn der Haushalt ausschließlich extern arbeitet. Wie können wir nun die Transformationskurve mit den maximal möglichen Güter-Konsumzeit-Kombinationen ermitteln? Dazu müssen wir die in Abschnitt 3.2 abgeleitete Effizienzregel (136) anwenden: Der Haushalt wird eine zusätzliche Zeiteinheit für Arbeitszwecke verwenden, wenn der daraus mögliche zusätzliche Kauf von Mengen des finalen Gutes größer ist als der Zuwachs, der durch die Hausarbeit entsteht, d.h. solange der Reallohn die Grenzproduktivität der Hausarbeit überschreitet. Da die Steigung der Transformationskurve T_A der Grenzproduktivität der Hausarbeit und die Steigung der Transformationskurve T_B dem Reallohn entspricht, müssen wir also die Steigungen der Transformationskurven T_A und T_B miteinander vergleichen. Verläuft die Transformationskurve T_B bei gegebener Hausarbeitszeit steiler, d.h. der Reallohn übersteigt die Grenzproduktivität, dann ermöglicht eine zusätzliche Arbeitszeiteinheit mehr Einheiten d als die Hausarbeit. M.a.W: Wird eine Zeiteinheit mehr für die Erwerbstätigkeit verwendet und eine Zeiteinheit weniger für die Hausarbeitszeit, dann ist der Zuwachs der Mengen des finalen Gutes aufgrund der Ausdehnung der Arbeitszeit größer als die Reduktion aufgrund der eingeschränkten Hausarbeitszeit. **Das heißt, in dem Bereich, wo die Transformationskurve T_B steiler als die Transformationskurve T_A verläuft, ist die Arbeitszeit effizienter**. Wir können die effizienten Kombinationen durch Parallelverschiebung der Transformationskurve T_B an die Transformationskurve T_A ermitteln. Die maximalen Kombinationen von d und C werden durch die Strecke MNO in der Abbildung 21c) dargestellt.

Im Teil c) der Abbildung wurde die Transformationskurve ohne Berücksichtigung des Besitzeinkommens abgeleitet. Die Einbeziehung des Besitzeinkommens verschiebt die Transformationskurve, wie in der Abbildung 21d) dargestellt, parallel nach oben. In O ist die Grenzproduktivität der Heimarbeit größer als der Reallohn. Dies gilt bis zum Punkt N. Daher ist die Haushaltsproduktion bis zu diesem Punkt effizient. Ab N ist die Grenzproduktivität kleiner als der Reallohn. Der Haushalt wird dann jede weitere Einheit des Gutes D am Markt kaufen. Die maximale Hausarbeitszeit beträgt daher T-N'. Die Strecke N''-B/p gibt die Menge des Gutes D an, die der Haushalt maximal selbst produzieren wird, die Strecke MN'' die Menge, die der Haushalt maximal aufgrund seines Arbeitseinkommens am Markt nachfragen wird, und B/p die Menge, die der Haushalt aufgrund seines Besitzeinkommens kauft. Die Transformationskurve verläuft im Bereich MN linear und im Bereich NO konkav.

3.4. Die Ermittlung der optimalen Zeitallokation

Nachdem wir nun die Transformationskurve abgeleitet haben, müssen wir fragen, wie das finale Gut und die Konsumzeit C verwendet werden, wenn unter den gegebenen Restriktionen die maximale Menge der Konsumaktivität K erreicht werden soll. Wir wollen uns hier auf die graphische Darstellung des Falls c) beschränken. Wir haben in Abschnitt 2 die Annahme getroffen, daß zur Konsumtion einer bestimmten Menge einer Konsumaktivität eine bestimmte Menge an finalen Gütern erforderlich ist.

Der in der Abbildung 22 dargestellte Ursprungsstrahl gibt zu alternativen Niveaus der Konsumaktivität die durch die Konsumtechnologie vorgegebenen notwendigen Mengen des finalen Gutes und der Konsumzeit an. Wir definieren diesen Strahl als **Prozeßgerade**. Die Steigung dieser Funktion gibt die Intensität des finalen Gutes bezogen auf eine Konsumzeiteinheit an. Das maximal mögliche Niveau der Konsumaktivität wird im Schnittpunkt der Prozeßgeraden mit der Transformationskurve erreicht. Dies ist in der Abbildung 22 in P_A^* der Fall. An der Abzisse können wir die Aufteilung der Gesamtzeit bezüglich der unterschiedlichen Zeitkategorien ablesen. Die Strecke

- $M'P_A'$ entspricht der Konsumzeit
- $P_A'N'$ entspricht der Arbeitszeit
- $N'O$ entspricht der Hausarbeitszeit

Diesen Fall bezeichnen wir als ca).

In Teil b) der Abbildung 22 ist die Intensität des finalen Gutes geringer. Dies kommt durch einen flacheren Verlauf der Prozeßgerade zum Ausdruck. Der Produktionspunkt liegt in P_B^*. In diesem Fall arbeitet der Haushalt nicht an. Der Grund ist darin zu sehen, daß die Menge von D, ab der die Grenzproduktivität des Haushalts den Reallohn unterschreitet, nicht erreicht wird. Die Konsumzeit beträgt $M'P_B'$ und die Hausarbeitszeit $P_B'O$. Diesen Fall bezeichnen wir als cb).

Wovon hängt es nun ab, ob der Haushalt das Gut D selbst produziert oder kauft? In den Fällen a) und b) wird dies ausschließlich durch das Verhältnis zwischen der Grenzproduktivität der Hausarbeit und dem Reallohn bestimmt. In Fall c) ist es, wie die vorausgegangenen Überlegungen zeigen, möglich, daß der Haushalt das Gut am Markt kauft und selbst herstellt (Fall ca) oder ausschließlich selbst produziert (Fall cb). In den Graphiken der Abbildung 22 haben wir jeweils den gleichen Verlauf der Transformationskurve unterstellt. Die unterschiedlichen Ergebnisse hängen daher von den Koeffizienten der Konsumtechnologiefunktion (129) ab. Ist die Konsumaktivität relativ zeitintensiv, dann wird relativ viel Konsumzeit, bezogen auf eine Einheit eines finalen Gutes, benötigt, und der verbleibende Zeitanteil ist so gering, daß die Grenzproduktivität der Hausarbeit immer über dem Reallohn liegt. **Daraus können wir schließen, daß eine ausschließliche Hausarbeit in Fall c) desto eher erfolgt, je zeitintensiver die Konsumaktivität ist.**

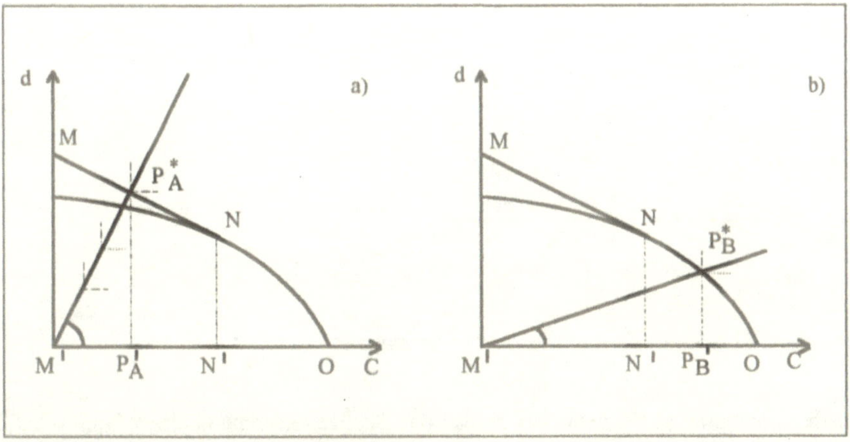

Abbildung 22: Die optimale Zeitallokation

4. Datenänderungen

4.1. Einführung

Im folgenden wollen wir die Auswirkungen einiger Datenänderungen untersuchen. Dabei versuchen wir, folgenden Fragestellungen nachzugehen:

(1) Wie verändert sich die Effizienz der Hausarbeit gegenüber dem Marktkauf?
(2) Wie verändert sich die Transformationskurve?
(3) Wie ändert sich die optimale Produktionsstruktur?
(4) Welchen Einfluß hat die Datenänderung auf die Konsumstruktur?

4.2. Veränderungen des Besitzeinkommens

Betrachten wir als erstes eine Veränderung des Besitzeinkommens.

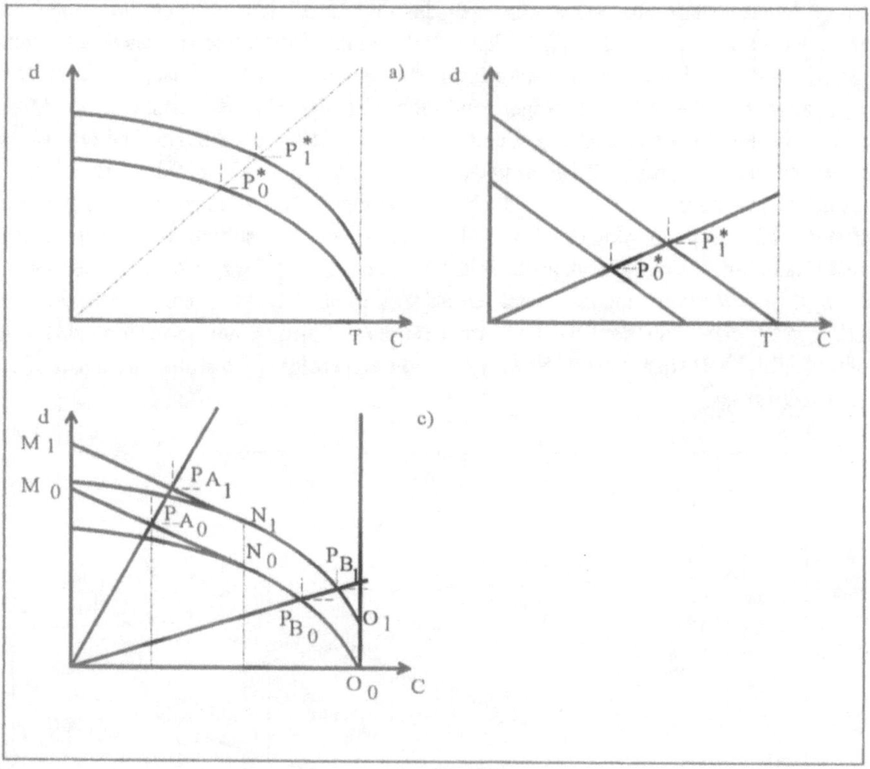

Abbildung 23: Veränderung des Besitzeinkommens

Aus der Gleichung (137) geht hervor, daß das Besitzeinkommen keinen Einfluß auf die Entscheidung, ob ein finales Gut selbst hergestellt oder am Markt gekauft werden soll, ausübt. Die Transformationskurve verschiebt sich parallel nach oben. Die Menge der Konsumaktivität steigt. Aufgrund der Annahme der Limitationalität der Konsumtechnologie steigen die benötigte Konsumzeit und die benötigte Menge des finalen Gutes proportional. Die Ausdehnung der Konsumzeit erfordert einen Rückgang der Summe der Zeitverwendung für die Arbeitszeit und die Haushaltsproduktionszeit. In Fall a) wird die Hausarbeitszeit, im Fall b) die Arbeitszeit reduziert.

Betrachten wir nun die beiden Konstellationen des Falls c), welche in der Abbildung 23 dargestellt sind. Im Fall P_A wird der Haushalt extern arbeiten; im Fall P_B' nicht. Die Erhöhung des Besitzeinkommens induziert eine Parallelverschiebung der Transformationskurve nach rechts oben.

Die neue Transformationskurve wird gegeben durch $M_1N_1O_1$. Aufgrund des gestiegenen Bedarfs an Konsumzeit muß bei gegebener Gesamtzeit eine andere Zeitkategorie reduziert werden. Welche Zeit eingeschränkt wird, hängt von der Natur des Ausgangsgleichgewichtes ab. In Fall ca) steigt die Konsumzeit auf Kosten der Arbeitszeit, während die Hausarbeitszeit unberührt bleibt. In Fall cb) steigt dagegen die Konsumzeit auf Kosten der Hausarbeitszeit.[81] **Die Erhöhung des Besitzeinkommens führt entweder zu einer Reduktion der Arbeitszeit oder zu einer Reduktion der Hausarbeitszeit**. Eine gleichzeitige Reduktion von Arbeits- und Hausarbeitszeit wird aber nicht stattfinden. Ebenso folgt aus dem Modell, daß weder die Hausarbeitszeit noch die Arbeitszeit ausgedehnt wird.

Bisher haben wir nur eine Besitzeinkommensänderung untersucht. Betrachten wir eine Vielzahl solcher Datenänderungen, wie sie in der Abbildung 24 dargestellt sind.

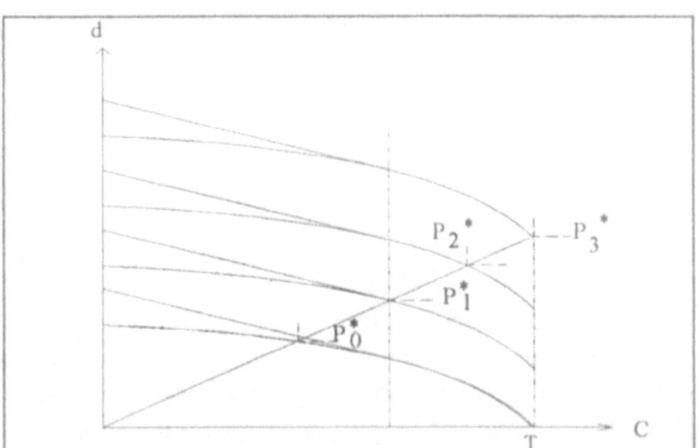

Abbildung 24: Auswirkungen mehrerer Besitzeinkommenserhöhungen

In der Ausgangssituation liegt der Konsumtionspunkt in P_0^*, in dem der Haushalt die ihm zur Disposition stehende Zeit neben dem Konsum sowohl zum Einkommenserwerb

81) Die Arbeitszeit kann in diesem Fall nicht reduziert werden, da bereits im Ausgangsgleichgewicht nicht gearbeitet wird.

als auch zur Eigenproduktion nutzt. Eine Zunahme des Besitzeinkommens führt zunächst zu einer Reduktion der Arbeitszeit. Ab einem bestimmten Produktionsniveau, in der Abbildung 24 gekennzeichnet durch P_1, wird nicht mehr extern gearbeitet. Weitere Erhöhungen des Besitzeinkommens führen zu einer Reduktion der Hausarbeitszeit. In P_3^* wird die Gesamtzeit als Konsumzeit verwendet. Bei darüber hinausgehenden Besitzeinkommenserhöhungen kann, da die Zeit zum limitierenden Faktor wird, nicht mehr konsumiert werden. Die Differenz zwischen dem Besitzeinkommen und den Ausgaben für das finale Gut wird gespart. Die Ersparnis erfolgt nicht aus der Zielsetzung, sondern aus der Zeitknappheit.[82)]

Diese Ergebnisse sind unter der Annahme einer Konsumaktivität abgeleitet worden. Heben wir diese Vereinfachung auf, dann müssen wir die Veränderungen der Konsumstruktur mit einbeziehen. Werden alle Konsumaktivitäten als superior eingeschätzt, dann werden alle Konsumaktivitäten ausgedehnt, so daß die benötigte Konsumzeit steigt. Nur wenn die zeitintensive Konsumaktivität als inferior bewertet wird und die Konsumzeitrestriktion steiler verläuft als die Einkommens-Konsum-Kurve, kann die Konsumzeit sinken.[83)] Eine eindeutige Aussage kann daher bei einer inferioren Bewertung ohne Kenntnis der Präferenzen nicht gegeben werden.

4.3. Nominallohnsatzänderungen

Durch einen Anstieg des Nominallohnsatzes erhöht sich der Reallohn, so daß sich die Effizienz der Hausarbeitszeit verändert. Betrachten wir wiederum die unterschiedlichen Fälle. In Fall a) hat die Reallohnänderung keinen Einfluß auf die Transformationskurve. Dies setzt voraus, daß die Nominallohnänderung nicht dazu führt, daß der Reallohn ab einem bestimmten Niveau der Hausarbeitszeit die Grenzproduktivität der Hausarbeit überschreitet, so daß der Fall a) nicht in den Fall c) übergeht. In dieser Konstellation ändert sich die Zeitstruktur nicht.

Betrachten wir nun die Auswirkungen einer Reallohnsteigerung im Fall b) anhand der Abbildung 25.

Aufgrund der Reallohnsteigerung verläuft die neue Transformationskurve T_0 steiler und oberhalb der ursprünglichen Transformationskurve T_1. Bei einer substitutionalen Konsumtechnologie würden ein Substitutions- und ein Niveaueffekt auftreten. Der **Substitutionseffekt** würde zu einer Substitution der teurer gewordenen Konsumzeit durch das finale Gut führen. Dieser Substitutionseffekt wird aber hier durch die Annahme der Limitationalität der Konsumtechnologie ausgeschlossen.

---

82) vgl. die Ausführungen zum Konsumzeit-Ansatz im Abschnitt VI.C.2.3 und die im Abschnitt VI.C.5 diskutierten wirtschaftspolitischen Konsequenzen.

83) vgl. die Ausführungen im Abschnitt VI.C.3.6.3

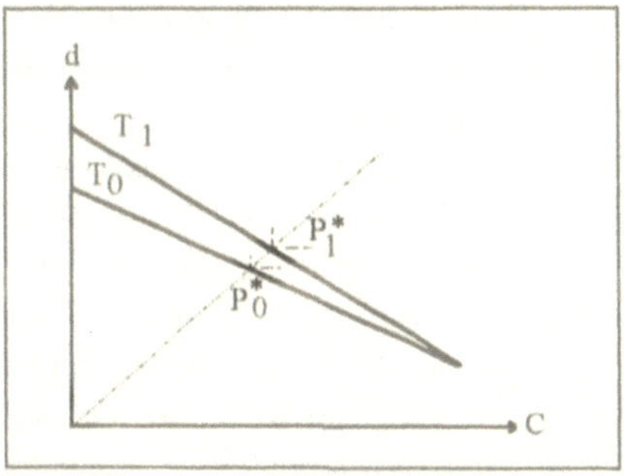

Abbildung 25: Lohnsatzänderung und Transformationskurve im Fall b)

Der **Niveaueffekt** beschreibt die Veränderungen aufgrund der gestiegenen Konsumaktivitäten. Da der Bedarf an Konsumzeit zunimmt, sinkt die Arbeitszeit. Die daraus resultierende Arbeitsangebotsfunktion verläuft also fallend. Da aber auch die Mengen des am Markt gekauften finalen Gutes zugenommen haben, muß das Arbeitseinkommen gestiegen sein. Die Auswirkung der Erhöhung des Lohnsatzes auf das Arbeitseinkommen muß also größer sein als die Auswirkungen der Reduktion der Arbeitszeit auf das Arbeitseinkommen. **Die Arbeitsangebotsfunktion verläuft daher fallend und unelastisch**.

Betrachten wir schließlich den Fall c). Zunächst müssen wir die Auswirkungen auf die Effizienz der Hausarbeitszeit untersuchen.

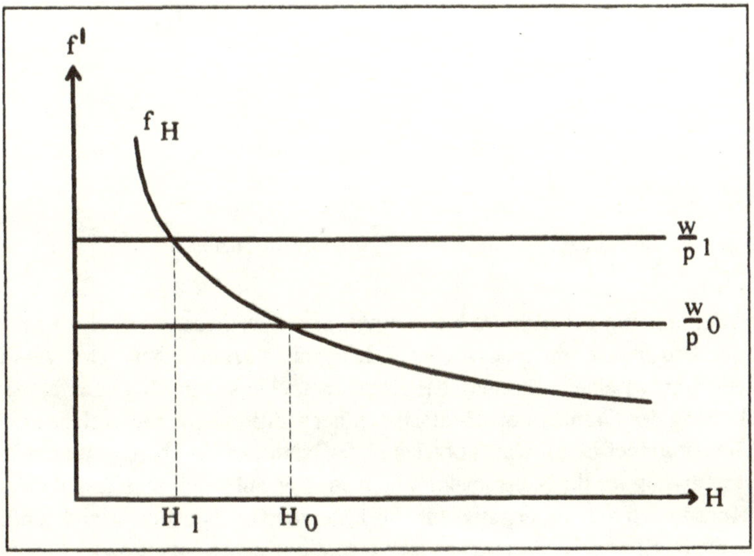

Abbildung 26: Effizienz der Hausarbeitszeit

Bei einem Reallohn von $(w/p)_0$ ist die Hausarbeit bis zu einem Zeitaufwand von H_0 effizient. Eine Erhöhung des Reallohns auf $(w/p)_1$ reduziert den effizienten Bereich der Hausarbeitszeit auf H_1. Die Auswirkungen auf den Verlauf der Transformationskurve sind in der Abbildung 27 dargestellt.Die ursprüngliche Transformationskurve verläuft durch die Punkte M_0N_0O.[84] Eine Erhöhung des Reallohns reduziert den effizienten Bereich der Hausarbeitszeit von $(T-N_0'=H_0)$ auf $(T-N_1'=H_1)$. Außerdem verläuft die neue Transformationskurve im Bereich $N_0'N_1'$ steiler und oberhalb der ursprünglichen Transformationskurve. Für die Auswirkungen auf die Zeitallokation müssen wir wieder die beiden unterschiedlichen Fälle ca) und cb) betrachten. Im Fall cb), dargestellt durch das Gleichgewicht P_{B0}^*, hat die Lohnsatzänderung keinen Einfluß auf die Zeitallokation. Im Fall ca) wird die optimale Zeitallokation jedoch durch die Datenänderung berührt. Zunächst einmal stellen wir fest, daß die Hausarbeitszeit von H_0 auf H_1 sinkt. Weiterhin ist die Konsumzeit in P_{A1}^* gestiegen. Ob die Arbeitszeit zu- oder abnimmt, hängt von der Differenz zwischen zusätzlicher Konsumzeit und abnehmender Hausarbeitszeit ab, so daß eindeutige Ergebnisse nicht ableitbar sind.

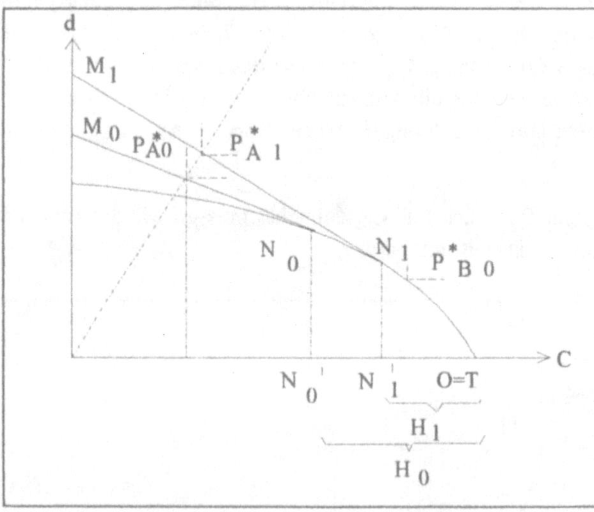

Abbildung 27: Lohnsatzänderungen und Transformationskurve

Wird die Betrachtung auf mehrere Konsumaktivitäten ausgedehnt, dann ist für die Ableitung der Ergebnisse ein zusätzlicher Effekt mit einzubeziehen. Der Anstieg des Lohnsatzes führt zu einer Erhöhung der Konsummöglichkeiten (Niveaueffekte) und zu einer Erhöhung der Grenzopportunitätskosten der Konsumaktivität, welche zeitintensiver ist (Substitutioneffekte). Das Vorzeichen der Niveaueffekte hängt von der subjektiven Wertschätzung für die Konsumaktivitäten ab. Der Substitutionseffekt für die zeitintensive Konsumaktivität ist negativ, für die zeitextensive Konsumaktivität und für die externe Arbeitszeit positiv. Es ergeben sich also die gleichen qualitativen Resultate wie

84) Zur Vereinfachung wird von der Existenz eines Besitzeinkommens abstrahiert.

im Becker-Modell.

4.4. Proportionale Veränderung aller nominalen Größen

Untersuchen wir nun eine proportionale Veränderung des Nominallohnsatzes, des Besitzeinkommens und des Güterpreises. Eine proportionale Variation des Nominallohns und des Güterpreises läßt den Reallohn unverändert, so daß sich die Differenz zwischen Reallohn und Haushaltsproduktivität nicht verändert. Da auch das reale Besitzeinkommen, d.h. das Verhältnis von nominalen Besitzeinkommen und Preisniveau, durch diese Datenänderung nicht verändert wird, ändert sich die Transformationskurve nicht. Die gewählte Zeitstruktur, die eingesetzte Produktionsgütermengen und die produzierte Menge der Konsumaktivität bleibt unberührt. **Die Haushalte sind daher in diesem Modell "frei von Geldillusion"**.

4.5. Veränderungen der Produktionstechnologie

Im Rahmen dieses Ansatzes können wir auch Veränderungen in der Produktionstechnologie analysieren. Welche Auswirkungen hat nun eine Verbesserung der technischen Ausstattung des Haushalts, z.B. die Anschaffung eines Schnellkochtopfes oder eines Waschvollautomaten? Durch diese Haushaltsinvestition nimmt die Produktivität der Hausarbeitszeit zu.

In der Abbildung 28 veschiebt sich die Grenzproduktivitätsfunktion der Hausarbeitszeit nach rechts oben. Die effiziente Verwendung der Zeit im Haushalt steigt von H_0 auf H_1. Die ursprüngliche Transformationskurve wird durch MN_0O_0, die neue Transformationskurve durch MN_1O_1 dargestellt. Liegt das ursprüngliche Gleichgewicht bei P_0, dann hat die Datenänderung keinen Einfluß auf das Gleichgewicht. Wird ursprünglich in P_1 produziert, dann sinkt aufgrund der Erhöhung der Haushaltsproduktivität die Arbeitszeit bei steigender Konsumzeit. Für die Hausarbeitszeit liegen zwei entgegengesetzte Effekte vor. Einerseits steigt die Hausarbeitszeit, da die produzierte Menge des finalen Gutes im Haushalt zunimmt. Andererseits ist jedoch die benötigte Hausarbeitszeit je produzierter Menge des finalen Gutes gesunken. Eindeutige Ergebnisse für die Entwicklung der Hausarbeitszeit sind nicht möglich.

Liegt das Ausgangsgleichgewicht in P_2, dann steigt wiederum die Konsumzeit. Da in diesem Fall nicht gearbeitet wird, muß die Hausarbeitszeit sinken.

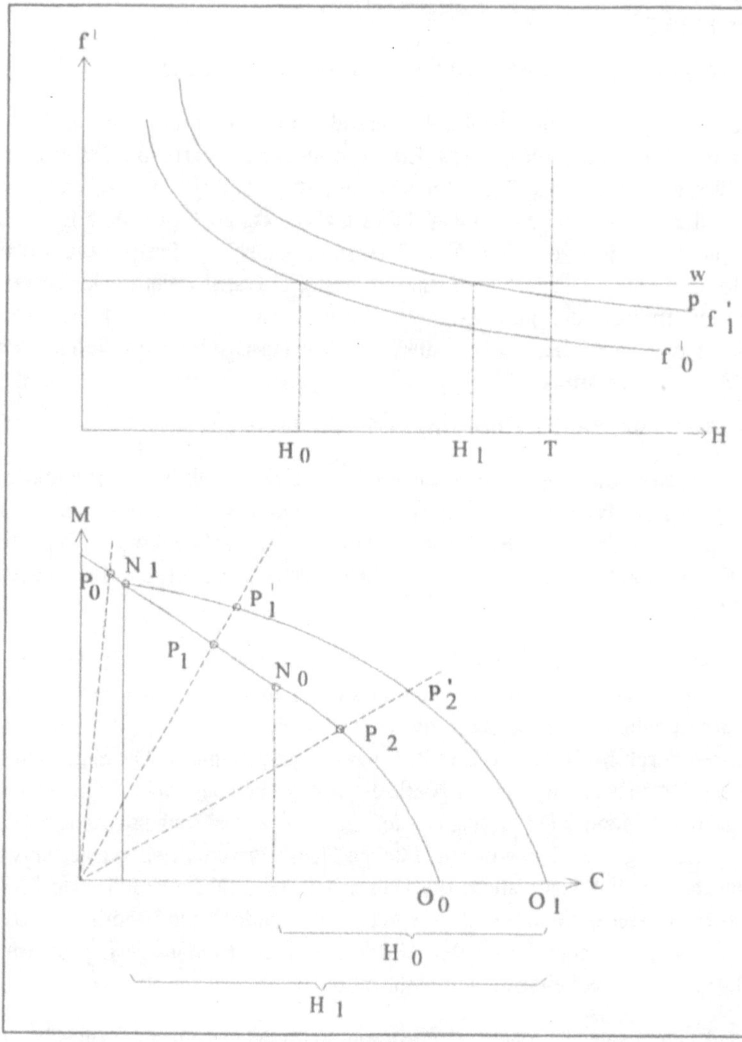

Abbildung 28: Erhöhung der Haushaltsproduktivität

5. Modifikationen und Anwendungen

In dem vorgelegten Modell wurde nur eine Konsumaktivität betrachtet. Der Ansatz läßt sich aber auch auf mehrere Konsumaktivitäten übertragen, wobei, wie im vorausgegangenen Abschnitt angedeutet, die Veränderung der Zeitintensität des Konsums einen zusätzlichen Effekt auslöst. Eine andere Möglichkeit der Modifikation besteht darin, die Produktionsfunktion auf mehrere Produktionsfaktoren auszudehnen.

In der hier vorgestellten Fassung wird untersucht, wann das finale Gut gekauft oder selbst produziert wird. Diese Fragestellung ließe sich auch auf die Entscheidung des

Kaufs einer Dienstleistung oder der eigenen Bereitstellung übertragen, z.B. die Entscheidungen, handwerkliche Tätigkeiten von Handwerkern oder die Beratung von Steuerberatern in Anspruch zu nehmen oder die Tätigkeiten selbst durchzuführen. Mit Hilfe dieser Art der Modifikation kann erklärt werden, warum in jüngster Zeit eine Zunahme der hauswirtschaftlichen Aktivitäten zu verzeichnen ist.[85)] Die Produktivitätszunahme im Dienstleistungshandwerk fällt im Vergleich zum Industrie-Sektor relativ gering aus. Sollen die im Dienstleistungshandwerk arbeitenden Menschen die gleichen Lohnsteigerungen erzielen wie im Industriebereich, dann müssen die Verkaufspreise steigen. Dieser Preisanstieg führt zu einer Ausdehnung der Selbstproduktion und somit zu einem Rückgang der Nachfrage nach handwerklichen Dienstleistungen. Diese Tendenz wird dadurch verstärkt, daß für die eigenen Tätigkeiten keine Steuern und Sozialabgaben zu zahlen sind und daß die Ausstattung mit Gebrauchsgütern in den Haushalten im Zeitverlauf gestiegen ist. Durch den Anstieg der Haushaltsproduktionszeit sinkt bei gleicher Konsummenge die Arbeitszeit, so daß sich eine fallende Arbeitsangebotsfunktion begründen läßt.

Gronau[86)] hat seinen Ansatz auf die Problematik der Zeitallokation in der Familie durch einige Modifikationen angewandt. Dabei geht er von einer Familiennutzenfunktion aus, die von der Freizeit des Haushalts und den Konsumaktivitäten abhängig ist.[87)] Die Grenzkosten eines Haushaltsmitgliedes bei der Produktion von selbsterstellten Gütern hängen von seiner Grenzproduktivität bei dieser Tätigkeit und vom Lohnsatz ab, den er am Markt erzielen könnte. Eine effiziente Aufteilung der Hausarbeitszeit liegt dann vor, wenn das Verhältnis der Produktivitäten der Haushaltsmitglieder dem Verhältnis der Lohnsätze entspricht. Bei gleicher Produktivität und höheren Lohnsätzen des Mannes spezialisiert sich der Mann auf die Arbeitszeit und die Frau auf die Hausarbeitszeit.[88)]

Mit Hilfe dieses Ansatzes kann auch die gestiegene Frauenerwerbstätigkeit erklärt werden. Durch den Anstieg der Löhne und die Verringerung der Preise von Marktgütern, die im Rahmen der Hausarbeit anfallen, wie z.B. die Zunahme billiger Massenartikel in der Kleidungs- und Nahrungsmittelindustrie, sinkt die Differenz zwischen der Grenzproduktivität der Hausarbeitszeit und dem Reallohn, so daß die Aufnahme von erwerbswirtschaftlichen Tätigkeiten der Frauen zu einer höheren Güterversorgung der Familien führt.[89)]

---

85) vgl. auch Külp (1983) S. 2

86) vgl. Gronau (1976) S. 202 ff. und (1973) S. 635 ff. sowie die Erweiterung von Graham, Green (1984) S. 277, die in ihrer Arbeit eine empirische Schätzung der Haushaltsproduktionsfunktion vornehmen.

87) In seiner Arbeit geht Gronau (1973) S. 635 ff. von einer Familiennutzenfunktion aus, die statt der Commodities die Anzahl der Marktgüter und der in Heimarbeit produzierten Güter enthält.

88) Zur Kritik vgl. Ferber, Birnbaum (1977) S. 20 f.

89) vgl. hierzu auch Horn (1984) S. 63 f.

Eine andere wichtige wirtschaftspolitische Implikation wird sichtbar, wenn wir mehrere Konsumaktivitäten betrachten. Die Produktivitätsfortschritte im industriellen Sektor erhöhen die Produktionsmöglichkeiten von finalen sowie intermediären Gütern. Für die Konsumtechnologie eines Haushalts sind solche Fortschritte, wie z.B. das schnellere Lesen eines Buches, schwer vorstellbar. Das hat langfristig zwei mögliche Konsequenzen: Zum einen könnten die Ausgaben pro Konsumeinheit steigen,[90] d.h. die Konsumstruktur ändert sich in Richtung preisintensiver Güter oder zum anderen könnte das Wachstum der privaten Nachfrage nicht mit dem Wachstum des Produktivitätsfortschritts in der Industrie mithalten. In einer solchen Situation entsteht, wie bereits im Abschnitt VI.C.5 erwähnt, Arbeitslosigkeit aufgrund eines zu geringen wirtschaftlichen Wachstums.

6. Zusammenfassung

(1) Im Modell von Gronau werden die Zeitkategorien Konsum-, Hausarbeits- und Arbeitszeit simultan betrachtet. Desweiteren werden die Alternativen Fremd- versus Eigenproduktion von finalen Gütern analysiert. Gronau betrachtet dabei neben der Produktionstechnologie auch die Konsumtechnologie.

(2) Ist die Grenzproduktivität des Haushalts größer (kleiner) als der Reallohn, dann wird der Haushalt eine zusätzliche Einheit des finalen Gutes selbst herstellen (am Markt kaufen).

(3) Ist die Grenzproduktivität der Hausarbeitszeit im relevanten Bereich größer als der Reallohn, dann verläuft die Transformationskurve konkav, im anderen Fall linear.

(4) Der Haushalt wird seine Zeit nicht als Arbeitszeit anbieten, wenn eine relativ zeitintensive Konsumtechnologie vorliegt.

(5) Eine Erhöhung des Besitzeinkommens führt zu einer Ausdehnung der Konsumzeit bei Reduktion der Hausarbeitszeit oder der Arbeitszeit.

(6) Im Fall a) treten keine Reaktionen auf Lohnsatzerhöhungen ein. Im Fall b) führt eine Erhöhung des Lohnsatzes zu einer Reduktion der Arbeitszeit. Im Fall c) wird die Hausarbeitszeit bei gestiegener Konsumzeit reduziert, wobei Aussagen über die Veränderung der Arbeitszeit nicht möglich sind.

(7) Die Haushalte sind in diesem Modell frei von Geldillusion.

(8) Eine Verbesserung der Haushaltsproduktionstechnologie führt zur Reduktion der Arbeitszeit.

(9) Mit Hilfe des vorliegenden Modells kann der Rückgang der Nachfrage nach handwerklichen Tätigkeiten sowie die Zunahme der Frauenerwerbstätigkeit mikroökonomisch erklärt werden.

---

90) vgl. hierzu den im Abschnitt VI.C.1 dargestellten empirischen Befund

Abkürzungen

AER: American Economic Review
CJEPS: Candian Journal of Economics and Political Science
ECA: Economica
EPhil: Economics and Philosophy
EM: Econometrica
EJ: Economic Journal
DBW: Die Betriebswirtschaft
HuW: Hauswirtschaft und Wissenschaft
JbSW: Jahrbuch für Sozialwissenschaft
JbAVf: Jahrbuch der Absatz und Verbrauchsforschung
JbfNPÖ: Jahrbücher für neue politische Ökonomie
JbNSt: Jahrbücher für Nationalökonomie und Statistik
JCR: Journal of Consumer Research
JPE: Journal of Political Economy
JTEP: Journal of Transport Economics and Policy
JEL: Journal of Economic Literature
QJE: Quarterly Journal of Economics
REStat: Review of Economics and Statistics
REStud: Review of Economic Studies
RIW: Review of Income and Wealth
ScotJPE: Scotish Journal of Political Economy
SEJ: Southern Economic Journal
SwJE: Swedish Journal of Economics
SC: Social Problems
WD: Wirtschaftsdienst
WEJ: Western Economic Journal
WiSt: Wirtschaftswissenschaftliches Studium
WISU: Wirtschaftsstudium
ZfB: Zeitschrift für Betriebswirtschaft
ZgS: Zeitschrift für die gesamte Staatswissenschaft
ZWS Zeitschrift für Wirtschafts- und Sozialwissenschaften

Literaturverzeichnis

AHRENS, HEINZ: A New Look at Giffen's Paradox. In: JbNSt, Bd. 198, 1983, S. 37-47.

ALBERT, HANS: Marktsoziologie und Entscheidungslogik. Neuwied und Berlin 1967.

ALCHIAN, ARMEN A.; ALLEN, WILLIAM R.: University Economics. 3rd edition Belmont and London 1974.

ALCHIAN, ARMEN A.; ALLEN, WILLIAM R.: Exchange and Production: Competition, Coordination, and Control. 2nd edition Belmont 1977.

ANDREAE, CLEMENS-AUGUST: Ökonomik der Freizeit. Reinbek bei Hamburg 1970.

ARNI, JEAN-LOUIS: Die Kontroverse um die Realitätsnähe der Annahmen in der Ökonomie. Grüsch 1989.

ARROW, KENNETH, J.: Utilities, Attitudes, Choices: A Review Note. In: EM, Vol. 26, 1958, S. 1-23.

ARROW, KENNETH, J.: Social Choice and Individual Values. 2nd edition New York, London and Sidney 1963.

ASSENMACHER, WALTER: Einführung in die Ökonometrie, 4. Auflage, München 1992.

BARTLING, HARTWIG; LUZIUS, FRANZ: "Floranid" oder "Pflanzenfutter"? Ein vergleichender Warentest. Zur theoretischen Analyse von Gütereigenschaften. In: HESSE, HELMUT (HRSG.): Arbeitsbuch Angewandte Mikroökonomik. Tübingen 1980, S. 33-40.

BARTLING, HARTWIG; LUZIUS, FRANZ: Grundzüge der Volkswirtschaftslehre. München 1986.

BAUMOL, WILLIAM J.: The Transaction Demand for Cash: An Inventory Theoretic Approach. In: QJE, Vol. 66, 1952, S. 545-556.

BAUMOL, WILLIAM J.: Income and Substitution Effects in the Linder Theorem. In: QJE, Vol. 87, 1973, S. 629-633.

BECHLER, EKKEHARD: Gütereigenschaften und Konsumverhalten. In: WISU, 5. Jahrgang, 1976, S. 461-466.

BECKER, GARY S.: A Theory of the Allocation of Time. In: EJ, Vol. 75, 1965, S. 493-517.

BITZ, MICHAEL: Entscheidungstheorie. München 1981.

BLATTNER, NIKLAUS: Volkswirtschaftliche Theorie der Firma. Berlin u.a. 1977.

BOLAND, L.A.: Giffen Goods, Market Prices and Testability. In: Australian Economic Papers, June 1977, S. 72-85.

BORLAND, MELVIN V.; PUSINELLI, ROBERT W.: Household Commodity Production and Social Harassment Costs. In: SEJ, Vol. 56, 1989, S. 291-301.

BORNER, SILVIO; ASCHINGER, GERHARD: Effizienzprobleme in der schweizerischen Milizarmee. In: HESSE, HELMUT (HRSG.): Arbeitsbuch Angewandte Mikroökonomik. Tübingen 1980, S.48-54.

BOULDING, KENNETH E.: Einführung in die Wohlfahrtsökonomik. In: Gäfgen, Gerard (Hrsg.): Grundlagen der Wirtschaftspolitik. 4. Aufl. Köln 1972., S. 77-109.

BRINKMANN, GERHARD: Ökonomik der Arbeit. Band 2. Stuttgart 1981.

BRINKMANN, GERHARD: Analytische Wissenschaftstheorie. München 1989.

BROWN, C.V.; LEVIN, E.: The Effects of Income Taxation on Overtime: The Results of a National Survey. In: EJ, Vol. 84, 1974, S. 833-848.

BROWN, C.V.; LEVIN, E.; ULPH, D.T.: Estimates of Labour Hours Supplied by Married Male Workers in Great Britain. In: ScotJPE, Vol. 23, 1976, S. 261-277.

BRÜGGEMEIER-BARTHOLOMÄUS, WALTRAUD: Zeitverwendung und Wohlstand. Frankfurt a.M. 1975.

BRÜMMERHOFF, DIETER: Finanzwissenschaft. 5. Aufl. München und Wien 1990.

BURCHARDT, MICHAEL: Mikrotheorie. Köln 1986.

CARELL, ERICH: Der "Ordinalismus" in der Nutzentheorie. In: ZgS, Bd. 11, 1955, S. 25-70.

CLAUSSE, GUY: Die Nachfrage nach dauerhaften Konsumgütern im Konjunkturverlauf. Göttingen 1979.

CLAWSON, MARION: Das Zeitbudget moderner Gesellschaften. In: SCHEUCH, ERWIN K.; MEYERSOHN, ROLF. (HRSG.): Soziologie der Freizeit, Köln 1972, S. 135-152.

DILLER, HERMANN: Preispolitik. Stuttgart 1985.

DILLER, HERMANN: Der Preis als Qualitätsindikator. In: DBW, Bd. 37, 1977, S. 219-234.

DORNBUSCH, RÜDIGER; FISCHER, STANLEY: Makroökonomik. 3. Aufl. München und Wien 1985.

DOUGAN, WILLIAM R.: Giffen Goods and the Law of Demand. In: JPE, Vol. 90, 1982, S. 809-815.

DWYER, GERALD P.; LINDSAY, COTTON M.: Robert Giffen and the Irish Potato. In: AER, Vol. 74, 1984, S. 188-192.

EDGEWORTH, FRANCIS YSIDRO: Mathematical Psychics. London 1881.

EVANS, ALAN W.: On the Theory of the Valuation and Allocation of Time. In: ScotJPE, Vol. 19, 1972, S. 1-17.

FAN, LIANG-SHING: Leisure and Time Elements in the Consumer Behavior. In: SEJ, Vol. 38, 1971/72, S. 478-484.

FELDERER, BERNHARD; HOMBURG, STEFAN: Makroökonomik und neue Makroökonomik. 3. Aufl. Berlin u.a. 1987.

FELDMAN, LAURENCE P.; HORNIK, JACOB: The Use of Time: An Integrated Conceptual Model. In: JCR, Vol. 7, 1981, S. 407-419.

FERBER, MARIANNE A.; BIRNBAUM, BONNIE G.: The "New Home Economics": Retrospects and Prospects. In: JCR, Vol. 4, 1977, S. 19-28.

FISHER, IRVING: Mathematical Investigations in to the Theory of Value and Prices. New Haven 1925. (Reprint from Transactions of the Connecticut Academy, Vol. 9, July 1892.)

FLEMMING, J. S.: On the Theory of the Valuation and Allocation of Time: Some Comments. In: ScotJPE, Vol. 20, 1973, S. 65-71.

FRANZ, WOLFGANG: Arbeitsmarktökonomik. Berlin u.a. 1991.

FRIEDMAN, MILTON: Essays in Positive Economics. Chicago 1966.

FRIEDMAN, MILTON: The Methodology of Positive Economics. In: BREIT, WILLIAM; HOCHMAN, HAROLD M.: Readings in Microeconomics. London 1969.

GANDOLFO, GIANCARLO: Economic Dynamics: Methods and Models. Amsterdam 1971.

GANDOLFO, GIANCARLO: International Economics. Berlin u.a. 1986.

GENTH, MARTIN: Qualität und Automobile. Frankfurt a. M. und Bern 1981.

GERFIN, HARALD; HEIMANN, PETER: Elastizität. In: Handwörterbuch der Wirtschaftswissenschaften, Bd. 2. Stuttgart 1980, S. 353-362.

GILBERT, FRANKLEE; PFOUTS, RALPH W.: A Theory of the Responsiveness of Hours of Work to Changes in Wage Rates. In: REStat, Vol. 40, 1958, S. 116-121.

GILLEY, OTIS W.; KARELS, GORDON V.: In Search of Giffen Behavior. In: Economic Inquiry, Vol. 24, 1991, S. 182-189.

GLATZER, WOLFGANG: Haushaltsproduktion, wirtschaftliche Stagnation und sozialer Wandel. In: GLATZER, WOLFGANG; BERGER-SCHMITT, REGINA (HRSG.): Haushaltsproduktion und Netzwerkhilfe. Frankfurt a.M. 1986, S. 9-50.

GORDON, ROBERT J.: Makroökonomik. 4. Aufl. München und Wien 1989.

GOSSEN, HERMANN H.: Entwicklung der Gesetze des menschlichen Verkehrs. Braunschweig 1854 (Reprint 1967).

GRAHAM, JOHN W.; GREEN, CAROLE A.: Estimating the Parameters of a Household Production Function with Joint Products. In: REStat, Vol. 66, 1984, S. 277-282.

GRONAU, REUBEN: The Intrafamily Allocation of Time: The Value of the Housewives' Time. In: AER, Vol. 63, 1973, S. 634-651.

GRONAU, REUBEN: The Allocation of Time of Israeli Women. In: JPE, Vol. 84, 1976, S. 201-220.

GRONAU, REUBEN: Leisure, Home Production, and Work - the Theory of the Allocation of Time Revisited. In: JPE, Vol. 85, 1977, S. 1099-1123.

GUTENBERG, ERICH: Grundlagen der Betriebswirtschaftslehre. 16. Auflage Berlin u.a. 1979.

HAARLAND, HANS P.; NIESSEN, HANS-JOACHIM; SCHRÖDER, ANTONIUS: Erwerbsarbeit und Unterhaltswirtschaft. Berlin u.a. 1990.

HASLETT, D. W.: What is Utility? In: EPhil, Vol. 6, 1990, S. 65-94.

HASLINGER, FRANZ: Volkswirtschaftliche Gesamtrechnung, 5. Aufl. München und Wien 1990.

HAWRYLYSHYN, OLI: The Value of Household Services: A Survey of Empirical Estimates. In: RIW, 1976, S. 101-131.

HELLER, ROBERT H.: Internationaler Handel. Würzburg und Wien 1975.

HEMMER, HANS-RIMBERT: Wirtschaftsprobleme der Entwicklungsländer. 2. Aufl. München 1988.

HENDERSON, JAMES M.; QUANDT, RICHARD E.: Mikroökonomische Theorie. 5. Aufl. München 1983.

HENDLER, REUVEN: Lancaster's New Approach to Consumer Demand and Its Limitations. In: AER, Vol. 65, 1975, S. 194-199.

HERBERG, HORST: Preistheorie. Stuttgart u.a. 1985.

HERDZINA, KLAUS: Wettbewerbspolitik. 2. Aufl. Stuttgart 1987.

HERDZINA, KLAUS: Einführung in die Mikroökonomik. München 1989.

HESSE, KLAUS: Hausarbeit in der "Theorie des Haushalts". In: HuW, 31. Jahrgang, 1983, S. 115-121.

HICKS, J. R.: A Revision of Demand Theory, Oxford 1956.

HICKS, J. R.: Value and Capital. 2nd edition London 1968.

HICKS, J. R.; ALLEN, R. G.: A Reconsideration of the Theory of Value. In: ECA, Vol. 1, 1934, S. 52-76 und 196-216.

HOLT, SUZANNE: Time and Choice. Michigan 1977 (Facsimile einer Dissertation der University of California, Riverside, von 1976).

HOPF, MICHAEL: Informationen für Märkte und Märkte für Informationen. Frankfurt a.M. 1983.

HORN, MECHTHILD: Grundlagen zu einer Theorie der Zeitbudgetpolitik. Passau 1984.

HOROWITZ, IRA: Decision Making and the Theory of the Firm. New York 1970.

HOUTHAKKER, H.S.: The Present State of Consumption Theory. In: EM, Vol. 29, 1961, S. 704-740.

HOYER, WERNER; RETTIG, ROLF: Grundlagen der mikroökonomischen Theorie. 2. Auflage Düsseldorf 1984.

INSTITUT DER DEUTSCHEN WIRTSCHAFT (HRSG.): 1990 Zahlen zur wirtschaftlichen Entwicklung der Bundesrepublik Deutschland. Köln 1990.

JARCHOW, HANS-JOACHIM: Theorie und Politik des Geldes. Band I. Geldtheorie. 6. Aufl. Göttingen 1984.

JOHNSON, M. BRUCE: Travel Time and the Price of Leisure. In: WEJ, Vol. 4, 1966, S. 135-145.

KADE, GERHARD: Die Grundannahmen der Preistheorie. Berlin und Frankfurt 1962.

KAISER, HELMUT: Konsumnachfrage, Arbeitsangebot und optimale Haushaltsbesteuerung. Frankfurt a.M. 1990.

KALMAN, PETER JASON: Theory of Consumer Behavior when Prices Enter the Utility Function. In: EM, Vol. 36, 1968, S. 497-510.

KÄSTLI, RENE: Die Forderung nach Realitätsnähe der Annahmen: ein logischer Widerspruch. In: ZgS, Bd. 134, 1978, S. 126-132.

KÄSTLI, RENE: Ordinale und kardinale Nutzenmessung in der Ökonomie. In: JbSW, Bd. 24, 1978, S. 18-37.

KATONA, GEORGE: Das Verhalten der Verbraucher und Unternehmer. Tübingen 1960.

KILLINGSWORTH, MARK R.: Labor Supply. Cambridge 1983.

KILLINGSWORTH, MARK R., HECKMAN, J.J.: Female Labor Supply, A Survey, in: ASHENFELTER, O., LAYARD, R. (HRSG.): Handbook of Labor Economics, Bd. 1, North-Holland, Amsterdam 1986, S. 103-204.

KLEINHÜCKELSKOTEN, HANS-DIETER: Eine einfache und eindeutige Erklärung des Giffen-Paradoxon. Diskussionsbeiträge aus dem Fachbereich Wirtschaftswissenschaft der Universität Essen. Essen 1982.

KLEINHÜCKELSKOTEN, HANS-DIETER: Substitutionsmöglichkeiten, Substitutionsbereitschaft und ökonomisches Verhalten. Essen 1983.

KLEINHÜCKELSKOTEN, HANS-DIETER: Die umbiegende Arbeitsangebotskurve - ein altes Problem neu interpretiert. In: JbNSt, Bd. 199, 1984 S. 145-157.

KLEINHÜCKELSKOTEN, HANS-DIETER; SPAETLING, DIETER: Aspekte der Inferiorität und Superiorität als ökonomische Phänomene - Ein Beitrag zur Neuorientierung der mikroökonomischen Theorie. In: JbNSt, Bd. 196, 1981, S. 511-526.

KLUMP, RAINER: Einführung in die Wirtschaftspolitik. München 1989.

KNIGHT, FRANK H.: Risk, Uncertainty and Profit. Chicago 1971 (Reprint der Originalausgabe von 1921).

KOCH, THOMAS: Externe Effekte bei der Ermittlung der Haus-haltsnachfrage. In: WiSt, 20. Jahrgang, 1991, S. 133-136.

KOOPMANS, TJALLING C.: Efficient Allocation of Resources. In: EM, Vol. 19, 1951, S. 455-465.

KOUTSOYIANNIS, A.: Modern Microeconomics. 2nd edition London 1979.

KRAUSE-JUNK, GEROLD: Für und wider die Umsatzsteuererhöhung. In: WD, 62. Jahrgang, 1982, S. 6O6-61O.

KRELLE, WILHELM: Präferenz- und Entscheidungstheorie. Tübingen 1968.

KROMPHARDT, JÜRGEN: Arbeitslosigkeit und Inflation. Göttingen 1987.

KÜLP, BERNHARD: Die Theorie der Freizeitnachfrage. In: WiSt, 6. Jahrgang, 1977, S. 12-17.

KÜLP, BERNHARD: Freizeitökonomie. München 1983.

LAMOUROUX, HEDWIG: Das Informationsverhalten der Konsumenten: Eine mikroökonomische Analyse. Göttingen 1979.

LANCASTER, KELVIN J.: A New Approach to Consumer Theory. In: JPE, Vol. 74, 1966, S. 132-157.

LANCASTER, KELVIN: Consumer Demand. New York and London 1971.

LAUNHARDT, WILHELM: Mathematische Begründung der Volkswirtschafts-lehre. Leipzig 1885.

LEIBENSTEIN, H.: Bandwagon, Snob, and Veblen Effects in the Theory of Consumers' Demand. In: QJE, Vol. 64, 1950, S. 183-207.

LINDE, ROBERT: Untersuchungen zur Ökonomischen Theorie der Produktqualität. Tübingen 1977.

LINDER, STAFFAN B.: The Harried Leisure Class. New York and London 1970.

LINDER, STAFFAN B.: Das Linder-Axiom oder warum wir keine Zeit mehr haben. Gütersloh 1971.

LIPPE V. D., PETER: Wirtschaftsstatistik. 4. Aufl. Stuttgart 1990.

LIPSEY, RICHARD G.; ROSENBLUTH, GIDEON: A Contribution to the New Theory of Demand: A Rehabilitation of the Giffen Good. In: CJE, Vol. 9, *1971, S. 131-163.

LUCKENBACH, HELGA: Theorie des Haushalts. Göttingen 1975.

LUCKENBACH, HELGA: Neuere Ansätze in der Mikroökonomischen Konsumtheorie. In: BOMBACH, GOTTFRIED; GAHLEN, BERNHARD; OTT, ALFRED E. (HRSG.): Neuere Entwicklungen in der Theorie des Konsumentenverhaltens. Tübingen 1978, S. 211-236

LÜTZEL, HEINRICH: Haushaltsproduktion und Volkswirtschaftliche Gesamtrechnungen. In: HuW, 31. Jahrgang, 1983, S. 260-267.

MAIERBECK, MARIANNE: Nutzen- und Zielprobleme privater Haushalte. Berlin 1978.

MARSCHAK, JACOB: Money Illusion and Demand Analysis. In: REStat, Vol. 25, 1943, S. 40-48.

MARSHALL, ALFRED: Principles of Economics. 3rd edition London 1895 bzw. 8th edition London 1920.

MASON, ROGER S.: Robert Giffen and the Giffen Paradox. Totowa 1989.

MASUDA, ETSUSUKE; NEWMAN, PETER: Gray and Giffen Goods. In: EJ, Vol. 91, 1981, S. 1011-1014.

MEIßNER, WERNER; FASSING, WERNER: Wirtschaftsstruktur und Strukturpolitik. München 1989.

MICHAEL, ROBERT T.; BECKER, GARY S.: On the New Theory Of Consumer Behavior. SwJE, Vol. 75, 1973, S. 378-395.

MILDE, HELLMUTH: Konsumzeit, Arbeitszeit und Suchzeit in der Theorie des Haushalts. In: JbNSt, Bd. 188, 1975, S. 481-493.

MORITZ, KARL-HEINZ: Die Auswirkung alternativer Honorarformen auf das Angebotsverhalten der Ärzte. Essen 1990.

MÜHLFENZL, ISABEL: Vom Monetarismus zur angebotsorientierten Wirtschaftspolitik. In: Hampe, Peter (Hrsg.): Friedman contra Keynes. München 1984, S. 11-26.

MÜLLER, SIEGFRIED: Die Rolle des Preises im Kaufentscheidungsprozeß. In: JbAVf, Heft 1, 1981, S. 4O-63.

MUSGRAVE, RICHARD A.: The Theory of Public Finance. New York, Toronto and London 1959.

MUTH, RICHARD F.: Household Production and Consumer Demand Functions. In: EM, Vol. 34, 1966, S. 699-708.

NEUMANN, MANFRED: Theoretische Volkswirtschaftslehre I. 3. Aufl. München 1988.

NEUMANN, MANFRED: Theoretische Volkswirtschaftslehre II. 2. Aufl. München 1987.

NEUMANN, MANFRED: Theoretische Volkswirtschaftslehre III. München 1982.

NIEHANS, JÜRG: Die Zeit im Spiegel der Wirtschaftstheorie. In: BARTH, H. VON, DAUMER, K. U.A.: Das Zeitproblem im 20. Jahrhundert. Bern 1964, S. 268-295.

NOWOTNY, EWALD: Der öffentliche Sektor: Einführung in die Finanzwissenschaft. 2. Aufl. Berlin 1991.

OLSEN, E. ODGERS: Utility and Profit Maximization by an Owner-Manager. In: SEJ, Vol. 39, 1973, S. 389-395.

OORT, C. J.: The Evaluation of Travelling Time. In: JTEP, Vol. 3, 1969, S. 279-286.

OTT, ALFRED E.; WINKEL, HARALD: Geschichte der theoretischen Volkswirtschaftslehre. Göttingen 1985.

OWEN, JOHN D.: The Price of Leisure. Rotterdam 1969.

OWEN, JOHN D.: The Demand for Leisure. In: JPE, Vol. 79, 1971, S. 56-76.

PAISH, F. W.: Economic Incentive in Wartime. In: ECA, Vol. 9, 1941, S. 239-248.

PARETO, VILFREDO: Manual of Political Economy. London and Basingstoke 1972 (Translation from French Edition 1927).

PÄTZOLD, JÜRGEN: Stabilisierungspolitik. 4. Aufl. Bern und Stuttgart 1991.

PAULUS, RALF: Zur Energienachfrage privater Haushalte für Raumwärmezwecke. Essen 1989.

PFFFEKOVEN, ROLF: Öffentliche Finanzen. In: Vahlens Kompendium der Wirtschaftstheorie und Wirtschaftspolitik. Hrsg. Bender, Dieter u. a.. Bd. 1. 2. Aufl. München 1984, S. 455-534.

PENCAVEL, J.: Labor Supply of Men; in: Handbook of Labor Economics, Bd. 1; Hrsg.: Ashenfelter, O., Layard, R., North-Holland, Amsterdam 1986, S. 3-102.

PETERSEN, HANS-GEORG: Sozialökonomik. Stuttgart, Berlin und Köln 1989.

PETERSEN, HANS-GEORG: Finanzwissenschaft I. 2. Aufl. Stuttgart, Berlin und Köln 199O.

PHILIPS, LOUIS: Applied Consumption Analysis. Amsterdam 1974.

PIGOU, A. C.: The Economics of Welfare. London 1920.

PIGOU, A. C.: A Study in Public Finance. London 1928.

POHL, RÜDIGER: Theorie der Inflation. München 1981.

POLLAK, ROBERT A.; WACHTER, MICHAEL L.: The Relevance of the Household Production Function and Its Implications for the Allocation of Time. In: JPE, Vol. 83, 1975, S. 255-277.

POPPER, KARL R.: Logik der Forschung. 4. Aufl. Tübingen 1971.

PUSCH, REINHARD H.: Ökonomie des Faktors Zeit im Personenverkehr. Bonn 1972.

RAPIN, HILDEGARD: Der Private Haushalt - Daten und Fakten. Frankfurt a.M. 1990.

RAU, RAINER: Ökonometrische Analyse der Ausgabearten des Privaten Verbrauchs. Berlin 1975.

REIß, WINFRIED: Mikroökonomische Theorie. München und Wien 1990.

RIEPE, CLAUDIA: Produkteigenschaften und das Nachfrageverhalten von Konsumenten. Thun und Frankfurt a.M. 1984.

ROBBINS, LIONEL: On the Elasticity of Demand for Income in Terms of Effort. In: ECA, No. 29, 1930, S. 123-129.

ROPPEL, ULRICH: Familie und ökonomisches Verhalten. In: JbNPÖ, Bd. 5, 1986, S. 240-261.

ROSE, KLAUS: Theorie der Außenwirtschaft. 10. Aufl. München 1989.

ROSENSTEIN-RODAN, P.N.: The Role of Time in Economic Theory. In: ECA, Vol. 1, 1934, S. 77-97.

SAGMEISTER, LUDWIG: Die Entwicklung des Zuckermarktes in der BR Deutschland unter besonderer Berücksichtigung substitutiver Konkurrenzbeziehungen. München 1979.

SAMUELSON, PAUL A.: Complementarity. In: JEL, Vol. 12, 1974, S. 1255-1289.

SAMUELSON, PAUL A.: Foundations of Economic Analysis. Cambridge 1983.

SCHÄFER, DIETER: Haushaltsproduktion in gesamtwirtschaftlicher Betrachtung. In: WiSt, 17. Jahrgang, 1988, S. 309-318.

SCHERHORN, GERHARD: Arbeitszeitverkürzung, Vollbeschäftigung und angemessenes Wachstum. In: WD, 58. Jahrgang, 1978, S. 181-186.

SCHIMMELBUSCH, HEINZ: Elemente einer Theorie irreversiblen Konsumentenverhaltens. Göppingen 1971.

SCHLITTGEN, RAINER: Einführung in die Statistik. 2. Aufl. München und Wien 1990.

SCHMIDT, INGO: Wettbewerbspolitik und Kartellrecht. 2. Aufl. Stuttgart und New York 1987.

SCHMÖLDERS, GÜNTER; HANSMEYER, KARL-HEINRICH: Allgemeine Steuerlehre, 5. Aufl. Berlin 198O.

SCHNABL, HERMANN: Das Giffen-Paradoxon. In: WiSt, 16. Jahrgang, 1987, S. 564-566.

SCHULENBURG, J.-MATTHIAS GRAF V.D.: Marktgeschehen bei unvollständigen Nachfrageinformationen. In: ZfB, 57. Jahrgang, 1987, S. 699-719.

SCITORSKY, T. DE: A Note on Profit Maximisation and Its Implications. In: REStud, Vol. 11, 1943, S. 57-60.

SEATER, JOHN J.: A Unifed Model of Consumption, Labor Supply, and Job Search. Michigan, London 1980 (Facsimile einer Dissertation der Brown University von 1976).

SEEL, BARBARA: Grundlagen haushaltsökonomischer Entscheidungen. Berlin 1975.

SEIFERT, ARNDT: Die Abhängigkeit des Konsums von der Eigenzeit (Freizeit): eine empirische Untersuchung. In: JbNSt, Bd. 194, 1979, S. 377-394.

SERPA, A. C. DE: A Theory of the Economics of Time. In: EJ, Vol. 71, 1971, S. 828-846.

SHARP, CLIFFORD: The Economics of Time. Oxford 1981.

SIEBKE, JÜRGEN; THIEME, H. JÖRG: Einkommen, Beschäftigung und Preisniveau. In: BENDER, DIETER U.A. (HRSG.): Vahlens Kompendium der Wirtschaftstheorie und Wirtschaftspolitik., Bd. 1. 2. Aufl. München 1984, S. 85-172.

SILBERBERG, EUGENE: The Structure of Economics. New York 1978.

SILBERBERG, EUGENE; WALKER, DONALD A.: A Modern Analysis of Giffen`s Paradox. In: IER, Vol. 25, 1984, S. 687-694.

SIMON, HERBERT A.: A Behavioral Model of Rational Choice. In: QJE, Vol. 69, 1955, S. 99-118.

SIMON, HERBERT A.: Theories of Decision-Making in Economics and Behavioral Science. In: AER, Vol. 49, 1959, S. 253-283.

SIMON, HERMANN: Preisabhängige Qualitätsbeurteilung. In: JbAVf, Bd. 23, 1977, S. 86-104.

SIMON, HERMANN: Preismanagement, Wiesbaden 1982.

SLOAN, J.: Economics. Hertfordshire 1991.

SMITH, ADAM: Wealth of Nations Modern Library, 1937.

SPAETLING, DIETER: Das Problem der Zeitallokation in der Theorie des Haushalts. In: ZgS, Bd. 132, 1976, S. 19-40.

SPAETLING, DIETER: Inferiorität, Quasi-Superiorität und Zeitallokation. In: JbNSt, Bd. 191, 1977, S. 386-395.

SPAETLING, DIETER: Subjektive Qualitätseinschätzung bei unvollständiger Information über die Güterqualität und individuelles Nachfrageverhalten. In: JbNSt, Bd. 205, 1988, S. 263-274.

STACKELBERG, HEINRICH VON: Angebot und Nachfrage in der Produktionswirtschaft. In: Archiv für mathematische Wirtschafts- und Sozialforschung, Bd. 4, 1938, S. 73-99.

STACKELBERG, HEINRICH VON: Grundlagen der theoretischen Volkswirtschaftslehre. Tübingen und Zürich 1951.

STIGLER, GEORGE J.: Notes on the History of the Giffen Paradox. In: JPE, Vol. 55, 1947, S. 152-156.

STIGLER, GEORGE J.: The Economics of Information. In: JPE, Vol. 69, 1961, S. 213-225.

STIGLITZ, JOSEPH E.; SCHÖNFELDER, BRUNO: Finanzwissenschaft. München und Wien 1989.

STREISSLER, ERICH: Bemerkungen zu dem Referat H. Luckenbach. In: BOMBACH, GOTTFRIED; GAHLEN, BERNHARD; OTT, ALFRED E. (HRSG.): Neuere Entwicklungen in der Theorie des Konsumentenverhaltens. Tübingen 1978, S. 237-244.

STREISSLER, ERICH UND MONIKA (HRSG.): Konsum und Nachfrage. Köln und Berlin 1966, S. 13-150.

STRÖBELE, WOLFGANG: Inflation. 2. Aufl. München und Wien 1984.

SULZER, GEORG: Die wirtschaftlichen Grundgesetze in der Gegenwartsphase ihrer Entwicklung. Zürich 1895.

TIETZEL, MANFRED: "Annahmen" in der Wirtschaftstheorie. In: ZWS, 101. Jahrgang, 1981, S. 237-265.

TIETZEL, MANFRED: Zur Theorie der Präferenzen. In: JbNPÖ, 1988, S. 38-71.

VANY, ARTHUR DE: Time in the Budget of the Consumer: The Theory of Consumer Demand and Labor Supply under a Time Constraint. Los Angeles 1971.

VEBLEN, THORSTEN: The Theory of the Leisure Class. London 1924.
deutsch: Theorie der feinen Leute. Köln und Berlin 1958.

WACHENFELD, HARALD: Freizeitverhalten und Marketing. Heidelberg 1987.

WEISE, PETER; BRANDES, WOLFGANG; EGER, THOMAS; KRAFT, MANFRED: Neue Mikroökonomie. 2. Aufl. Heidelberg 1991.

WILENSKY, HAROLD L.: The Uneven Distribution of Leisure: The Impact of Economic Growth on "Free Time". In: SP, Vol. 9, 1961, S. 32-56.

WILMANNS, HERGART: Die sozioökonomische Problematik der Freizeit in der Sowjetunion. In: JbSW, Bd. 18, 1967, S. 273-278.

WILLMS, MANFRED: Strukturpolitik. In: BENDER, DIETER U.A. (HRSG.): Vahlens Kompendium der Wirtschaftstheorie und Wirtschaftspolitik., Bd. 2. 2. Aufl. München 1985, S. 361-400.

WOLD, HERMAN: Demand Analysis. A Study in Econometrics. Westport 1952.

ZAMAGNI, STEFANO: Microeconomic Theory. Oxford and New York 1987.

ZIMMERMANN, KLAUS F.: Familienökonomie. Berlin u.a. 1985.

Stichwortverzeichnis